沖縄国際大学公開講座 28

変わる沖縄

～地域環境政策学の視点から～

はしがき

沖縄経済は二〇一九年三月現在、六年連続で景気が拡大し、雇用情勢も着実に改善していいます。就業者数は拡大し、増加傾向にあり、二〇〇八年から一七年までの一〇年間で就業者は一〇万人以上増加しています。完全失業率も七・四％から三・八％まで減少してきました。県民総生産は三兆六、六七六億円から一〇年間で四兆一、四一六億円と約五、〇〇〇億円も拡大してきました。県民一人当たりの所得も一九五万円から二一七万円に上昇しています。

少子高齢化の中で増え続ける人口、増え続ける観光客、ラッシュを迎えるホテル建設、下がる失業率、増える有効求人倍率と沖縄経済は過去最長の好景気を迎えています。一方で、米軍基地問題は、墜落、不時着、部品落下事故が相次ぎ、県民生活に脅威を与え続けています。普天間「撤去」問題は、いつしか普天間「移設」問題にすり替えられ、辺野古沿岸の豊かなサンゴ礁は米軍基地建設のため、大量の土砂で埋め立てられています。沖縄本島北部（ヤンバル）の自然も米軍演習場の建設のため切り拓かれ、世界自然遺産登録を目前に、登録延期の動きも出ています。

那覇空港の沖合展開による滑走路増設、国道のバイパス増設に加え、農地開発や産業立地開発による赤土流出で、干潟は赤く染まり、海洋生物は次々に絶滅の危機を迎えています。「島ちゃび」克服策のはずの離島架橋は、島人口の流出に拍車をかけ、先島諸島では自衛隊基地の建設も進んでいます。地域経済の振興と、環境保全の両立は、どのように可能になるのでしょうか。

島嶼県・沖縄が抱える経済振興と環境保全、生物保護、米軍・自衛隊基地問題と離島振興、経済格差と貧困問題の克服など、観光経済の課題と可能性、沖縄農業の変化、生物多様性の現況、金融ビジネスと沖縄経済の可能性、そしてフランスと沖縄の比較学まで、「変わる沖縄」の現在、過去、未来を「地域環境政策学」の様々な視点から紐解きました。一二回講座。

二〇一八年度沖縄国際大学公開講座委員長　前泊博盛

平成30年度沖縄国際大学公開講座（うまんちゅ定例講座）

第1回	6月2日（土）	政府の沖縄振興策は何をもたらしたか	前泊　博盛（経済学部地域環境政策学科教授）
第2回	9月8日（土）	離島村落における意識構造と環境配慮行動の違い	渡久地朝央（経済学部地域環境政策学科講師）
第3回	6月30日（土）	観光地の活性化と観光関係税	上江洲　薫（経済学部地域環境政策学科教授）
第4回	7月7日（土）	沖縄から全ての「基地」が無くなったら沖縄経済はどうなるか。	友知　政樹（経済学部地域環境政策学科教授）
第5回	7月14日（土）	フランスの沖縄?! ～ブルターニュ地方	上江洲律子（経済学部地域環境政策学科准教授）
第6回	10月13日（土）	AR活用による地域活性化の可能性	根路銘もえ子（経済学部地域環境政策学科准教授）
第7回	10月20日（土）	沖縄農業の変容	小川　護（経済学部地域環境政策学科教授）
第8回	8月18日（土）	遺伝子配列から解き明かす沖縄の生物多様性	齋藤　星耕（経済学部地域環境政策学科准教授）
第9回	9月15日（土）	金融で変える地域と環境	島袋伊津子（経済学部地域環境政策学科教授）
第10回	9月22日（土）	あんやたん！沖縄の貝 ～貝類利用の移り変わり～	山川　彩子（経済学部地域環境政策学科准教授）
第11回	11月17日（土）	「湿地の保全とワイズユースについて」	砂川かおり（経済学部地域環境政策学科講師）
第12回	10月6日（土）	干潟経済・環境と地域発展 ～沖縄、日本、韓国を事例として～	呉　錫畢（経済学部地域環境政策学科教授）

※台風で日程変更

変わる沖縄 ―― 目次

島嶼村落における時間割引率による環境配慮行動の違い

渡久地　朝央

観光地の活性化と観光関連税

上江洲　薫

沖縄から全ての「基地」と「補助金」が無くなったら沖縄経済はどうなるのか?

―全基地撤去及び全補助金撤廃後の沖縄経済に関する一考察―

友知政樹

湿地の保全とワイズユースについて
―沖縄市泡瀬干潟と香港湿地公園を事例として―

砂川かおり

干潟における環境と地域発展
～沖縄、日本、韓国を事例として～

呉錫畢

※役職は講座開催当時、本文は講座開催の順序で編集。

沖縄経済と米軍基地

～基地経済の政府の沖縄振興の検証

前泊博盛

前泊　博盛・まえどまり　ひろもり

所属：経済学部　地域環境政策学科

主要学歴：明治大学大学院政治経済学研究科博士前期課程（経済学）修了

所属学会：沖縄経済学会、日本地方財政学会

主要論文及び主要著書：『シリーズ日本の安全保障四　沖縄が問う日本の安全保障』（共著、岩波書店、二〇一五年四月）／『宮古島の挑戦』（共著、文進印刷、二〇一六年三月）／『大学的沖縄ガイド―こだわりの歩き方』（共著、昭和堂、二〇一六年三月）／『協同労働の挑戦―新たな社会の創造』（共著、萌文社、二〇一六年四月）／『沖縄自立と東アジア共同体』（共著、花伝社、二〇一六年六月）／『沖縄の環境・平和・自治・人権』（共著、七つ森書館、二〇一七年三月）／『月刊自治研二〇一七年六月号』「沖縄が問う人権」（二〇一七年六月、自治研中央推進委員会）／『世界』二〇一八年九月号「沖縄が問う民主主義」

※役職肩書等は講座開催当時

はじめに

戦後、米軍統治下に置かれた沖縄が、施政権を米軍から日本に移管されて二〇一九年で四七年を迎える。この間、道路、港湾、空港、橋梁、学校、病院、公民館など、本土と比べ整備が遅れていた社会資本が一気に整備されてきた。その一方で、復帰後四七年を経てなお、さまざまな課題や問題、疑問が山積し、その解決は遅れている。大学の講義では、次のような課題や疑問を学生たちと検証している。

1：県民所得は「全国最低」

・なぜ「年間平均収入」は最低水準のままか。
・なぜ高卒、大卒とも「初任給」は最低水準のままか。
・沖縄県民の「貯蓄率」は、なぜ最低水準のままか。

2：完全失業率は「全国最悪」

・沖縄県の完全失業率は、なぜ復帰後「最悪」の水準のままなのか。
・若年失業率は全国倍の最悪の水準のままなのか。
・なぜ「正規雇用」が減り続け、「非正規雇用」が増大しているのか。
・なぜ沖縄の「非正規雇用者率」は全国最悪なのか。

3：製造業比率は「全国最低」
・政府が自立経済の目標「製造業振興」、なぜ不発か。
4：第三次産業の肥大化
・低賃金構造の第三次産業比率が、なぜ復帰後増大してきたか。
・ホテル・観光産業は、なぜ低賃金構造なのか。
・飲食業の低賃金構造の改善は、なぜ進まないのか。
5：離職率は「全国最悪」
・なぜ沖縄の「離職率」は最低水準のままか。
・なぜ低賃金、長時間労働の労働雇用環境は改善できないか。
6：持ち家比率（四六位）
・なぜ「持ち家」比率は最低水準のまま増えないのか。
・公営住宅比率は、なぜ高まらないのか。
7：離島人口の減少
・周辺離島の人口は、なぜ減少し続けるのか。
・なぜ「離島架橋」で人口が減るのか。
8：公共交通・バス利用者の激減
・なぜ公共交通（バス）は衰退し続けているのか。

・なぜ復帰後、県が掲げてきた「鉄道」は実現しないのか。

9：沖縄予算と米軍基地問題のリンク

・なぜ沖縄予算は米軍基地問題とリンクするのか。
・「世界一危険」な普天間は、なぜ放置されるのか。
・なぜ辺野古新基地は沖縄県民の「民意」に反して建設が強行されるのか。
・なぜ公共工事発注額は防衛局予算が内閣府予算を逆転したのか。
・なぜ一括交付金は減額され、沖縄振興予算も減額されるのか。

10：米軍基地問題の継続

・なぜ在日米軍専用施設は国土面積の〇・六％に過ぎない沖縄に七〇・四％も集中するのか。
・全基地返還を求める「基地返還アクションプログラム」は、なぜ更新されないのか。
・返還後の「普天間基地」跡利用計画は、なぜ県民的論議にならないのか。
・「世界一危険」な嘉手納基地返還問題は、なぜ論議されないのか。
・なぜ日本の国防政策は「日米安保」依存なのか。
・基地経済の「不経済」は、なぜ放置されているのか。
・辺野古新基地建設問題は、なぜ解決できないのか。

諸課題の源流には何があるのか。本論では「沖縄の今」をめぐる諸課題の中から、沖縄経済の現状と課題、その中でも米軍基地経済と脱基地経済、米軍基地に関連した沖縄予算との関連を検証する。

一　沖縄経済の特徴

1　観光産業の基幹産業化

沖縄の施政権が米軍から日本に移管された一九七二年五月のいわゆる「本土復帰」「沖縄返還」から二〇一八年までの四六年間に、沖縄経済はどのように変化してきたか。沖縄県企画部発行の『経済情勢』（平成二九年度版）の「復帰以降の主要指標」（六一頁）を基に整理すると、次のようになる。

沖縄県人口は、復帰時の九六・一万人から一四四・八万人（二〇一八年一〇月見通し）と復帰後だけで四八・七万人増加し、一・五倍に増えている。全国が少子高齢化の中で人口減少に転じる中で、全国でも首都圏などの一部を除き、人口増加が続いているのが沖縄県の最大の特徴である。

労働力人口も復帰時の三七・三万人から七二・五万人（同）と三五・二万人増の一・九四倍に。就業者数も同三五・九万人から七〇・〇万人（同）と三四・一万人増で同じく一・九四倍に増加している。

有効求人倍率は二〇一七年度には一・一三倍となり、復帰後初めて一倍を超えている。これも直近五年間は連続で過去最高値を更新しているが、内実を検証すると「正社員」に限った有効求人倍率は〇・四九倍と全国の一・〇三倍の半分以下となっている。求人の半分以上が「非正規」という厳しい実態が浮き彫りになっている。

全国に比べ、沖縄の一人当たりの県民所得は復帰時の四四万円から二〇一五年度には二一六万六、〇〇〇円と五倍近い伸びを見せている。しかし、全国平均の三〇五万九、〇〇〇円

(一五年度)を大きく下回り、全国を一〇〇とした「本土との所得格差」は復帰時の五九・五%から七四・二%と縮小したものの、依然として「全国最下位」の低所得水準にとどまっている。

新規高校卒業者の就職率(一七年、文科省調査)は八九・五%で全国平均の九八%に比べ八ポイントも低く、全国最低。新規高校卒業者の無業者比率も一三%(全国四・三二%)と全国ワースト、大卒も一九・七六%(同八・七三%)でワーストとなっている。

大卒初任給は男子一六万七、〇〇〇円(全国平均、二〇万六、〇〇〇円)、女子一六万四、〇〇〇円(全国二〇万円)で共に、全国最低水準となっている。毎月三万円~四万円の報酬格差が生じている。これが「生涯賃金格差」として一億円超の格差につながっていく。低賃金や休日の少なさ、残業の多さ、長時間労働など待遇に不満を持ち「将来に希望を見いだせない」として離職する「離職率」(二〇一二年、総務省調査)も六・七%(同五・〇%)と全国ワースト記録を保持し続けている。完全失業率も全国の倍の水準から若干改善されつつあるも、全国ワーストの就職難地域で、失業者比率が全国一高い地域となっている。

好調な沖縄観光やホテルや空港、モノレール建設など大型公共事業のラッシュで建設業も好況で、有効求人倍率の増加など雇用環境は改善しつつあるかに見えるものの、低賃金、低所得、低貯蓄、長時間労働、非正規雇用率の高さ、「こども貧困率」も全国ワーストという「見えない貧困」「劣悪な労働環境」が、深刻度を増している。

二〇一七年の沖縄県の就業者数は、六九万一、〇〇〇人で、復帰時(三五万九、〇〇〇人)からほぼ倍増している。しかし、雇用者うち四三・一％に当たる二三万三、〇〇〇人が「非正規」労働者で、全国平均（三八・二％）を四・九ポイント上回っている。一九九七年以降の「非正規」比率をみると、沖縄は九七年に二八・一％（全国平均二四・七％）、二〇〇二年が三五・九％（同三一・九％）、〇七年が四〇・七％（同三五・五％）、一二年は四四・五％（同三八・二％）と年々悪化し、全国平均を三ポイントから六ポイント上回ってきている。

2　復帰プロジェクトの失政が生んだ「高失業」

完全失業率は復帰時の三・七％から三・四％（二〇一八年）と低下している。復帰後四六年間には失業率が七・七％（一九九八年）から二〇一一年まで七％～八％という厳しい時代が一四年間も続き、この間は全国の倍の水準に近い高失業率となっていた。ピーク時には八・四％（二〇〇一年）まで悪化していた。一方で、沖縄の完全失業率は、復帰後からの数字が議論されるが、実は復帰直前までは沖縄の完全失業率は一％前後で推移しており、全国平均（二％前後）の半分程度であった。だが、復帰直前の米軍基地返還などに伴う軍雇用員（駐留軍基地従業員）の大量解雇（二万人前後）やドル経済から円経済への移行や一九七二年前後のオイル・ショック（ニクソン・ショック）、変動相場制への移行に伴う円高（一ドル三六〇円の交換レートから、一ドル三一五円への円切り上げ）懸念などから、沖縄企業の採用減少など、「復帰プログラムの失政」によって復帰直後には全国の倍の水準まで完全失業率が増加し、以後、全国最悪の高失業率県へと転落している。＝図表1、図表

２参照

二〇一二年以降、全国的な景気回復の中で沖縄県の高失業率も好調なＩＴ産業や急増する観光入域客数、相次ぐホテル建設、米軍基地返還跡利用による大型ショッピングモールの建設などで雇用環境が好転し、完全失業率は七％を切り、二〇一六年には四・四％、二〇一八年には速報値で三・四％と復帰後最低水準となっている。

「高失業県」からの脱却を目指してきた沖縄県だが、むしろ、完全失業率が三％台に急減した二〇一七年以降、沖縄県内でも全国同様に「人手不足」問題が深刻な問題となっている。

沖縄県内の有効求人倍率をみると復帰時の〇・一九倍から二〇一六年の〇・九七倍まで改善されてきたものの、求職者数に対する求人数のアンバランスが完全に是正（一倍）されたことはなかった。しかし、二〇一七年以降は、有効求人倍率が一倍を超し、ホテル建設やマンション、民間住宅建設、浦添市の大型ショッピングモール建設（サンエー）など民間需要に加え大型公共事業（那覇空港第二滑走路建設、モノレール延伸事業、辺野古新基地建設など）も次々に人手を必要としたこともあり、建設業や観光業、飲食業を中心に「人手不足」問題が一気に顕在化することになった。

二〇一九年に入ると、「人手不足」による休業や店舗数の縮減、廃業、倒産という問題が深刻度を増してきている。「好景気の中の企業淘汰」という問題は、「高失業県・沖縄」が復帰後初めて経験する「低失業県・沖縄」の新たな経済課題となっている。

図表1＝全国と沖縄の完全失業率

年代		完全失業率(%) 全国	完全失業率(%) 沖縄県	年代		完全失業率(%) 全国	完全失業率(%) 沖縄県
昭和28年	1953年	1.8		昭和50年	1975年	1.9	5.3
昭和29年	1954年	2.3		昭和51年	1976年	2.0	6.3
昭和30年	1955年	2.5		昭和52年	1977年	2.0	6.8
昭和31年	1956年	2.3		昭和53年	1978年	2.2	6.0
昭和32年	1957年	1.9	1.9	昭和54年	1979年	2.1	5.4
昭和33年	1958年	2.1	1.1	昭和55年	1980年	2.0	5.1
昭和34年	1959年	2.2	1.2	昭和56年	1981年	2.2	5.4
昭和35年	1960年	1.6	1.0	昭和57年	1982年	2.4	4.9
昭和36年	1961年	1.4	0.8	昭和58年	1983年	2.7	5.8
昭和37年	1962年	1.3	0.7	昭和59年	1984年	2.7	5.2
昭和38年	1963年	1.3	0.7	平成7年	1995年	3.2	5.8
昭和39年	1964年	1.2	0.5	平成8年	1996年	3.4	6.5
昭和40年	1965年	1.2	0.7	平成9年	1997年	3.4	6.0
昭和41年	1966年	1.3	0.5	平成10年	1998年	4.1	7.7
昭和42年	1967年	1.3	0.5	平成11年	1999年	4.7	8.3
昭和43年	1968年	1.2	0.5	平成12年	2000年	4.7	7.9
昭和44年	1969年	1.1	0.5	平成13年	2001年	5.0	8.4
昭和45年	1970年	1.2	0.8	平成14年	2002年	5.4	8.3
昭和46年	1971年	1.2	1.0	平成15年	2003年	5.3	7.8
昭和47年	1972年	1.3	3.0	平成16年	2004年	4.7	7.6
昭和48年	1973年	1.3	3.5	平成17年	2005年	4.4	7.9
昭和60年	1985年	2.6	5.0	平成18年	2006年	4.1	7.7
昭和61年	1986年	2.8	5.3	平成19年	2007年	3.9	7.4
昭和62年	1987年	2.9	5.2	平成20年	2008年	4.0	7.4
昭和63年	1988年	2.5	4.9	平成21年	2009年	5.1	7.5
平成元年	1989年	2.3	4.4	平成22年	2010年	5.1	7.6
平成2年	1990年	2.1	3.9	平成23年	2011年	4.6	7.1
平成3年	1991年	2.1	4.0	平成24年	2012年	4.3	6.8
平成4年	1992年	2.2	4.3	平成25年	2013年	4.0	5.7
平成5年	1993年	2.5	4.4	平成26年	2014年	3.6	5.4
平成6年	1994年	2.9	5.1	平成27年	2015年	3.4	5.1
昭和49年	1974年	1.4	4.0				

出典:総務省「労働力調査年報」、沖縄県企画部統計課人口社会統計班「労働力調査」

図表2＝全国と沖縄県の完全失業率の推移

出所:総務省「労働力調査年報」、沖縄県企画部統計課人口社会統計班「労働力調査」

3　三K依存経済

復帰前に沖縄経済は、基地、公共事業、キビの「三K経済」と呼ばれてきたが、復帰後はキビに代わって「観光経済」が急成長し、基地、公共事業、観光の「三K依存経済」が特徴となってきた。

三K依存経済の一角を担う観光産業は、復帰直後の四四・四万人の入域観光客数が九三九・六万人と八九五・二万人増と二一・二倍まで激増している。観光収入も復帰時の三二四億円から六、五二六億円（同二〇一八年見通し）と六、二〇二億円増の二〇・一倍と基地経済に代わる「基幹産業」に急成長を遂げている。観光入域客数も観光収入も特にここ数年は、右肩上がりで急増を続けており、「二〇二〇年ごろには一、〇〇〇万人を超える見通し」（沖縄県・観光振興課）で、観光収入も「一兆円規模の達成が目標」（同）となっている。

好調な経済成長に支えられ、沖縄県の県内総生産（県名目）は復帰時の四、五九二億円から四兆六、一三五億円（二〇一八年見通し）と四兆一、五四三億円増と一〇倍に増加している。

一人当たりの県民所得は復帰時の四四・〇万円から二二七・八万円と一九三・八万円増加し、五・四倍に増えている。復帰時に一人当たりの国民所得（全国平均）と比べた「所得格差」は、復帰時の五九・五％から七〇・八％（二〇一五年度実績比較）まで格差は縮小していきている。しかしながら、所得も格差も全国最低・最悪となっている。直近の二〇一五年の一人当たりの県民所得は二一六・六万円で全国平均三一九・〇万円に比べ一〇二・四万円少ない「全国最低」の所得額で、全国平均を一〇〇とした「所得格差」は六七・九％と拡大している。

沖縄経済の「自立度」を測る一つの指標とされる「財政依存度」は、復帰時の二三・五％から直近の二〇一五年度で三八・八％と一五・三ポイントも上昇している。財政依存度で見るかぎり沖縄経済の自立度は「後退」し、「財政依存経済」化が一層進展してきたことになる。

4　第三次産業偏重が生む「低所得」

沖縄県が毎年発行している『一〇〇の指標からみた沖縄県のすがた』（平成三〇年一〇月版）から沖縄経済の特徴を拾うと、少子高齢化社会の進展の中で、人口は増えるものの、製造業など第二次産業が極端に少なく、東京に次ぐ第三次産業依存度が高く、低所得、低賃金、低貯蓄、低持ち家、低進学率、低求人、高失業、高無業者、高離職、低進学、長時間労働という厳しい経済状況が浮き彫りになってくる。

沖縄県人口は全国（一億二、七七〇・一万人）で二五位の一四七・二万人（二〇一七年一〇月現在）。人口の自然増減率は全国がマイナス〇・二六％、沖縄県は〇・三四％増と全国第一位。合計特殊出生率も全国一・四四％に対し沖縄県は一・九五％と全国第一位となっている。首都圏と並び、国内の地方経済では数少ない経済成長を支える「人口増」が当面続く稀有な地域となっている。

県民所得は前述の通り「全国最低」で四七都道府県中四七位。その原因とうかがえる「産業構造」は、第一次産業構成比が全国一％に対し沖縄県は一・三三％と四七都道府県中二五位（一位＝宮崎県四・八四％、四七位＝東京都〇・〇四％）、第二次産業構成比は全国二七・〇三％に対し一四・五二％と全国四六位（一位＝滋賀県四五・二五％、四七位＝東京都一三・七四％）、第三次産業構成比は全国七一・三三％に対し八四・四一％と全国二位の高構成比となっている。第三次産業構成比が最も高いのは東京都八六・一五％（全国一位）で、沖縄県の産業構成比は、ほぼ東京都並の「サービス産業依存」の産業構造となっている。

産業構造の問題では、第二次産業比率の高い上位都道府県をみると一位＝滋賀県四五・二五％（県民所得一二位）、二位＝栃木県四四・四八％（同四位）、三位＝群馬県四三・九〇％（同八位）、四位＝三重県四三・三七％（同三位）、五位＝静岡県四三・〇二％（同六位）、六位＝愛知県四二・一四％（同二位）、七位＝富山県三八・八一％（同五位）、八位＝茨城県三八・二五％（同一〇位）、九位＝長野県三七・三四％（同一九位）、一〇位＝山梨県三七・三二％（同二三位）と、第二次産業構成比の高い都道府県は県民所得でもほぼ上位に位置している。

所得が比較的高い「製造業」構成比が全国平均の二一・五五％に比べ沖縄県は五・〇五％と全国最低（同四七位）となっている。製造業比率が最も高い滋賀県（全国一位）は県民所得順位では一二位だが、二位＝栃木県（県民所得四位）、三位＝三重県（同三位）、四位＝群馬県（同八位）、五位＝静岡県（六位）、七位＝茨城県（一〇位）、八位＝長野県（一九位）、九位＝富山県（五位）、一〇位＝山口県（二五位）と、製造業比率の高さと県民所得の高さに関連性が読み取ることができる。

逆に製造業比率の低い県は、四七位＝沖縄県（県民所得四七位）、四六位＝高知県（同三七位）、四五位＝東京都（同一位）、四四位＝北海道（同三五位）、四三位＝鳥取県（同四六位）、四二位＝

鹿児島県（同四四位）、四一位＝岩手県（同二六位）、四〇位＝宮城県（同一三位）、三九位＝秋田県（同四一位）、三八位＝福岡県（同三一位）と大都市圏（東京都、福岡県）などを除くと、県民所得も比較的低位となっている。

公共工事などに依存する「建設業」構成比は全国平均の五・四一％に比べ沖縄県は九・三八％（同四位）の高水準となっている。第二次産業構成比が低い沖縄県だが、第二次産業の中でも「製造業」比率は、高知県に次いで低くなっている。

「人口」に関するデータでは、婚姻率（千人当たり五・八八件）は全国二位と高いが、離婚率千人当たり二・五七件と全国一位の高さとなっている。離婚率の高さは、結果として「独り親世帯」の増加につながり、貧困率の高さとの関連も指摘される。

「産業・経済」に関するデータをみると沖縄県の民間事業者数は六万七、六四八事業所（全国二五位）と中位にある。企業の新設率も八・一八％（全国五・八九％）と全国一位と起業家精神の旺盛さを示している。一方で、廃業率も八・六三％（全国七・七二％）と全国ワースト三。会社を立ち上げるも、事業継続力の弱さが課題となっている。

産業構造に関しては、前述したように第二次産業比率の低さが特徴で、製造業出荷額は四、四五五億円と四七位、就業者一人当たりの製造業出荷額も全国平均が四、〇〇〇万円に対して沖縄県は一、八九一万円（四七位）と最下位にある。

「生活・環境」に関するデータでは、沖縄県全体の就業率は五〇・三八％（全国五三・六八％）と四四位。女性の有業率は五二・二五％（全国五〇・七三％）で全国七位の高位にあり、前回二〇一二年調査の二二位（四八・四三％、全国四八・二一％）から女性の就業率の向上が加速している。

5 貧困招く「低賃金」の宿泊・飲食業

沖縄県の就業構造をみると、第一次産業の就業者比率が三・一八％（全国三・三一％）で全国二八位、第二次産業の就業者比率が一四・七九％（同二三・三四％）で四七位と、東京都の一五・一五％（四六位）を下回っている。一方で、第三次産業の就業者比率は七七・五九％で一位の東京都（七五・〇一％）に次ぐ全国二位の高位にある。神奈川県（七五・二七％＝三位）千葉県（七五・〇一％＝四位）を抑えて、首都圏並みのサービス産業化が進んでいることが特筆される沖縄県の特徴である。復帰後のサービス産業化の進展は、『就業構造基本調査』（平成二四年＝二〇一二年）からも低賃金・低所得階級を生む要因となっていることが伺える。

サービス産業化は、沖縄県の全国最悪の「貧困率」ともリンクしている。＝図表3

復帰後、「観光立県」を標ぼうする沖縄県だが、観光業の低賃金体質は深刻である。政府・沖縄県主導の経済政策の限界が見えてくる。『就業構造基本調査』をみると、沖縄県の賃金は「宿泊業・飲食業」で年収一〇〇万円未満の就業者が一万六、〇〇〇人を超え、年収五〇万円未満も七、〇〇〇人を数えている。全国平均の所得階級のピークが「製造業」の三〇〇万円～四〇〇万円にあるに比べ、沖縄県の所得階級が三〇〇万円以下に偏っているのが特徴である。低所得階級の多さが、沖縄の厳しい経済環境状況を示している。低所得に伴う沖縄県の「子供の貧困率」（三九％）は、全国平均（一九％）の倍に上り、より深刻な状況が続いている。国政選挙が近づくたびに安倍晋三政権は一〇億円規模の「子供の貧困対策費」を計上するものの、抜本的な解消にはつながらず、むしろ貧困率は深刻度を増している。

　復帰後、政府は沖縄振興計画を策定し「本土の格差是正」「沖縄の自立的経済発展の基礎条件整備」を目標に、モノづくりの強化と製造業の立地促進に取り組んできた。戦後、日本は「製造業が資源のないこの国の輸入加工貿易による発展の基礎」と位置付け、一九六〇年代の高度経済成長を手中に収め、所得倍増計画を実現。その経験を、そのまま米軍統治か

図表３＝所得階級・産業別有業者数の比較（沖縄県・全国）

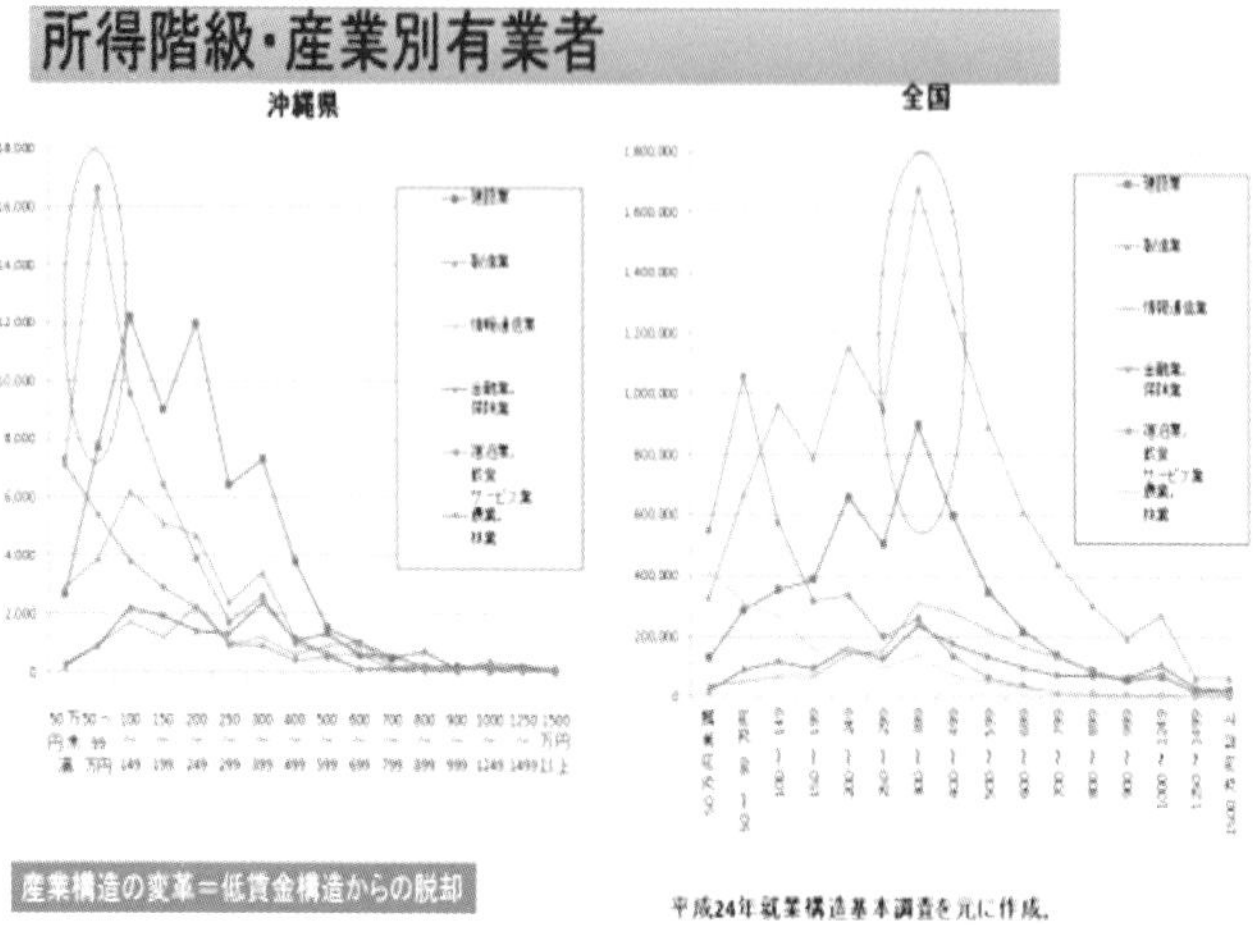

ら日本に戻ってきた「沖縄」に当てはめようとした可能性がある。沖縄県の第一次産業比率は、復帰直後の七・三％が二〇一四年は一・五％まで減少。第二次産業も二七・九％から一三・九％へと半減。政策的に誘導したはずの製造業は、一〇・九％から四％まで比率を激減。建設業も一六・四％から九・六％まで落ち込んでいる。急増したのが第三次産業で六七・三％から八四・五％まで比率を高め、沖縄の経済構造は、観光業など極端なまでに第三次産業に依存する「サービス産業化」を深化してきている。

二　基地経済の不経済化

1　基地依存経済の変化

沖縄経済は、戦後一貫してきた「基地依存経済」が、民間活力と民間企業の活性化、後述する「米軍基地返還跡利用の成功」などにより、「脱基地経済化」を進めてきた。民間経済の活性化と活力の向上で、沖縄県の県土面積の八・三％（二〇一七年三月末現在）を占め、沖縄本島の一四・七％を占拠する米軍基地の経済効果パフォーマンスは低下し、沖縄県内では「米軍基地の不経済化」が指摘されるようになってきた。

しかしながら依然として、沖縄県以外の都道府県においては「沖縄は米軍基地撤去を求める平和パフォーマンスで政府予算を分捕り、基地交付金や軍雇用など米軍依存経済で沖縄経済は成り立っている」との言説が依然として根強く残っている。

基地経済は、相対的には県民総所得に占める基地経済の依存度（割合）は減少傾向にある。しかしながら基地収入総額は復帰時の三倍に増加し、軍用地主の不労所得、基地外米軍向け住宅、基地サービス業の拡大も進んできた。しかし、沖縄県の基地依存度は一九六〇年代の三五％台から一九七二年には一五％台へ。さらに直近の二〇一六年には五・六％と消費税率（八％）を割り込むほどの水準まで、依存度は激減してきている。＝図表4

2　突出する「軍用地料」の伸び

復帰後の基地関連収入の要素を分析すると、軍事施設数は八七カ所から三二カ所に減り、基地面積も二万八、六六〇haから二万二、九九二haと二〇％減っている。一方で、基地収入総額は復帰

図表4＝基地経済の推移

	【1972年】		【2015年】	（指数100＝72年）
基地収入総額	777億円	➔	2,305億円	（296.7）
1：軍用地料	123億円	➔	848億円	（689.4）
施設数	87	➔	32	（36.8）
基地面積	28,660ha	➔	22,992ha	（80.2）
軍用地主数	32,780人	➔	43,330人	（132.2）
2：軍雇用（所得）	240億円	➔	514億円	（214.2）
（雇用者数）	19,980人	➔	8,844人	（44.3）
3：米軍消費支出	414億円	➔	801億円	（195.7）
4：その他	82億円(96年)	➔	141億円	（172）

出典：沖縄県知事公室基地対策課『沖縄の米軍及び自衛隊基地（統計資料集）』（平成30年3月＝2018年3月版）※指数は同データを基に算出。

時の七七億円から四三年間で二、三〇五億円と約三倍に増加している。

基地経済の収入・支出の「要素」をみると「軍用地料」「軍雇用者所得」「米軍消費支出」「その他（米軍基地内需要等の要素所得）」からなる。その中で、軍用地料は一九七二年の一二三億円から二〇一五年には八四八億円と四三年間で六二五億円増加している。七二年を一〇〇とした場合の伸び率は六八九％で、基地収入総額の伸び（二九六％）の倍の水準となっている。

米軍用地の「地主数」も復帰時の三二、七八〇人から四三、三三〇人と一・三倍に増えている。軍用地の相続などによる分割、「一坪反戦地主」の誕生などが要因だが、一人当たりの軍用地料は二〇〇万円前後で推移している。沖縄県の一人当たりの県民所得は復帰後二〇〇万円前後で推移してきたことからみると、軍用地収入は、地主らに対し県民所得並みの安定的な収入をもたらしていることになる。

軍用地料は、復帰後、一般の地価の増減に関係なく右肩上がりで上昇してきた。米軍基地の持つ「迷惑施設」的な存在に対する「迷惑料的配慮」（守屋武昌・元防衛省事務次官＝二〇〇五年八月、筆者ヒヤリング）から軍用地料の嵩上げが、政府の政治的配慮によって意図的に実施されている。

基地経済の「雇用力」は、施設数が復帰時の八七施設から三二施設まで大幅に減少したこともあり、三七％水準まで減少したことなどもあり、復帰時の約二万人から八、八〇〇人と四四％水準まで減少している。基地収入総額が二九七％と約三倍に伸びたのに比べ、雇用者所得の伸びは二四〇億円から五一四億円と二倍程度の伸びに留まっており、雇用効果の喪失と雇用者所得の減少が顕著になっている。
沖縄に駐留する米軍人・軍属・家族の消費支出も復帰時の四一四億円から八〇一億円と一九六％の伸びに留まり、基地収入総額の伸びに比べ、米軍関係者の「消費力」の低下も顕著となっている。ちなみに、沖縄の駐留米軍関係者数は、復帰直後（一九七二年）は四万二、二二九人（家族数は不明）で、家族数が明らかになった一九七四年には六万四八四人をピークに、その後は四万七、〇〇〇人～五万八、〇〇〇人で推移してきた。データが公表されている直近の二〇一一年は四万七、三〇〇人（軍人二万五、八四三人、軍属一、九九四人、家族一万九、四六三人）が駐留していた。

駐留米軍関係者数は、二〇一一年を最後に米軍が「非公表」としたため確認は困難となっている。復帰後、沖縄での駐留米軍関係者数は五万人前後で推移してきたが、「米軍等への財・サービスの提供」は復帰時の四一四億円から八〇一億円まで約二倍に増加している。しかし、この間、沖縄県の県民総所得は五、〇一三億円から四兆三、六四四億円と八・七倍まで増加している。民間経済の成長率に比べ、基地経済の低成長性が顕著になっている。

3　基地経済の「ザル経済」

復帰後、沖縄には「米軍基地維持経費」として二〇一八年度までに六兆五、八〇〇億円（当初予算ベース）が投入された。経費は、基地従業員の給与、米軍基地内で使用される光熱水料、基地内建設費、軍用地料、米軍の訓練移転費などで、いわゆる「思いやり予算」も含まれている。沖縄国際大学経済環境研究所特別研究員の宮田裕は「復帰後、投入された膨大な米軍基地維持経費の大半が本土ゼネコンに還流している構図」を指摘している。

米軍統治下の沖縄で、戦後一九五〇年代に本格化した米軍基地建設は、一九五〇年度で五、〇〇〇万ドル（一八〇億円）。以降一九五三年度までに二億七、〇〇〇万ドル（九七二億円）の基地建設費が投入されたという。宮田は「現在の貨幣価値換算で二兆六、〇〇〇億円」と試算している。

しかし、この米軍基地建設費の大半が、本土大手建設会社によって受注され、建設資金、投下資本の大半が本土に還流し、「日本経済復興の礎となった」と宮田は指摘している。

二〇一三年度から二〇一七年度までの五年間に、防衛省沖縄防衛局が米軍基地建設などのために契約した公共事業発注実績は、総額二、五一三億九、七〇〇万円で、このうち五三％にあたる一、三三三億三、〇八七万円が、本土ゼネコンに発注されている。基地建設のために投入される公共事業費が沖縄経済を潤すものと期待されてきたが、実際には投下資金の半部以上が本

図表５＝「沖縄防衛局発注の公共事業契約額」　（単位：万円）

年度	契約額総額	うち県外企業分	割合
2013年度	1,706,973	492,017	28.8
2014年度	8,054,414	5,648,134	70.1
2015年度	4,486,138	1,808,866	40.3
2016年度	2,760,275	1,055,808	38.3
2017年度	8,131,917	4,328,262	53.2

出典：『沖縄タイムス』（2019年１月６日）『琉球新報』（2019年１月７日）を基に作成

土に還流し、地元への経済貢献度は半分以下に止まっていることが明らかになっている。＝図表5

宮田は「本土ゼネコンは莫大な基地建設資金を受注しているが、沖縄県や県内市町村の税収には貢献していない。基地建設資金が県外に還流し、資金循環効果に乏しく、民間経済の活性化を誘発していない」と指摘している。同様の「還流」は、沖縄振興のために投じられる政府の沖縄予算にも共通している。

4　基地返還跡利用の成功

米軍基地経済が沖縄県経済に与える影響（基地依存度）は、復帰直後の一五・五％（一九七二年）から九五年には四・七％まで減少傾向にあった。しかし九六年以降は五％台に戻り、以後は五％前後で推移してきている。

二〇一八年末から二〇一九年初頭にかけて国会では、経済産業省や厚生労働省の労働統計の調査手法をめぐる不備が指摘され、物議を醸した。実態経済の動静を知る上で重要なデータの収集にあたり、官庁が不正確な調査・統計手法を放置していた問題は、国民経済の正確なデータの喪失を意味しており、経済学者たちにとって、調査・分析や論文の基盤を喪失する重大な事態となっている。

データの信ぴょう性、正確性については沖縄県の「基地経済」についても幾度も論議されてきた。しかし、ここでは沖縄県のデータをとりあえず信頼することとして、検証を進めることとする。

米軍基地は、復帰後五五施設が返還されている。その中でも、大規模返還となった県都・那覇市の中心部にあった「米軍牧港住宅地区」は、返還後「那覇新都心地区」へと大きく変貌している。沖縄県企画部の試算によると基地返還前に五二億円程度だった米軍基地の経済効果は、返還後には民間経済活動の中心となり、経済効果が激増し、返還前の三二倍の一、六三四億円の経済効果を上げている。

同様に大規模返還となった北谷町の「ハンビー飛行場」は、基地返還前の三億円から返還後は三三六億円と一〇八倍の経済効果を生んでいる。

また、那覇市金城の米海軍飛行場施設も返還後、小禄金城地区として再開発され三四億円の基地経済から四八九億円と一四倍の返還経済効果を生んでいる。

米軍用地跡利用で成功を収めているのが「ショッピングモール型後利用」である。大型ショッピングセンターやショッピングモールを中心に跡利用を行うことで、今後、人口集積地域となる沖縄本島中南部以外の中北部地域の基地返還後利用をどう展開するか。県土の均衡ある発展を図るグランドデザインが課題となっている。

5　基地と基地外の経済効果比較

基地経済と基地外の民間経済を比較すると、基地経済の不経済性が浮き彫りになってくる。返還問題が注目される米海兵隊普天間飛行場を例に試算する。普天間飛行場は施設面積四八〇・六haで、国有地が三五・六ha、県有地九・三ha、宜野湾市有地一〇・九ha、民有地四二四・六haで、八八・四%

を民有地が占めている。地主数は三、七二二人で、年間借地料は七四億四、八〇〇万円（二〇一七年三月末現在）。基地従業員数（駐留軍等従業員数）は、二一三人となっている。

民間経済に比べ、基地経済の地域貢献度は五割から二割程度にとどまっている。基地は返還し、民間で後利用した方が、より経済効果が高いという結果が出ている。返還基地跡地の未利用率は年々減少しているが、一方で、北部訓練場など自然保護との関係などから後利用が困難な地域も増えてくる可能性が高まっている。

名護市などでは、返還後利用困難地域の多さや細切れ返還による総合的跡利用計画の策定困難などから基地返還を拒むなどの状況も出ている。

基地、公共事業、観光の「三K依存経済」と言われてきた沖縄経済も、県民総生産は一九七二年の四、五九二億円から二〇一八年（見通し）には四兆六、一三五億円と一〇倍に増加。一人当たりの県民所得も四四万円から二三八万円と五・四倍に増えているが、依然として全国最低の水準となっている。

三　米軍基地問題と沖縄予算

1　米軍基地と沖縄予算の連動

沖縄経済は、投入された政府予算（公共事業費）の本土へのUターン現象が「ザル経済」と指摘されている。「本土との格差是正」と「自立経済」を目標に掲げたはずの政府の沖縄振興開発計画は、結果として財政依存度を高め、自立経済のために不可欠な「自律」を稀薄化させる弊害を生んだと指摘されるようになっている。

政府の沖縄関係予算は、米軍基地問題の動向と連動し、大きく増減を繰り返してきた。米軍基地に反対し基地撤去を求める「革新県政」（屋良朝苗、平良幸市、大田昌秀知事）の下では、沖縄予算は右肩上がりで増加、あるいは乱高下（大田県政）している。

逆に基地・日米安保容認の「保守県政」（西銘順治、稲嶺恵一、仲井真弘多知事）が誕生すると、沖縄予算は横這いか微増（西銘知事）、あるいは右肩下がりで大きく減少（稲嶺、仲井真知事）するという特異な傾向にある。

日米安保を是とする自由民主党や民主党など「保守政権」では、米軍基地の存続を容認し、米軍基地返還に否定的な県知事の誕生は、歓迎すべきことであろう。しかし、国政に協力的な「保守県政」の誕生に対して、「保守政権」は沖縄予算の削減というネガティブな対応を行っている。

本土復帰運動を担った一九七二年の屋良朝苗・革新県政に対して、政府は右肩上がりの予算編成を行い、本土復帰に伴う行政需要や公共事業に対応している。続く平良幸市・革新県政になっても予算額は増加傾向が続いている。

しかし、一九八九年に西銘順治・保守県政が誕生すると沖縄予算は二〇〇〇億円台に据え置かれ、一九九二年の大田昌秀・革新県政誕生までの一二年間、横這いで推移している。西銘県政では一九九七年に一度だけ予算が二、四五〇億円と上昇するが、その理由は米軍基地問題にあり、米軍犯罪や演習被害の増加に対し、西銘知事が訪米し、米政府に「直訴」する事態となり、日本政府はその対応として若干の予算増によって、沖縄県の怒りを鎮める対応に出ている。

その後、誕生した大田革新県政は米軍基地用地の「再契約」拒否運動を展開し、保守政権を揺さぶった。このため、米軍用地の再契約に応じさせるために沖縄予算を乱高下させ、揺さぶりをかけている。二度にわたる米軍用地再契約問題で、大田県政は政府に揺さぶりをかけ、最終的には最高裁判決によって沖縄県の再契約拒否を封じる強権的措置に出ている。その際に、沖縄県の反発をおさえるために投じた予算が四、七二九億円と、過去最大規模に膨らんでいる。＝図表6

図表6＝政府の沖縄予算（補正後）

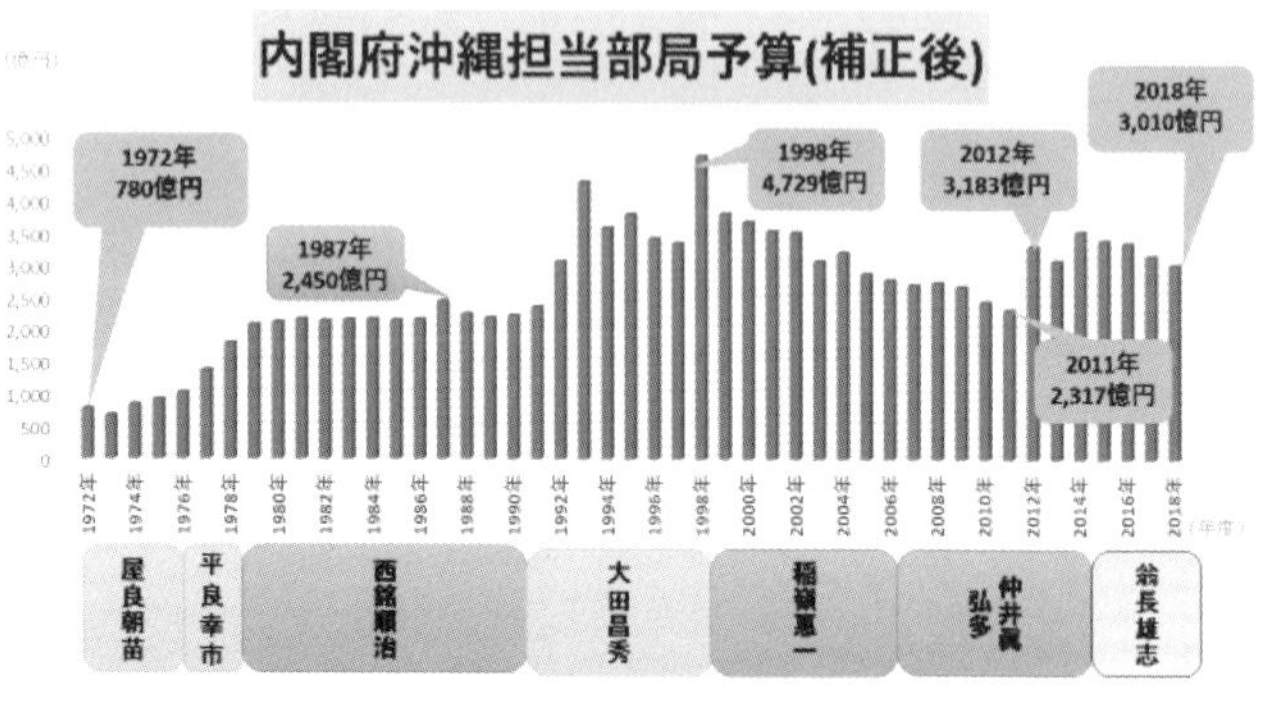

（出所）南西地域産業活性化センター『本土復帰45年の沖縄の経済のあゆみ』をもとに作成

2　保守県政下で減る沖縄予算

その後、沖縄県経済界の重鎮であった稲嶺恵一・県経営者協会会長が政府の後押しを受けて大田氏の対抗馬として知事選に出馬。「政府との対立による沖縄予算の削減」に対する危機と「県政不況」打破を訴えて、大田氏を破り知事に当選した。しかし、稲嶺氏の当選後、政府は「公共事業の一律削減」という全国的な流れの中で沖縄予算の削減に着手している。沖縄経済の活性化に向け「解釈よりも解決」を打ち出した稲嶺知事であったが、皮肉なことに政府は予算削減を続け、二期八年間、政府予算は右肩下がりとなり三、〇〇〇億円を切るに至っている。

続く仲井真弘多知事も保守県政であったが、政府予算は引き続き減少が続いた。二〇〇九年には自民党政権が崩壊し、民主党政権が誕生。仲井真県政は国政野党の政権となった。沖縄予算は引き続き減少を続け、二〇一一年には二、三一七億円と大田県政ピークの半分以下にまで削減されている。

仲井真県政下で政府予算が急増したのは二〇一二年予算。この前年、それまで米軍普天間飛行場返還問題に絡む名護市辺野古への米軍新基地（政府は普天間代替基地と表現）建設に対し事実上容認の姿勢を堅持していた仲井真知事が、県民の反対などを理由に「建設は事実上困難」と建設反対の意志表明をした。その途端、政府の沖縄予算は三、〇〇〇億円台を回復。さらに二〇一三年には「二〇二一年まで沖縄予算の三、〇〇〇億円台維持」と「普天間飛行場の五年以内閉鎖」を条件に、辺野古新基地建設に向けた環境アセスの受け入れを表明。五〇〇億円の上乗せを政府から勝ち取っている。年末の政府予算編成時期に合わせた普天間問題での政府交渉で、予算増額を勝ち取ったはずの仲井真知事は「これでいい正月が迎えられる」とのコメントを発したが、そのことが「基地と引き換えに金をもらった」「沖縄の魂を五〇〇億円で売り渡した」との批判を浴び、県議会で辞任勧告を受ける事態となった。

沖縄予算の大幅増を勝ち取ったはずの仲井真知事は、二〇一四年の知事選挙で三選を目指したものの、与党・自民党からも反発を買い、同じ自民党から対抗馬として知事選に立候補した県連幹事長も経験した翁長雄志那覇市長に敗れ、知事の座を失っている。

政府の沖縄予算は、米軍基地問題と常に連動するかのような形で決定され、増減を繰り返してきた。保守・革新を問わず「イデオロギーよりアイデンティティ」を掲げて「オール沖縄」勢力を発足させた保革連合勢力は「辺野古新基地建設反対」を訴え、知事選で圧勝。翁長県政を誕生させてい

図表７＝政府の沖縄予算（当初予算ベース）

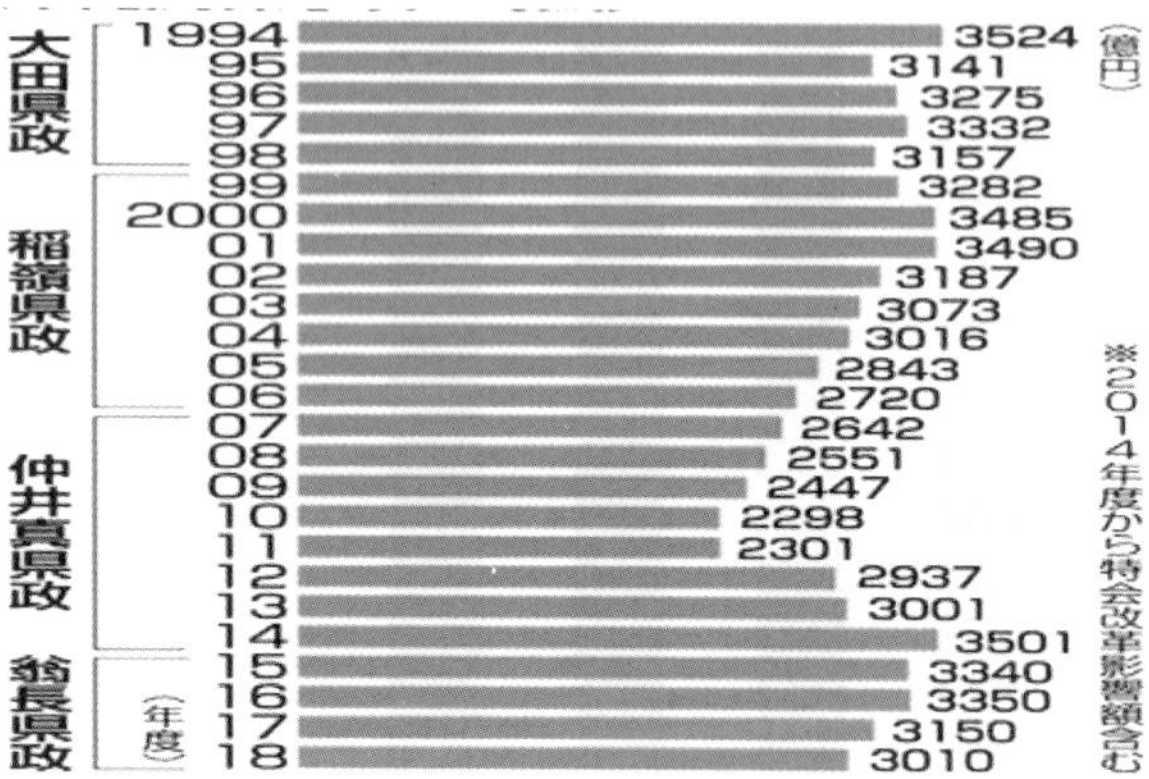

出典：「琉球新報」2018年５月

る。自公政権となる安倍晋三政権は、辺野古新基地建設阻止と脱基地経済を打ち出す翁長県政に対し、予算の削減で揺さぶりをかけている。翁長県政誕生後、政府の沖縄予算は減少を続け、翁長県政最終年の二〇一八年度予算は三、〇一〇億円と就任時に比べ約五〇〇億円の削減となった。

安倍政権は、辺野古新基地建設のための環境アセス受け入れと引き換えに仲井真知事と約束した「二〇二一年まで三、〇〇〇億円台維持」という約束をぎりぎり果たす形で、三、〇〇〇億円台を維持したものの、予算編成の中身は大きく変化している。

3　基地依存迫る政府予算

公共事業依存度の高い沖縄県建設業協会の公共工事受注資料によると、「辺野古反対」と「脱基地経済」を掲げた翁長知事就任（二〇一四年一二月）と前後して、一般的な公共工事費となる「内閣府沖縄総合事務局」発注の公共工事が激減し、基地関連の「沖縄防衛局」の公共事業費が急増し、一般公共事業費を防衛関係事業費が逆転する現象が起きている。

沖縄県建設業協会「建設業の現況」（二〇〇八～一六年度）によると、一〇年度の内閣府発注工事の受注額は二六九億円から五三〇億円と倍増している。しかし、一四年度には二二五億円減少し三〇五億円と、ほぼ半減している。一五年度も六三億円減の二四二億円とさらに減少している。一六年度は二七八億円と若干回復している。

一方で一四年度の防衛局工事受注額は三一六億円と前年度比で倍増している。一五年度も二六〇億円と内閣府受注額を超え、一六年度も二八八億円と逆転している。
「脱基地経済」を目指す翁長県政に対し、「基地依存」を強いる政府の「公共事業と基地問題のリンク」政策の存在を浮き彫りしている。脱基地経済に向けた取り組みは、「経済的合理性」のみならず安全保障政策や日米安保体制との兼ね合いも含めた「政治的合理性」も同時に果たさなければならないという困難を内包している。＝図表8

4　リンクする基地問題と公共工事

西日本建設業保証株式会社の資料『沖縄県内の公共工事動向』をみると政府の沖縄予算が減額され、内閣府や沖縄県、市町村の公共工事費が減少した二〇一七年度の沖縄防衛局予算は一四〇九億円と急増し、総額で三、八二六億円と前年度比一二・八％増と高い伸びとなった。

図表８＝内閣府沖縄総合事務局と沖縄防衛局の公共工事発注状況

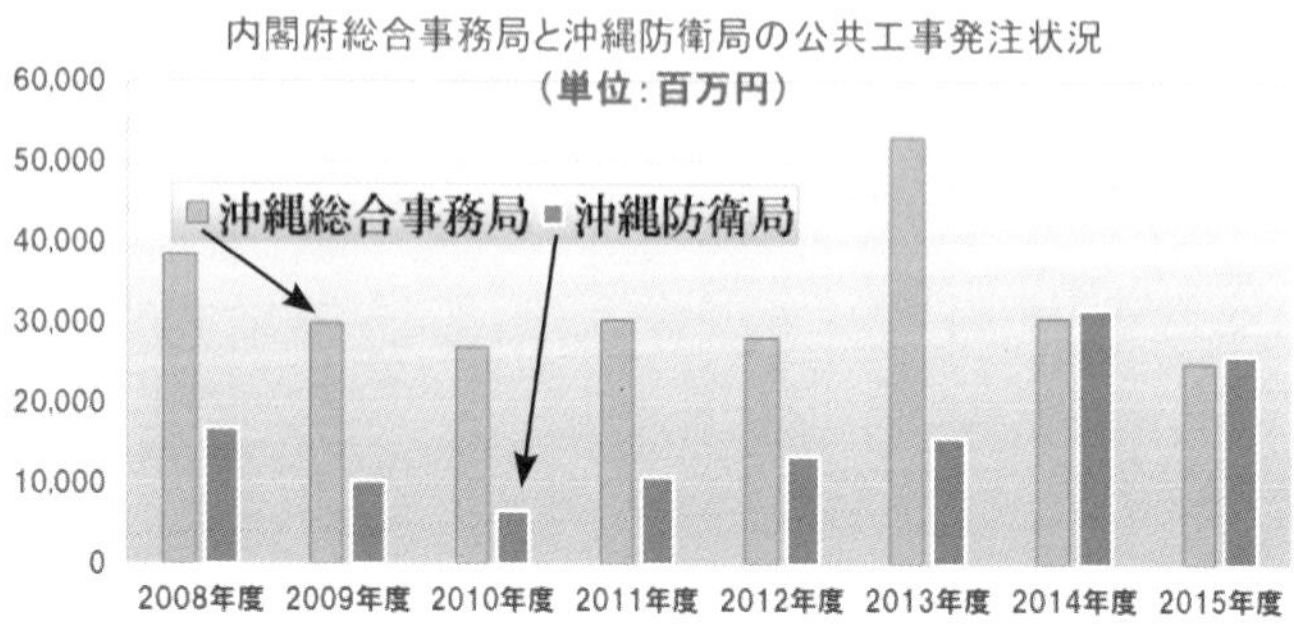

出典：沖縄振興開発金融公庫『沖縄経済ハンドブック』（2012年版～2017年度版）を基に作成
出所：沖縄県建設業協会「建設業の現況」（2008 ～ 2015年度版）

防衛予算の急増の背景について政府は「意図的なものではなく、前年度に未執行だった基地関係工事の発注によるもの」と説明している。一方で、なぜ内閣府予算や県予算が大幅に減額されているのかの説明はない。物議を醸す同データを提供した西日本建設業保証株式会社は、データの提供先からの指摘を受け、次年度以降の同データの公表を控えることになった。＝図表9

沖縄県から国に納められる「国税」は復帰後右肩上がりで増え続け、特にここ数年は好調な観光収入、ホテル建設投資、地価の上昇などもあり、急増傾向にある。二〇一五年度には三、五〇八億円と政府の沖縄関係予算（三、三九二億円）を上回る徴収税額となっている。

図表9＝沖縄県内の公共工事の動向

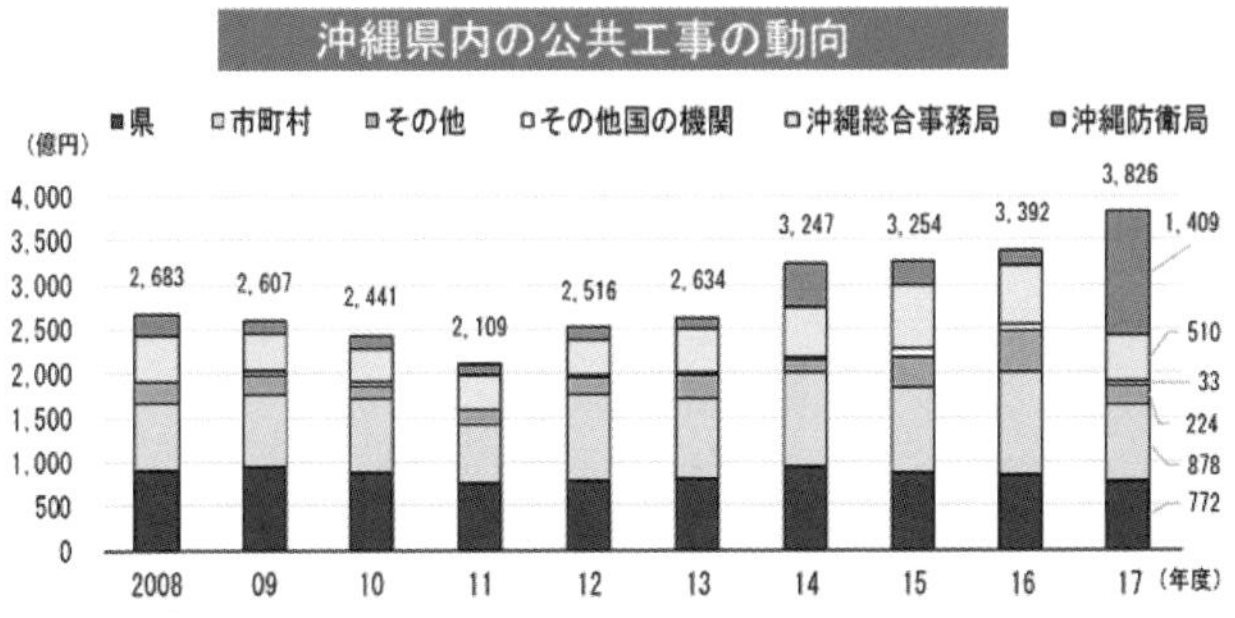

（備考）「その他」は独立行政法人を含む。
（資料）西日本建設業保証株式会社「沖縄県内の公共工事動向」
（出所）南西地域産業活性化センター

四　脱基地経済の可能性

1　伸びる「新一〇K経済」

沖縄県経済の今後の発展可能性として注目されているのが、新一〇K経済である。新一〇K経済とは、健康、環境、金融、交通、研究、教育、交易の新七K経済に、旧三K経済と呼ばれる基地経済の「返還跡利用」、観光経済の「医療ツーリズム」「エコツーリズム」「クルーズ船ツーリズム」、公共事業における「維持・管理・再生型」公共事業などの動きを加えたものである。

「健康」経済では、健康食品（ノニ、ウコン、長命草、天然塩、モズク、月桃等の食品、医薬品開発）の開発。商品化による隆盛が顕著となっている。従来は「一品目一億円」が目標とされてきた健康食品産業だが、近年では「一品目一〇億円」を超える産業に」に成長している。製薬、食品開発なども今後の成長分野として注目されている。

「環境」経済では、赤土流出対策事業などでの新技術、土壌汚染除去、サンゴ復元事業などの新たな事業の誕生が注目されている。新石垣空港建設に関しては、赤土流出防止技術の確立が石垣島周辺海域の赤土汚染防止を可能にすることで事業化に成功した事例などがある。また県内企業（株式会社平仲）が福島原発事故での放射能除染事業に参加し、放射性物質の吸着物質となるゼオライトの供給事業を展開し注目された。

「金融」ビジネスでは、名護市に設置された「金融特区」でのＩＴ金融ビジネス、ネット証券の立地などが注目されている。同事業を巡っては、立地企業の撤退などもあり政府の沖縄振興政策の限界も指摘されるものの、今後の新たな成長分野として引き続き特区の活用が期待されている。

「研究」ビジネスでは、沖縄科学技術大学院大学の開校によるゲノム研究、サンゴ再生、亜熱帯資源開発、ＡＩ（人工頭脳）開発など、新しい産業分野の開拓が急速に進み、先端科学分野の開発拠点として国際的にも注目されている。また、既存の琉球大学においても医療技術をはじめ畜産技術、コンピューターソフト開発など産学官連携による事業化の動きが加速している。

「教育」ビジネスでは、専門学校の隆盛、名桜大学の公立公営化、基地内大学の活用なども論議されるようになり、ベトナムのＩＴ企業によるＩＴ大学の県内設置構想も浮上するなど注目されている。

「交通」経済では、沖縄都市モノレールの首里―浦添延伸、鉄道・ＬＲＴ建設事業構想、宮古・石垣島等での大型ふ頭整備、那覇空港の沖合展開による滑走路増設、那覇―本部半島間の海上交通整備計画、国道拡幅、湾岸道路、高速道路延伸構想などインフラ整備に加え、地域交通の活性化を図るデマンドバス事業の展開、急行・高速バス事業の拡大などソフト面でも拡大が期待されている。

「交易」ビジネスでは、那覇空港を拠点とする全日空による国際航空貨物ハブ事業の展開による航空貨物取扱量の増加など国際航空物流ビジネスの拡大が注目を集めている。同事業をバックアップする形で、アジア企業を招聘した商談会の開催など県を挙げた商談ビジネスも活性化している。

2　アジアの発展地域「沖縄」＝脱基地の可能性

沖縄県内では県外からの移住者が増え、中国、台湾、ネパールなど国外からの移民・移住など、多様な人材が集う地域となり、ホテル・観光業を中心に欧米・アジア各国からの国際資本による投資も活発化している。好調な観光経済をバックに、今後も成長・発展が期待できる国内随一のホットスポットとして地価上昇率は首都圏・東京を超え、宮古島市でも「宮古島バブル」と呼ばれるほどの不動産の売買増と地価高騰が注目されるようになっている。

沖縄県は二〇二一年度に期限切れを迎える「沖縄振興計画」に代わる新たな地域振興計画の検証・策定時期を迎えている。沖縄県にとって今後の一〇年、三〇年、一〇〇年先を見据え、時代の先を読む「新経済発展ビジョン」の策定が急務となっている。

五　おわりに

二〇二一年度に一〇年間の期限を迎える沖縄振興計画の次期振興計画お策定に向けて、二〇一九年三月、沖縄県は現計画の洗い出す事業総点検を行い、新たな沖縄発展戦略の検討を進めている。新進行計画では「沖縄の発展が日本の経済再生につながる論拠をつくりたい」（富川盛武副知事＝元沖縄国際大学学長、同大名誉教授）という。沖縄県が初めて策定の主体となった「沖縄二一世紀ビジョン基本計画」は、二〇一二年度から始まり、二〇二一年度で一〇年の期限切れを迎える。

図表10＝沖縄振興開発計画・沖縄振興計画の概要

項目	第１次沖縄振興開発計画（昭和47年度～昭和56年度）	第２次沖縄振興開発計画（昭和57年度～平成３年度）	第３次沖縄振興開発計画（平成４年度～平成13年度）	沖縄振興計画（平成14年度～平成23年度）
計画の目標	本土との格差の早急な是正 自立的発展の基礎条件の整備 平和で明るい豊かな沖縄県の実現	本土との格差の早急な是正 自立的発展の基礎条件の整備 平和で明るい活力ある沖縄県の実現	本土との格差是正 自立的発展の基礎条件の整備 広く我が国の経済社会及び文化の発展に寄与する特色ある地域としての整備 平和で活力に満ち潤いのある沖縄県の実現	自立的発展の基礎条件の整備 我が国ひいてはアジア・太平洋地域の社会経済及び文化の発展に寄与する特色地域としての整備 平和で安らぎと活力ある沖縄県の実現
基本姿勢				参画と責任 選択と集中 連携と交流
基本方向	社会資本の整備 社会福祉の拡充及び保健医療の確保 自然環境の保全及び伝統文化の保護育成 豊かな人間性の形成と県民能力の開発 産業の振興開発 国際交流の場の形成	特色ある産業開発と基盤整備 豊かな人間性の形成と多様な人材の育成及び文化の振興 住みよい生活環境の確保と福祉医療の充実 均衡のとれた地域社会の形成と活力ある島しょ特性の発揮 地域特性を生かした国際交流の場の形成	自立化を目指した特色ある産業の振興 地域特性を生かした南の文化拠点の形成 経済社会の進展に対応した社会資本の整備 明日を担う多様な人材の育成と学術文化の振興 良好で住みよい環境の確保と福祉医療の充実 都市地域の整備と農山漁村、離島・過疎地域の活性化	民間主導の自立型経済の構築 アジア・太平洋地域の発展に寄与する地域の形成 世界的水準の知的クラスターの形成 安らぎと潤いのある生活空間の創造と健康福祉社会の実現 持続的発展のための人づくりと基盤づくり 県土の均衡ある発展と基地問題への対応
部門別推進方針（振興施策の展開）	交通通信体系の整備 水資源の開発及びエネルギーの確保 生活環境施設等の整備 社会福祉の拡充と保健医療の確保 自然環境と国土保全及び公害防止 産業の振興開発 余暇生活の充実と観光の開発 職業の安定と労働福祉の向上 離島の振興	水資源の開発及びエネルギーの確保 交通通信体系の整備 産業の振興開発 観光リクリエーションの振興 自然環境と国土保全及び公害防止 生活環境施設等の整備 教育及び文化の振興 社会福祉の拡充と保健医療の確保 職業の安定と労働者福祉の充実 国際交流の場の形成と推進 離島の振興	産業の振興開発 交通通信体系の整備 水資源の開発及びエネルギーの確保 観光・リゾート地の形成及びレクリエーションの振興 南の交流拠点の形成 都市・農山漁村の総合的整備と生活環境施設等の整備 自然環境と国土保全及び公害防止 教育及び学術・文化の振興 社会福祉の拡充 保健医療の確保 職業の安定と労働者福祉の向上 離島の振興	自立型経済の構築に向けた産業の振興 雇用の安定と職業能力の開発 科学技術の振興と国際交流・協力の推進 環境共生型社会と高度情報通信社会の形成 健康福祉社会の実現と安全・安心な生活の確保 多様な人材の育成と文化の振興 持続的発展を支える基盤づくり 離島・過疎地域の活性化による地域づくり 駐留軍用地跡地の利用の促進
圏域別開発（振興）の方向	（県土の開発利用の中で圏域別開発の方向を記述：北部圏、中南部圏、宮古圏、八重山圏）	北部圏、中南部圏、宮古圏、八重山圏ごとに記述	北部圏、中南部圏、宮古圏、八重山圏ごとに開発の方向を詳細に記述	北部圏、中南部圏、宮古圏、八重山圏ごとに分野別に振興の方向を詳細に記述

(出所）内閣府沖縄担当部局『沖縄ハンドブック』(2018年３月）206頁「沖縄振興開発計画・沖縄振興計画の概要」

二〇二二年度から一〇年の新たな沖縄振興計画を策定することになるが、沖縄経済の潜在能力を顕在化させるためにも「沖縄振興特別措置法の延長・継続が不可欠」としている。

一方で、沖縄振興特別措置法による高率補助や内閣府沖縄担当部局による沖縄予算の「一括計上方式」、沖縄県や県内市町村の予算編成・執行の自由度を高めた「一括交付金」制度など、他都道府県とは異なる独自の制度は、独自の振興策の展開が期待されながら、実際には内閣府沖縄担当部局による「許認可」によって、事実上骨抜きにされ、不自由な予算内容になりつつある。

沖縄経済は二〇一九年現在、六年連続で景気が拡大し、雇用情勢も着実に改善している。就業者数も一〇万人規模で拡大し、完全失業率も七・四％から三・八％まで減少し、復帰後低迷してきた有効求人倍率も二〇一八年には一倍を超すまでに、成長してきた。県民総生産は三兆六、六七六億円から一〇年間で四兆一、四一六億円と約五、〇〇〇億円も拡大し、県民一人当たりの所得も一九五万円から二一七万円に上昇している。

一方で、県民所得は全国最低の位置に引き続きあり、完全失業率も三・八％まで低下したとはいえ、全国平均（二・八％）に比べ、引き続き全国最悪の水準となっている。

政府の振興策依存では、自立的経済発展の基礎となる「自律的マインド」の醸成に課題が残る。二〇〇二年に筆者と共同執筆で『検証・沖縄問題～復帰後三〇年の課題と展望』（東洋経済新報社、二〇〇二年五月）を執筆した百瀬恵夫・明治大学名誉教授は「政府依存、政府の予算や振興策に依存してきたために、マインドまでも依存度が高まり、本来の自立と自律が醸成されにくくなっている」と指摘してきた。

実際に「酒税減免措置」を受け続けてきた泡盛業界は消費も県外出荷も頭打ちで、同じく酒税減免措置を受けてきたオリオンビールは、本土大手ビールメーカーのアサヒビールに事実上買収され、さらに残るオリオンビール創業者の子孫たちによる外資系投資会社への持ち株売却（二〇一九年二月）の話も急浮上するなど、政府振興策の限界が浮き彫りになっている。

高失業、低賃金、低所得、低貯蓄、その裏にある低進学率問題なども大きな課題となってきた。子供の貧困問題をはじめ、待機児童問題など全国ワーストの厳しい環境が指摘され続けている。厳しい現状を打破するためにも、低賃金構造にある観光業や飲食業の業界改革、所得引き上げ策となる高付加価値化をいかに図るかが緊急の課題である。また、全体的に低賃金構造にある第三次産業の改革をも含め、沖縄経済そのものの産業構造の変革も課題である。

その点では、既存の米軍施設の民間活用など脱基地経済による米軍基地跡地の効果的な活用は、沖縄が持つ大きな可能性といえよう。また「新一〇Ｋ経済」の胎動は、沖縄経済にとって大きな飛躍をもたらす可能性を秘めている。沖縄県が策定したアジア経済戦略計画による新たな市場開拓、経済連携も市場拡大のチャンスを生み出しつつある。全日空による沖縄航空貨物ハブ化や航空機メンテナンス拠点化も新たな産業の動きであり、急成長しつつある沖縄の農林畜産業の成果物を海外市場に売り出すチャンスを広げつつある。

課題が山積する沖縄経済だが、同時に「チャンスはピンチ」とされるように、今後も沖縄経済の新たな可能性をバックアップするよう官民挙げて調査研究に拍車をかけたい。

参考文献（資料・データ）

沖縄県企画部『経済情勢　平成二九年度版』沖縄県企画部、二〇一八年八月
沖縄県企画部統計課『一〇〇の指標からみた沖縄』沖縄県統計協会、二〇一八年一〇月

南西地域産業活性化センター編『本土復帰四五年の沖縄経済のあゆみ』二〇一七年五月
沖縄振興開発金融公庫編『沖縄経済ハンドブック二〇一八年度版』二〇一八年一〇月
沖縄県『沖縄二一世紀ビジョン基本計画―改定計画』二〇一七年五月
沖縄県『沖縄二一世紀ビジョン実施計画―後期：平成二九年度～三三年度』二〇一七年一〇月
沖縄県知事公室基地対策課『沖縄の米軍及び自衛隊基地（統計資料集）平成三〇年三月』沖縄県知事公室基地対策課、二〇一八年三月
沖縄県『沖縄県アジア経済戦略構想推進計画』二〇一六年三月
内閣府沖縄担当部局『沖縄ハンドブック』二〇一八年三月
沖縄県『おきなわのすがた（県勢概要）』二〇一八年六月

島嶼村落における時間割引率による環境配慮行動の違い

渡久地　朝　央

渡久地　朝央・とぐち　ともちか

所属：経済学部　地域環境政策学科

主要学歴：二〇〇二年　酪農学園大学酪農学科　卒業　二〇〇四年 北海道大学大学院農学院修士課程　修了　二〇〇九年北海道大学大学院農学院博士課程　修了

所属学会：日本農業経済学会、日本都市計画学会、進化経済学会

主要論文及び主要著書：

著書（共著、章担当）『地域の自立的発展と空間構造‐北海道開発への新機軸を求めて‐』現代史料出版、二〇〇八.

（共著、章担当）"Regional Economy" Rutledge(Taylor Francis),2013.

論文（単著）「国内製粉業の変遷と中小製粉会社の動向」商學討究第60巻第4号、pp.143-158　2010.

（単著）「農村景観の評価に関する実証分析‐北海道の農村を事例に‐」北海道大学農学研究院邦文紀要第32巻第1号、二〇一一.

（単著）"Understanding Target Points of Landscape Evaluation in Semi-urban Areas: A Case Study of Kuchan and Niseko Towns of Hokkaido in Winter and Summer" Evolutionary and Institutional Economics Reviews,Vol9,pp43-55,2012.

※役職肩書等は講座開催当時

一　はじめに

生物保護や環境保護などに関する活動は肯定的に捉えられており、実際に活動に参加している人、時間の都合が付けば活動してみたい人もいるだろう。

このような環境保全に関する活動は、個人やグループ、または教育活動の一環など様々な形で行われて、その活動の様子はニュースや新聞に取り上げられるなど社会的にも受け入れられている。

しかしながら、社会で認められる活動である環境保全の活動に参加しない人々の割合はたいへん多く、ボランティア組織等でメンバーとして常に活動している人は少数である【1】。

社会で肯定的に捉えられる活動と実際の活動人数が乖離することは、ボランティア活動以外でもしばしば散見される事である。だからこそ、活動することが素晴らしいということもあるが、活動に参加しない多くの人々はそんな素晴らしい活動もしない怠け者と思われてしまう。

経済学では、人々は自身の効用の最大化を測るように行動すると考えられているので、社会で認められているボランティア活動に参加しない人々は、ボランティア活動以外に自身の効用を最大化する対象があるのだと思われる。しかし、ボランティア活動に参加しない人々に、環境保全について考えを聞くと、皆、肯定的な答えを返すのも常である。

このような人の考えと実際の行動の矛盾は、近年、行動経済学という分野で多くの研究蓄積が為されたことで説明されることとなった。

本章では、行動経済学における知見を基に、環境保全に関する活動である環境配慮行動に対象を絞って説明を行う。また、その実証として島嶼村落での時間割引率と環境配慮行動の違いを見ていく。

二　行動経済学での研究成果

行動経済学の初期研究は一九五〇～六〇年代のジョージ・カトーナやハーバート・サイモンにみられる。

それまでの近代経済学では、限界効用の研究にみるように数学を駆使した分析手法の研究が盛んに行われており、分析対象である人の行動を研究することは珍しかった。

また、初期研究では社会科学的な手法や主観的な考え方が含まれていることもあり、数学による計算式の顕示を是非としていた経済学に受け入れられるまで時間を要していた。

しかしながら、ポール・サミュエルソンの効用の測定に関する記述にもみられるように現在の消費と未来の消費には時間による割引が生じるし、その割引には分析対象による偏りがみられることが問題視されていたことから、この研究は注目され続けた【2】。

経済学での時間に関する取り扱いはその解釈の仕方やそれに伴う複雑な証明などから紆余曲折あり、上述のサミュエルソンによる割引効用理論においても仮説と考える研究者も多いのである。

そもそも、経済学における時間に関する研究は貨幣論のジョン・ローが最初とされる。ジョン・

ローは、財産を残すために現在の消費を自制する遺産動機や、健康や天災に影響される生死の不確実性などの観点から経済活動における時間の重要性を論じている。

継いで、アーヴィング・フィッシャーによって、無差別曲線と予算制約線が接している点は現在の消費と未来の消費が最適に組み合わされる最適な交換比率であり、それは利子率で表されることが示された。その後、フィッシャーの研究を基に様々な実証研究が為されることになり、職業と給料の関係や、大学進学率と所得の関係、家電製品の購買と所得の関係などの実証研究が行われることで、上述のように分析対象による偏りが顕在化することにもなった。

このような分析対象による偏りは、人の判断は経験則に基づいているために正しい判断を行ったつもりでも、対象の初期情報や直感によって間違った判断を下すためと考えられ思考のエラー（ヒューリスティック）と行動バイアス（バイアス）と呼ばれる。

経済学では人は自身の効用最大化を目的に正しく行動していると考えられているが、行動経済学ではヒューリスティックとバイアスによって、現時点での効用最大化が未来では間違っているかもしれないことを提示しているのである。

その後、ダニエル・カーネマンやエイモス・トベルスキーを中心に行動経済学は経済学の一分野として認知されるようになり、これまでの経済学で示される合理的な行動だけでは説明の付かない分析対象の偏りについて説明がおこなわれていく。

両氏の分析対象の偏りを説明するいくつかの研究を記載する。

ダニエル・カーネマンと研究を行ったジャック・クネッチは、二グループの学生の一方には高価なペンを、もう一方にはチョコレートを配布してお互いに交換しても良いことを提示したが、実際に交換した学生は一〇％以下という結果になった。

同様の研究として、携帯電話を題材にした研究も行われている。

安価であるが基本的な機能を持つ携帯電話を保有している人達に、高価で最新の機能を持つ携帯電話への買換えを勧める催促を行い、次いで高価で最新の機能を持つ携帯電話を既に保有している人達に、安価で基本的な機能を持つ携帯電話への買換えを勧める同様の催促が行われた。

効用の最大化を基に考えるならば、前者は買換えを行う人が多く、後者は少ないもしくはいないと推測されるが、この実験的な研究の結果は両者ともほとんどの人達が買い換えないと回答していた。

このようないくつかの実験的な研究の結果は、経済学で考えられていた人の合理的な行動とは懸け離れたもので説明が付かなかった。

ダニエル・カーネマンやジャック・クネッチは、このような合理的ではない損をしてしまう行動選択には現状を維持しようとする心理的作用が働いているせいであると考え、人は現状においてリスクが少ないならばリスクやコストを伴う未経験な行動を取りたがらないということから現状維持バイアスと呼ばれるようになった。

このような損をしてまでも現状を維持しようとする行動を利用した方法は、期間限定で無料であるが後になって課金を要求するダウンロードソフトやサービス、返品可能な商品など身近に散見される。これまで競争相手に差をつけるための商習慣として行われてきた短期的には損であっても長期的には利益を上げるといった方法も行動経済学を通した説明ができるようになったのである。

現状維持バイアスが起こる条件はリスクが少ないことであった。そのため、条件を変えた検証も行われている。

検証では、アンケート対象者に八、〇〇〇万円貰える権利か、八〇％の確率で1億円貰えるが二〇％の確率で何も貰えない権利のどちらかを選択する質問を行っている。多くのアンケート対象者は前者の確実に八、〇〇〇万円貰える権利を選択した。これは二〇％で何も貰えないリスクを回避したと言える。しかし、このままだと八、〇〇〇万円の借金を負う可能性がある場合と、八〇％の確率で一億円の借金を負う可能性があるが二〇％の確率で借金を負う可能性がなくなるという質問を行うと、多くのアンケート対象者はリスクの高い後者の八〇％の確率で1億円の借金を負う可能性があるが二〇％の確率で借金を負う可能性がなくなるという方を選択している。このような検証から現状を大きく変えるリスクが生じると現状維持バイアスはなくなることも説明されている。

以上の研究から人は現状の価値を想定して行動を起こしていること、将来への行動は現状の価値が大きく変わらない限りは現状の価値から判断する傾向になることが示唆されている。

身近な例としては流行や期間限定の商品につい手を出してしまうことが挙げられる。現状ではとても魅力的な商品であっても年月が経つと、どうして購入してしまったのかわからない商品は多々あるのである。

このように人は判断する対象に時間軸が加わると、その判断に偏りが出る可能性が高くなり、是非を問うような二者択一の判断が時間によって変化する。これは長短期の時間軸における選好の逆転現象（アノマリー）と呼ばれる【3】。

経済学では時間軸のある分析を行う場合は、費用便益分析に基づく指数型の関数が適用されるのが一般的である。例えば、工場機械の買換時期とその費用は年月の経過に伴い故障の費用の方が高く掛かっていくし、営業車を購入して年月が経過すればその営業車の価値は減少していくといったものである。

指数型の特徴として、機械は年月の経過に伴い故障率は上昇していくが機械そのものの働きは変わらないし、営業車も経年劣化していくが走行能力には変化がない。

しかし、上述の選好の逆転現象（アノマリー）が起こる場合には、その性質自体の価値も減少する。例えば、最新で録画もできるような多機能なＴＶを購入しても、結局、ＴＶ機能しか使用していない場合、録画もできる多機能なＴＶを購入した判断は間違って

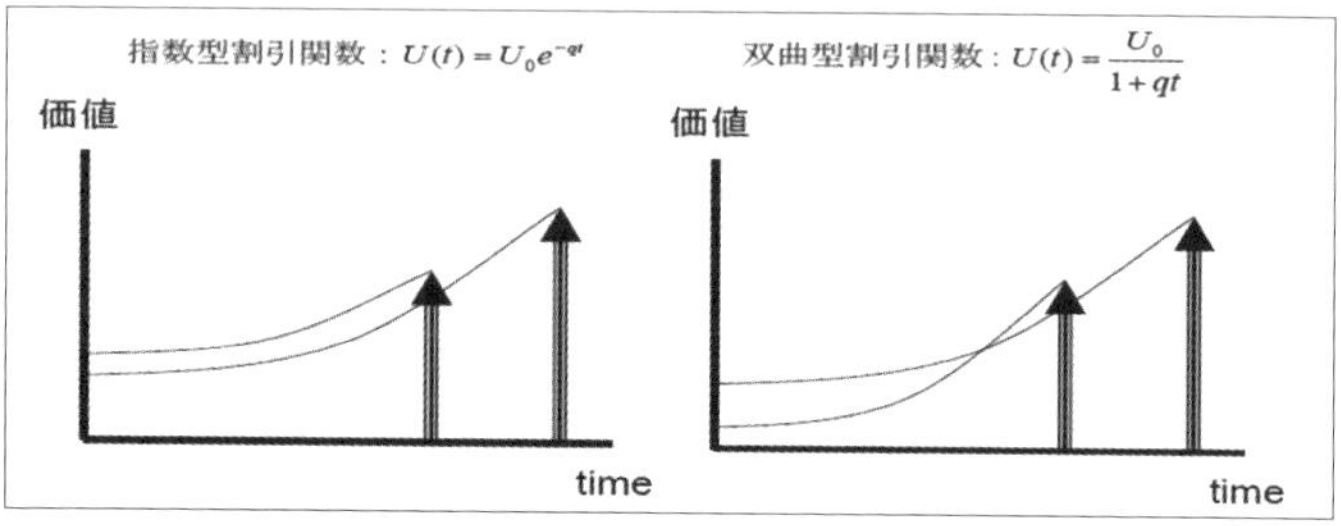

図1　指数型割引と双曲型割引の選好逆転の説明図
（出所：阿部pp.3[4]）

おり、TVを購入すれば安価に済んだはずである。

これは経済学では双曲型の関数で分析するといった違いになる。

図1は対象の価値を縦軸に時間軸を横軸においた指数型と双曲型の関数の違いを表している【4】。図1で示されるように指数型では価値は変化してもその性質自体の差は変化しないが、双曲型では時間が経過するとその性質自体が逆転してしまうのである。

このような研究結果の蓄積から分析対象で見られた偏りのある結果は、一定の条件下によって一般的な分析対象においても見られることがわかってきた。シェイン・フレデリックは、指数型の割引率は一定ではなく増減する事、対象の効用が高いほど割引率は低くなる事、対象による利得と損失では利得の方が効用は高くなる事を明らかにしている【5】。

これらの既存研究によってこれまで経済学では説明が難しかった喫煙と禁煙や、肥満とダイエット、消費と負債などの相反する行動の説明が可能となったのである。

以上のような研究は経済学分野だけではなく社会心理学の分野でも行われている。もともとダニエル・カールマンやエイモス・トベルスキーは心理学者であり、社会心理学での研究では上述の時間割引率は解釈レベル理論で説明され、時間軸による選好の逆転は心理的距離によって表される。

解釈レベル理論では時間割引率とは異なった視点からのアプローチである。というのも指数型や双曲型といった関数に基づく時間割引率だけでは人の感情変化の説明が難しい対象もあるからである。例えば、喫煙と禁煙を繰り返す人や仕事における延期される納期の厳守、結婚式の日付を決めた後のマリッジ・ブルーといった現時点での合理的な判断自体が時間経過と共に覆されてしまうような対象である。時間割引率による研究も比較的新しい分野であるため、説明が難しい対象に新しい関数を用いた研究も為されているが、時間割引率だけではなく人と対象との心理的距離によって説明しようという試みが解釈レベル理論である。

ヤコブ・トゥロープとニーラ・リーバーマンは、表1のように人が対象を判断するとき高次の解釈と低次の解釈といったレベルによる判断が第一に行われ、次いでその判断に基づいて対象との心理的距離が測られると指摘している【6】。

表1　対象の解釈レベル

高次の解釈		低次の解釈
抽象的	←→	具体的
単純	←→	複雑
構造的	←→	非構造的
本質的	←→	副次的
上位的	←→	下位的
脱文脈的	←→	文脈的
目標	←→	関連

解釈レベル理論では、高次の解釈において抽象的・単純・構造的・本質的・脱文脈的・上位的・目標といった対象の特質的な点に着目しており、次いで低次の解釈で全体的な点に注目している。このような対象に対する判断を行った後に、対象の心理的距離を時間的（Temporal）、空間的（Spatial）、社会的（Social）、仮設性（Certainty-Related）、情報的（Informational）、経験的（Experiential）、情緒的（Affective）、展望的（Perspective）に分類して判断をおこなう[4]。

既存研究でヤコブ・トゥロープとニーラ・リーバーマンは、時計付きラジオという商品において上位的な機能（ラジオ）と下位的な機能（時計）が認知される場合に、購入時には心理的距離が遠い上位的な機能（ラジオ）に対する効用を強く意識するが、毎日使用することで時計が正確であるという下位的な機能に効用が移ることを解釈レベル理論の具体例としている。さらに、心理的距離が遠い場合は対象への決定を変更・延期することも可能であることや対象を単純に捉える傾向にあるヒューリスティックな解釈が作用すると考えられている。結果、解釈レベル理論においても対象との心理的距離が存在する場合において判断基準が異なる選考の逆転現象が生じるのである。

時間割引率以外の手法として心理的距離を用いることで人の感情変化を説明することが可能になることが、解釈レベル理論の注目されている理由となっている。

まとめると、行動経済学では時間的距離による割引の概念が存在し、利益や効用の強弱によって割引率が異なる。一方の解釈レベル理論では心理的距離による感じ方が、図2のように商品の機能についてどちらの機能を上位的な解釈にするのか下位的な解釈にするのかで利益や効用の評価が異なり、時間経過に伴い下位的な解釈であった評価が逆転するのである。これは、選好の逆転現象が生じるのは時間的距離と同じであるが、そこに至る過程が異なっている。このような異な

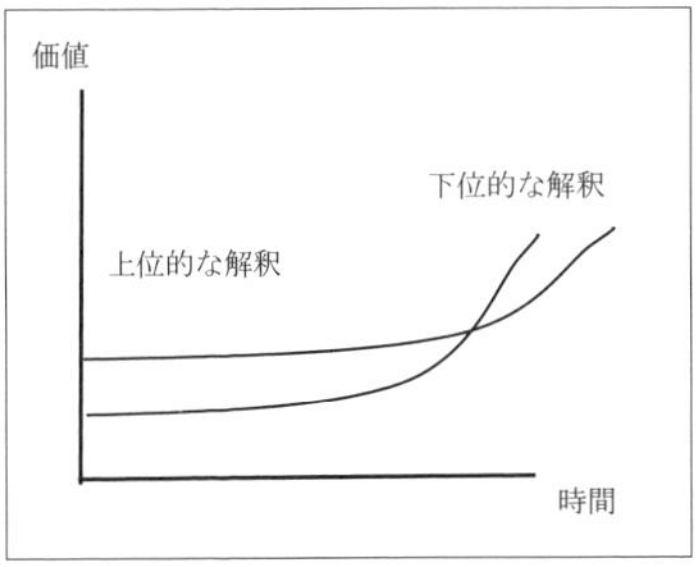

図2　心理的距離における選好の逆転現象の図説

るアプローチについては、解釈レベル理論の拡張や時間割引率のモデルの応用などが多くの研究者によって行われている【4】。

これまでおおまかなに説明してきた行動経済学や解釈レベル理論の既存研究を基に、個人の行動をできるだけ制限することなく地域の環境や伝統・文化の保全に役立つ社会的規範への行動を選択させることが、近年注目されている。

人の対象に対する選好の逆転現象の利点として、個人は初期の有益性を損なうことなく行動の選択を変化させていることにある。

これは"NUDGES"と説明されている【7】。"NUDGES"とは、インセンティブ（Incentives）、対応付け（Mapping）、初期設定（Default Point）、反応（Feed Back）、間違いの予期（Expect Error）、複雑な選択の構造化（Structure Complex Choices）の頭文字から名付けられた言葉であり、人々の行う選択を主体的により良い方向に変化させる方法として提唱されている【7】。例えば、デパートには高価な商品が多いと感じるがトイレを上階に設置すれば帰り際のウィンドウショッピングは階を下るごとに商品の値段が安価になると感じて当初の商品に対する初期設定は変化するだろうし、節電を継続することで電気料金の反応も変わってくる。米国の利上げに関するニュースは円安を予期する人もいるだろうし、保険商品とその税金控除の選択をセールスマンに一任してしまう人もいる。これらは選択時の個人の効用や価値基準で選択されるが、上記の既存研究のように選好の逆転現象も起こりえる。それゆえに、社会全体がより良くなる有益性を損なわない個人の選択を"NUDGES"するような政策への援用が期待されているのである。

"NUDGES"を利用して環境問題での政策を考える際には、実行コストや責任分散の存在、見えにくいメリット、他者の行動パターンの影響、強い自立的側面など様々な阻害要因が指摘されている【8】。例として節電や節水といった省エネ行動は月々の使用料金の減額に繋がり、実行コストに関して目に見えるメリットをもたらすことが認識できるが、節電による地球温暖化への抑制効果や水資源の保全といったことへのメリットは認識しづらいのである。

また、自治体や学校を通して行われる環境教育や環境学習といった行為も学習への満足や知的好奇心といった短期的なメリットは得られても、動植物の保護や地域の環境保全といった長期的なメリットは得づらく、参加してくれない他者との比較や台風といった天候などの不確実性も伴い、よりメリットは感じづらい。

そのため、短期的なメリットを選択するだろう現在に対して高い価値判断を持つ現在志向の傾向を持つ人々は、節電や節水といった目に見えるメリットへの行動は行うが、将来に渡る長期的な環境問題に対する行動は行いづらいと予想されるのである。

以上から、伝統や文化といった社会規範の拡充・政策に援用することを目的に個人の選好と環境配慮行動との関係を確認するため、外部からの阻害要因が少なく、環境変化が起こっている以下の対象地でアンケート調査を行った。

まず。対象とする座間味島は慶良間諸島に属し、沖縄本島から四九・三㎞に位置する面積六・六六平方㎞の有人島である。

三　島民の環境の状態と環境配慮行動

島の人口は約八五〇人で、島の主産業であった漁業は減少し、近年では島の就業人口の九二・六％が観光業を中心としたサービス業に従事している。現在の座間味島の産業構成は、農業従事者が三五戸、耕作面積八三八ａ（じゃが芋、らっきょう、パパイヤ）、漁業従事者が四二名、漁船六六隻（遊漁船含）であり、サービス業は宿泊施設六一施設（簡易宿泊施設含）、観光客収容数は一三九二人、座間味島を訪れる観光客の主目的であるダイビング施設は四一施設となっている【9】【10】【11】。

このように座間味島は那覇市から近いダイビングスポットとして観光業に特化した島内経済で、二〇一四年に慶良間諸島全域が国立公園に指定されてから急激に観光客が増え、海外ガイドブックに掲載されたことを機に特に外国人観光客の増加も顕著である。

アンケート調査は二〇一五年九月二四日～九月二六日及び九月三〇日～一〇月一日で各軒に調査票を配布して島民に回答頂いたもので、有効回答数は八七、アンケートの詳細は表2のとおりである。(1)

表2　アンケート調査項目

質問項目		質問内容	Mean	S.D.
環境状態の認識	問1	島全体の環境状態の評価	3.20	1.22
	問2	身近な環境（7領域）の評価		
		問2-1　海の状態について	2.88	1.08
		問2-2　川の状態について	3.26	0.97
		問2-3　山林の状態について	3.17	0.90
		問2-4　ゴミの状態について	4.07	1.07
		問2-5　騒音の状態について	3.21	0.95
		問2-6　水道水の状態について	3.06	1.09
		問2-7　天候の状態について	2.91	0.78
	問3	身近な環境（7領域）の判断基準		
		問3-1　海の状態について	1.32	0.89
		問3-2　川の状態について	1.38	0.96
		問3-3　山林の状態について	1.27	0.78
		問3-4　ゴミの状態について	1.23	0.70
		問3-5　騒音の状態について	1.15	0.55
		問3-6　水道水の状態について	1.24	0.70
		問3-7　天候の状態について	1.21	0.59
環境配慮行動の状況	問4	環境配慮行動（9領域）の実践状況		
		問4-1　節電行動の有無	1.26	0.67
		問4-2　ゴミ少量化の有無	1.58	0.99
		問4-3　節水行動の有無	1.21	0.63
		問4-4　排水確認の有無	1.17	0.58
		問4-5　環境配慮商品購入の有無	2.31	1.20
		問4-6　ゴミ分別の有無	1.05	0.34
		問4-7　環境教育受講の有無	2.13	2.15
		問4-8　環境広報活動の有無	2.15	1.20
		問4-9　生物保護活動の有無	2.26	1.08
	問5	雨水・地下水利用の実態	3.39	0.97
現在志向の程度	問6	日頃の行動特性	2.97	1.24
	問7	夏休みの宿題の実際の実施時期	3.71	1.75
	問8	夏休みの宿題の実施する計画時期	3.22	2.21
	問9	夏休みの宿題の理想的な実施時期	2.41	1.27
個人属性	問10	居住年数	27.87	24.89
	問11	年齢	49.40	17.09
	問12	性別	1.49	0.50

この座間味島での調査から「環境状態の認識」をみると図3のようになった。

図3から島民は座間味島の環境は全体的には以前と変わらない普通の状態と感じている島民と、あまり良くない状態であると感じている島民に分かれている。ただ、島内のゴミに関しては多くの人が悪い状態であると感じていることが伺える。

次に「環境配慮行動の状況」から島民の行っている環境配慮行動を図4にみると、多くの島民がゴミの分別や節水・節電行動を行っていることがわかる。[(2)]

国立公園にも指定された慶良間諸島の座間味島では国内外からの観光客の増加からゴミ問題を中心に環境の悪化を感じる島民が多く、環境配慮行動もゴミの分別や節水・節電を中心に多くの島民がすでに実施している。

このような観光業が主体となっている島嶼と比較するために、観光客が少ない島嶼でも調査を行った。

調査対象地は大東諸島に属する南大東島で、沖縄本島

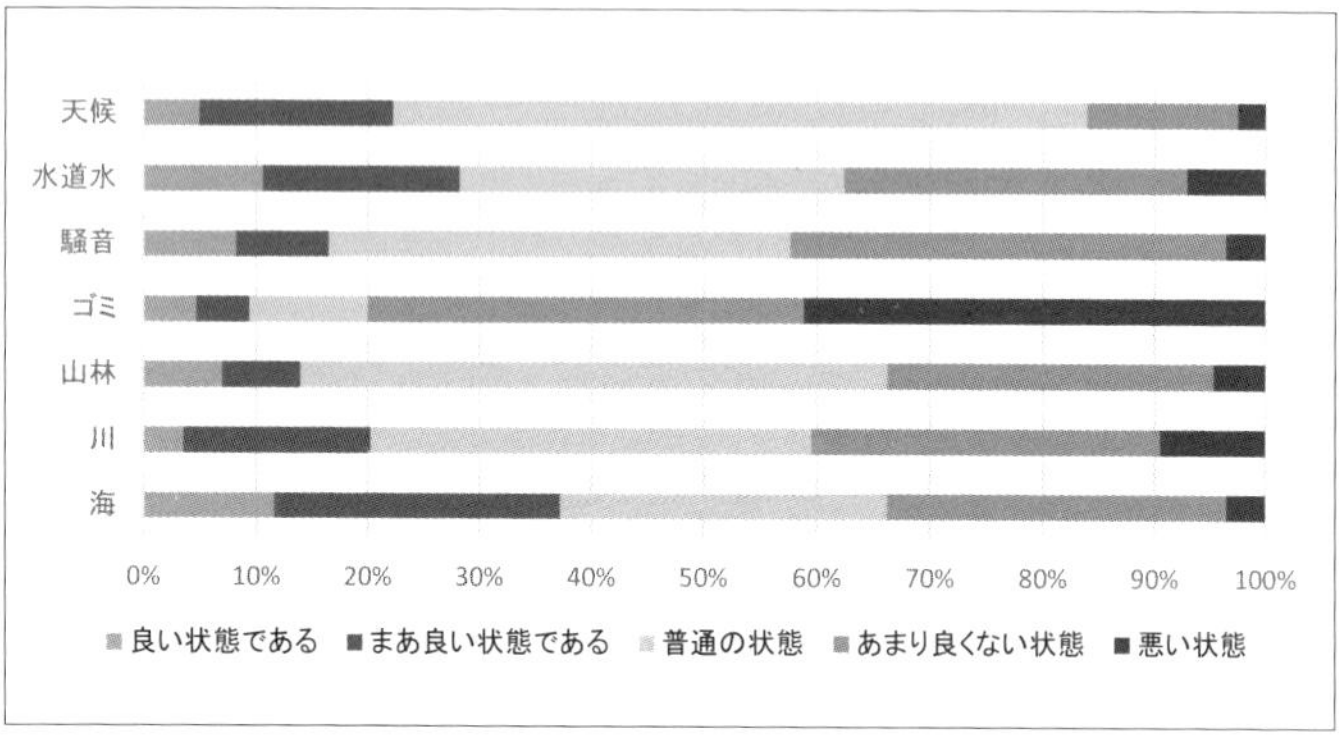

図3　座間味島における環境状態の認識

から東に約三五九㎞離れた農漁業が盛んな島である。

島の人口は一、二八一人で、産業構成は農漁業従事の割合が平成二七年度は二六・四％で村内総生産割合においては一一％を占めており、二次産業の従事者三〇・五％、その村内総生産割合は四九・四％、三次産業の従事者は四三・一％であるがサービス業としての村内総生産割合は七・四％という構成内容となっており、観光業ではなく農業業及び建設・製造業を中心とした産業構成がみられるが、建設・製造業は農地の基盤整備事業と漁港の湾岸整備であり、主産業はサトウキビによる農業が主体の島である【9】【12】。農地面積一、八三〇haと農家一戸当たりでは約八・九haと沖縄県では大規模な農業経営が行われている島で、一〇ha以上の農家数の三五戸と多い。そのため、沖縄県の農業では珍しく大型ハーベスターが導入されるなど機械化が進んでおり、農家一戸あたりの収入も高い【13】。

しかしながら、逆に観光業は宿泊施設が五ヶ所だけで

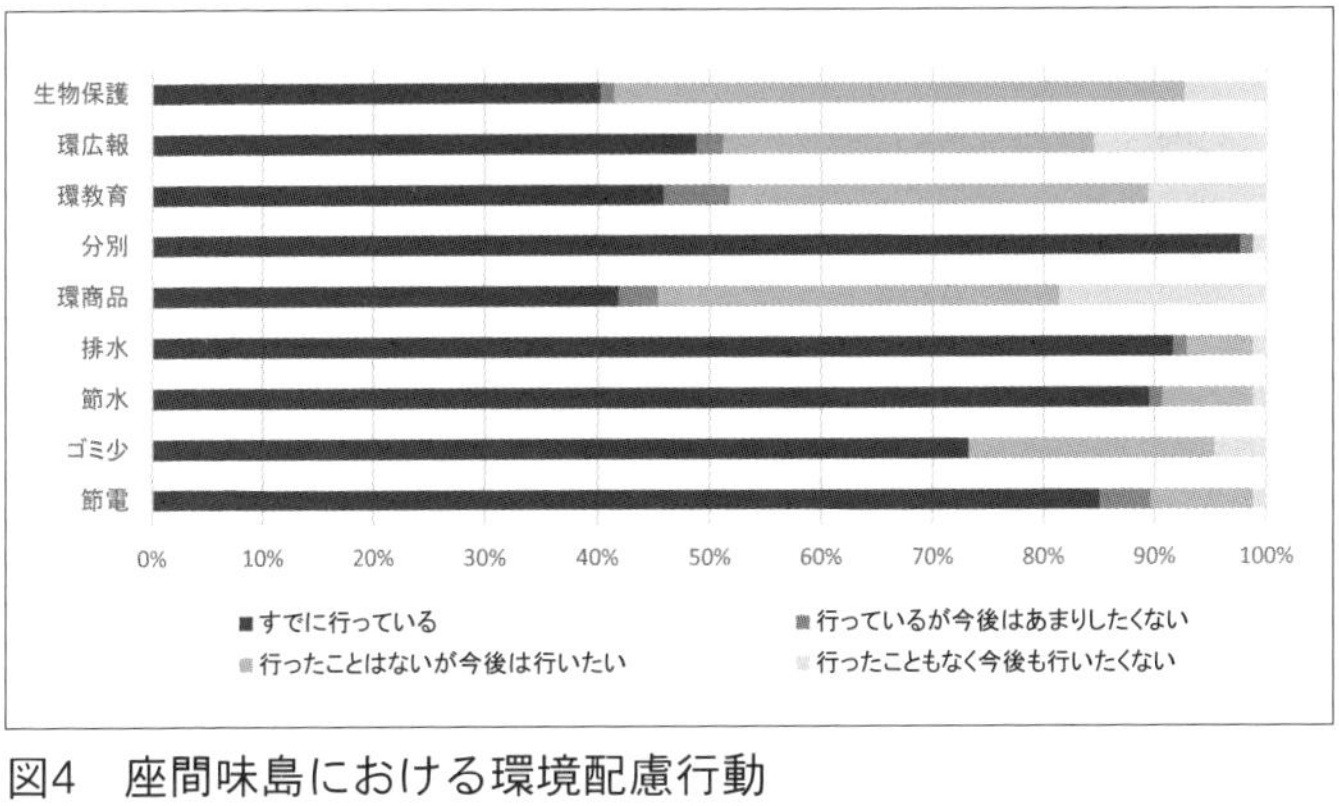

図4　座間味島における環境配慮行動

表3 アンケート調査項目

質問項目		質問内容	Mean	S.D.
環境状態の認識	問1	島全体の環境状態の評価	2.20	1.17
	問2	身近な環境（7領域）の評価		
		問2-1　海の状態について	4.07	0.91
		問2-2　地下水の状態について	3.18	1.00
		問2-3　動植物の状態について	3.46	0.97
		問2-4　ゴミの状態について	3.18	1.11
		問2-5　騒音の状態について	3.98	0.93
		問2-6　水道水の状態について	3.54	0.94
		問2-7　農地の状態について	2.78	0.71
	問3	身近な農漁業（10領域）の状況		
		問3-1　自然環境の保全について	2.60	0.74
		問3-2　水源保全・水質浄化について	2.96	0.76
		問3-3　景観や風土の状態について	3.30	0.72
		問3-4　地域産業の状態について	2.83	0.79
		問3-5　若者の就業状態について	3.04	0.76
		問3-6　地域の活性化について	2.69	0.78
		問3-7　ゴミの量について	2.36	0.73
		問3-8　土地開発について	2.51	0.76
		問3-9　水源の減少について	2.44	0.82
		問3-10　自然環境への悪影響について	1.27	0.45
環境への支払意思	問4	問4-1　年間\1,000の支払意思	1.34	0.48
		問4-2　年間\2,000の支払意思	1.73	0.45
		問4-3　年間\500の支払意思	1.32	0.47
	問5	問5-1　来年度\1,000の支払意思	1.50	0.50
		問5-2　5年後\2,000の支払意思	3.45	1.53
現在志向の程度	問6	夏休みの宿題の実際の実施時期	2.69	1.91
	問7	夏休みの宿題の実施する計画時期	3.06	1.81
	問8	夏休みの宿題の理想的な実施時期	3.32	0.94
環境配慮行動の状況	問9	環境配慮行動（9領域）の実践状況		
		問9-1　節電行動の有無	3.28	0.91
		問9-2　ゴミ少量化の有無	3.43	0.87
		問9-3　節水行動の有無	3.48	0.88
		問9-4　排水確認の有無	2.58	1.05
		問9-5　環境配慮商品購入の有無	3.82	0.49
		問9-6　ゴミ分別の有無	2.45	1.01
		問9-7　環境教育受講の有無	2.55	1.00
		問9-8　環境広報活動の有無	2.55	1.01
		問9-9　生物保護活動の有無	2.44	0.99
	問10	雨水・地下水利用の実態	3.02	1.18
個人属性	問11	居住年数	25.64	23.72
	問12	年齢	48.37	15.27
	問13	性別	1.54	0.50

島外からの観光客数も年間四、三三六人（平成二五）と少なく外部からの観光による影響は比較的少ない島でもある。

このように前述の慶良間諸島の座間味島と比較すると観光客数は約一／一八倍（平成二五）と少なく、そのために手付かずの自然環境が維持されている。

アンケート調査は二〇一七年一一月六日～一一月一三日で各軒に調査票を配布して島民に回答を頂いた。有効回答数は一四七で、アンケートの詳細は表3と基本的な質問内容は前述のアンケート調査と同様である。

比較するために座間味島と同様の「環境の状態の認識」図5と、「環境配慮行動の状況」図6をみる。

観光客の少ない南大東島の環境の状態はとても良い状態だと思うとまあ良い状態だと思うが全体的に多くみられ、悪い状態だと思っている島民の割合は非常に小さいことがみてとれる。

次に南大東島の島民の環境配慮行動は図6のように

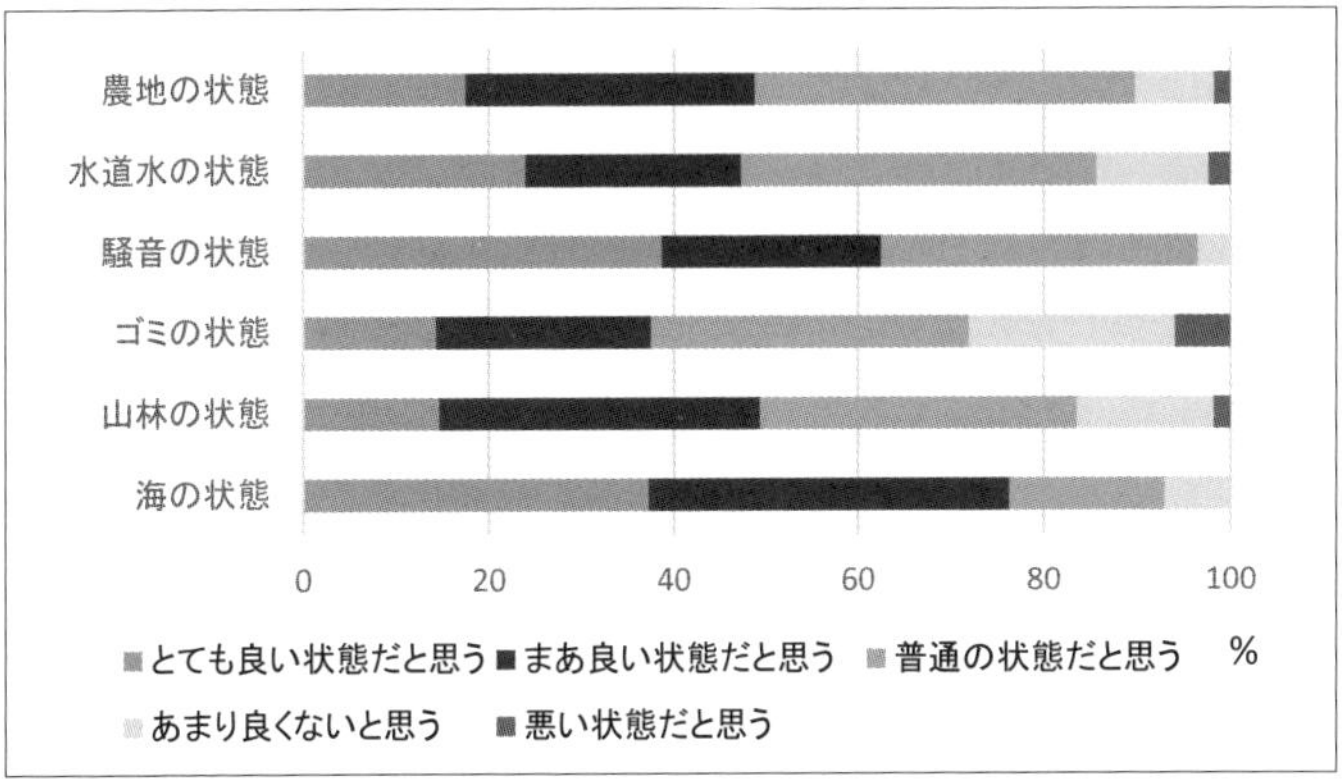

図5　南大東島における環境状態の認識

多くの島民が実行しているが、前述の座間味島と比較するとその割合は低くなっている。

　座間味島と違って観光客によるゴミ問題や水資源の問題という目に見えるリスクがないことからも、南大東島の結果は予想ができるものである。

　異なる主産業を持つ島嶼の違いはこのような全体的なデータからは見つけづらい。そこで前述の時間割引率を用いて島民の行動選択の違いをみていく。

　以下では具体例として座間味島と南大東島の島民のデータを用いて分析例とする。

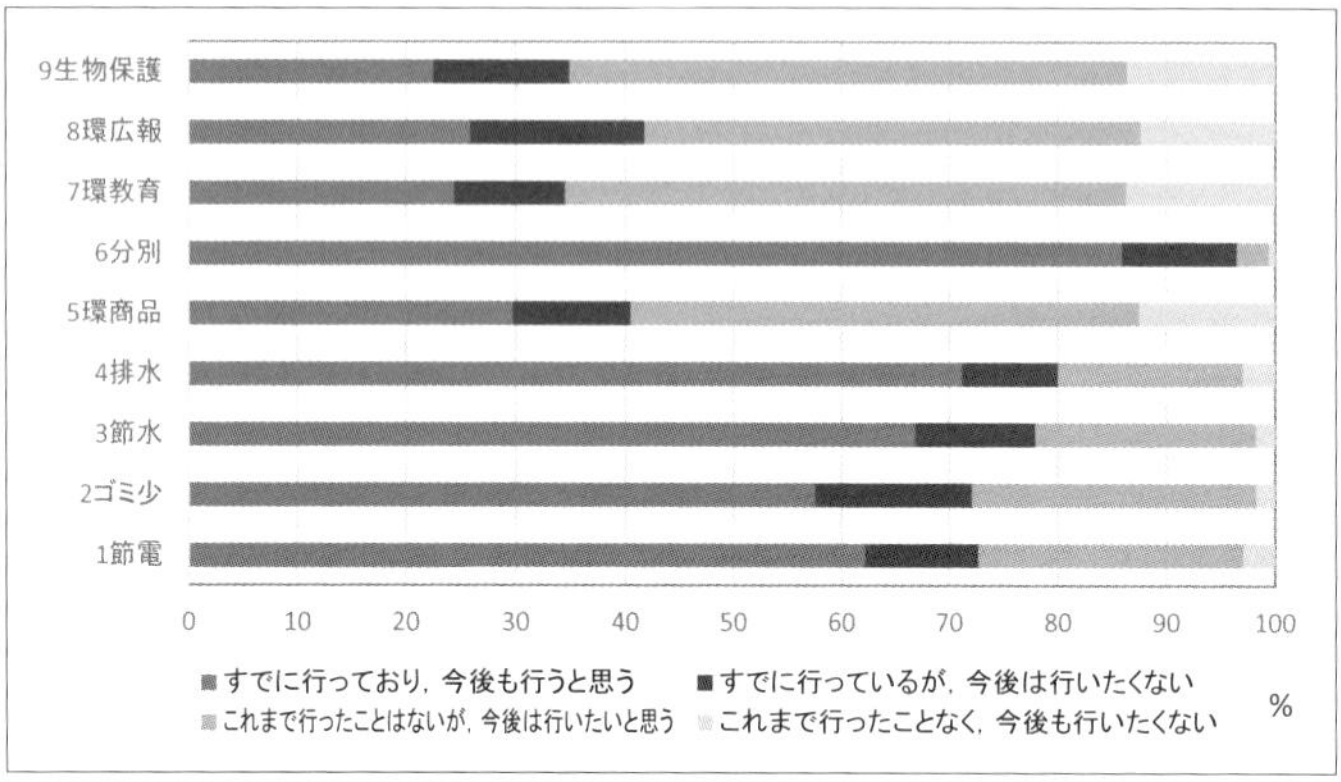

図6　南大東島における環境配慮行動

四　時間割引率による島民の環境配慮行動の違い

まず、時間割引の算出を以下で行った。

使用するアンケート調査項目は、表2のアンケート調査項目の現在志向の程度の一つである「夏休みの宿題の実施時期」（問7）と「夏休みの宿題の実施する計画時期」（問8）の差分から時間割引率を算出した。本論文のアンケートで質問した夏休みの宿題は、全国の小学生に課せられた規準の課題で決められた期間内（沖縄県では36日間）にこなすことを約束させられている。そのため、対象者の時間割引率を一定の期間内に統一することができる。

既存研究にある解釈レベル理論では、年齢による心理的距離の割引率が関係していることが指摘【14】されているが、アンケート回答者は小学生の頃の時間割引を回顧して回答したと考えると、規準の課題は一律で夏休みの日数が少なくなるほど割引率は高くなるという同じ条件下であることから一定割引が適用されると考えられる。

一定割引では割引効用モデルが用いられるが、これはSamuelsonの消費者行動理論に関する「効用の測定に関するノート」【2】が基となっている。

$$D(k) = \left({}^{1}/_{1+(\rho-\rho')}\right)^{k} \qquad (1)$$

割引効用モデルでは定まった選好基準（ここでは時間割引率）が設定されており、式（1）では割引率D(k)は期間内（k＝36日間）で一定の時間割引率（ρ－ρ'）によって算出される。

上記の既存研究からも時間軸が長いと選考基準は一定の減少率ではない双曲割引が指摘されているが、夏休みの期間という一定の短い期間内で同じ分量の課題において時間割引率（ρ－ρ'）は一定割引であると本章では考えて式（1）から算出すると、アンケート回答者は時間割引率を示したグループ（n＝40）と、ほとんど時間割引率がみられないグループ（n＝39）の二つに区分された(3)（n：除外数8）。

以上のように区分した二グループの時間割引率と環境配慮行動（図4）の関連性をみていく。

まず、ほとんど時間割引率がみられないグループの環境配慮行動について因子分析を（2）式によっておこなった。

$$x_i = \alpha_i \eta_i + e_i \qquad i=1\sim9 \qquad (2)$$

（2）式では、x_iが夏休みの宿題を早めに行ったグループの観測変数を表し、η_1が潜在変数をα_1が因子付加量を、が誤差項を表している。

ここで扱う観測変数は個別の多面的機能であることから因子抽出は、観測変数間に相関が無いと仮定して一般的なバリマックス回転を行った。使用したデータのサンプル数は36である（n：除外数3）。

結果、ほとんど時間割引率がみられないグループでは、「日常生活において節電などの省エネ活動に努める。」（〇・七八七）、「日常生活においてできるだけゴミを出さないようにする」（〇・七四六）、「日常生活において節水に努める」（〇・七五四）、「ゴミの分別を行う」（〇・八三七）となった。これらの累積寄与率は四八・六％と四個の観測変数でほぼ半分を説明し、有意であった。

次に時間割引率を示したグループについて同様に問４の九個の観測変数を利用して同様な因子分析をおこなった。

この際の変数は（２）式のx_iは時間割引率を示したグループである。その他の変数は上記の分析と同様にη_iが潜在変数を、α_iが因子付加量を、e_iが誤差項を表しており、バリマックス回転で行った。使用したデータのサンプル数は40である。

結果、夏休みの宿題を遅めに行ったグループでの共通性は、「環境教育・環境学習活動に参加する。」（〇・六四一）、「環境に対してよいと思うことを知人や友人に伝えたり広めたりする」（〇・七五三）、「島と周辺の海に生息する野生生物の保護活動を行う」（〇・七六五）となった。これらの累積寄

表4　ほとんど時間割引率がみられないグループの結果

	固有値	寄与率	累積寄与率
因子No.1	2.873	31.92%	31.92%
因子No.2	1.501	16.68%	48.60%
共通性		初期	
問4-1　節電に努める		0.787	
問4-2　ゴミを少なくする		0.746	
問4-3　節水に努める		0.754	
問4-4　油などを排水しない		0.217	
問4-5　環境配慮商品の購入		0.291	
問4-6　ゴミの分別を行う		0.837	
問4-7　環境教育の受講		0.71	
問4-8　環境情報を広める		0.705	
問4-9　生物の保護活動		0.291	

与率は五五・六五％と三個の観測変数でほぼ半分を説明し、有意であった。

このように座間味島における全体の環境配慮行動は図４のようにみられるが、時間割引率を基にグループ分けを行うと異なる行動選択がみてとれる。ほとんど時間割引率がみられないグループでは節電・節水といった個人で行うことが可能で目に見えるメリットが得られる行動が主体であるが、時間割引率を示したグループでは一人では実行が難しくメリットも得づらい行動を選択する傾向がみられた。

南大東島のデータを用いて同様に時間割引率から二グループに分けて因子分析を行うと、ほとんど時間割引率がみられないグループ（n＝70）では「環境に対してよいと思うことを知人や友人に伝えたり広めたりする」（〇・七一九）、「島と周辺の海に生息する野生生物の保護活動を行う」（〇・六一二）という結果に、時間割引率を示したグループ（n＝93）は日常生活において節水に努める」（〇・五三四）、「環境に対してよいと思うことを知人や友人に伝えたり広めたりする」（〇・五〇八）となり、あまり時間割引率に依らない結果で、座間味島の島民とは異なる行動を示した。南大東島

表5　時間割引率を示したグループの結果

	固有値	寄与率	累積寄与率
因子No.1	3.013	33.48%	33.48%
因子No.2	1.995	22.17%	55.65%
共通性		初期	
問4-1　節電に努める		0.338	
問4-2　ゴミを少なくする		0.409	
問4-3　節水に努める		0.473	
問4-4　油などを排水しない		0.232	
問4-5　環境配慮商品の購入		0.235	
問4-6　ゴミの分別を行う		0.288	
問4-7　環境教育の受講		0.641	
問4-8　環境情報を広める		0.753	
問4-9　生物の保護活動		0.765	

については現在分析中であることからより詳細な結果は別典としたい。

五　まとめ

行動経済学で言われる現在志向はすべての人にみられることであるが、観光客が大勢訪れ環境に対する認識が懸念される座間味島において、時間割引率がみられないグループは環境配慮行動において節電や節水といった1人でも実行可能な自己利益に繋がる行動を選択しており、時間割引率を示したグループは環境情報を広めたり、希少生物の保護活動など複数人でないと実効できない必ずしも自己利益には繋がらない行動が選択されるという異なる結果が見られた。

しかし、観光客があまり訪れない環境に対す懸念も少ない南大東島では時間割引率による行動の違いはあまりみられない。

これは現在志向において島民の優先している対象が異なっていることが示唆される。

経済活動において決めたことを実行することで得をするのは時間割引率がみられないグループであるが、自然環境という大きな対象に対して一人で行えることは限られていることから、時間割引率がみられるグループのように自己利益は後回しに他者との係わりに利益を求める人々の存在を上手に"NUDGES"させることができれば島の環境改善に有益であると考えられる。

この傾向には島のコミュニティの存在も島民の行動に関わっていると推測されるが、本章で挙げた二島だけではコミュニティの影響力や時間割引率と環境配慮行動の関連性について語ることは難しい。そのためにもより多くの地域でケーススタディを集めていくことが必要と思われる。ケーススタディが増えれば、より複雑な要因を持つ都市部での活用が期待されることから、今後、沖縄全体の環境改善にも寄与すると考える。

註釈

(1) 本論文では、国立公園に指定されて観光客が急激に増加した座間味島を対象にJSPS科研費26281060」(代表：小樽商科大学、山本充教授)の助成を受けた「環境と行動に関するアンケート」に基づくデータを利用した。

(2) 図4「環境配慮行動の状況」(問4)の「環境配慮商品を購入している」(問4―5)は、島内の売店の商品が限られていることから実行している人は低い結果となっている。

(3) 式(1)は消費者行動理論が基であり、割引率の算出だけを目的にしている。夏休みの宿題という完遂することを課せられた同じ分量の課題であることから、消費量を伴う効用関数について本論文では扱わない。

[参考文献]

【1】内閣府「特定非営利活動法人及び市民の社会貢献に関する実態調査」2015.
【2】Paul A. Samuelson "A Note on Measurement of Utility" The Review of Economic Studies (4), pp155-161, 1937.

【3】Loewenstein, G. and D. Prelec, ”Anomalies in Intertemporal Choice: Evidence and an Interpretation ”Quarterly Journal of Economics, 107,2, pp.573-597,1992.

【4】阿部誠、守口剛、八島明郎「選考の逆転：解釈レベル理論に割引の概念を組み込んだモデルによる分析」、MMRC discussion papper series、469、2015。

【5】Shane Frederick, Gerge Loewenstein”Time Discounting and Time Preference: A Critical Review” Journal of Economic Literature, vol.XL,pp.351-401,2002.

【6】Trope, Y. and N. Liberman ” Termporal construal and time-dependent changes in preference” Journal of Personality and Social Psychology,79(6),pp.876-889,2000。

【7】Thaler ,R.H. and C.R. Sunstein ”Nudge Improving Decisions About Health, Wealth, and Happiness”2008。

【8】今井芳昭「環境配慮行動を促すための社会心理学的アプローチ」エコ・フィロソフィ研究、2、pp.107-128、東洋大学、二〇〇八。

【9】総務省統計局「労働力調査年報」二〇一五。

【10】総務省統計局『平成二二年国勢調査』二〇一一。

【11】沖縄県統計課統計資料室『沖縄の統計』二〇一五。

【12】総務省統計局『平成二七年国勢調査』二〇一六。

【13】農林水産省『作物統計調査』二〇一六。

【14】Daniel. Read and N.L. Read ”Time Discounting over the Lifespan” Working Paper No: London

School of Economics (04)63, 2004.
【15】Fish-burn, Rubinstein, "Time preference" International Economic Review, 23(3),1982.
【16】Trope and Liberman, "Temporal construal and time-dependent changes in preference" Journal of personality and Social Psychology, 79(6),pp.876-889,2000.
【17】阿部周造、「解釈レベル理論と消費者行動研究」流通情報、41（4）、pp.6-11、2009。
【18】池田新介、大竹文雄、筒井義郎「時間割引率：経済実験とアンケートによる分析」Osaka University ISER Discussion Paper,638,2005。
【19】David Libson" Golden Eggs and Hyperboliv Discounting" Quarterly Journal of Economics,112(2),pp.443-477,1997。
【20】Trope.Y. and N.Liberman" Temporal Construal" Psychological Review,110(3),pp.403-421,2003.
【21】沖縄県観光商工部『平成二三年度観光統計実態調査』二〇一一。
【22】依田高典、西村周三、後藤励『行動健康経済学－人はなぜ判断を誤るのか』日本評論社　二〇〇九。
【23】池田新介『自滅する選択－先延ばしで後悔しないための新しい経済学』東洋経済新報社　二〇一二。

観光地の活性化と観光関連税

上江洲　薫

上江洲　薫・うえず　かおる
所属・職名：沖縄国際大学経済学部教授（地域環境政策学科）・図書館長
最終学歴：一九九七年立正大学大学院文学研究科地理学専攻博士課程単位取得退学
博士（地理学）立正大学
専門分野：観光地理学、観光地運営、地域振興、エコツーリズム、観光と環境。
主な著書・論文：二〇一五年「沖縄県内の大規模ホテルにおける廃棄物削減の取り組みと食品リサイクル」沖縄国際大学経済論集九―一。二〇一四年「環境基金を活用した環境保全の持続的活動の構築：沖縄県宮古島市の観光関連団体の取り組みを事例として」沖縄国際大学総合学術研究紀要十七―一。
※役職肩書等は講座開催当時

一　はじめに

地域の活性化には商業施設や工業施設などを誘致したり、各種のイベントの開催や伝統行事の復活を促すなど、多くの手法がある。観光による活性化では、ホテルやテーマパークなどの建設や道路や港などのインフラ整備などを行うことが多く見られた。しかし、この手法では一部の関係者に多くの利益をもたらし、外来資本であれば、その利益の多くが域外に流出してしまう。

一九九〇年代に入り、大規模施設を中心とした活性化手法が見直され、グリーンツーリズムやエコツーリズムなどの持続可能な観光を導入したり、着地型観光や食文化を生かした観光とまちづくり、城下町や門前町などの地域資源を活用した地域活性化など、観光と関連する地域活性化は地域住民が主体となって推進され、年齢や職種を問わず多種多様な住民や域外の専門家などが参加するようになっている。

近年では訪日観光客の増加により、インターネットの接続状況の整備や多言語化した案内標識などのハード面の整備や多言語対応の人材育成などのソフト面の充実が求められている。観光地での日本人観光客数が横ばいもしくは減少するなか、訪日観光客の増加に対する対応が急務となっている。その施策の財源として、国や地方自治体では観光関連税の制定が増加している。

訪日観光客を含む観光客の受入体制の充実は今後、重要な要素になると考えられる。そこで本稿(1)は観光地の活性化の現状と久米島町のアレルギー対策旅行の取り組みを事例として、その特徴とその課題を考察する。また、近年増加した宿泊税や環境目的税などの観光関連税の現状と課題を考察する。以上二つの考察を通して今後の観光地のあり方を考えたい。

二　観光地の活性化

1　観光地域づくりの取り組み

観光地の活性化を目的にした観光地域づくりは、地域資源を活用とした持続可能な観光が増加している。いくつかの事例を挙げると、群馬県大田原市では、市を中心に、観光協会や商工会、JA、地域住民団体などにより「大田原グリーン・ツーリズム推進協議会」が発足し、農家に宿泊しながら農業体験や地域の生活や歴史、文化などの地域資源を活用した体験プログラムを提供している。また、大田原市と民間で設立した「(株)大田原ツーリズム」は受入窓口の中心的役割を持つと共に、研修や体験・安全管理などの農家の受入体制の向上を図り、受入農家の副収入の増加をもたらしている。

コウノトリの最後の生息地である兵庫県豊岡市では、コウノトリを観察できる施設の整備や湿地の保全活動などを行うエコツアーが行われており、これらの取り組みを「コウノトリツーリズム」としている。コウノトリの餌場確保のための農薬や化学肥料を使用しない「コウノトリ育む農法」も推進され、この農法で生産された作物は付加価値が高く、農家の所得向上をもたらした。豊岡市内の城崎温泉では、コウノトリ基金の募金箱が設置されたり、エコツアー客が温泉街で宿泊する一方で、観光事業者が積極的に保全活動に参加しており、地域経済も活性化している。

一方、地域資源を活用するだけでなく、ブランディングやマーケティングなどを積極的に取り入れている地域もある。敷田ほか（二〇〇九）はブランディングを「地域資源から観光サービスをつくり出すための地域資源への働きかけ、地域資源の付加価値を高めること」、マーケティングを「積極的に地域のコンセプトを説明し、地域外にPRすること」として、これらを重要視している。また、観光客の受入体制やノウハウ、利益を地域資源への還元や再投資、それらの中心的役割の必要性を述べている。

石垣市でも地域ブランディングを活用したまちづくりを展開している。二〇〇七年から石垣市商工会を中心に展開された「いしがきブランディングプロジェクト」は観光による地元石垣への経済効果を高める仕組み作りが必要として、利益を地元事業所で循環させる地域内経済循環システムの構築と自然環境の保全と有効活用する持続可能な観光産業を目的に展開された。主な事業として、地域通貨の「アトム通貨」の流通や植樹活動などを行うカーボンマイナスツアーなどが実施された。この他、星空観察ツアーが注目を集めるなど、新たな地域資源を活用とした取り組みが見られる。

2　久米島町の食物アレルギー対応事業

(1)観光客の動向と事業の展開

久米島における観光客数の動向をみると、二〇〇三年では一〇万人を超えていたが、二〇一一年には八万人を下回っている。二〇一七年の観光客数は、一〇九、七四二名となり、二〇一一年度と比較して約三万人増加し、その伸び率は一・三七倍となっている。しかし、石垣島が二・〇九倍、宮古島が二・九七倍であり、久米島は低い伸び率となっている（図1）。

久米島の観光客数は前記したように伸び悩み、訪問理由をみると周遊ツアーが安価で、宿泊施設などの島内事業者の収益性が低く、また、久米島が他の地域にない独特の観光商品を創出できていなかった。[2] そこで、島内事業者などの三名が発案し、東京のコンサルタント会社と連携して久米島町へ食物アレルギー対応旅行の提案を行った。

一般的に、食物アレルギーを持つ人がいる家族は、旅

図1　久米島・宮古島・石垣島における観光客数の推移

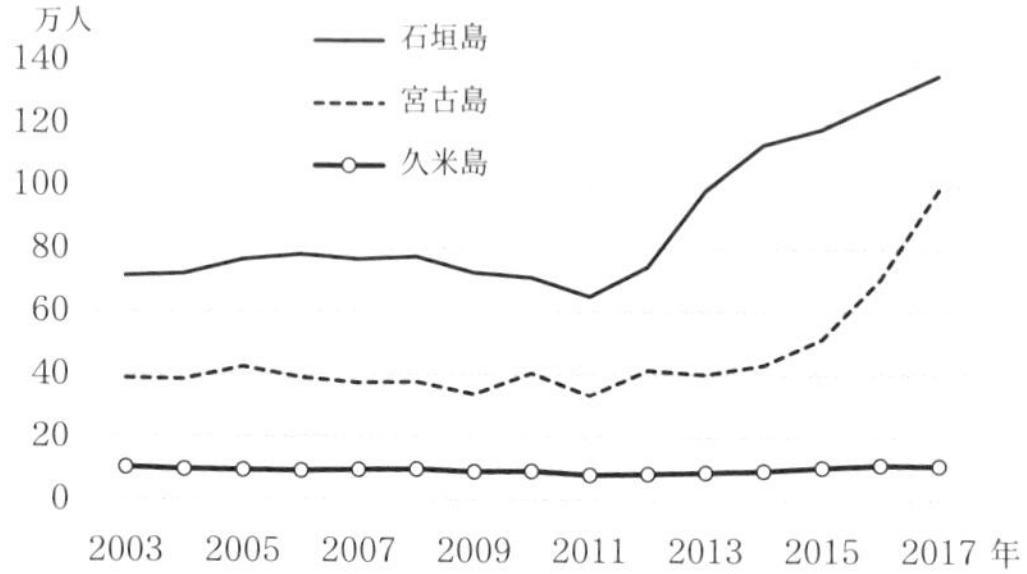

資料：沖縄県「観光要覧」久米島観光協会、石垣市、宮古島市の資料により作成。

行先の宿泊施設にアレルギー対応食の提供が可能かなどを事前に直接問い合わせる必要がある。その対応が可能な宿泊施設は大規模ホテルが多く、その場合でも何回も連絡しながら食事内容を調整することがある。最近では、ホテルが食物アレルギー対応体制をホームページで紹介している場合もある。しかし、食物アレルギーを持つ人がいる家族にとって、これらの調整は精神的にも負担であり、また、食物アレルギーに対する宿泊施設の認識が不十分でアレルギー症状が発症する不安から、多くの場合、必ずしもこのような家族の旅行は多いとはいえない。

久米島町では二〇〇七年に、「バーデハウス久米島」を運営する株式会社オーランドが代表団体として、三つのリゾートホテル、久米島町役場、久米島病院などで構成される企業連合（コンソーシアム）が食物アレルギー対策の旅行商品を推進することとなり、二〇〇七年度の経済産業省「サービス産業生産性向上支援調査事業」というビジネス化の可能性を実証する委託事業に応募した結果、ビジネスモデルとして採択され、二〇〇七年六月から事業がスタートし、同年一二月にはモニターツアーが実施された。このモニターツアーでは、家族旅行が初めて実現したり、家族が一緒に同じものを食事できる幸福感を得たり、久米島全体での取り組みに感謝するなどの感想があった。[(3)]

食物アレルギー対応旅行の受け入れ体制であるが、食物アレルギー患者がいる旅行予定家族から相談を受けたり、この相談をホテルなどの関連施設と調整を行う専門相談員である「久米島コンシェルジュ」が久米島観光協会内に配置され、各事業者と情報共有を持ち連携を高め、リスクの少ない食事・観光・部屋を提供することになった（図2）。コンシェルジュは食事以外にも宿泊部屋のアレルギー対応も行い、羽毛・ソバガラ以外の寝具やタバコ臭のない部屋の用意などを対応する。アレルギーの原因となる一〇品目（卵・乳・小麦・そば・落花生・大豆・ゴマ・ナッツ類・エビ・カニ）を除去したアレルギー対応食は二〇一一年二月現在、島内の三つのリゾートホテル（二〇〇八年九月現在では「レストハウス畳石」でも対応食を提供していた）で用意され、緊急時には公立久米島病院が二十四時間対応できる体制を構築し、二〇〇八年六月から旅行商品「久米島食物アレルギー対応プラン」の販売を開始した。久米島町で食物アレルギー対応事業を行う有利性は、アレルギー症状が発症した場合、島内なら二十四時間対応の久米島病院に行くことが可能となっていることである。なお、このプランは航空券や宿泊費用とは別に申し込む必要があり、食事代やアレルギー対応サービス料を支払う必要がある。

この食物アレルギー対応プランの実施するにあたり、久米島町民や事業者にアレルギーに関する事前講習会を開催

図２　久米島の食物アレルギー対応旅行における連携体制

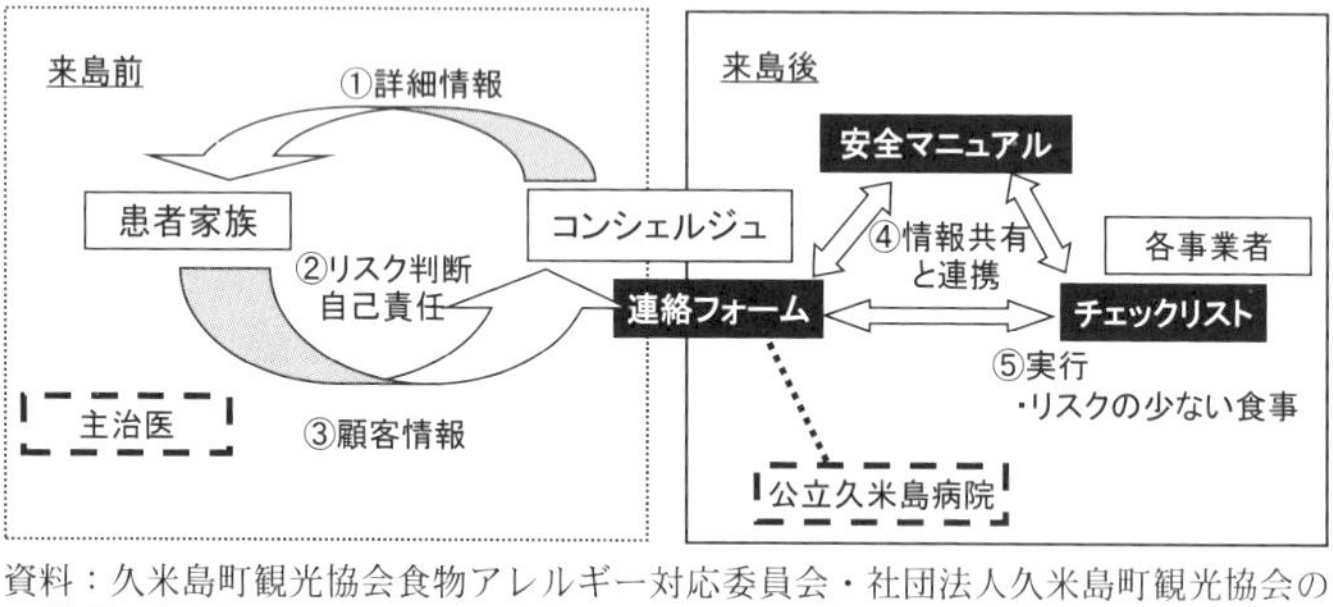

資料：久米島町観光協会食物アレルギー対応委員会・社団法人久米島町観光協会の資料による。

し、島全体で受け入れ体制を整いている。通常は競合関係にあるホテルがこの取り組みで連携を図るのは、社会的事業であるコミュニティ・ビジネス（ソーシャル・ビジネス）的要素を含まれている。二〇一〇年現在、「食物アレルギー対応委員会」が設置され、「リゾートホテル　久米アイランド」、「久米島イーフビーチホテル」、「サイプレスリゾート久米島」、「バーデハウス久米島」、シーカヤックやシーサー作りなどの体験を提供する「NPO法人島の学校久米島」、「日本トランスオーシャン航空㈱久米島支店」、「久米商船㈱久米島支店」、コンサルタント会社の「㈱エボリューション」、「久米島町役場」、「公立久米島病院」などが連携を取って受け入れ体制を整えている。

二〇一〇年度は、沖縄県産業振興公社の「OKINAWA型産業応援ファンド事業」により食物アレルギー患者会や専門医などが視察を行い、受け入れ関係者が食物アレルギー対応に関する助言を受けたり講習会が開催[(4)]されたりして、地域全体で受け入れ体制の向上を目指している。また、リピーターのためにも、食物アレルギー対応食のメニューのリニューアルも実施されている。

(2)事業の利用動向と課題

二〇〇八年七月現在では、二〇〇八年七月初旬で親子三名の二家族（延べ六名）がアレルギー対応プランで来島し、サイプレスリゾート久米島に宿泊した。レストハウス畳石などでも食事を行い、ハテの浜でも野外活動を体験している。久米島食物アレルギー対応旅行の久米島来島家族数とその延べ人数の推移をみると（図3）、二〇〇七年度はモニターツアーのみであったが、二〇〇八年度は旅行商品として久米島食物アレルギー対応プランが販売され、二〇一〇年度には四九家族、一八九名がこの旅行商品に参加している。しかし、二〇一〇年度以降、家族数や参加人数は減少している。これは事業開始当初多くのメディアに取り上げあれ認知度が高まったが、その後、メディアに取り上げられる頻度が減少したこと、食物アレルギー対応食を提供する沖縄県内のホテルが増加したことなどがあるが、最大の要因は食物アレルギー対応旅行の家族と久米島の関係者をつなぐコンセルジュが二度の産休・育休を取得し、一年間アレルギー対応旅行の受入停止を行ったためと思われる。

　季節的には子供が休み期間である夏休み・冬休み・春休みに食物アレルギー対応旅行が多いが、最も多いのが海水浴が可能な時期であり、航空機の東京直行便が運航する夏期の七月と八月に集中している。夏の繁忙期に食物アレルギー対応の食事を用意

図3　久米島食物アレルギー対応旅行の久米島来島家族数とその延べ人数の推移

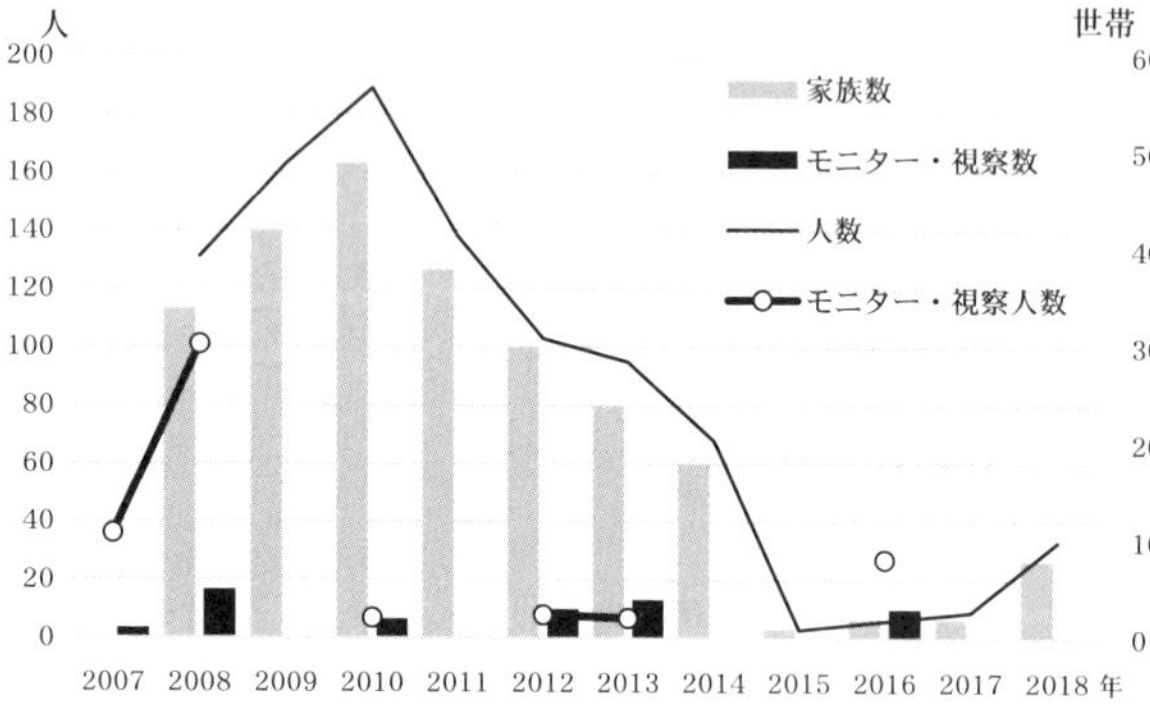

資料：久米島町観光協会の資料により作成。

する厨房スタッフは、それに対応した食材の確保とともに、食事を安全に提供できるように調理器具を分けて調理する必要がある。また、ホールスタッフはアレルゲン食材が付着していないテーブルや椅子を準備する必要がある。このためには三週間前までの食物アレルギー対応旅行の申し込みや食事開始の時間を守ることが安全を担保することになる。

ホテルなどの観光業界では、離職率が高いうえに、担当部署の移動もあり、担当が食物アレルギーの専門知識の維持やその知識を取得する機会作りが難しくなっている。

三　観光関係税の現状と課題

1　国際観光旅客税と宿泊税の特性

国や地方自治体などは観光地における自然環境の保全やプロモーション事業などに多くの財源を使用している。しかし、新たな事業や事業計画などの支出する財源を確保できないため、近年、観光関連税(5)や入域料などの導入の動きが国や地方自治体において広がっている。

国は二〇一八年四月に、「国際観光旅客税法」が成立させ、日本から出国時に一人千円を二〇一九年一月から徴収することになった。この旅客税は「観光先進国実現に向けた観光基盤の拡充・強化を図るための恒久的な財源を確保するために」創設され、船舶または航空会社が外国人や日本人を問わず日本を出国する者からチケット代金に上乗せされて徴収され、これを国に納付する仕組み(6)である。諸外国における出国旅客負担の特徴をみると、オーストラリアでは「出国税」が一九七八年に導入されたが、用途は出入国管理などであるのに対し、韓国や中国では観光振興に使用されている。一方、香港やイギリスでは一般財源化されている（表1）。

2　宿泊税の現状と課題

地方税の法定外目的税には宿泊税がある。二〇〇二年一〇月に東京都で初めて導入された宿泊税は近年導入する自治体が増加し、二〇一七年一月には大阪府が導入した（表2）。沖縄県でも二〇一七年一一月に宿泊税の導入を検討し始めた。このほか、京都市では二〇一八年一〇月より、金沢市でも二〇一九年に宿泊税が導入予定である。宿泊税の導入経緯をみると、東京都は「地方主権にふさわしい地方税制について意見を求める知事の諮問を受けて」発足した東京都税制調査会がホテル税を提言し、国際都市としての東京の魅力を高める一方で、旅行者に行政サービスの応

表1　諸外国における出国旅客負担の特徴

	名称	対象者	徴収額	用途
豪州	出国旅客税	出国旅客	60豪ドル（約5,230円）	出入国管理、国境警備、観光振興等
台湾	空港サービス税	出国航空旅客	500台湾ドル（約1,810円）	歳入の半額が観光局予算に充当
韓国	出国納付金	出国旅客	航空：1万ウォン（約900円） 船舶：1千ウォン（約90年）	観光振興基金に充当
中国	空港管理費	空港出発旅客	国内線：50元（約840円） 国際線：90元（約1,500円）	国際線利用者の90元のうち、20元が観光振興基金に充当
香港	航空旅客税	出国航空旅客	120香港ドル（約1,670円）	一般財源
英国	航空旅客税	空港出発旅客	距離、座席クラス等に応じて：13ポンド～438ポンド（約1,860円～約62,600円）	一般財源

出典：観光庁（2017年）「新たな観光財源の確保策について」

分の負担を求めるためにホテル税の創設が提言された。京都市でも景気変動等に左右されない財源確保を図るために、自主財源の拡充強化による財源の自主性や安定性を高める必要があるとして、まちづくりに関する財源の在り方が検討され、宿泊税が導入された。一方、金沢市では金沢経済同友会からの提案を受けて市長が宿泊税の検討を表明した。

東京都と大阪府では税率で一万円未満に対して税を課していないが、近年制定された京都市や金沢市では行政サービスを一定程度享受しているとして低額な宿泊料金の宿泊客にも負担を強いている。納税義務者をみると、東京都がホテルや旅館の宿泊者であり、大阪府は加えて簡易宿泊所や特区民宿における宿泊者も含めている。一方、京都府はホテルや旅館、簡易宿泊所に加えて、課税の公平性の観点から、いわゆる違法民宿などの宿泊者も含めている。

税収の用途をみると、訪日観光客の増加に主に対

表２　地方自治体における宿泊税の制定状況

自治体名	東京都	大阪府	京都市	金沢市
導入時期	2002年10月	2017年1月	2018年10月	2019年4月
税率	10,000円未満：なし 10,000円以上15,000円未満：100円 15,000円以上：200円	10,000円未満：なし 10,000円以上15,000円未満：100円 15,000円以上：200円	2万円未満：200円 2万円以上5万円未満：500円 5万円以上：1,000円	2万円未満：200円 2万円以上：500円
税収の用途	インバウンド対応を行う観光事業者への支援や観光産業人材の育成、水辺の活用、ライトアップによる演出やアニメやマンガ等の観光資源の活用、観光情報センター整備やハラールなど多様な文化・習慣への対応など	Free Wi-Fi設置促進、宿泊施設での多言語化・IT環境の整備、多言語観光マップの作成、イルミネーション整備やナイトカルチャーの発掘・創出、文化フェスティバルの実施など	予定：混雑対策として観光案内標識の設置・改良、臨時案内所の機能拡充、民泊の通報・相談窓口の体制強化、宿泊施設の経営強化・魅力発信支援、インバウンド需要獲得強化・マナー啓発、文化振興・美しい景観の保全など	想定：歴史的まちなみや景観の保全、伝統文化・伝統芸能の支援、インバウンド対策の強化、文化・スポーツツーリズムの推進、無許可・無届出の宿泊施設に対する監視・指導の強化など

出典：各自治体のWebページ（2018年９月４日閲覧）より作成

応したハードやソフトの事業が共通してみられる。具体的には、ハード事業ではFree Wi-Fiや観光案内標識などの設置、ソフト事業では海外の文化理解やマナー啓発、アニメやナイトカルチャー活用などもみられる。その他、京都市や金沢市では宿泊施設の経営強化や無届民泊の監視なども、税収の用途として想定されている。

宿泊税には課税対象の公平性、受益と負担の関係性など、いくつかの課題がある。

課税対象の公平性に関して、東京都や大阪府では一万円未満の宿泊者に対しては徴収を行っていない。しかし、大阪府では二〇一七年七月一日に、課税対象の公平性から簡易宿泊や民泊特区・住宅宿泊事業法の届出による民泊の宿泊施設に対しても課税対象を拡大している。この大阪府の課税対象の拡大に対して、東京都も同様な拡大を検討している。東京都では旅館・ホテル営業の宿泊施設を対象としているが、簡易宿泊や民泊特区・住宅宿泊事業法の届出による民泊には課税対象となっていないが、税の公平性の観点から課税すべきという意見があるものの、一泊一万円以上の民泊は少なく、その税収効果も限定的で、徴税コストも高くなることを踏まえ、今後、総合的に検討していくことが必要であるとしている。[7] 東京都の宿泊税収は全額を観光振興施策の費用に充てることされているが、図4のように、東京都では平成二七年度以降、観光産業振興費が急増している。このような状況の中、課税対象の拡大や課税額の増額なども検討の余地もあるかと思われるが、今後、消費税率の引き上げや国際観光旅客税の導入などがあるため、税負担の増加への見直しは理解が得られないとして、現在の課税方式の維持が適当であると見解を出している。[8]

受益と負担に関連して、福岡県と福岡市ではそれぞれが宿泊税の導入を進めている。福岡県内のホテルや旅館の半数以上は福岡市に立地しているが、福岡県が宿泊税を導入すると福岡市に還元される税金が少額になるとして福岡県に反発している。(9) 福岡市で宿泊した観光客の多くは福岡市内での観光サービスやインフラ施設などを利用するなどの観光行動をとると思われるが、その反対に、宿泊地以外で観光行動を取ることが多い場合、受益と負担の関係も崩れる。例えば、那覇市で宿泊し、宿泊税を納税しても、那覇市以外で観光サービスやインフラ施設などを多く利用した場合、納税額が宿泊客に十分還元されないことになる。

3　環境目的税の現状と課題

観光振興以外に、自然環境を保全する目的で制定された税制や入域料などがある。国立公園や景

図4　東京都の宿泊税における調定額・登録施設数・観光産業振興費の推移

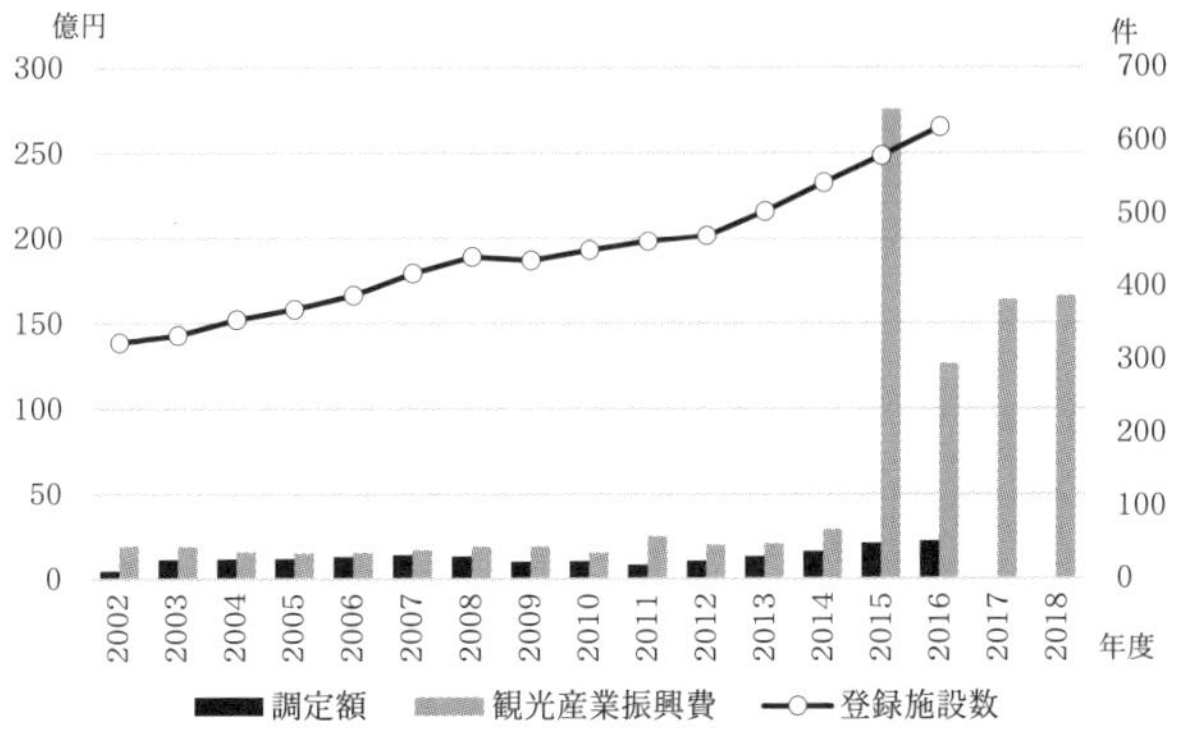

資料：東京都主税局(2018)『宿泊税　15年間の実績と今後のあり方』により作成。

勝地などの自然環境を保全する目的で利用者や入場者などから、手数料や入山料、協力金などの多様な言い方で徴収されている。自然公園法に基づく利用調整区域では入場するさいに、立入認定の手続き手数料を徴収している。知床国立公園の知床五湖地上歩道（手数料は時期により二五〇円か五〇〇円）や吉野熊野国立公園の西大台地区（手数料一、〇〇〇円）の二つの利用調整区域で手数料が設定されている。

二〇一三年に発表された内閣府の「国立公園に関する世論調査」によると、国立公園の登山道やトイレなどの施設整備やその維持管理に対して費用は、七割を超える回答者が利用者の負担を認めている。その一方で、入域料や協力金による入域観光客の抑制効果が低いという議論もある。

ところで、国は「地域自然資産区域における自然環境の保全及び持続可能な利用の推進に関する法律（以下、「地域自然資産法」）を二〇一五年四月に施行させた。この法律では国立公園や名勝地などの自然環境の保全や持続可能な利用の推進を図るため、その区域の利用者から入域料を徴収することと可能にした。これを受けて、沖縄県竹富町では地域自然資産法に基づく入域料の議論が二〇一七年九月に本格的に始まっている。

岐阜県の乗鞍環境保全税は、地方税の法定外目的税で二〇〇三年度の乗鞍スカイラインの開通時から課税・徴収が行われている。これは二〇〇三年に乗鞍スカイラインが無料化され、自動車の大量流入が危惧されたことからマイカー規制とともに、環境保全施策を実施する財源確保のために導入された（表3）。バスやタクシーなどの運転手が納税義務者となっている。この保全の導入により、乗鞍岳の入込客は二〇〇二年の六一・一万人から二〇〇三年には二三・五万人、二〇一三年には一六・六万人まで減少した。[10] マイカー規制後、自然環境は良好な状態に回復し保全され、利用者からマイカー規制に関して大きな不満は出ていないようである。[11]

市町村の法定外目的税をみると（表4）、二〇〇一年に施行された山梨県富士河口湖町の「遊漁税」、沖縄県の伊是名村、伊平屋村、渡嘉敷村の「環境協力税」がある。遊漁税は河口湖で釣りなどを行う者を、環境協力税は旅客船や飛行機、ヘリコプターなどを使用する乗客を対象とした。

富士河口湖町では遊魚税の導入により、釣り人が減少し抑制効果が出た。遊魚税の課税対象者は二〇〇一年度が一五・二万人であったのが、二〇一七年度には四・二万人まで減少している。[12] 一方、沖縄県内の離島四村で導入されている環境協力金は、障害者や中学生以下を除く村内入域者を課税対象としており、税収の用途は環境の美化や保全、観光施設の維持整備などとなっている。しかし、税収の用

表3　岐阜県の乗鞍環境保全税の特徴

施行年月日	2003年4月1日
課税客体	乗鞍鶴ヶ池駐車場への自動車を運転して自ら入り込む行為又は他人を入り込ませる行為
税率	・乗車定員が30名以上の自動車 　　一般乗合バス以外…3,000円/回 　　一般乗合バス…2,000円/回 ・乗車定員が11名以上29名以下の自動車…1,500円/回 ・乗車定員が10名以下の自動車…300円/回
納税義務者	乗鞍鶴ヶ池駐車場への自動車を運転すると者
税収の使途	乗鞍地域の自然環境の保全に係わる施策に要する費用 具体的には、環境影響調査、乗鞍自然環境指導員の設置、植生回復等技術支援、乗鞍環境パトロール員の設置など。

資料：総務省「法定外税の実施状況（平成30年4月1日現在）、河口雄司（2011）「乗鞍地域におけるマイカー規制と環境保全税」により作成

途の多くが道路整備などのインフラ整備などに使用されている。下地ほか（二〇一六）によると渡嘉敷村では二〇一二年度環境協力税の税収の7割が雑草処理費として使用される道路維持費である。

表4　市町村における法定外目的税の特徴

	富士河口湖町	伊是名村	伊平屋村	渡嘉敷村	座間味村
税目	遊漁税	環境協力税	環境協力税	環境協力税	美ら島税
施行年月日	2001年7月1日	2005年4月25日	2008年7月1日	2011年4月1日	2018年7月1日
課税客体	河口湖での遊漁行為	旅客船、飛行機等により伊是名村への入域する行為	旅客船等により伊平屋村への入域する行為	旅客船等又はヘリコプターにより渡嘉敷村へ入域する行為	旅客船、航空機等により座間味村への入域する行為
税率	1人1日　200円	1回の入域につき100円（障害者、中学生以下は課税免除）	1回の入域につき100円（障害者、中学生以下は課税免除）	1回の入域につき100円（障害者、中学生以下は課税免除）	1回の入域につき100円（障害者、中学生以下は課税免除）
納税義務者	遊漁行為を行う者	旅客船、飛行機等により伊是名村への入域する者	旅客船等により伊平屋村への入域する者	旅客船等又はヘリコプターにより渡嘉敷村へ入域する者	旅客船、航空機等により座間味村への入域する者
2016年度決算額	900万円	400万円	300万円	1,300万円	(平年度見込額：1,000万円)
税収の使途	河口湖及びその周辺地域における環境の保全、環境の美化及び施設の整備の費用	環境の美化、環境の保全及び観光施設の維持整備に要する費用	環境の美化、環境の保全及び観光施設の維持整備に要する費用	環境の美化、環境の保全及び観光施設の維持整備に要する費用	環境の美化、環境の保全及び観光施設の維持整備に要する費用

資料：総務省「法定外税の実施状況（平成30年4月1日現在）による。
注：京都府京都市の「宿泊税」は除く。

四　観光関連税における観光客の導入意識～石垣島を事例に～

1　調査対象地域の観光特性と調査対象者の特性

八重山地域の入域観光客数は、一九九〇年代に入り増加していたが、二〇〇一年に放送されたNHKの朝に連続ドラマや映画などの影響などにより急増し、その後も台湾からのクルーズ船の再開や修学旅行生の増加などにより二〇〇八年頃まで増加が続いた。しかし、それ以降、二〇一一年まで景気低迷による観光需要の減少や円高による海外旅行の増加などにより、入域観光客数は減少しており、宿泊施設などの観光関連施設の売り上げは低下していた。しかし、二〇一三年三月に「新石垣空港（愛称：南ぬ島石垣空港）」が石垣島東部の白保地区に開港したことにより、観光客数が増加し、二〇一四年には年間一〇〇万人を超えた。二〇一七年には一三八万人に達し、観光収入も八五七億円となった。クルーズ船も国内外から寄港しており、二〇一二年以降、寄港回数は増加傾向にあり、二〇一七年には一三二回（外国船社一二九回）となった。

本調査では、男性一二四名、女性一九四名の計三一八名から回答を得られた。回答者の六一・〇％が女性である。回答者の属性をみると、大学生や若いカップルなどの若者が多数を占めている。居住地では沖縄県外が八四・九％、沖縄県内が一一・三％、石垣島への訪問回数では初回が五四・一％、二回目が一一・九％となり、県外居住者で初めて石垣島を訪れる観光客が多くなっている。また、今回の観光目的では観光地巡りが最も多く三九・九％となっている。

2　環境目的税の導入意識

石垣市では、法定外目的税導入の議論が以前からあった。二〇〇五年六月に「石垣市税制等研究会」の中間報告で、「石垣市環境生活保護税条例」（仮称）は法定外目的税の要件に適合しないとされていた。また、この条例案には石垣市観光協会青年部が制定の反対決議を総会で採択している。[13] しかし、二〇一四年一二月、八重山青年会議所が石垣市に法定外目的税の環境協力税の導入に関する要望書を提出した。それを受けて、二〇一五年二月から開催された三月定例石垣市議会において、市長が二〇一五年度施政方針演説の中で新たな財源として法定外目的税の導入を検討すること示した。そして、二〇一七年六月に石垣市議会の観光振興対策特別委員会において、法定外目的税の導入調査が開始されることが決まった。

以上のように、石垣市では法定外目的税導入の議論が十年以上も前からあるため、課税対象となる観光客における法定外目的税の導入意識を明らかにすることにした。

環境保全を目的として使用する環境目的税の導入意識をみると、回答者の七七・〇％が導入を少なからず望んでいる一方で、導入を望まないのが二一・一％となっている（図5）。環境目的税の導入意識と環境保全の関心度の相関をみると、

図5　環境目的税の導入意

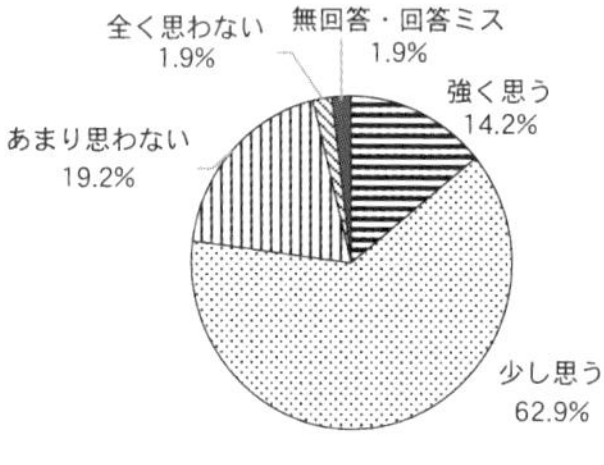

筆者の調査票調査により作成

「とても関心がある」を選択した環境保全に関心度が高い回答者は環境目的税の導入意識で「強く思う」を選択した回答者の割合が高い一方で、環境目的税の導入意識が「あまり思わない」を選択した回答者は環境保全の関心度で「あまり関心がない」を選択する割合が比較的に高くなっている。

環境目的税の課税方法として、環境目的税を望む回答者（N＝二四五）に複数選択で課税対象を質問すると、ホテルが五〇・六％、離島への旅客船が四四・一％、レンタカーが三九・六％となっている。環境目的税の導入を望む意識があっても、ホテルが五割で離島への旅客船やレンタカーでは半数も満たないため、実際の課税には積極的であると言えない。

ホテル、レンタカー、旅客船に対して、環境目的税を導入した場合、妥当金額の意識をみると、一〇〇円台、五〇〇円台、一、〇〇〇円台が示す回答者が多い（図6）。ホテルに課税する場合、五〇〇円台がもっと高く、次いで一、〇〇〇円台となり、レンタカーに課税する場合、五〇〇円台が最も高く、次いで

図6　環境目的税の課税金額意識

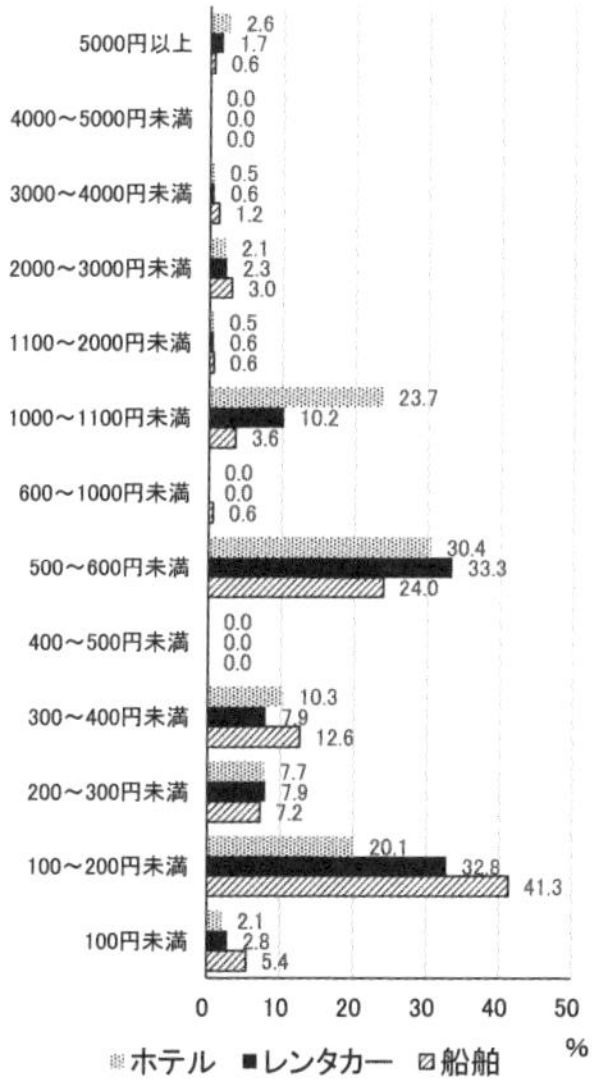

筆者の調査票調査により作成

一〇〇円台となり、旅客船に課税する場合、一〇〇円台が最も高く、次いで五〇〇円台となっている。一〇〇円台では旅客船が最も高率に対して、五〇〇円ではレンタカー、一、〇〇〇円台ではホテルが高率であった。旅客船には高額課税に抵抗がある一方で、ホテルには比較的高額課税に寛容である。

五　おわりに

観光地の活性化を推進するためには、観光客のニーズに適応する必要がある。観光協会などの組織が中心となり、観光客と観光地とを繋ぎ、観光客のニーズや要望などを受け入れ、観光客にそれらを伝え、改善を促していく必要がある。敷田ほか（二〇〇九）が述べているように、地域磨きだけを行うだけでは観光客の増加は望めない。

観光客と観光地を繋ぐ組織には外部の意見を参考にしつつ、観光地をまとめるコーディネーターが必要であるが、久米島のようにコーディネーターの持続的な人材育成は重要である。その育成には時間も費用もかかるため、自治体の観光振興費の中には人材育成の費用も必ず含めるべきである。

宿泊税などの観光目的税の導入は、世界的な流れであり、目的が明確であれば観光客が容認する傾向にある。しかし、導入される観光施設などは観光客が減少することもあるため、導入に寛容ではない。急増する観光客を制御するために観光目的税を導入することは有効的である。インフラ施設などを使用するために観光客を課税対象とすることに対して、課税対象者の公平性の観点から導入されている。しかし、観光目的税の制定に観光客の意見は反映されにくい状況にある。したがって、観光目的税の制定は慎重に行うべきである。

観光客を対象とした法定外目的税の導入が議論されている石垣市を対象に、環境目的税の導入意識を明らかにしたが、環境保全を目的として使用する環境目的税の導入を回答者の8割が望み、環境目的税の導入を強くの望む回答者は環境保全の関心度も高く相関性が高い。しかし、実際に課税されることには半数以上が消極的である。また、環境目的税の導入意識が高い回答者は石垣島の自然環境を評価するとともに、石垣島への再訪希望意識が高いことから、石垣島の自然環境を維持するためには、環境目的税の導入を容認していると考えられる。

石垣市では法定外目的税の導入が議論されている。しかしながら、隣接の竹富町では、二〇一八年五月に地域自然資産法に基づく入域料を竹富島への高速船利用者から徴収することが決まった。石垣市で法定外目的税が導入されれば二重課税になるとの懸念もあり、慎重な議論が必要である。

入域料や協力金などを徴収する理由として、国立公園や自然保護地域などで便益を受ける利用者がその区域の整備費や維持管理費などを負担する場合とその区域への多数の訪問者を押さえる意味での混在回避による便益の向上を受益者が負担する場合などがある。便益を受ける観光客に課税を行うと、入域観光客が減少することもあるため、観光地では課税に反対することもある。

観光振興には財源が必要であるが、観光目的税を導入した場合、明確な用途と用途の詳細をＨＰ

等で公開する必要がある。観光目的税の制定に決定権がない観光客にとって、納税額が有意義に活用され、観光の活性化や自然環境の保全などが進展することを望んでいるからである。

本稿の作成にあたり、久米島町観光協会の古堅留美様、石垣空港ターミナル株式会社の田中真子様や他の方々には大変お世話になりました。また、多くの観光客には調査にご協力頂きました。ここに記して、厚くお礼申し上げます。

【注】

(1) 本稿は上江洲(二〇一一)と上江洲・大城・平良・與島(二〇一八)の一部に加筆したものである。

(2) 「ホタルの国から~久米島・南西諸島　沖縄の小さな島~」http://sizengaido.ti-da.net/ (二〇一一年三月一〇日閲覧)による。

(3) 特定非営利活動法人サービス産業振興機構(二〇〇八)による。

(4) 久米島町観光協会食物アレルギー対応委員会・社団法人久米島町観光協会の資料による。

(5) 観光関係税にはさまざまな種類があるが、主なものとして国の法律に基づく国税、地方自治体が条例に基づく法定外目的税などがある。

(6) 国際観光旅客税法の税収は、出入国手続き円滑化、文化や自然などを活用した地域観光資源の整備、日本の魅力の情報発信整備などの観光関連の政策に使用される。しかし、用途の曖昧さが指摘されている。

(7) 東京都主税局（二〇一八）「宿泊税　一五年間の実績と今後のあり方」。一四頁による。

(8) 前掲(7)。

(9) 琉球新報二〇一八年八月五日付による。

(10) 河口雄司（二〇一一）「乗鞍地域におけるマイカー規制と環境保全税」と乗鞍自動車利用適正化協議会（二〇一三）「目標入山者数及び適正収容力の中間発表」による。

(11) 乗鞍自動車利用適正化協議会（二〇一三）「目標入山者数及び適正収容力の中間発表」による。

(12) 富士河口湖町の資料による。

(13) 八重山毎日新聞二〇〇五年五月二一日付けによる。

【参考文献】

上江洲薫（二〇一一）「久米島町における観光施設の動向と食物アレルギー対応事業」沖縄国際大学南島文化研究所久米島調査報告書（三）、一―一四頁。

上江洲薫・大城大季・平良日色・與島優貴（二〇一八）「沖縄県石垣島における環境協力金の認知度と環境目益税の導入意識」沖縄地理第一八号、四七―五六頁。

敷田麻美・内田純一・森重昌之（二〇〇九）『観光の地域ブランディング　交流によるまちづくりのしくみ』学芸出版社、一九〇頁。

下地芳郎・内山愉太・藤平祥孝・香坂玲・松本昌子・平野典男（二〇一二）「沖縄県における環境協力税の導入

に関する考察―観光基礎となる地域の社会経済状況に着目して―」観光科学八号、一一―一三頁。

特定非営利活動法人サービス産業振興機構（二〇〇八）『サービス産業生産性向上支援調査事業（ビジネス性実証支援事業（観光・集客サービス分野））調査研究報告書』、一〇二頁。

沖縄から全ての「基地」と「補助金」が無くなったら沖縄経済はどうなるのか？

― 全基地撤去及び全補助金撤廃後の沖縄経済に関する一考察 ―

注：本論考はオリジナル版［1］に加筆・修正を施したバージョンである。

友知政樹

友知 政樹・ともち まさき
所属・職名：沖縄国際大学経済学部・教授（地域環境政策学科）
最終学歴：カリフォルニア大学アーヴァイン校数理行動科学研究所博士課程修了（Ph.D.数理行動科学）
専門分野：数理行動科学
主な著書・論文
●「沖縄における基地関連「経済効果」の検証」、経済274、77―91頁、2018年6月。●「全基地撤去及び全補助金撤廃後の琉球（沖縄）経済に関する一考察」、琉球独立学研究3、5―31頁、2016年3月。●「The Legitimacy and Significance of the Independence of the Ryukyus」, STRATEGY AND MANAGEMENT 3, P39-p40, 2014.05.
※役職肩書等は講座開催当時

一　はじめに

沖縄の経済の展望について考えるとき、軍事基地の重圧を排除することを無視してこれを考えることはできない。そこで筆者は、沖縄におけるいわゆる「基地経済」の変容を踏まえつつ、本論のタイトルに明示されているとおり、沖縄から全基地を撤去した際の沖縄経済に関する展望を考えてみたい。ここで言う「全基地」とは沖縄にある文字通り全ての軍事基地、つまり、全ての米軍基地ならびに全ての自衛隊基地のことである。

ちなみに、沖縄における基地撤去の動きに関して、かつて、沖縄県の大田県政時代に「基地返還アクションプログラム」（１９９６（平成８）年1月に沖縄県の素案が策定され、同年同月３０日に日本政府に提出）［２］があったが、これは極めて画期的であった。同プログラムは２１世紀に向けた沖縄のグランドデザイン（当時）であった「国際都市形成構想」の目標年次である２０１５年を目途に、「全ての米軍基地」の計画的かつ段階的な返還を目指すものであった。また、同プログラムによれば、県内４０カ所の米軍基地を3段階に分け、全面返還する計画であった（表1参照［２］）。１９９６（平成８）年１２月の日米特別行動委員会（ＳＡＣＯ）最終報告で、同プログラム第1期計画にほぼ沿う形での基地返還が日米両政府で合意されたことは有名である［３］。

表１：「基地返還アクションプログラム」における返還の期間別の米軍基地(施設)名一覧（［2］より引用)。

返還の期間	施設数	施設名
第1期 （～ 2001年）	10	那覇港湾施設、普天間飛行場、工兵隊事務所、キャンプ桑江（施設一部）、知花サイト、読谷補助飛行場、天願桟橋、ギンバル訓練場、金武ブルービーチ訓練場、奥間レストセンター
第2期 （2002年 ～ 2010年）	14	牧港補給地区、キャンプ瑞慶覧、キャンプ桑江（施設一部）、泡瀬通信施設、楚辺通信所、トリイ通信施設、瀬名波通信施設、辺野古弾薬庫、慶佐次通信所、キャンプ・コートニー、キャンプ・マクトリアス、八重岳通信所、安波訓練場、北部訓練場
第3期 （2011年 ～ 2015年）	17	嘉手納飛行場、嘉手納弾薬庫地区、キャンプ・シールズ、陸軍貯油施設、キャンプ・シュワブ、キャンプ・ハンセン、伊江島補助飛行場、金武レッドビーチ訓練場、ホワイトビーチ地区、浮原島訓練場、津堅島訓練場、鳥島射爆撃場、出砂島射爆場、久米島射爆撃場、黄尾嶼射爆撃場、赤尾嶼射爆撃場、沖大東射爆撃場
計	41	-

※本県に所在する米軍施設は40施設であるが、キャンプ桑江が、部分的に第１期と第２期に分かれるため、延べ施設数としては41施設となる。

二　沖縄におけるいわゆる「基地経済」の変容

沖縄におけるいわゆる「基地経済」の変容に関する研究の第一人者といえば来間泰男氏である［例えば4、5、6、7］。ここで、なぜ筆者が「いわゆる『基地経済』」と表現しているかと言うと、それは来間［4、5、6、7］によりすでに指摘されているとおり、近年及び現在の沖縄経済は「もはや基地経済ではない」からである。つまり、沖縄の経済はすでに数十年も前から、（県レベルで言えば）もはや基地依存型の経済ではないのである。

この件に関しては、沖縄県庁のホームページ［8］（更新日：2015年2月5日）においても、「（よくある質問）米軍基地と沖縄経済について：（問13）沖縄県の経済は米軍基地経済に大きく依存しているのではないですか」に対して、「基地経済への依存度は、昭和47年の復帰直後の15・5％から平成23年度には4・9％と大幅に低下しています」であるとか、「米軍基地の返還が進展すれば、効果的な跡地利用による経済発展により、基地経済への依存度はさらに低下するものと考えています」と記されるに至っている。

ここで、表2は来間［7］からの引用であるが、この表によると沖縄経済の基地依存度はいわゆる「復帰」前の1970（昭和45）年度の23・1％から2010（平成22）年度の5・6％へと低下している。また、

表2：沖縄における基地依存度の推移（来間［7］より引用）。

基地依存度（1970 ~ 2010年）

（単位：億円/%）

年度	1970	1980	1990	2000	2010	70→2010
米軍関係受取（A）	714	1,124	1,425	1,933	2,086	192.2%
軍雇用者所得	239	278	453	499	504	110.9
（参考）軍雇用員数（人）	18,118	7,196	7,717	8,491	9,135	Δ49.6
軍用地料	34	311	447	728	793	2232.4
米軍等への財・サービス提供	441	525	525	605	649	47.2
県民総支出（→総所得）（B）	3,096	15,647	30,803	35,310	37,256	1103.3
民間最終消費支出	1,750	9,713	14,925	18,183	22,231	1170.3
政府最終消費支出	470	2,982	7,214	10,370	11,161	2274.7
総固定資本形成	1,170	6,163	10,934	10,599	8,858	657.1
財貨・サービスの移出入	Δ294	Δ3,211	Δ1,729	Δ4,772	Δ4,994	1598.6
基地依存度　（A）／（B）	23.1	7.2	4.6	5.5	5.6	-
米軍関係受取（a=A）	714	1,124	1,467	1,930	2,086	192.2%
県民総需要　（b）	6,787	21,137	38,166	56,641	56,641	734.6
基地依存度　（a）／（b）	10.5	4.7	3.8	3.4	3.7	-

(注)1. 表掲の項目のほか、「在庫品増加」、「統計上の不突合」もある。
2. 1970年度の金額はドルから円に換算した（1ドル＝360円）。
3. 1970年度の「軍雇用者数」は1972年の復帰時点のものである。
（出所）1.「県民所得統計」（70年度は「国民所得統計」）、「県民経済計算」による。
2.「軍雇用者数」はそれを管理する機関の資料による。

沖縄県知事公室基地対策課が作成・公表した「沖縄の米軍基地及び自衛隊基地（統計資料集）平成27年3月」［9］によると、沖縄経済の基地依存度[(1)]の数値は5・4％（2012（平成24）年度）となっている。沖縄の基地依存度が初めて5％台になったのは1986（昭和61）年度であるが、それ以降、およそ5％台を推移している［9］ことを考えると、確かに沖縄の経済は「もはや基地経済ではない」［4、5、6、7］と言うことが理解できる。

ちなみに、沖縄における総所得[(2)]に占める軍関係受取の低下の一方で伸びてきた要素としては、ヤマト（日本）政府からの財政移転（国庫支出金（補助金）、地方交付税、国民健康保険などの社会保障基金など）と観光収入である。

三　「駐留軍用地跡地利用に伴う経済波及効果等検討調査」について

2006（平成18）年に実施され、その翌年に公表された沖縄県による基地関連調査プロジェクト報告書に「駐留軍用地跡地利用に伴う経済波及効果等検討調査報告書（概要版）」［10］がある（今後、これを（旧）跡地利用調査［10］と呼ぶ）。この（旧）跡地利用調査［10］は、在日米軍再編で合意[(3)]した嘉手納基地より南の米軍基地（キャンプ桑江、キャンプ瑞慶覧、普天間飛行場、牧港補給地区、那覇港湾施設）返還に伴う地域経済への影響を把握し、具体的な跡地利用計画策定に役立てる目的で実施され、その内容は、大まかに言うと、跡地利用に伴い発生する

（1－a）整備による直接経済効果の推計
（1－b）整備による経済波及効果の推計
（2－a）活動による直接経済効果の推計
（2－b）活動による経済波及効果の推計

が主なものである。[(4)] これらの推計の方法は、返還予定地の跡地利用計画などから跡地利用後の商業地、住宅地、公共施設用地、道路、公園・緑地などの想定面積を算定し、それにそれぞれの経済効果の金額を掛け合わせ積算するというものである。

ここで、本論では、以降、右記（2－a）「活動による直接経済効果の推計」の項目に着目する。（2－a）に着目する理由は、この項目が基地返還・跡地利用後に沖縄に経常的[(5)]にもたらされる直接経済効果を示しているためである。(旧）跡地利用調査［10］における（2－a）の推計額は8700億円と見込まれるとあるが、この金額は「返還予定駐留軍用地の全てが那覇新都心並みに整備・発展するという前提に立ったもの」［10］であるとの但し書きが記されている。なぜならば、同調査における「土地利用規模等については、普天間飛行場跡地利用基本方針に加え、…中略…、那覇新都心地区の土地利用構成等を参考に想定した」［10］ものだからである。

四 「駐留軍用地跡地利用に伴う経済波及効果等に関する検討調査」について

前述の（旧）跡地利用調査［10］を沖縄県がバージョンアップした調査として、2015（平成27）年1月30日に公表された「駐留軍用地跡地利用に伴う経済波及効果等に関する検討調査」［12］がある（今後、これを（新）跡地利用調査［12］と呼ぶ）。この（新）跡地利用調査［12］の手法は、「平成18年度に実施した『駐留軍用地跡地利用に伴う経済波及効果等検討調査』における手法に基づき」［12］とあるように、（旧）跡地利用調査［10］に則ったものではあるが、（新）跡地利用調査［12］における土地利用規模等に関しては、2013（平成25）年1月にまとめられた「中南部都市圏駐留軍用地跡地利用広域構想」［13］に基づいている。この「広域構想」［13］は、「関係市町村、地主会等の協力のもと、広域的な視点からの跡地利用の検討を行」ったものであり、沖縄島の「中南部都市圏を一体ととらえ、各跡地の特性を活かしつつ、広域的な観点からの役割を分担・連携した開発により、都市構造の再編及び都市機能の高度化を図」ったものである。つまり、（新）跡地利用調査［12］における土地利用規模等に関する想定は、（旧）跡地利用調査［10］より比較的緻密になったと評価できる。さらに、（新）跡地利用調査［12］は「直近の統計データ(6)」をもとに経済効果が再推計されているものである。

ここで、図1に示すとおり、（新）跡地利用調査［12］によれば、嘉手納基地より南の米軍基地（キャンプ桑江の一部、キャンプ瑞慶覧の一部、普天間飛行場、牧港補給地区、那覇港湾施設）返還に伴う（2－a）「活動による直接経済効果の推計」の金額は8901億円[7]と見込まれるとある。ちなみに、同様に（新）跡地利用調査［12］によれば、これらの米軍基地があるために発生している直接経済効果の合計金額はおよそ501億円[8]であり、返還後、跡地利用が進めば返還前のおよそ18倍（＝8901億円／501億円）の直接的経済効果が経常的に発生すると推計されることが分かる。

　ところで、ここで注意が必要な点は、（旧）跡地利用調査［10］においてもすでに言及されていることであるが、基地返還後に差し引かれる右記の501億円は基本

図１：嘉手納基地より南の米軍基地（キャンプ桑江の一部、キャンプ瑞慶覧の一部、普天間飛行場、牧港補給地区、那覇港湾施設）返還に伴う経済効果（［12］より引用）。

3．返還予定駐留軍用地における経済効果
（キャンプ桑江、キャンプ瑞慶覧、普天間飛行場、牧港補給地区、那覇港湾施設）

（1）**直接経済効果**　：消費や投資等の経済取引により、個人・事業者等への支出が発生する効果

	整備による直接経済効果 単位：億円	活動による直接経済効果 単位：億円/年		
	返還後	返還前	返還後	倍率
キャンプ桑江	719	40	334	8倍
キャンプ瑞慶覧	1,938	109	1,061	10倍
普天間飛行場	5,027	120	3,866	32倍
牧港補給地区	3,143	202	2,564	13倍
那覇港湾施設	943	30	1,076	36倍
合計	11,770	501	8,900	18倍

整備による直接経済効果	返還後の施設・基盤整備（投資）による効果（公共・民間含む）
活動による直接経済効果	返還前：地代収入、軍雇用者所得、米軍等への財・サービスの提供額、基地周辺整備費等、基地交付金 返還後：卸・小売業、飲食業、サービス業、その他産業の売上高、不動産（土地、住宅、事務所・店舗）賃貸額

※整備による直接経済効果と活動による直接経済効果は、効果発現時期や単位が異なり、両者の合算は妥当ではない。
・整備による直接経済効果：返還・引渡し後からの一定期間を中心として時限的に発現する効果
・活動による直接経済効果：一定程度、基盤整備等を終えたのちに徐々に発現していく効果

【留意事項】
1　今回調査は、平成18年度に実施した「駐留軍用地跡地利用に伴う経済波及効果等検討調査」における手法に基づき、直近の統計データ（別紙）を基に経済効果を再調査したものである。
2　返還予定駐留軍用地の土地利用については、平成25年1月に策定した「中南部都市圏駐留軍用地跡地利用広域構想（県・関係市町村）」に基づき、跡地毎の産業配置等（国際物流流通産業、医療・生命科学産業等）を想定し、経済効果の検証を試みたものである。
3　返還時期や規模により、経済効果の発現時期は跡地毎に異なる。
4　本調査による効果のほか、公共交通インフラの整備や公園・緑地整備が、経済活動や都市構造に及ぼす様々な効果等も期待される。　5

的に全て県外からのカネの流入（＝ネットの増分）である一方、基地返還・跡地利用後に得られる右記の８９０１億円は全てがネットの増分ではないということである。

ここで単純計算として、８９０１億円の全てではないにせよ、例えばその３割がネットの増分であると仮定すれば、つまり、およそ２６７０億円（＝８９０１億円×０・３）がネットの増分となり、返還・跡地利用後と返還前の差し引きでプラス２１６９億円（＝２６７０億円－５０１億円）のネットの増分が見込めるということになる。なお、「３割がネットの増分であると仮定」した理由に関しては後出の〈補足〉に記す。

五　全基地撤去後の経済活動による直接経済効果について

前節において紹介した（新）跡地利用調査［12］は、主に嘉手納基地より南の〝返還予定〟の米軍基地（キャンプ桑江、キャンプ瑞慶覧、普天間飛行場、牧港補給地区、那覇港湾施設）の返還に伴う経済効果に関する調査であった。一方、本論の主たる目的は、沖縄から全基地を完全に撤去した際の沖縄経済に関する展望について考えることにある。

そこで、まず、沖縄から、勿論、嘉手納飛行場を含む全ての米軍基地を完全に撤去した際の（２－ａ）「経済活動による直接経済効果に関しての推計」について、（新）跡地利用調査［12］を拡張したかたちで考えることにする。表３の（あ）は沖縄県における市町村別米軍基地面積（単位：ｈ

表３：沖縄の米軍基地所在市町村における全米軍基地返還・跡地利用後の経済活動による直接経済効果の推計額（単位：億円）[12、14、17]。総額でおよそ２兆1682億円となる。すでに推計済みの直接経済効果額8901億円を除く。

市町村名	(あ) 単位：ha	(A) 単位：ha	(B) 単位：億円/ha		(C) -	(D) 単位：億円
国頭村	4,485.4	4,485.4	0	-	0	0
東村	3,394.4	3,394.4	0	-	0	0
名護市	2,334.7	2,334.7	0	-	0	0
本部町	1.2	1.2	0	-	0	0
恩納村	1,484.7	1,230.4	0	-	0	0
金武町	2,107.6	2,107.6	0	-	0	0
宜野座村	1,586.5	1,586.5	0	-	0	0
伊江村	801.5	801.5	0	-	0	0
うるま市	618.5	430.8	6.98	キャンプ瑞慶覧より	360/567	1,909.3
沖縄市	1,689.6	858.7	6.98	キャンプ瑞慶覧より	1	5,994.0
読谷村	1,259.0	193.4	6.98	キャンプ瑞慶覧より	500/567	1,190.5
嘉手納町	1,240.4	892.5	6.98	キャンプ瑞慶覧より	704/567	7,735.2
北谷町	728.9	610.1	4.95	キャンプ桑江より	1	3,018.7
北中城村	164.1	164.1	6.98	キャンプ瑞慶覧より	1	1,145.5
宜野湾市	637.6	84.4	8.05	普天間飛行場より	1	679.3
浦添市	273.7	0.0	9.37	牧港補給基地より	1	0.0
那覇市	56.4	0.5	19.25	那覇港湾施設より	1	9.6
久米島町	4.4	4.4	0	-	0	0
渡名喜村	24.5	24.5	0	-	0	0
北大東村	114.7	114.7	0	-	0	0
石垣市	91.5	91.5	0	-	0	0
合　計	23,099.3	22,069.7	-	-	-	21,682.0

(あ) は沖縄県における市町村別米軍基地面積。

(A) は (あ) からすでに経済効果が8901億円になると推計済みの“返還予定”の米軍基地であるキャンプ桑江の一部 (67.5ha)、キャンプ瑞慶覧の一部 (152.0ha) (但しキャンプ瑞慶覧は複数の市町村に跨って存在する)、普天間飛行場 (480.5ha)、牧港補給基地 (273.7ha)、那覇港湾施設 (55.9ha) の面積、ならびに、森林地帯に位置する嘉手納弾薬庫地区の面積 (総面積：2658.4ha、内訳は恩納村：254.3ha、うるま市：187.7ha、沖縄市：802.9ha、読谷村：1065.6ha、嘉手納町：347.9ha) を差し引いた値。

(B) は各市町村に所在する、もしくは、隣接する“返還予定”の米軍基地における跡地利用後の１haあたりの経済活動による直接経済効果。

(C) は地価換算係数。

(D) は (A) × (B) × (C) の値。つまり、(D) の値は沖縄県の米軍基地所在市町村における全米軍基地返還・跡地利用後の経済活動による直接経済効果の推計額 (単位：億円) (8901億円を除く) を表している。

a＝1万㎡）を示している［9］。同表（A）は（あ）からすでに直接経済効果が890１億円となると推計済みの〝返還予定〟の米軍基地であるキャンプ桑江の一部（67・5ha）、キャンプ瑞慶覧の一部（152・0ha）、普天間飛行場（480・5ha）、牧港補給基地（273・7ha）、那覇港湾施設（55・9ha）の面積、ならびに、嘉手納弾薬庫地区の面積（総面積：2658・4ha、内訳は恩納村：254・3ha、うるま市：187・7ha、沖縄市：802・9ha、読谷村：1065・6ha、嘉手納町：347・9ha）を差し引いた値である。ここで嘉手納弾薬庫地区の面積を差し引いた理由は、同地区が森林地帯に位置し、返還後に直接的経済活動が行われないと想定したためである。同表（B）は各市町村に所在する、もしくは、隣接する〝返還予定〟の米軍基地における跡地利用後の1haあたりの経済活動による直接経済効果（単位：億円／ha）を示している。この値は（新）跡地利用調査［12］を参考に算出した。具体的には、［12］より、キャンプ桑江における〝返還予定〟の総面積は67・5haであり、跡地利用後の活動による経済効果は334億円である。従って、例えば、キャンプ桑江の跡地利用後の1haあたりの活動による直接経済効果は334億円／67・5ha＝4・95億円／haとなる。同様に、それぞれ、キャンプ瑞慶覧：1061億円／152・0ha＝6・98億円／ha、普天間飛行場：3866億円／480・5ha＝8・05億円／ha、牧港補給基地：2564億円／273・7ha＝9・37億円／ha、那覇港湾施設：1076億円／55・9ha＝19・25億円／haと計算できる。なお、沖縄島の北部（伊江村を含む）及び離島町村における値は0と設定した。これは、沖縄島北部（伊江村を含む）及び離島町村における米軍基地（主に演習地）が返還されても経済活動による直接経済効果は無いというきわめて厳しめの設定を行うためであるが、この件に関する補足説明は後出の第七節において言及する。同表（C）は地価換算係数である。（B）の欄が0の場合はこの（C）の値も0としてあり、各市町村に〝返還予定〟の米軍基地が実際に存在する場合の（C）の値は1としてある。一方、〝返還予定〟の米軍基地が実在しない場合、例えば、うるま市の場合は沖縄市のケースを参照しつつ調整を行うため（C）の値を360／567とした。この値は、うるま市における平均地価は360百円／㎡であるのに対し、うるま市に隣接しキャンプ瑞慶覧が実際に存在する沖縄市の平均地価は567百円／㎡であることに由来する［14］。なお、同様に、読谷村の場合は500／567、嘉手納町の場合は704／567となる［14］。以上より、同表（D）に（A）×（B）×（C）の値を求めた。つまり、同表（D）の値は、沖縄県の米軍基地所在市町村における全米軍基地返還・跡地利用後の経済活動による直接経済効果の推計額（単位：億円）（既に推計済みの8901億円を除く）を表している。ただし、注意が必要なのは、繰り返しになるが、同表（D）は沖縄島の北部（伊江村を含む）及び離島町村における直接経済効果は無いというきわめて厳しめの設定を行った値である。同表（D）の合計値である2兆1682億円に、前節の8901億円を加えた額、つまり、3兆5831億円（＝2兆1682億円＋8901億円）が、沖縄から全ての米軍基地を撤去した際の直接経済効果の推計合計額となる。

次に、沖縄から全ての自衛隊基地を撤去した際の「経済活動による直接経済効果に関する推計」

表４：沖縄の自衛隊基地所在市町村における全自衛隊基地返還・跡地利用後の経済活動による直接経済効果の推計額（単位：億円）[12、14、17]。総額でおよそ7843億円となる。

市町村名	(A) 単位：ha	(B) 単位：億円/ha		(C) -	(D) 単位：億円
国頭村	31.6	0	-	0	0
恩納村	28.5	0	-	0	0
金武町	1.6	0	-	0	0
うるま市	70.2	6.98	キャンプ瑞慶覧より	360/567	311.1
沖縄市	69.0	6.98	キャンプ瑞慶覧より	1	481.6
那覇市	345.5	19.25	那覇港湾施設より	1	6,650.4
糸満市	26.9	6.98	キャンプ瑞慶覧より	509/567	168.6
南城市	42.3	6.98	キャンプ瑞慶覧より	288/567	150.0
8重瀬町	14.5	6.98	キャンプ瑞慶覧より	453/567	80.9
久米島町	22.4	0	-	0	0
宮古島市	13.7	0	-	0	0
与那国町	26.0	0	-	0	0
合　計	692.2	-	-	-	7,842.6

(A) は沖縄県における市町村別自衛隊基地面積。
(B) は各市町村に所在する返還予定の米軍基地における跡地利用後の1haあたりの経済活動による直接経済効果。
(C) の地価換算係数。
(D) は (A) × (B) × (C) の値。つまり (D) の値は沖縄県の自衛隊基地所在市町村における全自衛隊基地返還後ならびに跡地利用後の経済活動による直接経済効果の推計額（単位：億円）を表している。

について考える。表４の（Ａ）は沖縄県における市町村別自衛隊基地面積（単位：ｈａ＝１万㎡）を示している［9］。同表（Ｂ）は各市町村に所在する〝返還予定〟の米軍基地における跡地利用後の１ｈａあたりの経済活動による直接経済効果（単位：億円／ｈａ）である。この値は、表３（Ｂ）と同様に、（新）跡地利用調査［12］を参考に算出した。なお、糸満市、南城市、八重瀬町においてはキャンプ瑞慶覧の値を入力してあるが、これは（Ｃ）の地価換算係数により最終的に調整される。また、表３（Ｂ）と同じく、表４（Ｂ）においても沖縄島の北部及び離島における値は０とし、きわめて厳しめの設定を行った。この件に関する補足も後出の第七節において言及する。同表（C）は地価換算係数である。（B）が0の場合は同係数も0を入力してある。また、各市町村に〝返還予定〟の米軍基地が存在する場合の同係数は1とし、存在しない場合については、地価換算係数の値は表3（C）と同様に2015（平成27）年7月1日時点での地価（単位：百円／㎡）［14］を参考に算出し、それぞれ、うるま市：360／567、糸満市：509／567、南城市：288／567、八重瀬町：453／567とした。これより同表（D）に（A）×（B）×（C）の値を求め、沖縄県の自衛隊基地所在市町村における全自衛隊基地返還後ならびに跡地利用後の経済活動による直接経済効果（単位：億円）を推計した。那覇市における推計額（6550億円）が突出しているのは、那覇空港という沖縄随一の一等地に隣接する航空自衛隊那覇基地が存在するためである。同表（D）の合計値である7843億円が、沖縄から全ての自衛隊基地を撤去した際の直接経済効果の推計合計額となる。

以上より、3兆5883億円（全米軍基地撤去後の直接経済効果）と7843億円（全自衛隊基地撤去後の直接経済効果）の合計値である3兆8426億円（＝3兆5883億円＋7843億円）（大まかに言うと3・8兆円）が沖縄から文字どおり全基地を撤去し、跡地利用が進んだ際の経済活動による直接経済効果の推計総額となる。これは見方を変えれば、このおよそ3・8兆円という額は沖縄に米軍及び自衛隊基地があるせいで沖縄がこうむる経済的損失（機会費用）であると言うこともできる。(9)

なお、（新）跡地利用調査［12］では、嘉手納基地より南の米軍基地（キャンプ桑江、キャンプ瑞慶覧、普天間飛行場、牧港補給地区、那覇港湾施設）返還に伴う直接経済効果額は年間で８９０１億円と推計されていることは前述したが、この際、同調査［12］において、所得誘発額は年間で２１６５億円となるであろうことも示されている。これに準ずれば、全基地返還に伴う直接経済効果額が３兆８４２６億円の場合の所得誘発額は９３４６億円（≒２１６５億円×３兆８４２６億円÷８９０１億円）となる。ちなみに、県民所得は３つに分類されるが、２０１２（平成２４）年度の沖縄において雇用者報酬＝６５・６％、財産所得＝８・４％、企業報酬＝２６・０％となっている［15］。一方、同調査［12］は、参考値として、直接経済効果額が８９０１億円の場合の雇用者実数は2万3564人となるであろうことも示している。これより、直接経済効果額が3兆8426億円の場合の雇用者実数は１０万１７２７人（≒２万３５６４人×３兆８４２６億円÷８９０１億円）、つまり約１０・２万人増となる。２０１２（平成２４）年度の沖縄における就業者数は６２・７万人である［16］ので、これらを合計すると７２・９万人（＝６２・７万人＋１０・２万人）となり、従って、単純に計算すれば、９３４６億円×（６５・６％／１００）÷７２・９万人≒８４・１万円となり、全基地撤去後に跡地利用が進めば雇用者報酬は年間１人当たり平均でおよそ８４万１千円アップするという推計値を得ることになる。ちなみに、沖縄において大幅な労働力不足が発生したとしても、世界のウチナーンチュ（琉球人）の協力を仰げばよい。

六　全基地撤去後の沖縄における総所得について

沖縄に米軍基地及び自衛隊基地があるためにもたらされる金額（２０１２（平成２４）年度の数値）に関しては「沖縄の米軍及び自衛隊基地（統計資料集）」［17］に記されている。その内訳は、表５に示したとおりで、総額は２６２３億円である。[10] これはつまり、沖縄における全基地撤去後に差し引かれる金額を示している。ちなみに、全基地を撤去し、跡地利用が進んだ際の経済活動による直接経済効果額３兆８４２６億円と、米軍基地及び自衛隊基地があるためにもたらされる金額２６２３億円を比較すると、跡地利用が進めばその経済効果は撤去前のおよそ１４・６倍（＝３兆８４２６億円／２６２３億円）となると言える。

ここで、２０１２（平成２４）年度の沖縄県の「県民経済計算」［18］によると、沖縄の総所得（市場価格表示）は４兆１６５億円である。この値より、２６２３億円を差し引き、前節で推計した全基地撤去後に得られる売り上げベースの金額の３兆８４２６億円に粗付加価値率（５６・３％）[11]を乗じた額として求められる粗付加価値額である２兆１６３４億円（＝３兆８４２６億円×０・５６３）を加えた値は５兆９１７６億円（＝４兆１６５億円－２６２３億円＋２兆１６３４億円）となり、全基地撤去・跡地利用後の沖縄における総所得は全基地撤去前のおよそ１・４７倍（＝５兆９１７６億円／４兆１６５億円）となることが推計される。

ちなみに、沖縄における全基地撤去後に差し引かれる金額は２６２３億円であることは前述

表５：沖縄に米軍基地及び自衛隊基地があるためにもたらされる金額（2012（平成24）年度の数値）[17]。総額でおよそ2623億円となる。

米軍関連

（単位：億円）

(1)軍関係受取　(A)+(B)	2,160.21
(A)米軍等への財・サービスの提供	702.40
(B)米軍基地からの要素所得　(a)+(b)+(c)	1,457.81
(a)軍雇用者所得	507.12
(b)軍用地料	811.25
(c)その他（基地内建設工事など）	139.44

(2)市町村基地関係収入　(A)+(B)+(C)+(D)	255.04	
(A)防衛施設周辺整備	69.53	
(B)基地交付金	68.47	
(C)防音補助金等	13.99	
(D)財産運用収入（市町村所有軍用地代）	103.05	(注1)上記(1)(B)(c)でも計上済み。

(3)沖縄県基地関連収入	6.01

自衛隊関連

（単位：億円）

(4)軍関係受取	305.12	
(A)自衛隊等への財・サービスの提供	164.01	*推計値
(B)自衛隊基地からの要素所得　(a)+(b)+(c)	141.11	*推計値
(a)自衛隊雇用者所得	15.20	*推計値
(b)自衛隊基地借地料	121.73	
(c)その他（基地内建設工事など）	4.18	*推計値

(5)市町村基地関係収入	-	(注2)上記(2)で計上済み。

(6)沖縄県基地関連収入	0.00

（単位：億円）

米軍関連及び自衛隊関連の収入総額 (1)+(2)+(3)+(4)+(5)+(6)-(2)(D)	2,623.34

したが、この全てが基本的に県外からのカネの流入（＝ネットの増分）である。一方、前節の3兆8426億円は全てがネットの増分ではない。ここで単純計算として、3兆8426億円のうち、例えばその3割がネットの増分であると仮定すれば、つまり1兆1528億円（＝3兆8426億円×0・3）がネットの増分となり、全基地撤去後と撤去前の差し引きでプラス8905億円（＝1兆1528億円－2623億円）のネットの増分が見込めるということになる。

なお、「3割がネットの増分であると仮定」した理由に関しては後出の〈補足〉に記す。

七　全基地撤去後の沖縄における所得分配の問題について

第五節において、全基地撤去ならびに跡地利用後の1haあたりの経済活動による直接経済効果（単位：億円／ha）を算出・設定する際に、沖縄島の北部（伊江村を含む）及び離島市町村における値を0と設定した。これは、山間部や島嶼地の米軍基地（主に演習地）や自衛隊基地が返還されても経済活動による直接経済効果は無いというきわめて厳しめの設定を行うためであったが、例えば、国頭村の奥間レスト・センターや、名護市のキャンプ・シュワブの沿岸部(12)など、もちろん、大きな経済効果を上げる可能性を含む土地もある。しかしながら、一般的に山間部などの基地（演習地）が返還された場合は経済的に大きな跡地利用は期待できないであろう。この時、沖縄における全基地撤去に際する所得の分配問題という経済的かつ政治的問題が発生することが予測される。

これは、言い換えれば、沖縄のユイマール（相互扶助）に関する問題ともいえるかもしれない。これに関してはウチナーンチュ（琉球人）が一丸となって、まさしくユイマール（相互補助）精神で取り組み、乗り越える必要があると言えよう。

八　全基地撤去及び全補助金撤廃後の沖縄における総所得について

ここで、全基地撤去にとどまらず、ヤマト（日本）政府からの沖縄への全ての補助金(13)も撤廃した場合、つまり、経済的独立の場合にも考えをめぐらせてみることにする。

２０１２（平成２４）年度の沖縄県の「県民経済計算」［18］のなかの「参考資料」に「県外受取の推移」という項目があるが、その中の「県外からのその他の経常移転」の「県外から財政への経常移転」、そして、「資本取引（受）」の項目がいわゆるヤマト（日本）政府からの沖縄への補助金の項目で金額は、それぞれ、およそ９９３９億円ならびに１２９９億円となっている。ちなみにこの９９３９億円の中に２０１２（平成２４）年度より新設された「沖縄振興一括交付金」（沖縄振興特別推進交付金（いわゆるソフト交付金）ならびに沖縄振興公共投資交付金（いわゆるハード交付金））も含まれている。また、沖縄県企画部統計課企画分析班に対する聞き取り調査の結果、この「県民経済計算」［18］のなかの「県外受取の推移」に「マニュアル上、県民経済計算に反映されない交付金の費目（高等学校就学交付金、一部の委託金、社会資本整備関係交付金、地域自主戦略交付金）」があることが分かった。それらの合計金額はおよそ３１６億円であるとのことである。これらの合計、つまり、２０１２（平成２４）年度におけるヤマト（日本）政府からの沖縄への補助金総額は１兆１５５４億円（９９３９億円＋１２９９億円＋３１６億円）となる。この金額を全て撤廃した場合、沖縄県は租税徴収を受けなくて済むと考えると、２０１２（平成２４）年度の沖縄県内からの租税徴収総額であるおよそ２６０５億円[14]［22］は総所得にプラスとなる。

つまり、全基地撤去及び全補助金撤廃後の沖縄の総所得は５兆９１７６億円−１兆１５５４億円＋２６０５億円＋１５８億円[15]＝５兆３８５億円となる。２０１２（平成２４）年度の沖縄の総所得は４兆１１６５億円［18］であったので、これと比較すると、全基地撤去及び全補助金撤廃後の沖縄の総所得はおよそ１・２５倍（＝５兆３８５億円／４兆１１６５億円）となると推計され、基地もなく補助金もない場合（経済的独立）でも沖縄の経済が十分成長する可能性があることがうかがえる。

九　おわりに

本論では、（新）跡地利用調査［12］をはじめとする調査資料やその他の統計資料などを利用し、沖縄から文字どおり全ての軍事基地を撤去した際の、経済活動による直接経済効果に関する推計を試みた。結果、沖縄から全ての米軍基地と自衛隊基地が撤去され、跡地利用が進んだ際の経済活動による直接経済効果の推計総額は３兆８４２６億円にのぼると推計された。軍事基地の存在は、沖縄の平和の阻害要因であるとともに経済発展の最大阻害要因であると言える。沖縄に存在するのは「基地経済」ではなく「基地不経済」である。[16] また、全基地撤去・跡地利用後の沖縄における総所得は5兆9176億円となり、総所得は全基地撤去前のおよそ1・47倍（＝5兆9176億円／4兆165億円）となると推計された。これは、（新）跡地利用調査［12］を拡張したかたちで導き出された、米軍ならびに自衛隊の全ての軍事基地を沖縄から完全に撤去した際の経済活動による経常的な直接経済効果に関する推計をもとにした結果である。さらに、全基地撤去に加えて全補助金も撤廃後[17]の沖縄の総所得は5兆385億円となると推計された。このときの沖縄の総所得はおよそ1・25倍（＝5兆385億円／4兆165億円）となると推計された。

沖縄が「独立したら飯が食えなくなる」という言説を見聞することがあるが、本論に沿えばそれは間違いである。かつて、沖縄から全ての基地を撤去し、加えてヤマトからの全ての補助金を撤廃したら、つまり、

① 沖縄の総所得（2012年度の市場価格表示）　4兆0165億円
② 沖縄に基地があるためにもたらされる収入　2623億円（マイナス）
③ ヤマト（日本）政府からの沖縄への補助金総額　1兆1554億円（マイナス）
④ 沖縄県内からの租税徴収総額　2605億円（プラス）
⑤ 統計上の調整額　158億円（プラス）

としたとき、沖縄の総所得は

①−②−③＋④＋⑤＝2兆8751億円

となり、現在の収入（①）から目減りしてしまい（この場合の目減り率は約3割）、したがって、「独立したら飯が食えなくなる」という議論があった。[18] しかしながら、この誤った議論から完全に抜け落ちてしまっているのは

⑥　全基地撤去後に得られる粗付加価値額の増分　　2兆1634億円（プラス）

であり、正しい考え方として、全基地撤去かつ全補助金撤廃の後の沖縄の総所得は⑥の増分（左の式中の波線部）を含む

①−②−③＋④＋⑤＋⑥＝5兆385億円

となり、前述の通り、沖縄の総所得は、目減りするどころか、もとのおよそ1・25倍（＝5兆385億円／①）となる（成長する）と推計されるのである［25］。

ところで、この結果に対してはさまざまな批判が予測される。例えば、「推計額が大きすぎる」とか、逆に、「小さすぎる」とか、あるいは、「推計が大雑把すぎる」とか、「推計がそもそも間違っている」、

などが考えられるが、筆者は沖縄県庁や各研究者がさまざまな推計値を計算・公表し、今後の議論が進めばと願ってやまない。筆者自身も今後、より精度の高い推計ができるように努力を続けたい所存である。

また、「全基地撤去に加え、全補助金も撤廃したら、せっかくの基地跡地を開発する資金調達が不可能になるのではないか！？」との疑問・批判も聞こえてきそうである。しかし、今や世界には複数の開発銀行（例えば、アジアインフラ投資銀行（ＡＩＩＢ）や新開発銀行（ＢＲＩＣＳ銀行）など）が存在する。融資される側にとって、銀行は一つより常に複数存在してくれたほうが、選択肢が広がり、競争の原理がはたらくという意味で有益であり、幸いなことに現在の世界状況が沖縄に味方をしてくれているのである。もし沖縄が世界の銀行にとって有望な融資先となることが可能であるならば、基地跡地の開発に必要な資金調達の道も開けてくるであろう。実際に、昨今の沖縄における外国人観光客の増加や外資系企業の投資額の増加[19]などを考えたとき、東アジアという成長著しいマーケットの中央に位置する「真の清（ちゅ）ら島」としての沖縄は十分に有望な融資先となれると筆者は考える。

最後に、たとえ経済効果がゼロでも、あるいは、たとえ経済効果がマイナスとなっても、沖縄から全ての軍事基地は撤去されるべきであると筆者は考える。沖縄が強制的に歩まされてきた歴史を考えるかぎり、基地はいらないと声を大にして言いたい。本質的には基地問題は経済問題ではなく命の問題である。[20]

「全基地を撤去したら沖縄をどうやって守るんだ！？」とか「基地なしで沖縄を守れるのか！？」という声が聞こえてきそうであるが、逆に私は「基地があれば琉球（沖縄）を守れるのですか？琉球（沖縄）の歴史からすると、また、現代のミサイル時代において、逆に、基地があるから琉球（沖縄）が危ないのではないですか？」と問いたい。琉球（沖縄）が再びヤマトの捨て石にされるのはご免である。

〈補足〉

２０１２（平成２４）年度の沖縄県の県民総所得は４兆１６５億円である［18］。この値より沖縄に米軍基地及び自衛隊基地があるためにもたらされる金額２６２３億円(21)と沖縄への補助金総額１兆１５５４億円(22)を差し引き、基地があるために沖縄県や県内市町村に入る基地交付金などの総額である１５８億円を計算の過程で二重に引いたので調整のためにそれ（１５８億円）を一度だけ加算すると、２兆６１４６億円（＝４兆１６５億円－２６２３億円－１兆１５５４億円＋１５８億円）となる。この２兆６１４６億円は２０１２（平成２４）年度の沖縄県における全基地無し及び全補助金無しの状態の総所得額である。一方、２０１２（平成２４）年度の沖縄県の「県民経済計算」［18］より、この２兆６１４６億円の内の県外受取は８６５７億円であり、これらの比率はおよそ０・３３（＝８６５７億円／２兆６１４６億円）となる。これより第四節ならびに第六節において「３割がネットの増分であると仮定」した。

注

(1) ここで言う「基地依存度」とは、「県民総所得に占める軍関係受取」のことである。「軍関係受取」とは、「米軍等への財・サービスの提供」、「米軍基地からの要素所得」の合計のことである。「米軍基地からの要素所得」とは、「軍雇用者所得」、「軍用地料」、「その他」の合計で、「その他」とは、軍事基地内での建設工事、テナント業者の営業活動で得た雇用者の報酬、企業の利益のことである［9］。

(2) 本論で言う総所得とは全ていわゆる県民総所得を表す。

(3) いわゆる1996（平成8）年の「沖縄に関する特別行動委員会（SACO）合意」。

(4) （旧）跡地利用調査［10］では上記（1－a）から（2－b）の他に、既返還の基地（牧港ハウジングエリア）の跡地利用（現在の那覇新都心など）に伴う経済効果、経済波及効果に関する調査も併せて行われている。

(5) 2010（平成22）年に沖縄県議会事務局政務調査課によりまとめられた「米軍基地に関する各種経済波及効果」［11］は在沖米軍基地が全て返還された場合の跡地利用からもたらされる経済〝波及〟効果（生産誘発額：4兆7191億円、所得誘発額：1兆2421億円、雇用誘発者数：48万6754人）に関する試算であるが、本論で取り扱うのは経済〝波及〟効果ではなく跡地利用から経常的にもたらされる〝直接〟経済効果である点が［11］と異なる。

(6) 沖縄県企画部企画課基地利用促進班に対する聞き取り調査によると、「直近のデータ」とは「2006（平成18）年から2012（平成24）年のデータ」とのことであった。

(7) 卸・小売業、飲食業、サービス業、その他産業の売上高、不動産（土地、住宅、事務所・店舗）賃貸額の合計金額。図1には合計金額は〝8900〟億円と記載されているが、実際に合計の計算をしてみると8901億円となることから、以降、本論では8901億円の数値を採用することとした。

(8) 地代収入、軍雇用者所得、米軍等への財・サービスの提供額、基地周辺整備費等、基地交付金の合計金額。ここで注目すべきは、この501億円のなかに、基地周辺整備費等及び基地交付金が含まれた形で算出されているということである。

(9) 加えて、基地があるせいで同時に膨大な社会的損失を沖縄が受け続けてきたことは言うまでもない。

(10) なお、表5にも明示されているとおり、この2623億円という金額には基地交付金などのいわゆる補助金も含まれている。なお、表5中の＊マークの欄は筆者による推計値である。推計に際して、在沖米軍関係者数（約4万7300名）と在沖自衛隊関係者数（筆者の推計で1万1000名）、ならびに、在沖米軍基地総面積（23098・4ha）と在沖自衛隊基地総面積（692・3ha）を参考に計算した。

(11) 2016（平成28）年3月31日に沖縄県により公表された「平成23 年沖縄県産業連関表」[19]にある沖縄県の粗付加価値率（56・3％）を参考にした。

(12) キャンプ・シュワブの沿岸部の経済効果については、沖縄観光コンベンションビューロー（OCVB）の平良朝敬会長によれば、「例えば辺野古に（新基地ではなく）2千ルームのホテルが確実にできると、単純に計算して、間接雇用人数を含め、約2千人の雇用が生まれる。そうすると年間500億円の売り上げになる。ここを夢のある土地にしたい。」という見方もある[20]。

(13) ただし、この中に沖縄県ならびに県内各市町村への地方交付税等も含む。

(14) ２０１２（平成２４）年度における沖縄県の租税徴収総額２６０５億円の内訳は、源泉所得税：５４６億円、申告所得税：２５６億円、法人税：４５５億円、復興特別法人税：２４億円、相続税：９２億円、消費税：６２２億円、酒税：１０９億円、その他諸税：５０１億円となっている。

(15) ここで＋１５８億円とあるのは、基地があるために沖縄県や県内市町村に入る基地交付金などの総額（具体的には表5における（2）の（A）、（B）、（C）ならびに（3）の合計）である１５８億円を計算の過程で二重に引いたため、調整のために一度だけ加算したものである。

(16) 例えば［23、５９頁］の中にすでに「沖縄経済の環境的与件で経済的に不合理極まるものは、本来希少な土地資源のかなりの部分が非経済的用途（軍事基地）に充てられている点である」という指摘がある。

(17) ［23、６２頁］に「そろそろ日政の好意を謝絶しても良い時期ではないだろうか。経済的自立に不可欠なものは精神的自立であると言える。従って、沖縄の経済自立計画とは、日政依存謝絶計画と、そのものズバリに言い換えて経済非常時を全県内に布告する必要があるのではないか。」という指摘がある。また、［23、６４頁］には「行動には気魄が必要である。勇ましくなければならないのである。与件の重圧化で受動的に保身を計る類の適応よりも、積極的に与件に働きかけ、望むらくは与件を変革し、進んで与件を創造する気概が沖縄経済の長期的繁栄には必要であろう。」との指摘もあり、大変心強い。

(18) かつては①の額は現在より小さく、逆に②の額が大きかったため、目減り率は3割よりも大きく計算され、その分だけ「独立したら飯が食えなくなる」という議論がより誇張された。例えば［24、２２頁］の中に次の議論がある。１９８０年度の沖縄における1人当たりの所得水準は１１６万円で、人口は１１１万人である。従って総所得は116万円×111万人＝1兆2876億円となる。もし基地収入および財政純受取ゼロの場合、1人当たりの所得水準は71万円となり、この場合の総所得は71万円×111万人＝7881億円となる。この時の目減り率は約4割＝（(1兆2876億円－7881億円)／1兆2876億円）×10となる。このような議論である。ただし、一方で、同時に［24、27頁］の中には、「だが、那覇市に限ってみた基地のシャドウ価格（基地を有することによって失われた所得機会）は…（昭和）52年度は1千億円へと大幅にしかも継続的に増加してきており、巨視的な観点から見る限り、…基地は『…寄生虫的な存在に変質』している」との指摘もあることをここで言及しておく。

(19) 例えば翁長雄志沖縄県知事は2016年度県政運営方針演説において「…外資系企業による新たなリゾートホテルや大規模商業施設の進出なども続いております。…。」と述べている［26］。

(20) ［4、5、6、7］においてすでに指摘されている通り、経済効果が期待できないから基地は撤去しなくてもよいでは本末転倒である。

(21) 2012（平成24）年度の数値。

(22) この中に沖縄県ならびに県内各市町村への地方交付税等も含む。

【参考文献】

[1]「全基地撤去及び全補助金撤廃後の琉球（沖縄）経済に関する一考察」友知政樹　琉球独立学研究3、5—31頁（2016年3月）。
[2]「基地返還アクションプログラム（素案）」沖縄県（1996年1月）。
[3]「最新版 沖縄コンパクト事典」琉球新報社（2003）。
[4]「沖縄経済論批判」来間泰男　日本経済評論社（1990）。
[5]「沖縄経済の幻想と現実」来間泰男　日本経済評論社（1998）。
[6]「沖縄の覚悟—基地・経済・〝独立〟」来間泰男　日本経済評論社（2015）。
[7]「沖縄—基地と経済、その歴史と現在」来間泰男　経済（No.240）新日本出版社（2015年9月）。
[8]「（よくある質問）米軍基地と沖縄経済について：（問13）沖縄県の経済は米軍基地経済に大きく依存しているのではないですか。」沖縄県庁ホームページ（更新日：2015年2月5日）。
[9]「沖縄の米軍及び自衛隊基地（統計資料集）平成27年3月」沖縄県知事公室基地対策課（2015）。
[10]「駐留軍用地跡地利用に伴う経済波及効果等検討調査報告書（概要版）」平成18年度・沖縄県知事公室基地対策課委託調査　沖縄県（2006）。
[11]「米軍基地に関する各種経済波及効果」沖縄県議会事務局政務調査課（2010）。
[12]「駐留軍用地跡地利用に伴う経済波及効果等に関する検討調査」沖縄県企画部企画調整課跡地利用推進班（2015）。

[13]「中南部都市圏駐留軍用地跡地利用広域構想」　沖縄県、関係市町村（那覇市、宜野湾市、浦添市、沖縄市、北谷町、北中城村）（２０１３）。
[14]「市町村別・用途別平均価格及び平均変動率」　沖縄県企画部土地対策課（２０１３年７月１日）。
[15]「平成２４年・度沖縄県市町村民所得」　沖縄県企画部統計課（２０１５年７月）。
[16]「平成２４年・労働力調査年報」　沖縄県企画部統計課（２０１２）。
[17]「沖縄の米軍及び自衛隊基地（統計資料集）平成２６年３月」　沖縄県知事公室基地対策課（２０１４）。
[18]「県民経済計算」　沖縄県企画部（２０１２）。
[19]「平成２３ 年沖縄県産業連関表」　沖縄県企画部統計課（２０１６年３月）。
[20]「辺野古　夢ある土地に／平良朝敬氏　観光講演会／ホテルなら雇用２０００人」　琉球新報（２０１６年２月２１日）。
[21]「沖縄県財政のあらまし」　沖縄県総務部財政課（２０１４）。
[22]「沖縄国税事務所管内における平成２４年度の租税収納状況」　沖縄国税事務所ホームページ（２０１３）。
[23]「沖縄経済の基本的不均衡と自立の困難」　平恒次　新沖縄文学５６　沖縄タイムス社（１９８３）。
[24]「沖縄経済自立への道」　嘉数啓　新沖縄文学５６　沖縄タイムス社（１９８３）。
[25]「道標（しるべ）求めて・琉米条約１６０年・主権を問う／識者インタビュー／島袋純・琉球大教授／友知政樹・沖縄国際大教授」　琉球新報（２０１５年１月１１日）。
「２０１６年度・翁長知事県政運営方針（全文）」　琉球新報（２０１６年２月１７日）。

フランスの沖縄?!
~ブルターニュ地方が喚起させるもの~

上江洲　律　子

上江洲　律子・うえず　りつこ
一九六四年沖縄県生まれ。
所属・職名：沖縄国際大学経済学部地域環境政策学科准教授。
最終学歴：大阪大学大学院文学研究科博士課程単位修得退学。
主要業績：「マルロー『王道』における身体性」（『待兼山論叢』、第三九号、大阪大学文学会、二〇〇五年、七七―九二頁）、「マルロー『西欧の誘惑』における身体性の萌芽」（『フランス文学論集』、第四七号、九州フランス文学会、二〇一二年、一―一四頁、五九頁）、「マルロー『人間の条件』における「身体」イメージの混在」（*Gallia*、n°54、大阪大学フランス語フランス文学会、二〇一五年、一〇三―一一二頁）、『フランス文学小事典』（朝日出版社、二〇〇七年、共著）、『オ・パ・カマラッド！―足並みそろえて，フランス語―』（駿河台出版社、二〇〇八年、共著）
専門：フランス文学
※役職肩書等は講座開催当時

はじめに

「フランス共和国」という名前が示すように、現在のフランスの礎を打ち立てたのは、共和制が確立される端緒となった一七八九年のフランス革命である。(1) 当時、フランスでは、国王を中心とした貴族による封建社会が築き上げられていた。しかし、その社会制度に異議を唱えて、第三身分と呼ばれる市民が自分たちの権利を求めて立ち上がり、王政を廃して共和制を実現した。革命による市民社会の誕生であった。

その革命の精神を端的に表しているのが、一七八九年八月二六日、憲法に優先する根本的な政治原則として採択された「人および市民の権利宣言」である。その第一条には「人は、自由、かつ、権利において平等なものとして出生し、かつ、存在する。社会的差別は、共同の利益に基づくのでなければ設けられることができない」と記されている。(2) つまり、フランス革命は、これまで身分制度という檻の中で抑圧され搾取され続けてきた市民に、本来自分のものでもあった自由と権利を取り戻させるものだった。ただし、そこに見出されるのは、このような輝かしい側面だけではない。

一　フランス革命と地方

フランス革命では、その過程において、国王であるルイ一六世の処刑が行われた。一つの国を象徴する存在、言い換えれば、フランスを一つの国として統一する機能を果たしていた存在を暴力的な行為によって取り除いたことになる。その結果、革命時に成立した政府は、フランスという国を改めて統一するために、苛烈な中央集権化の政策を断行せざるを得なかった。勿論、それは、国王が処刑されて革命的気運が最高潮に達したと言われる一七九三年以降、パリを中心に市民が掲げた標語「共和国の一体性および不可分性、自由、平等、友愛さもなくば死」を具現化するために必要な手法として見なすことができる。[3] 政府のみならず、革命を希求した市民の強い連帯感と覚悟を反映させたものだとも言えるのである。ただし、その標語に明示されている「一体性および不可分性」は、単に連帯への意思を表すだけではなく、内部における異質性を許容しない強い排他性を窺わせることに留意しよう。

また、その頃、フランスは、革命の波及を危惧するヨーロッパの国々から武力による干渉を被っていた。その外圧に対抗して自分たちの国を存続させるために、新しい政府を中心として一丸となった体制の確立は火急なものだったと考えられる。しかし、既に述べたように、「一体性および不可分性」の実現を目指すことは、為政という観点において、多様性を忌避する全体主義的な政策に容易に結びつくことが推測される。実際、革命政府は恐怖政治を展開することになる。そして、革命政府が地盤としたパリ以外の地域、いわゆる「地方」はその抑圧の対象となった。

フランスの地方に視点を移してみよう。革命の下に、中央集権化が推進される過程で、例えば、地方制に代わり県制が施行されるなど、地方はそれまで認められていた自治の権利を剥奪され解体された。地方という枠組みにおいて築き上げられた文化を蔑ろにする体制が強要されたのである。こうした地方への弾圧に対して激しく抵抗した地方の一つにブルターニュ地方がある。同地方では一七九三年の「ヴァンデの乱」を代表とする反革命運動が繰り広げられた。結局、彼らの反乱は革命政府の軍隊によって鎮圧される。しかし、その後、ブルターニュ地方は、長い不遇の時代を乗り越えて、自らの文化的なアイデンティティーを再確立するための運動を興していく。

ブルターニュ地方に見られる国と地方の関係は、日本における沖縄の在り方を彷彿させる。地理的にも文化的にも離れていながら、両者には類似性を指摘することができるのである。ここでは、特に、歴史と文化、なかでも地方で確立された言語という観点から、共通する特徴について考えていきたい。そのために、まず、ブルターニュ地方を概観してみよう。

二　ブルターニュ地方について

1　地方の現在

ブルターニュ地方はフランスの北西部に位置し、「六角形」という呼び名を持つフランスにおいて、一つの角に当たる半島部分を占めている。[(4)] 海岸線が一二〇〇キロメートルにおよぶ海に囲まれた地方であり、英仏海峡を隔ててイギリスと向かい合う。気候は雨の多い半海洋性気候となる。また、面積は約二七〇〇〇平方キロメートルで人口は約三三四万人である。沖縄の面積がほぼその十分の一となる約二三〇〇平方キロメートル、人口は二分の一に満たない約一四五万人であることを考慮すれば、沖縄と比較したブルターニュ地方の規模が分かるだろう。(5)

地形から想定されるように、ブルターニュ地方の主力産業となるのは漁業である。英仏海峡側では、北の小さな港の沿海区域で、ヒラメ、タイ、サバなどが漁獲されている。一方、北に位置するサン＝マロや、大西洋に面したロリアン、コンカルノー、ドゥアルヌネなどの港は、大規模な漁業の拠点として、タラ、イワシ、マグロ、エビなどの水揚げを行っている。また、カキ、ムール貝、ホタテ貝などの貝類、ウニ、小型や中型のエビ類が各地で採取されている。特に、カキ、ムール貝、ホタテ貝については、大規模な養殖も実施されている。

ただし、農業も漁業に匹敵するほどの業績を上げている。かつて、森林に覆われていた内陸部が耕作地となり、小麦、オート麦、ソバなどが収穫されているのである。そして、穀類と同様、飼料用の野菜も広く栽培されている。また、北はサン＝マロから南はナントに至る海岸沿いの地帯は、別名「黄金ベルト」と称されていて、ジャガイモ、カリフラワー、アーティチョーク、グリンピース、サヤインゲン、ニンジン、キャベツ、タマネギ、ニンニクなど、さまざまな種類の食用の野菜が育てられている。果樹栽培ではリンゴが代表的な生産物となる。さらに、乳牛、肉牛、豚、家禽、使役用や食用としての馬など、畜産業も農業と同じく重要な産業としての地位を確保している。農作物を用いた特産品として、シードルと呼ばれるリンゴを使った酒、ミュスカデという白ワイン、ソバ粉で作られるガレットという名前のクレープなどがある。

工業について言えば、まず、軍港のあるブレストやロリアンで、軍需品の製造および修理を行っている海軍工廠を挙げることができる。さらに、海に関わるものとして、造船所、魚介類を加工製造する缶詰工場、海藻や魚の屑の処理工場がある。また、農作物の缶詰工場、農機具製造所、乳製品工場など、農業や畜産業に関連した製造業が展開されている。近年では、水力発電所や多国籍企業PSAグループの自動車工場なども見られる。

ブルターニュ地方は、複雑な海岸線が作り出す名勝地のほかに、古の時代を現代に伝える旧跡を豊かな観光資源としている。後者の例として、まず、巨石文化の名残を挙げることができるだろう。この地方では、紀元前五〇〇〇年頃から三千年間に渡って巨大な石の建造物が築き上げられた。[6]具体的に言えば、墳墓跡と推測されるドルメン、太陽信仰に関わる記念物と目されるメンヒルという遺構が各地に見られる。現在もその文化の担い手となった民族については解明されていないが、その神秘性も加わり、研究者を始めとする多くの人々を引き付けるものとなっている。

また、キリスト教文化でありながら、この地方に特有の宗教芸術や宗教祭事も重要な観光資源となっている。前者の筆頭はカルヴェールである。これは十字架に磔にされたキリストを石で表現した彫刻芸術で、教会囲い地と呼ばれる、いわば教会を凝縮した宗教建築に据えられている。その傑作の一つとなるのが、一五八〇年代に制作されたギミリオーのカルヴェールとなる。[7]そこにはキリストの人生の主要な出来事が彫刻を通して描き出されている。いわば石でできた書物であり、当時、文字の読めない人々にキリスト教の物語を語り、その世界観を伝える役割を果たしていた。今日、カルヴェールは、昔日の信仰の在り方を伝えるものとなる。

一方、現在も毎年行われている宗教祭事としてパルドン祭がある。[8] その行事は、ブルターニュ地方の教会に、住民だけではなく世界各地から敬虔なカトリック教徒が集い、守護聖人に祈りを捧げる巡礼である。興味深いことに、その際、住民はこの地方の民俗衣装に身を包むことが慣習となっている。特に、女性が頭に被るレースで作られたコワフは、街ごとに様式が異なり、民俗衣装に多彩さを加えるものとなる。パルドン祭という行事は、厳粛な宗教的な意義と地方色という魅力によって人々の心をつかんでいるのである。なお、宗教彫刻カルヴェールや宗教祭事パルドン祭は、キリスト教がブルターニュ地方に息づいていたケルト文化と関わることで生み出されてきた。つまり、ブルターニュ地方の独自性はケルト文化にあると言える。このような文化の在り方を明らかにするために、同地方の歴史をたどっていきたい。

2　ケルトという起源

現在、フランスとなっている土地は、かつて古代ローマ人から「ガリア」と呼ばれていて、ケルト人が住んでいた。[9] とりわけブルターニュ地方は、ケルトの言葉で「海の国」という意味になる「アルモリカ」と称されていた。また、同地方は英仏海峡をはさんで対面しているブリタニア、現在のイギリスに住むケルト人と交易などを通して交流していた。ブルターニュという地方の名前も、この地方がかつてブリタニアに対して「小ブリタニア」と呼ばれていたことに由来する。こうした名前からも、二つの土地の関係を窺うことができるだろう。

紀元前一世紀になると、ガリアはローマ帝国のカエサルによって平定される。そして、ローマ帝国の支配の下に言語の面でも風俗や習慣の面でもローマ化されていく。しかし、後にブルターニュ地方となるアルモリカは、辺境の地であったことからローマ化されることなく、言語を始めとして自分たちの文化を守り続けることになる。

その後、四世紀後半からゲルマン人の民族大移動が始まる。その際、後にイギリスとなるブリタニアでは、海を越えて侵入してきたアングロ・サクソン人から逃れるために、言語は勿論、文化を共有する多くのケルト人が、海を越えて対岸にあるアルモリカに移住した。このようにブルターニュ地方は、元来ガリアの地に住んでいたケルト人と、海を隔てたブリタニアに住んでいたケルト人、その二つの系譜の融合を起源としている。

3　公国から国、そして地方へ

ブルターニュ地方が初めて政治的に統一されたのは九世紀にさかのぼる。この地方は、まず、隣接するフランク王国（四八一年にゲルマン系フランク族のクロヴィスによって建国）によって征服された。その際に、王国が同地方の統治を任せたのが、地元の人間であるノミノエだった。王国の支配下における統一の成立である。しかし、フランク王国が分裂すると、新たに登場した西フランク王国（後のフランス王国）が地方の支配を強化した。そのため、ブルターニュ地方はノミノエを中心として王国に反旗を翻して、八四五年に独立を獲得した。自治の下での統一を成就したブルターニュ公国の登場である。そして、ノミノエは、いわゆる建国の祖として、自分の故郷であるヴァンヌを都とした。

その後、ブルターニュ公国は、ノミノエの後継者の時代に王国となった。王国が最盛期を迎えるのは、その次に王位についた三代目のサロモンの時代である。しかし、彼の死後、一〇世紀から北欧のヴァイキングによる侵略が激化する。その攻撃に抗うことができず、ブルターニュは王国としての力を失い、公国への格下げを甘受せざるを得なくなった。とはいえ、「公国」という名前が示しているように独立は維持された。ただし、問題は文化面にあった。当時、同公国は隣接するフランス王国（一〇世紀後半に成立）の文化が徐々に浸透してくることに苦慮していた。その状況下でのヴァイキングの襲撃は、ブルターニュ公国の貴族や司祭がフランス王国へ避難することを促し、彼らを媒介として王国の文化が加速度的に公国へ移入される結果を生むことになったのである。なお、その時代、公国の都がフランス王国寄りに位置するナントに移ったことも、境界で王国の影響を監視しつつ制御するためだったと考えられている。つまり、一〇世紀以降、政治的な独立を死守しながらも、また、その阻止に心を砕きながらも、文化という側面において、ブルターニュ公国はフランス王国に少しずつ融合していったことが分かる。

一五世紀に入ると、フランス王国はブルターニュ公国を併合するための動きを活発化させることになる。当時、一一歳の若さで君主となったアンヌ・ド・ブルターニュは、フランス王国からの攻撃を避けるために、都であるナントから、現在、ブルターニュ地方の中心都市となっているレンヌに住まいを移した。しかし、結局、その勢力を回避することができず、ブルターニュ公国が独立を維持し続けることを条件に、一四歳でフランス国王と結婚した。自ら身を賭して公国の独立を守ったことから、アンヌ・ド・ブルターニュは、今でも同地方において守護神として敬愛されている。とはいえ、彼女の死後に状況は一変した。一五三二年、ブルターニュ公国は実質的にフランス王国に併合されることになる。言い換えれば、ノミノエの建国から始まる約七百年の歴史に終止符が打たれて、ブルターニュ公国はフランス王国の一地方となったのである。ただし、その際、同地方の文化の独自性が存亡の危機に陥ることはなかった。そのことを端的に示しているのが言語である。

4　地方における言語の歴史

ブルターニュ地方で用いられてきた言語(10)は、ケルト系の言語でブルトン語(11)と呼ばれている。ところで、一六世紀前半、ブルターニュ公国がフランス王国に併合されてから数年後、フランス王国では、それまで公用語としての役割を果たしていたラテン語が退けられて、宮廷を中心に練り上げられたフランス語が王国唯一の公用語となった。(12)つまり、王国内で並列的に用いられてきた言語の一つが「国語」となったのである（一五三九年、ヴィレル＝コトレの勅令）。その結果、ブルトン語は地方で用いられる地域語の一つに堕することになった。しかも、「国語」の存在は地域語を排除するものと言える。しかし、実際には、この時、ブルトン語が使用を禁止されることはなかった。また、ローマ・カトリック教会では、宗教上の規律によって、教区の司祭は赴任地の言語を用いて活動できるよう義務付けられていた。そのため、ブルトン語は、フランス語を公用語とするフランス王国においても、宗教と結びつきながら日常における生きた言語で在り続けた。

このように存続してきたブルトン語を、結果的に衰退へと追いやることになるのが、冒頭で取り上げたフランス革命である。革命によって誕生した政府は、政府の意思や決定を迅速かつ国の津々浦々まで伝達することを目的として、共通語としてのフランス語を徹底的に普及すると同時に、ブルトン語などの地域語を駆逐する言語統制を展開した。そして、一九世紀の後半に制定された義務教育制度（一八八二年、フェリー法）において、ブルトン語などの地域語は、公的な教育の場における使用を全面的に禁止されるようになった。しかも、フランス語に比べて劣った言語として不当な扱いを受けることになる。つまり、フランス語で「パトワ」いわゆる「里ことば」として蔑視されるようになった。特に、ブルトン語は、ブルターニュ地方が財政的に厳しい状況だったことから、二重の観点で侮蔑の眼差しを向けられることになる。

しかし、こうした迫害は、かえって、ブルトン語を擁護する活動への原動力となった。その頃から、ブルターニュ地方では、ブルトン語、言い換えれば、ケルト文化を起源とする言語であると同時に、自らのアイデンティティーの根源を象徴する言語の復権に向けた運動が活性化していく。見方を変えると、一〇世紀以降、長い年月を通してフランスの文化と融合してきたブルターニュ地方は、民族的なアイデンティティーに基づく地方の再生に取り組む際、フランスからの独立ではなく、自らの言語の復権を目指したことになる。そのことに留意しながら、まず、同地方で展開された民族主義的な運動をたどっていく。

5 アイデンティティーの再構築における特色

この地方では、新しい義務教育体制が徹底されていく中で、一八九八年、「ブルターニュ地域主義連合」が設立された。これは、フランスの「一体性と不可分性」を支持しながら、ブルトン語を含む地方の伝統の擁護を目的とする組織だった。また、その後、結成された「ブルターニュ・バルド団ゴルセズ」は、二〇世紀前半、ブルトン語によるジャーナリズムに携わった人物や、辞書および文法書などを著してブルトン語の父と称される人物を輩出した。以上の運動には、文化的な側面に特化した在り方を指摘できる。しかし、その一方で、第一次世界大戦直後、一九一九年に創刊された雑誌『ブレイズ・アタオ』(永遠なるブルターニュ)を中心に展開された運動は、ブルターニュ地方を主題とする新たな文化の創造のみならず民族独立を志向するものだった。結局、その運動は、分裂を経ながら、次第にナチスのような民族の選民思想に傾倒するなど先鋭化を極めたため、地方に広く受け入れられることなく解散されるに至った。しかも、実際にその運動の一部が対独協力を行っていたことから、第二次世界大戦後、ブルターニュの民族主義運動はタブー視されることになる。同地方で、民族に関わる運動が再び活性化するのは一九七〇年代である。その際も、「ブルターニュ解放戦線」などの過激な民族主義運動と同時に、ブルトン語に関する言語文化運動が誕生した。

そして、前者は一般的な支持を得ることなく終息する。つまり、ブルターニュ地方における民族的なアイデンティティーの再興は、時に言語の復権と民族の独立という二つの側面を有しながらも、結果的に言語へと収斂していることが分かるのである。ここで改めて、その言語に関わる運動について確認したい。

6　ブルトン語のこれから

注目すべき出来事として挙げられるのは、ブルターニュ地方において、一九七七年に、ブルトン語で「芽生え」を意味する「ディワン」という名前の学校が設立されたことである。これは、有志によって立ち上げられた学校で、幼稚園と小学校の児童にブルトン語で学科を教えることを目的としていた。当初、五名から始まったこの学校は、二〇〇九年、学校数は幼稚園から高校まで合わせて四四校、生徒数は三二〇九名まで拡大している。確かに、ブルトン語は、同年に更新されたユネスコの「世界消滅危惧言語地図」において、未だ消滅の危機を脱し得ない言語として見なされている。しかし、「ディワン」が示すブルトン語教育への意識の高まりは、その再生の予感を伝えてくれるものだと言えるだろう。

また、一九八〇年代に入ると、フランスにおいて政策面での大きな変化があった。それを端的に示しているのが、ミッテラン大統領の政権下で施行された法律である。当時の国民教育大臣サヴァリの名前を冠した通達（一九八二年）では、公的な教育の場にブルトン語などの地域語を積極的に導入していくことが明記されていた。一九世紀後半に制定されたフェリー法から百年の時を経て、ブルトン語は公の教育において学ばれる権利を取り戻したのである。こうしたフランスにおける変化の背景には、欧州連合（以降はEUと表示）の存在が深く関わっていると見なすことができる。その点について、少し考えてみよう。

ヨーロッパでは、第二次世界大戦の後、戦いの火種を抱えるフランスとドイツを中心に、共に生きる社会の構築を目指した取り組みを進める。(13) そして、一九五一年に発足した欧州石炭鉄鋼共同体（ECSC）を土台として、一九九三年にEUが誕生した。その精神を示す標語が「多様性の中の統合」となる。つまり、EUは大国に小国が従属することで成立するのではなく、共同体を構成する国や地域が相互の伝統や価値観を尊重し合いながら統合することを目標とした。このような精神に基づくヨーロッパの言語観は、一九九二年に採択された「地域語あるいは少数言語に関する欧州憲章」に明確に示されている。この憲章では、地域語や少数言語を文化遺産と見なして、その保護と奨励が謳われているのである。以上を考慮すれば、第二次世界大戦後から長い年月をかけて築き上げられたEUにおける「多様性の尊重」という考え方が、フランスの公教育制度に反映されていると言えよう。

しかし、地域語をめぐって、フランスは大きなジレンマに陥っている。なぜなら、サヴァリ通達が出される一方で、「地域語あるいは少数言語に関する欧州憲章」の採択と同年、フランスでは、憲法の第2条に、「共和国の言語はフランス語である」という条項が付け加えられたからである。

そこには、革命以降遵守されてきた「一体性と不可分性」が強く打ち出されている。視点を変えると、明確な排他性を指摘することができる。確かに、その後、フランスは、同じく憲法に「地域語はフランスの遺産に属する」という条項を追加した。しかし、その条項は必ずしも地域語の使用を直接的に推進するものとして見なせるものではない。つまり、今後はどうであれ、憲法が地域語の普及を阻むものとなっていると言わざるを得ないのである。実際に、二〇一〇年現在、ブルトン語の教育に尽力する私立学校「ディワン」は、国や自治体の助成を十分に受けることが叶わない状況に陥っている。このようなブルトン語の在り方を通して、「一体性と不可分性」と「多様性」、両者の間で揺れるフランスの姿が浮き彫りになっていると言えるだろう。以上で述べたブルターニュ地方とフランスとの関係に留意しながら、次に、沖縄について確認していく。

三　沖縄について

1　琉球王国から沖縄県へ

沖縄では、亜熱帯性地域に特有な貝塚時代が長く続いた後、一二世紀頃から農耕社会を基盤とするグスク時代が始まった。[14] その後、各地に按司（あじ）と呼ばれる指導者が登場すると、按司を筆頭とする地域間の争いを通して、三つの勢力圏が形成された。いわゆる三山時代の到来である。また、この時代に中国との交易が始まり、大交易時代が幕を開けた。そして、一四二九年に尚巴志（しょうはし）が三山を統一して琉球王国を建国した。その独自の文化が開花するのは、一四七七年に王位に就いた尚真（しょうしん）の時代だと言われている。彼は、首里王府を中心とする中央集権体制も確立した。しかし、一六世紀後半になると、豊臣秀吉の政権の際に、朝鮮侵略に関わる軍役の要求など、薩摩藩による琉球王国への政治的な干渉が強化された。そして、秀吉が琉球王国を薩摩藩の軍事的な指揮下に置いたことで、前者は後者に従属国として見なされるようになった。しかし、薩摩藩による支配はそれだけに留まらなかった。江戸幕府が成立した後、中国との交易の復活を目指す徳川家康の思惑に応えることや、自領の拡大などを目的として、一六〇九年、琉球王国は薩摩藩に侵略されて実質的に支配されるようになった。言い換えると、江戸幕府に併合されたのである。ただし、その際、琉球は「王国」としての体制を維持することになった。その王国体制を解体させたのは、一八六八年の日本における政治的な革命「明治維新」となる。琉球王国は、一八七二年に天皇から「琉球藩」として任命されたことを端緒として、一八七一年に実施された廃藩置県が一八七九年に適用された。いわゆる「琉球処分」である。その結果、琉球王国は、四五〇年におよぶ王国の歴史に幕を下ろして、「沖縄県」と名称を変えて、日本の県の一つとなった。しかし、沖縄をめぐる政治体制は、変動を続けることになる。第二次世界大戦の後、サンフランシスコ平和条約（一九五一年）により、敗戦国となった日本の戦後処理の一つとして、沖縄県は日本から切り離されて、アジアにおけるアメリカの戦略基地としての役割を担うために、アメリカ軍の施政権下に入った。その時、琉球政府が設立された。なお、その条約の締結直後から、沖縄では日本への復帰運動が見られた。それは、後に、アメリカ軍の抑圧から解放を求める祖国復帰運動へと連なる。そして、アメリカ軍から弾圧されながらも、一九六〇年に設立された「沖縄県祖国復帰協議会」へと結実していく。ただし、その頃、「祖国」という観点から、沖縄のアイデンティティーについて再考を掲げる活動も見られるようになる。具体的に言えば、「日本」ではなく「琉球王国」を自らの起源として見なす活動である。それは、結局、大衆運動としての体を成すことはなかった。しかし、その民族的なアイデンティティーをめぐる活動が、既に述べたブルターニュ地方における動きと重なることに着目したい。その後、高まる返還運動を背景に、沖縄は基地のない平和な島を求めて、「即時、無条件、全面返還」を要望するも、その埒外で形成された日米両政府の合意に基づき、一九七二年、沖縄返還が実現されることになった。現在、沖縄は、アメリカ軍基地をめぐる問題を抱え続けながら、日本の一つの県として在り続けているのである。その歴史を背景として、沖縄の言語の変遷を見ていこう。

2　沖縄語の成立と衰退

本来、沖縄で用いられていた言語は、日本の言語とほぼ同じものだったと考えられている。[15] しかし、一一から一二世紀にかけて、沖縄独自の言語が形成されることになる。そして、一三世紀の半ば、三山時代に、日本から仏教にともなって文字がもたらされると、一五世紀の末には表記法の規範が整い、言語として確立されたと見なされている。一六世紀前半に登場する歌謡集『おもろそうし』がそのことを示唆していると言えるだろう。

そして、明治維新の後、沖縄に日本の言語が移植された。明治政府に、日本を一つの言語で統一する軍事的な必要性があったからである。そして、廃藩置県で日本の県となった沖縄にとって、日本語の教育が最重要課題となった。そのため、後に師範学校となる会話伝習所という教育機関が設立される。しかし、当時、沖縄では、日本に同化して日本の組織の一つになるという意識が低く、結果的に日本語が沖縄語を脅かすことはなかった。その状況が大きく転換したのが、日清戦争（一八九四―九五年）から日露戦争（一九〇四―〇五年）の頃だと言われている。日清戦争で中国が日本に敗れたことを契機に、沖縄では日本との同化を望む気運が高まり、日本語を母国語として受け入れる土壌が育まれたと見なされているのである。

その後、沖縄で日本語教育が強化されるのは、第二次世界大戦下、戦時体制の強化を目的とした「国民精神総動員運動」が展開される時代だった。また、第二次世界大戦の後、アメリカ軍の支配下で、祖国復帰運動が高まった時代にも、厳しい日本語教育が実施される。沖縄における日本語の普及には、政治的な動機が色濃く反映されていると言えるだろう。そして、フランスでも見られたように、政策としての徹底的な言語の普及は既存の言語の否定をともなう。沖縄でも日本語教育の過程で沖縄語が否定的に扱われた。また、沖縄が経済的に困窮していたことから、その言語は差別の対象となった。その結果、沖縄語は衰退の道を歩んでいくことになる。こうした言語の在り方は、ブルターニュ地方におけるブルトン語の受難を思い起させるものである。

3　沖縄語の行方

二〇一六年に実施された沖縄県民の意識調査によれば、沖縄語いわゆる「しまくとぅば」を主に用いている割合は全体の六・九％である。(16) また、「しまくとぅば」の理解度に関する質問に対して「よくわかる」と答えた一〇代の人たちの割合はわずか一％にも満たない。先程述べたブルトン語と同様に、沖縄語は二〇〇九年にユネスコの発表した「世界消滅危惧言語地図」に掲載されたが、まさに失われつつある言語となっていると言える。しかし、このような状況を一種の起爆剤とするように、沖縄では沖縄語の保存と継承に向けた動きが活性化している。例えば、県民の沖縄語に対する意識を高めることを目的として、二〇〇六年には「しまくとぅばの日」（九月一八日）が制定された。また、沖縄は一〇年計画を立てて、沖縄語の普及推進に取り組んでいる。目下、公的な教育の場に沖縄語教育を誘うことを目的として、県内の小中学校に『しまくとぅば読本』が配布されている。さらに、「しまくとぅばの日」の前後には、県をあげてさまざまなイベントが実施されるようになっている。

4　ブルターニュ地方と沖縄が担うもの

歴史と言語に着目すれば、ブルターニュ地方と沖縄の間に、明白な類似を指摘することができる。まず、歴史的な観点である。長い年月をかけて文化的に融合してきたフランスに併合されたブルターニュ地方のように、沖縄も文化的に深く関連し合う日本に併合された。そして、勿論、言語は、それを育む「地」の歴史と連動する。ブルターニュ地方と沖縄は、両者とも、同地を併合した国が中央集権化を推進する過程において、共通語の徹底的な普及による弊害を甘受した。言い換えれば、自らの言語が否定されて、その使用が禁止されることを受け入れざるを得なかった。ただし、二〇世紀の末、ヨーロッパひいては世界において、地域語や少数言語に対する考え方が大きく変化する。既に紹介した「地域語あるいは少数言語に関する欧州憲章」に加えて、一九九六年の「世界言語権宣言」で明言されることによって、言語の如何を問わず、それを保存して継承する権利が公に認められた。(17) ブルターニュ地方も沖縄も、その考え方を追い風として、自分たちの言語の復興に取り組んでいるのである。

おわりに

ここで改めて、ブルターニュ地方におけるブルトン語の復興活動を見ていこう。既に述べたサヴァリ通達(一九八二年)の後、フランスでは、ブルトン語などの地域語が、幼稚園から大学に至る教育機関で、選択科目あるいは第二・第三言語として組み込まれて、通常の教育課程で習得できるようになった。また、公立の学校に創設されたバイリンガル学級において、ブルトン語とフランス語を併用する授業が行われるようになった。国の政策によって学校教育における地域語の学習機会が拡大していることが分かる。その変化に対応するように、成人教育の場でも、ブルトン語の教育が行われるようになった。例えば、民間機関が、文化センターや公民館を活用して、ブルトン語の集中講座、通信教育、夏季の語学研修、ケルトを主題とする文化講座などを実施している。このようなブルトン語学習の広がりを背景に、ブルトン語のラジオ局も増えて、二〇一〇年現在、国営放送局系列が2局、民放FM局が5局、開局している。テレビに関しても、年間八五時間ブルトン語の番組を放送するTV局が登場する一方、ブルトン語とフランス語のバイリンガル放送を実施するケーブルTV局も登場している。

共通語としてのフランス語を遵守するフランスにあって、地域語であるブルトン語を継承しながら発展させる努力を続けるブルターニュ地方は、EUが目指す「多様性の尊重」という在り方において、先駆的な役割を果たしていると言えるだろう。言い換えれば、「共生」を体現する存在として見なすことができるのである。そして、同地方と沖縄との類似性を考慮すれば、アイデンティティーをめぐり、日本における自らの在り方を模索し続ける沖縄にとって、その在り方は多くの示唆を与えてくれるものとなる。ブルターニュ地方、そこが喚起させる「共生」への歩みは、沖縄のこれからに一つのイメージを投影させてくれるものと言えよう。

注

(1) 以下、フランス革命については次の文献を参照。桑原武夫『世界の歴史十フランス革命とナポレオン』、中公文庫、一九七五年。安達正勝『物語　フランス革命―バスチーユ陥落からナポレオン戴冠まで』、中公新書、二〇〇八年。篠沢秀夫『フランス三昧』、中公新書、二〇〇二年。
(2) 新倉俊一他編『事典　現代のフランス』(新版)、大修館書店、一九八五年、五六三頁。
(3) 在日フランス大使館：https://jp.ambafrance.org/article4046（閲覧日：二〇一八年七月四日）。
(4) 以下、ブルターニュ地方の概要については次の資料を参照。前掲書『事典　現代のフランス』(新版)、四五五―四五七頁。INSEE:https://www.insee.fr/fr/information/2016662（閲覧日:二〇一八年七月四日）.
(5) 沖縄県公式ホームページ：http://www.pref.okinawa.jp/（閲覧日：二〇一八年七月四日）。
(6) Jacques Briard, *Dolmens et menhirs de Bretagne*, Éditions Jean-Paul Gisserot, « Les guides Gisserot », 2016, pp.2-3.
(7) Olivier Lecollinet, Photographies Jean-Christophe Gatiniol, *Bretagne, secrète et insolite*, Éditions Les Beaux jours, 2012, p.88.
(8) 武部好伸『フランス「ケルト」紀行―ブルターニュを歩く』、彩流社企画、二〇〇三年、一一五―一二四頁。
(9) 以下、ブルターニュ地方およびフランスの歴史については次の文献を参照。原聖『〈民族起源〉の精神史―ブルターニュとフランス近代』、岩波書店、「世界歴史選書」、二〇〇三年。前掲書『フランス「ケルト」紀行―ブルターニュを歩く』。東京都立大学フランス文学研究室編『フランスを知る―新〈フランス学〉入門』、法政大学出版局、二〇〇三年。髭郁彦・川島浩一郎・渡邊淳也『フランス語学概論』、駿河台出版社、二〇一〇年。前掲書『フランス三昧』。三浦信孝・西山教行編著『現代フランス社会を知るための六二章』、明石書店、「エリア・スタディーズ八四」、二〇一〇年。前掲書『事典　現代のフランス』(新版)。草場安子『現代フランス情報辞典―キーワードで読むフランス社会』（改訂版）、大修館書店、二〇〇三年。フレデリック・ドルーシュ総合編集『ヨーロッパの歴史―欧州共通教科書』（第二版）、木村尚三郎監修・花上克己訳、東京書籍、一九九八年。大場静枝「ブルトン語、現在に生き続けることば」、池田雅之・矢野安剛編著『ヨーロッパ世界のことばと文化』、成文堂、「世界のことばと文化シリーズ」、二〇〇六年、二二一―二四三頁。大場静枝「フランスの言語政策と地域語教育運動―ブレイス語を事例として―」、『プロジェクト研究』、第五号、早稲田大学総合研究機構、二〇一〇年、一一―一三頁。小林茂「フランス語の歴史とフランス文化―純化の軸と多様性の軸の上で」、前掲書『ヨーロッパ世界のことばと文化』、六五―八三頁。

(10) 以下、ブルターニュ地方およびフランスの言語については注(9)および次の資料を参照。« Loi du 28 mars 1882 du Jules Ferry », Fac-similé du *Journal officiel* du 29 mars 1882. « Circulaire 82-261 du 21 juin 1982 », dite « Circulaire Savary », *Textes relatifs à l'enseignement des langues régionales. Charte européenne des langues régionales ou minoritaires*, Conseil de l'Europe, 1992, p.1. *Constitution de la République française* : http://assemblee-nationale.fr/connaissance/constitution.asp（閲覧日：二〇一八年七月四日）. *Déclaration universelle des droits linguistiques*, Comité d'accompagnement de la Déclaration universelle des droits linguistiques, 1998. Atlas UNESCO des langues en danger dans le monde : http://www.unesco.org/languages-altas/（閲覧日：二〇一八年七月四日）.

(11) ブルトン語（地域語ではブレイス語）には大きく分けて二つの方言がある。南部で使用されるヴァンヌ方言とKLT方言である。KLTはその方言が使用されている三つの地域、ケルネ（コルヌアーユのブルトン語名）、レオン、トレゲール（トレゴールのブルトン語名）の頭文字である。なお、ブルトン語を母語とする人の四分の三がKLT方言話者のため、一般的に、ブルトン語の文法書や辞書は、KLT地域の中心地で用いられている方言を中核として編纂されている。また、二つの方言の間で綴り字の統一化が模索されていて、現在、一九四一年に考案された「統一綴り字法」が有力な候補となっている（前掲論文「ブルトン語、現在に生き続けることば」、二三二—二三六頁参照）。

(12) ルネッサンスの息吹に触れたフランス国王フランソワ一世は、誇りある中央集権的な国造りの一つとして、自国の言語であるフランス語に意義を与えた。それまでラテン語に対して俗語として扱われていたフランス語に価値を与えたのである。それがヴィレル＝コトレの勅令だった。フランス語はその気運を反映しながら、一六世紀を通して豊かさを深めた。そして、一七世紀に入ると、絶対王政を謳歌したルイ一四世の治世に、アカデミー・フランセーズによって完成される辞書（一六九四年）の編纂を通して整備されたのである。それが、「国語」としてのフランス語の基盤となった。※注(9)を参照。

(13) 以下、欧州連合（EU）については次の資料を参照。武蔵大学人文学部ヨーロッパ比較文化学科編『ヨーロッパ学入門』、朝日出版社、二〇〇五年。パスカル・フォンテーヌ『EUを知るための一二章』（第二版）、駐日欧州委員会代表部編訳、駐日欧州委員会代表部、二〇〇六年。駐日欧州連合代表部の公式ウェブマガジン：http://eumag.jp/questions/f0814/（閲覧日：二〇一八年七月四日）。

(14) 以下、沖縄の歴史については次の文献を参照。新城俊昭『ジュニア版　琉球・沖縄史—沖縄をよく知るための歴史教科書』、東洋企画、二〇〇八年。なお、「琉球王国」と「沖縄県」を総称する名称として「沖縄」を用いる。

(15) 以下、沖縄の言語の歴史については次の文献を参照。外間守善『沖縄の歴史と文化』、中公新書、一九八六年。井谷泰彦『沖縄の方言札―さまよえる沖縄の言葉（ウチナーグチ）をめぐる論考』、ボーダーインク、二〇〇六年。なお、沖縄におけるさまざまな地域語の総称として「沖縄語」を用いる。

(16) 以下、現在の沖縄の言語をめぐる状況については次の資料を参照。沖縄県『「しまくとぅば」普及推進計画』、二〇一三年九月。沖縄県『中期「しまくとぅば」普及推進行動計画～県民への普及促進に向けて～（平成二八年度～平成三〇年度）』、二〇一六年九月。沖縄県『平成二八年度しまくとぅば県民意識調査報告書』、二〇一七年三月。中本謙「「しまくとぅば」の現状と保存・継承の取り組み―沖縄奥武方言を中心に―」、『しまくとぅばルネサンス』、沖縄国際大学公開講座委員会、二〇一七年、二六七―二八六頁。文化庁「消滅の危機にある言語・方言」：http://www.bunka.go.jp/seisaku/kokugo_nihongo/（閲覧日：二〇一八年七月四日）。「しまくとぅば読本」制作委員会編『しまくとぅば読本』（小学生）、『しまくとぅば読本』（中学生）、沖縄県文化観光スポーツ部文化振興課、二〇一五年。

(17) 注(10)を参照。

ＡＲ活用による地域活性化の可能性

根路銘　もえ子

根路銘　もえ子・ねろめ　もえこ
所属・職名：沖縄国際大学経済学部准教授（地域環境政策学科）
最終学歴：琉球大学大学院理工学研究科総合知能工学専攻博士課程修了（工学博士）
専門分野：進化型計算、マルチエージェントシステム、観光情報システム
主な著書・論文等
○根路銘もえ子，赤嶺有平：「宮古島市における電気自動車充電設備に関する考察」，沖縄国際大学総合研究機構沖縄経済環境研究所叢書『宮古島の挑戦　エコアイランドによる地域活性化』，文進印刷，pp.113-134，二〇一六．
○根路銘もえ子：「観光を楽しむための情報技術」，沖縄国際大学公開講座委員会編『沖縄国際大学公開講座20　地域と環境ありんくりん』，東洋企画，pp.175-199，二〇一〇．
○根路銘もえ子，赤嶺有平：「携帯端末を用いたバーチャルガイドシステムの開発」，沖縄国際大学経済学部『経済論集』，第七巻第一号，二〇一一．
※役職肩書等は講座開催当時

一　はじめに

スマートフォンに代表される携帯端末は、今や我々の日常生活において欠かせない機器になっている。平成二十九年版情報通信白書において、二〇一六年度の移動通信（携帯電話・ＰＨＳ）サービスの加入契約数は一億六六〇九万件と報告されていることから、国民の多くが何らかの携帯端末を保有し、移動通信サービスを利用していると考えられる。特に、スマートフォンの保有率は、世帯・個人それぞれ増加しており、それに伴い、スマートフォンを用いたインターネット利用者も増加している。そのため、多くの地域において、携帯端末利用者に対して地域の魅力の発信や、利用可能なサービス提供を行っている。

本稿では、スマートフォンやウェアラブル機器等で利用可能な技術の一つであるＡＲ(:Augmented Reality)「拡張現実」について解説する。また、ＡＲ技術を利用するためのいくつかの方法を説明し、ＡＲの特徴をまとめる。

一方、「地域活性化」に関する検討を通して、ＡＲ技術の活用の主目的は「集客段階」の要素が強く、「地域経済活性化」における役割が大きいであろうと推測する。そこで、集客を目的としたＡＲ活用による特徴的な地域活性化の事例をいくつか紹介し、ＡＲ技術を活用するにあたって重要な事についてまとめる。

二　日本における携帯端末の利用状況

1　電気通信サービスの加入契約者数の状況

平成二十九年版情報通信白書において、二〇一六年度の移動通信（携帯電話・ＰＨＳ）サービスの加入契約数は一億六六〇九万件と報告されている（図１）。日本の人口が約一億二七〇〇万人であることを考慮すると、国民の多くが何らかの移動通信機器を保有していると考えられる。

2　情報通信機器保有状況

平成二十九年通信利用動向調査の結果によると、各世帯における情報通信機器保有状況は、平成二十九年には、パソコンを超え七十五・一％を占めている（図２）。

さらに、図３に示すスマートフォンの世代別保有率（個人）より、各世代とも増加していることがわかる。

平成二十九年には、全体で六〇・九％が保有しており、

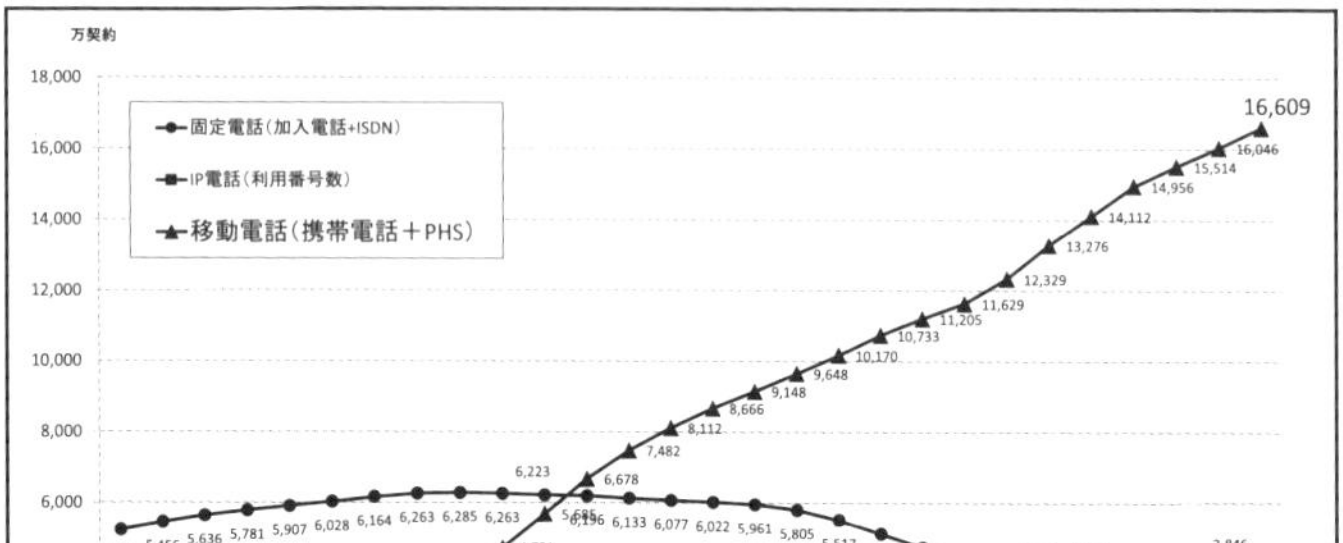

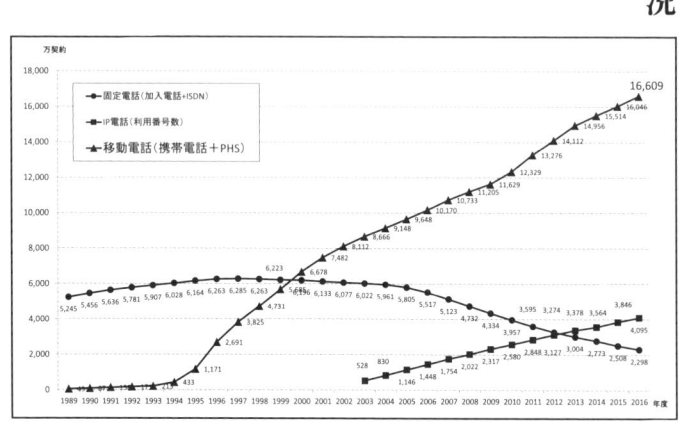

（出典：総務省「平成29年度版 情報通信白書」より作成）

図1.　電気通信サービス加入契約数の推移

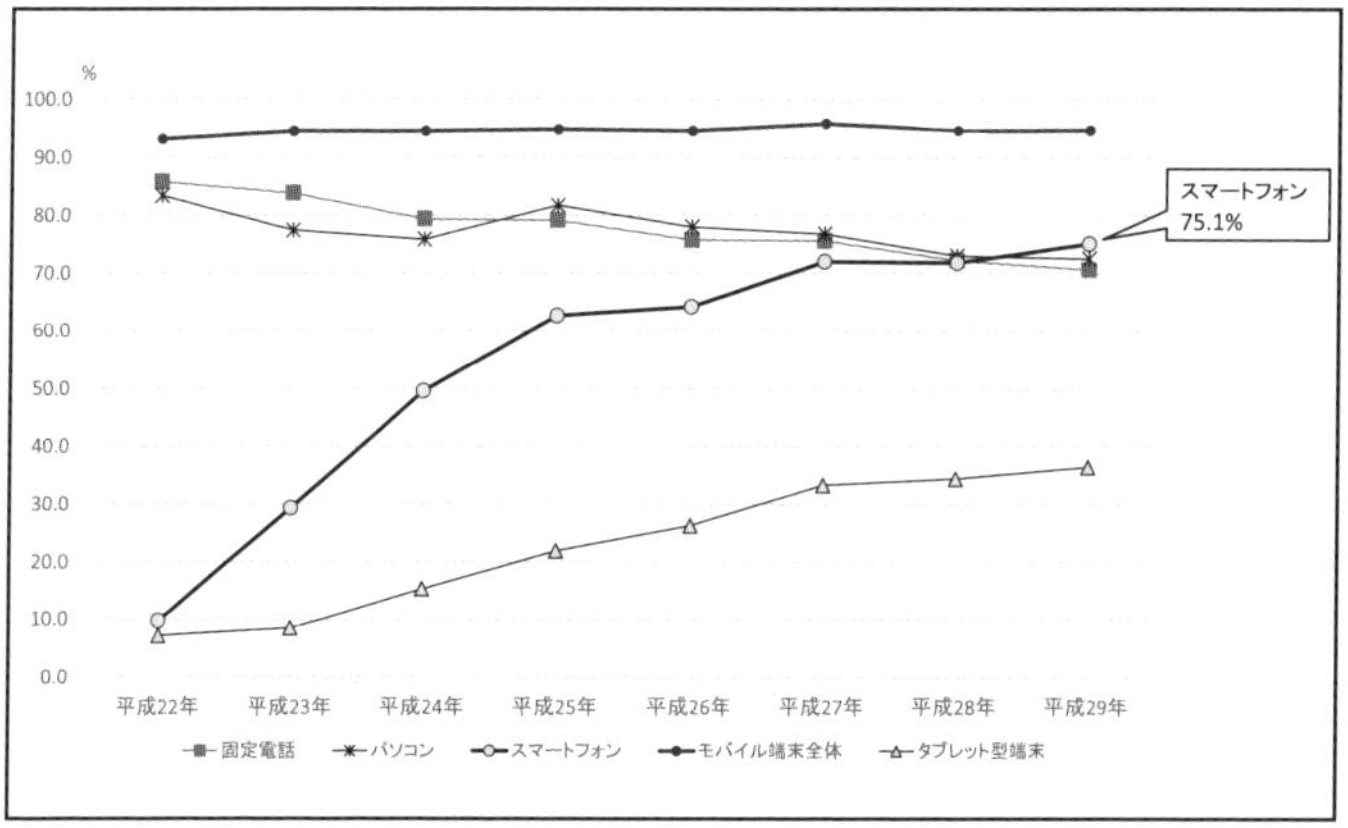

（出典：総務省「平成29年 通信利用動向調査の結果」より作成）

図2. 情報通信機器保状況（世帯）推移

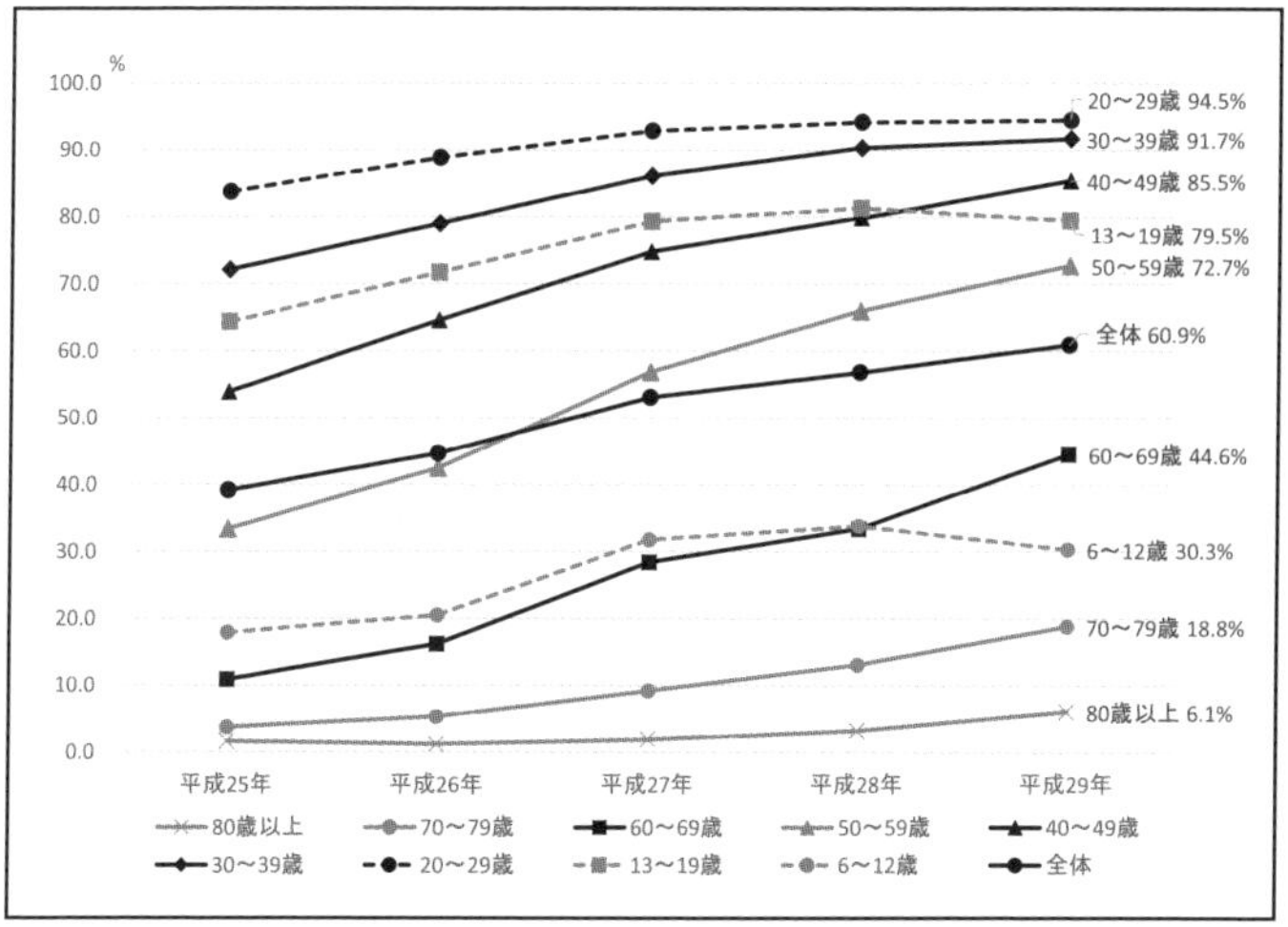

（出典：総務省「通信利用動向調査の結果（各年）」より作成）

図3. スマートフォンの世代別保有率（個人）

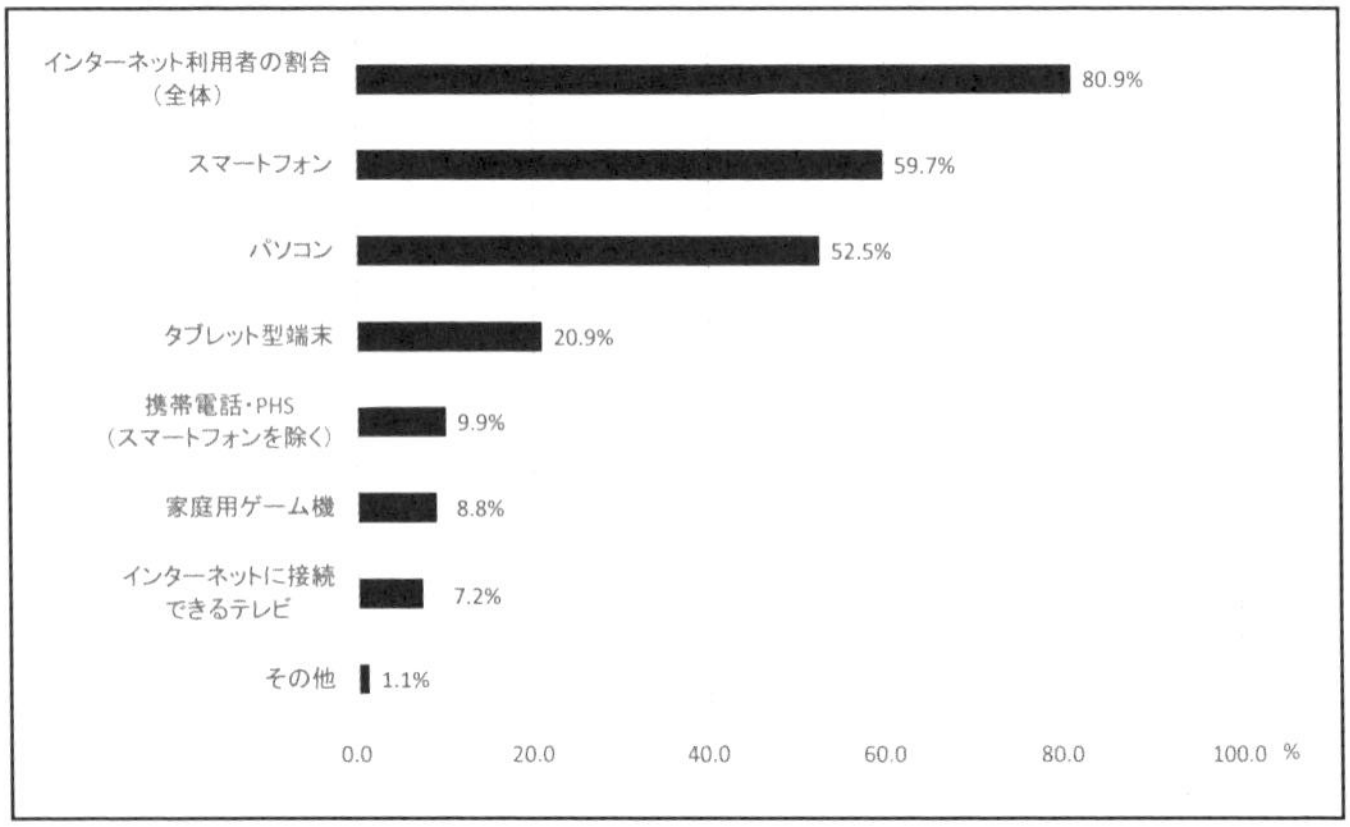

（出典：総務省「平成29年 通信利用動向調査の結果」より作成）

図4. インターネット利用機器の状況（個人）

二十代～四十代に関しては八十五％を超えている状況であることがわかる。

3　インターネット利用機器の状況

2節で説明したように、スマートフォンの保有率は年々増加していることから、インターネットを利用する際の機器についても変化が生じている。図4に平成二十九年のインターネット利用機器の状況を示す。図4を見ると、スマートフォンがパソコンを上回っていることがわかる。さらに、図5に示す年齢層別のインターネット利用機器の状況においては、ティーンエイジャー～五十代の幅広い層で、スマートフォンからの利用が最も多いことがわかる。これらの事から、スマートフォン保有者のほとんどが、インターネット利用する際にスマートフォンでアクセスしているといえる。

また、行動範囲が広く機動力のある世代の多く

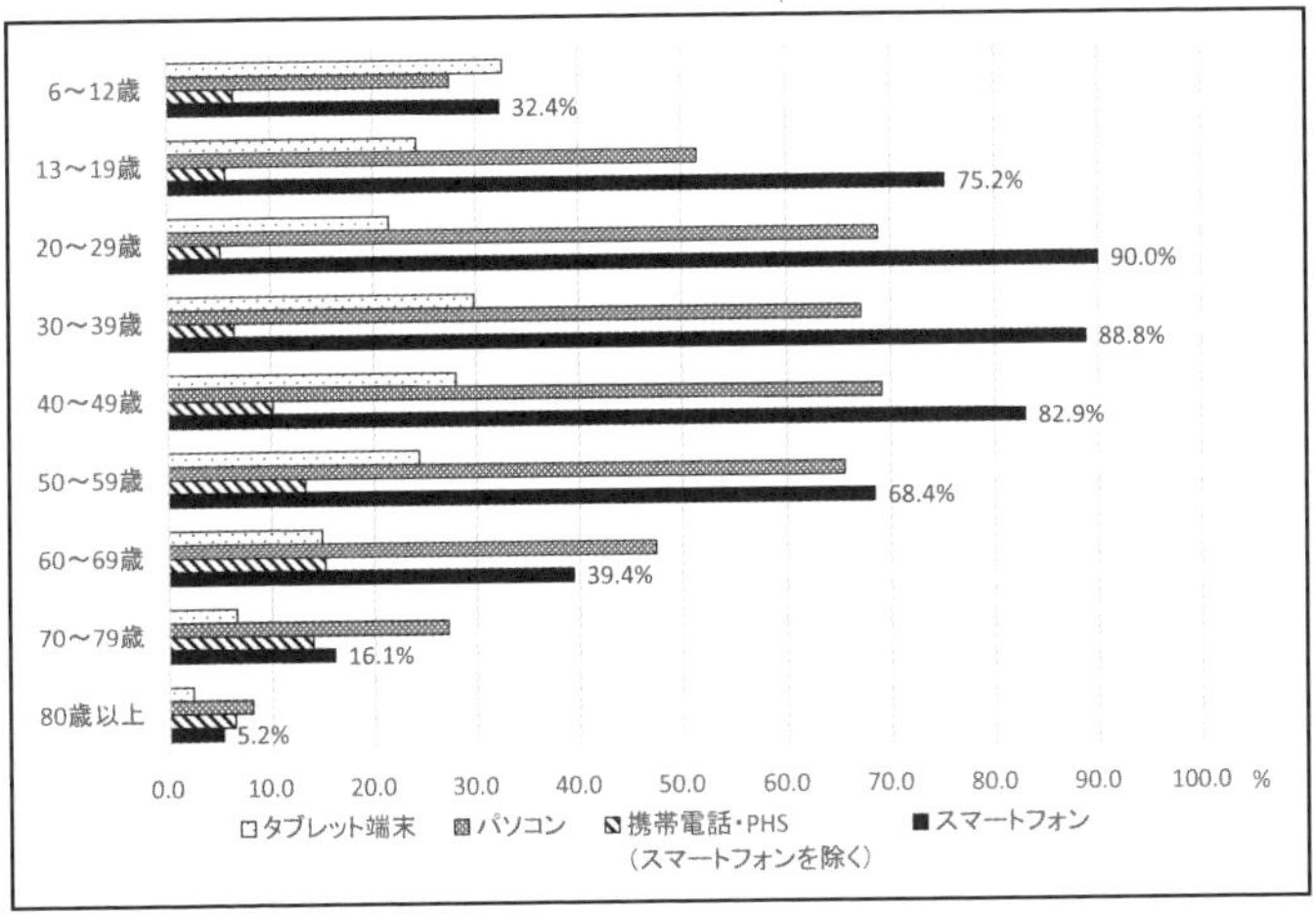

（出典：総務省「平成29年 通信利用動向調査の結果」より作成）

図5. 年齢層別インターネット利用機器の状況

がスマートフォンを保有している事より、スマートフォン利用者へ向けた情報発信やサービス提供は、情報提供側にとって有益であるといえる。そのため、地域の魅力を適切に発信する事によって、その地へ足を運ばせる事が可能になると考えられる。

三　ＡＲ技術の可能性

１　ＡＲとは

ＡＲ（拡張現実）とは、現実環境にデジタル情報を重ねる技術のことである。人間が目に見える情報を現実環境と考えると、その目に見えている情報を補完するような情報（つまり、拡張された現実環境情報）を現実環境と合わせて提示する技術を指している。ＡＲによって、現実環境情報を可視化でき、五感を拡張できる。これにより新たな体験を可能にする技術であるといえる。

　ＡＲ技術については、古くは映画やアニメなどのＳＦの世界で描かれてきた。そのＡＲを実現する基礎研究が始まったのは一九九〇年代であり、二〇〇〇年代初頭には、パソコンによるＡＲの一般利用が始まった。その後、パソコンではなく携帯電話をデバイスとして使用する「セカイカメラ」が登場した事によりＡＲが注目され、様々な分野や業種でＡＲの利用が活発化する。二〇一三年頃にスマートフォンアプリの開発が進むことによって一般化が進み、さらに二〇一六年の「ポケモンＧＯ」のブームにより、若い世代を中心にＡＲアプリの利用が進んだ。

　ＡＲの仕組みの一例を図６に示す。

　まず、スマートフォン等携帯端末のカメラ機能を通して現実の風景を見ると、ＧＰＳや携帯電話の基地局等からユーザの位置情報を取得し、センサーによって

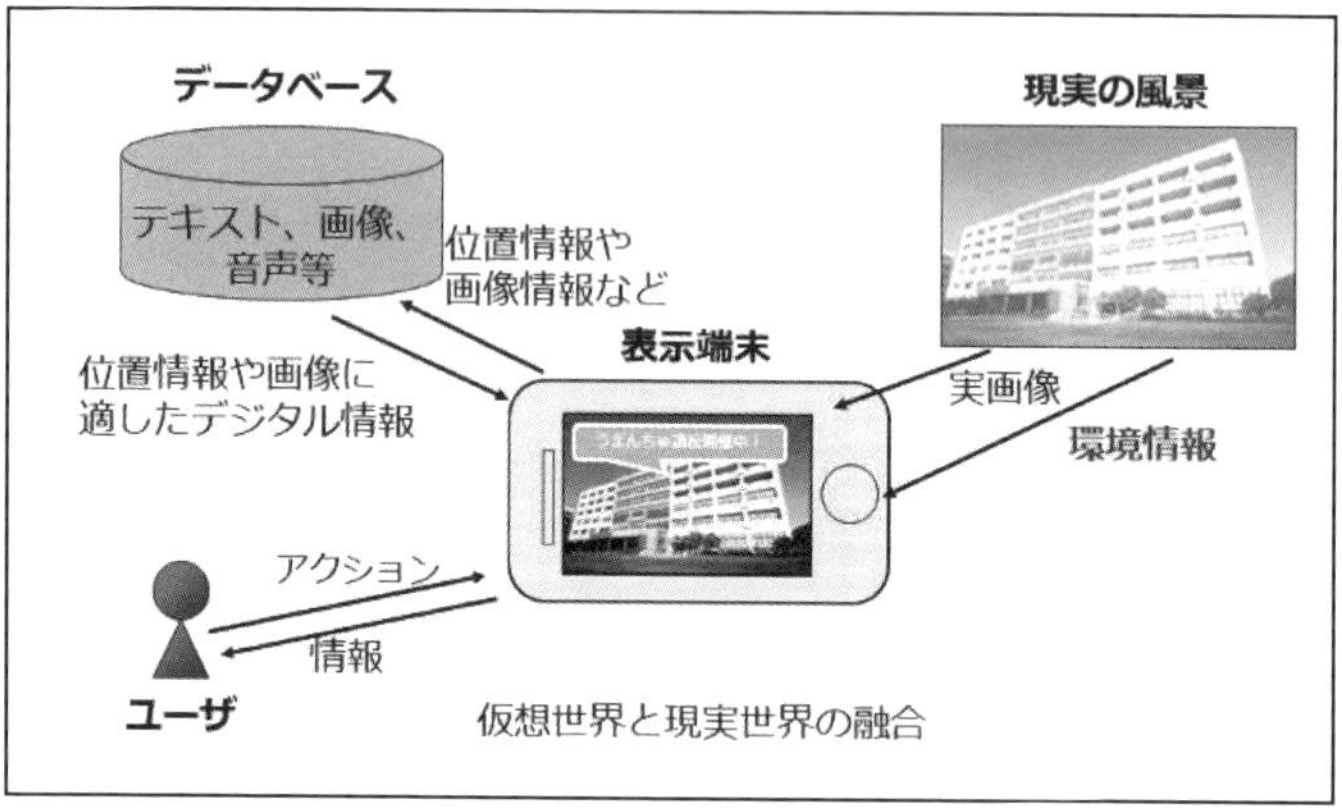

図6. ARの仕組み（一例）

端末の向いている方向や傾き情報を取得する。取得したユーザの位置情報や画像情報をサーバーへ送り、サーバーからはその位置情報や画像に適したデジタル情報を取得する。ユーザは、携帯端末の画面上に実画像とその位置に応じたデジタル情報見る事になる。したがって、ＡＲ技術は仮想世界と現実世界を融合しているともいえる。図６の例の場合、沖縄国際大学の校舎をカメラを通して見ると、そこに「うまんちゅ講座開催中！」というデジタル情報が付加されている画像を見る事ができる。

２　環境空間を認識する方法

ＡＲを実現するためには、まず、現実環境空間をどのように認識するかが重要である。現実環境空間を認識する方法として、センサー型（ロケーションベース型）とビジョンベース型の二種類に大別できる。なお、ビジョンベース型はさらに、マーカー型およびマーカーレス型に分類できる。

１．センサー型（ロケーションベース型）

①　位置情報型

ＧＰＳから緯度・経度・高度を、地磁気センサーから端末が向いている方向を、加速度センサーから端末の傾きを取得する。これらの位置情報を基に、関連するデジタル情報を配置する。ただし、現実空間を特定する手段としては、ＧＰＳやセンサーだけでなく、ビジョンベース型と併用する場合も多い。

2. ビジョンベース型

② マーカー型

二次元コードのような白黒パターンや、予め登録した画像、赤外線ＬＥＤなどをマーカーとして使う。マーカーを基準として、表示したい場所にデジタル情報を配置する。

③ マーカーレス型

カメラで撮影している画像の「特徴点」を分析する画像認識法により、カメラや対象物の位置・姿勢を推定し、情報を重ねて表示する。画面上の座標だけを推定し（空間であっても平面画像として捉え分析）、デジタル情報表示するものと、奥行きや空間の状態までも測定する空間認識型によって、三次元空間における位置を推定し、あたかもその場に仮想的な物体があるように見せるものがある。さらには、物体の形状を認識する形状認識型もある。

3 ＡＲコンテンツの開発環境

一般的にＡＲコンテンツを制作する際に導入しやすいのはマーカー型であるが、AppleやGoogleが相次いでマーカーレス型のＡＲコンテンツ開発環境を提供している。

① ARKit（Apple）

iPhoneやiPad（iOS）で動作するＡＲアプリの開発が可能である。iPhone 6S以上に対応しており、センサー＋画像認識による平面・空間認識が実現できる。二〇一八年に発表した「ARKit2」では、立体物の認識も可能になっている。

② ARCore（Google）

Androidで動作するＡＲアプリの開発が可能である。Android7.0以上のOSで、限定された端末でしか動作しない。センサー＋画像認識による平面・空間認識が実現できる。

４　ＡＲの特徴

ロケーションベース型によるＡＲの特徴として次の事がいえる。

■　その場にいてこそ得られる情報であること
■　現実には存在しないものを表示することが可能
■　実物と比較して制作コストがかからない場合がある

この中でも一つ目の特徴は、多くの人に訪れて欲しいと考える「地域」にとって、足を運ばせるきっかけになる特徴であるといえる。

本稿では、これらの特徴に注目したARの活用事例を通して、沖縄県における活用方法を模索する。

四　AR技術の地域活性化への活用

1　地域活性化とは

「地域活性化」や「地域振興」という言葉は、どちらも定義が一意的ではなく、目的や方法によって定義が異なるだけでなく、同義として使用されることも多い言葉である。

広辞苑第六版において、

【振興】ふるいおこして物事を盛んにすること。また、盛んになること。

と記されている。

つまり、「地域が盛んになること」と解釈すると、「地域経済が良くなること」と考えることができる。そのためには、「人」「モノ」「お金」を循環させる必要があり、最終的には雇用の場を作り地域経済を豊かにする、という大きな目的が存在する言葉として使用されていると考えられる。

さらに、中村学園大学の片山富弘教授は、編著書「地域活性化への試論―地域ブランドの視点」の中で、『地域活性化の目的段階には、認知度向上段階、集客段階、安住促進段階の3つが考えられる。』としている。本稿では、3つの段階の中でも「集客段階」にARが果たす役割が大きいと考える。

一方、富士通総研（FRI）経済研究所の榎並利博氏は、研究レポート「地域経済を活性化させるための新たな地域情報化モデル―地域経済活性化5段階モデルと有効なＩＴ活用に関する研究―」において、地域活性化を次のように定義している。

『本研究では、地域活性化の定義を「地域に経済的および非経済的な利益をもたらす活動」とし、経済的な利益をもたらす活動を「地域経済活性化」、非経済的な利益をもたらす活動を「地域交流活性化」と区別して扱う事とする。』

この定義に照らすと、本稿で扱う「地域活性化」は、「地域経済活性化」に相当すると考える。

2　沖縄県における地域活性化事業

沖縄県では、公益社団法人「沖縄県地域振興協会」が地域活性化に関する助成事業として、(1)市町村等振興助成事業(2)地域活性化助成事業(3)コミュニティ活動促進事業(4)地域振興研究助成事業の四事業に取り組んでいる。各事業概要を次に示す（以下、事業概要抜粋）。

(1)市町村等振興助成事業

【地域振興事業】地域の特性を活かした個性豊かな地域づくりを促進し、住民の健康で文化的な生活の確保に資するため、市町村等が自主的に行っているソフト事業等を対象に次の6事業に対し助成を行う。

「地域活性化推進事業」「地域産業振興事業」「地域環境保全推進事業」「地域文化振興事業」「地域国際交流推進事業」「地域情報化推進事業」

また、地域振興のための長期的な人材育成の観点から、児童・生徒の学力向上をさせるために地域が行う学習支援等に対して助成する「地域学力向上支援事業」を行う。

（2）地域活性化助成事業

県内の地域づくり団体等が行うワークショップ・フォーラム・セミナー等、地域の振興及び活性化を目的に、地域づくりの担い手となる人材の育成及び地域づくりに関する情報の活用を図るための事業を募集し、応募されたものの中から所定の審査を経て選定された事業に対し助成を行う。

また、県及び市町村が行う大規模地域プロジェクトの取り組みを支援するため、応募されたものの中から所定の審査を経て選定された事業に対し助成を行う。

（3）コミュニティ活動促進事業

地域住民が自主的に行うコミュニティ活動の充実を図るための事業（備品の購入）を募集し、応募されたものの中から審査を経て選定された事業（10件）に対し助成を行う。

（4）地域振興研究助成事業

沖縄県における地域の振興及び文化の高揚に寄与する調査研究を自主的に行おうとする県内の法人及び団体等を支援するため、その研究企画を募集し、提案されたものの中から所定の審査を経て選定された政策提案型の研究（2件）に対し助成を行う。

沖縄県地域振興協会の事業概要を見ると、各事業の主な目的は「地域交流活性化」であるように見てとれる。その先として、「地域経済活性化」を目指していると考えられる。

3　地域活性化への活用事例

本節では、「地域経済活性化」を目的としてＡＲ技術を活用した事例をいくつか紹介する。

①　AR-ARIDA（和歌山県有田市）（二〇一一年）

和歌山県有田市では、二〇一一年に、自治体主導で地域PRゲームアプリ「AR-ARIDA」（株式会社アーティフィス制作）を配信している。このアプリは、有田市の特産品である「有田みかん」の栽培をする体験シミュレーションゲームで、みかんが育つと実際に有田みかんのプレゼントがある。また、ＡＲカメラで「有田QUALITY」マークを撮影すると、アイテムが獲得できたり映像が見られたりと、有田みかんをPRする内容になっている。

② くまもと下通商店街（二〇一二年）

熊本県熊本市の下通商店街では、二〇一二年に株式会社電盛社と株式会社ＮＴＴドコモ九州支社と共同で、商店街加盟店の看板を表示するＡＲアプリを導入している。各商店の商品やメニュー、キャンペーン等のＡＲ看板の表示だけでなく、商店街のお知らせを文字放送する。したがって、利用者にとって最新情報を得られる機会を提供しているといえる。

③ Café Map（山口県中心商店街）（二〇一三年）

山口県山口市の中心商店街では、ＫＤＤＩが開発したＡＲ技術SATCHを組み合わせたCafé Mapを二〇一三年に作製している。マップにスマートフォンやタブレットをかざすと、カフェのくわしい情報が表示される。このCafé Map制作を提案したのが山口大学の地域魅力発信サークルSQUAREのメンバーであることから、若い世代によって地域活性化の新しい方法を見出した事例といえる。

④ 箱根補完計画（箱根市）（二〇一四年）

神奈川県箱根町では、二〇一四年に「新世紀ヱヴァンゲリヲン」のキャラクターを用いた「箱根補完計画ＡＲスタンプラリー」を開催している。ＡＲ技術は、ソフトバンクモバイル株式会社の「ふらっと案内」を利用している。箱根町の観光スポットを中心とした地点をＡＲスタンプポイントやＡＲコンテンツ出現ポイントとしており、箱根町を周遊観光する十二コースが設定されている。また、環境の状態（天候や時間）に応じた表示コンテンツの変更やスタンプラリーにスコアをつけるなど、ユーザーの継続意欲をそそる仕掛けがある。さらに、フォトコンテスト等も実施している。話題のキャラクターがコンテンツの中心であるものの、箱根町、観光関連団体、交通機関等のバックアップ体制が整っており、箱根町周遊観光に一役買っている取り組みといえる。

⑤　江戸城天守閣と日本橋復元ツアー（二〇一四年）

近畿日本ツーリストは、二〇一四年に株式会社アスカラボと共同で、「江戸城天守閣と日本橋　復元３Ｄツアー」を企画・開発している。観光ツアーでは、デバイスとしてスマートグラスを用い、スマートグラスを通した実際の映像に３ＤＣＧの映像が重ねられて見えることを実現している。現代には存在しない江戸城を実際に再建築するには莫大なコストがかかるが、それを３ＤＣＧで再現することでコストを抑える事ができている。

⑥　姫路城大発見ＡＲアプリ（二〇一五年）

姫路城では、二〇一五年から「姫路城大発見ＡＲアプリ」（株式会社キャドセンター制作）を配信している。姫路城内に設置された看板にスマートフォンをかざすと、場内の案内映像が流れたり、キャラクターによってユーザへ行動の指示が提示されたりする。また、ARによって昔の戦い方を再現している箇所もある（図7）。つまり、ARによって各要所に関する理解を深められる。

⑦ポケモンGO観光マップ（二〇一七年）

「ポケモンGO」は、NIANTECと株式会社ポケモンによって共同開発され、二〇一六年に配信が開始されたスマートフォン向けアプリである。実在の世界中の場所とリンクしている事もあり、世界中で一億人以上のプレイヤー人口がいる。その人気はリアルイベント開催時の集客人数にも表れている。そのため、集客を目的として、被災地である福島県を始めとして、日本数ヶ所でポケモンGO観光マップが作成された。注目度の高いアプリを利用しているものの、人の足を運ばせるきっかけになった事例といえる。

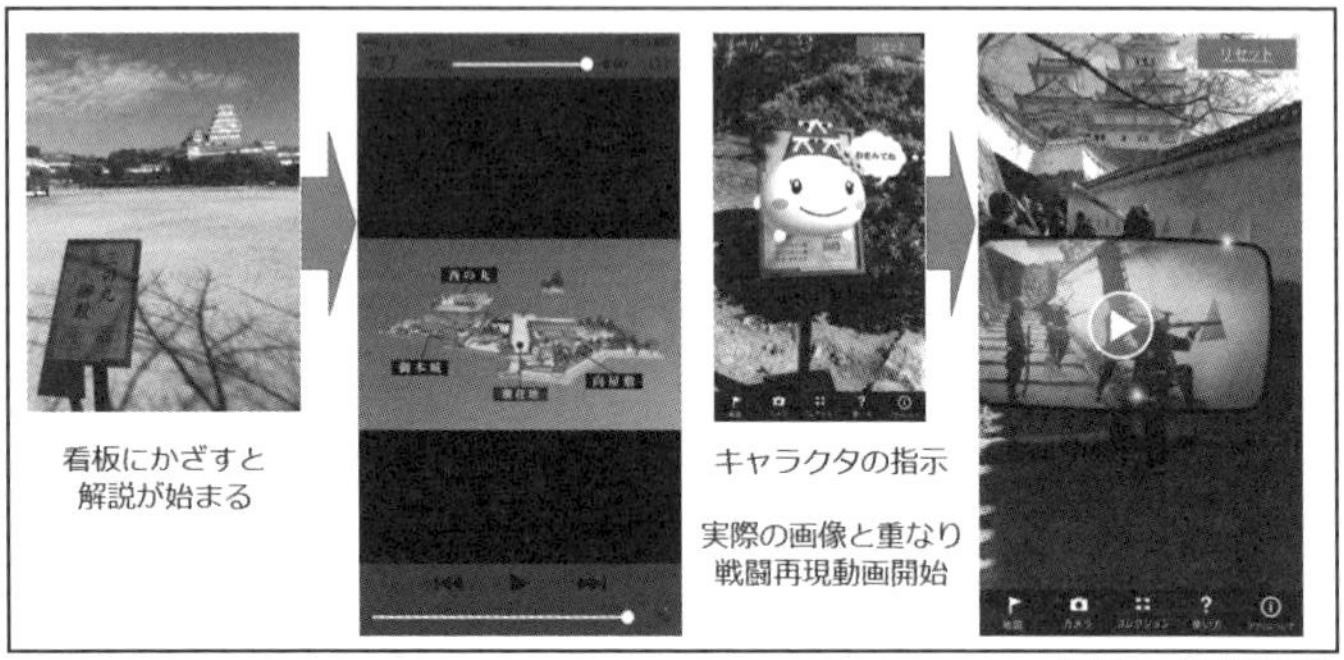

（出典：筆者撮影）

図7. 姫路城大発見アプリ

４　沖縄県における活用の検討

沖縄県においても二〇一二年頃からＡＲの活用が始まっている。美ら島財団は、美ら海水族館開館十周年の企画として、ジンベイザメをＡＲ表示して写真撮影ができるアプリを配信した。自治体の事例としては、那覇市や南風原町、石垣島市等がその頃から情報発信ツールとしての役割が大きいＡＲ観光アプリを配信している。

情報配信やＡＲコンテンツ撮影だけではなく、訪れる人を周遊させる方法も検討する必要があると考える。周遊の方法として取り組みやすい事例としては、前節で紹介したスタンプラリーがある。「箱根補完計画」だけでなく、多くの地域でＡＲスタンプラリーを実施している。その背景には、「COCOAR」（スターティアラボ）のようなＡＲコンテンツを簡単に制作できるサービスが提供され始めた事があげられる。

一方、「謎解きラリー」を実施する事で、集客および周遊を実現している事例もある。沖縄県の海洋博公園においてもＡＲはまだ導入されていないものの、謎解きアドベンチャーが実施され、参加者の周遊を促すコンテンツになっている。「謎解きラリー」にＡＲが導入されることによって、場所と連動したヒントやコンテンツ表示が可能になり、また、謎解き内容のリニューアルがしやすくなると考える。

5　ARを活用するにあたって

3節において、ARの活用事例を紹介したが、地域活性化で活用する際に重要な事は、次の通りと考える。

・地域ならではの「特色あるコンテンツ」
・AR活用の目的を明確化
・地域を周遊させる方法の検討
・地域の人と「交流できる仕掛け」作り
・「持続可能性」（資金・内容・地域の協力）の検討
・技術の話題性に「安心しない」

AR技術はあくまで情報発信ツール（メディア）の一種であることを認識しなければならない。つまり、地域に訪れてもらうきっかけとして利用する事が望ましいと考える。そのためにも、地域を見直し、地域を再発見し、集客できるコンテンツを検討する事が地域には求められる。集客することで「地域経済活性化」へ繋がる可能性が出てくるが、「地域交流活性化」をも目指す場合は、地域の人と交流できる仕掛けを作ることが必要になる。また、AR技術を活用する事が必ずしも地域活性化を成功させるとは限らないことを認識しなければならないと考える。

五　おわりに

本稿では、現実環境を拡張する情報提供が可能なＡＲ技術を紹介した。ＡＲ技術が一般的に利用されるようになってから十年が経過しようとしている中、地域活性化への取り組み事例が多くある。今回紹介した活用事例を通して、ＡＲ技術を活用する際には、まず、地域の魅力、地域ならではのコンテンツを再認識する事が必要である事を示した。また、ＡＲのメリットデメリットを考慮した上で、活用する目的を明確にすることが重要であると考える。観光立県である沖縄県は、自治体ごとに特色ある観光資源が存在するため、ＡＲ技術を利用した情報発信がしやすい地域である。そのため、市町村単位で観光アプリにおいて、ＡＲが活用されている場合が多い。しかしながら、その地域を訪れた人を周遊させる仕掛けや地域の人と交流する仕組みが不十分であるため、今後改善の検討が必要であると考える。

その他の活用方法としては、看板等の人工物の設置が好ましくない自然観光地やエコツーリズム等での生物の生態表現において、ＡＲ活用の需要があると考える。また、琉球王国時代の遺跡や戦前の町並み再現等に関しても効果的な活用ができると考える。さらには、ガイドの役割を担うＡＲにより観光地等におけるガイド不足解消にも役立てるといえる（二〇一〇年の本講座にて紹介）。

今後、沖縄においてもＡＲ活用が推進され、沖縄の地域振興に寄与する事を期待したい。

参考文献・参考サイト

・「平成二九年版　情報通信白書」，総務省，平成三〇年．

・「通信利用動向調査の結果」，総務省，平成二五年～二九年（各年）．

・「ARのすべて」，暦本純一他一〇名著（日経コミュニケーション編），日経BP社，二〇〇九．

・「地域と環境ありんくりん」，根路銘もえ子他九名，担当章「観光を楽しむための情報技術」（pp.175-199），東洋企画，二〇一〇．

・「MR入門」，佐野彰，工学社，二〇一七．

・「NEWS　ARアプリ「セカイカメラ」向け観光コンテンツを配信」，ITmedia Mobile　記事（二〇一〇年七月二一日），http://www.itmedia.co.jp/promobile/ARticles/1007/21/news083.html

・ARToolKit, https://www.msoft.co.jp/AR/about/

・ARKit2, https://www.apple.com/jp/newsroom/2018/06/apple-unveils-ARkit-2/

・ARCore, https://developers.GOogle.com/AR/

・Sumerian, https://aws.amazon.com/jp/sumerian/

・「主役交代スマホからARグラスへ」，日経エレクトロニクス，二〇一六年一一月号．

・「広辞苑　第六版」，新村出 編，岩波書店，二〇〇八．

・「地域活性化への試練ー地域ブランドの視点」，片山富弘 編著，五絃舎，二〇一四．

・「地域経済を活性化させるための新たな地域情報化モデル―地域経済活性化5段階モデルと有効なＩＴ活用に関する研究―」，榎並利博，富士通総研（FRI）経済研究所 研究レポート No.385，二〇一一年二月．

・沖縄県地域振興協会事業概要，http://oflp.jp/business

・「ゲームの中でみかんを育てると本物の有田みかんがもらえる農場ゲーム『Android AR-ARIDA』」，GameBusiness.jp 記事（二〇一一年一二月二九日），https://www.gamebusiness.jp/ARticle/2011/12/29/5100.html

・「〈九州商店街初〉スマートフォンを活用した熊本中心市街地活性化の取り組みについて～下通商店街でAR（拡張現実）機能による看板を導入～」，NTTdocomoお知らせ（二〇一二年一一月一九日），https://www.nttdocomo.co.jp/info/notice/kyushu/page/121119_00.html

・「山口市中心商店街の活性化のために制作したCafe MapがKDDIのAR（拡張現実感）技術SATCHを活用」，TIME&SPACE KDDIマガジン記事（二〇一三年九月二〇日），https://time-space.kddi.com/special/specialreport/20130920/

・「箱根補完計画」，箱根町観光情報ポータルサイト，https://www.hakone.or.jp/eva/

・AsukaLab, https://asukalab.co.jp/edojyo/

・CAD CENTER, https://www.cadcenter.co.jp/works/ARchives/20

・ポケモンGO公式サイト，https://www.pokemonGO.jp/

・福島県ホームページ，https://www.pref.fukushima.lg.jp/

・海洋博公園プレスリリース（二〇一二年一一月一日）、https://kyodonewsprwire.jp/prwfile/release/M101846/201210087460/_prw_OR1fl_9ic21Vj9.pdf
・南風原町観光サイト、http://www.town.haebARu.lg.jp/kankou/kankou/kankouapp/index.html
・石垣島ねっと、http://www.isigakizima.net/AR_uses.php
・サイバネット、http://www.cybernet.co.jp/AR-vr/products/cybARnet/
・スターティアラボ COCOAR、https://www.coco-AR.jp/

沖縄農業におけるマンゴー生産の地域特性とその認識度

―豊見城市を事例として―

小川　護

小川　護・おがわ　まもる
所属：経済学部　地域環境政策学科教授
主要学歴：一九八八年三月立正大学大学院文学研究科後期博士課程地理学専攻単位取得満期退学
所属学会：日本地理学会、人文地理学会、日本地図学会、経済地理学会、沖縄地理学会、立正地理学会、愛知教育大学地理学会
主要論文及び主要著書：
「豊見城市におけるマンゴー生産とその認知度」沖縄地理第一八号(沖縄地理学会)二〇一八年
「沖縄市泡瀬地区におけるカキ(魚垣)の遺構について」、沖縄地理第一四号(沖縄地理学会)二〇一八年
「本土復帰後における沖縄農業の変容—サトウキビ・野菜・果樹を中心に—」地図中心四七六号(日本地図センター)二〇一二年
「那覇市における一般廃棄物の処理と課題」沖縄地理第一三号(沖縄地理学会)二〇一三年
『日本の地誌』一〇.九州・沖縄(共著)朝倉書店二〇一二年
※役職肩書等は講座開催当時

一　はじめに

現在の沖縄農業は二〇一一年対比で二八・一％の増加を示し、全国平均の二・四倍を記録し、伸び率では全国第一位となっている。また、販売農家の一戸あたりにおける農業生産所得は二〇一六年において過去最高の三八八万円となっており、全国第八位となった。

ところで、沖縄県の農業生産額についてみると、二〇一一年から二〇一六年の五年間の間に八〇〇億円から一、〇二五億円に増加し、二〇〇五年以来一、〇〇〇億円の大台を記録した。さらに、生産農業所得も一九九五年以来五〇〇億円となっている。

これらの沖縄県の農業発展に関する要因についてみてみると、第一には、基幹部門であるサトウキビや肉用牛などの生産拡大があげられる。とくにサトウキビの場合には、二〇一一年対比で九九億円（八三・九％の伸び）を示している。その背景には「増産プロジェクト」による生産基盤の整備や生産技術などの効果のあらわれだと考えられる。一方肉用牛の場合には、八五億円（六二・五％の伸び）を記録している。この要因には、畜舎の整備、肉質向上の取り組みが上げられる。第二には、近年マンゴーを中心とする熱帯性果樹への本格的な取り組みにより、安定供給体制の確立がなされてきたことが考えられる。

マンゴー生産に関する地理学上の研究としては、中尾（二〇一一）は豊見城市を事例として、農協共販のロット（生産管理上の生産単位）の確立と安定供給の視点から、農協の販売体制の構築と農協合併による変化、さらには農家の流通選択からマンゴー産地の供給体制について考察をおこなった。マンゴーの流通部門の研究では、廣瀬らは（二〇〇二～二〇〇四）通信販売を中心とするマンゴー農家の販売体制をとらえ、ブランド化による電子商取引、トレッサビリティによる品質管理について考察を進めた。また、菊池（二〇〇七）は沖縄県産のマンゴーのＪＡおきなわ全体の流通体制に伴う諸課題について報告している。さらに栽培技術に関する伊芸（一九九四）は、沖縄県におけるマンゴー栽培の現状と安定についてまとめている。

以上の先行研究をふまえ、本島内第一位のマンゴー生産額を誇る豊見城市におけるマンゴー生産を取り上げながら、これまであまり触れてこなかった、消費者側からのマンゴーに関する認識という視点からマンゴー生産地域の展望と課題について、マンゴーの産地ブランド化を含めて考察することを目的とした。とくに豊見城市におけるマンゴーの生産は、県内有数の産地であるのにもかかわらず、マンゴーの特産地として一般的に十分知られていないことが課題となっていた。なお、調査にあたって現地マンゴー生産農家の聞き取り調査のほか、沖国大学生や一般の方々を対象として、マンゴーに関する認識度のアンケート調査を実施した。

二　沖縄県のマンゴー生産

1　東京中央卸売市場におけるマンゴーの産地間競争

全国のマンゴー産地の特性を知るために、二〇一五年度における東京中央卸売市場の入荷状況についてみてみる。マンゴーの年間入荷状況は、総計六二四トン、平均単価が二、三五七円である。さらに、年間の占有率順に上位五位までの第主要産地をみると、一位が宮崎県で、入荷数量は三四一トン（市場占有率四五％）平均単価三、二三三円となっている。第二位が沖縄県で入荷数量は一四三トン（市場占有率一六％）平均単価一、三四四円である。第三位〜五位の産地はいずれも海外産で、第三位がメキシコで入荷数量は八八トン（市場占有率一四％）平均単価六三六円、第四位がタイで入荷数量は二八トン（市場占有率四％）平均単価八八五円、第五位は鹿児島で入荷数量は一二トン（市場占有率二％）平均単価二、三九〇円となっている。

東京中央卸売市場の場合は、上位二位までである宮崎県と沖縄県のマンゴーだけで市場占有率の七二％を占め、国内の代表的な産地となっている。また残りの第三位〜第四位までのマンゴーはメキシコ、タイなど海外からの輸入品である。市場価格についてみると、宮崎県が三、七〇〇円台、沖縄県が一、四〇〇円台であり、宮崎産のそれが、沖縄県のものに対して二・五倍近い価格差が生じている。また新興産地の第五位の鹿児島県は一二トンの入荷量であるが、市場価格が二、三〇〇円台と今後の産地としての発展が期待される。一方、メキシコやタイなどの海外産のマンゴーは五〇〇円～八〇〇円台と価格にも国内産のものに比較して大きな開きがみられる。

次に上位五位までのマンゴーの月別入荷状況についてみてみる（図1・図2）。それによると、入荷状況と市場価格では、宮崎県産のマンゴーは一月に二七八トンで単価が二、九〇〇円台を示しており、正月向け需要を目的として、寡占的状況にある。また三月は卒業式などのお祝い贈答用にむけた需要を目的として、宮崎県産、メキシコ、タイ産などの海外のマンゴーの産地間競争がみられる。しかし価格面では、海外産のマンゴーが八〇〇円台に対して宮崎県産のそれは七、〇〇〇円台と品質の違いに大きな差異がみられる。さらにマンゴーの需要が増加するのが、四月～八月にかけてである。とくに四月は入学式などの贈答用として、三月についで価格が高く、国内産地の場合、宮崎産のマンゴーは五、〇〇〇円近い市場価格を示し、同様に鹿児島県産のマンゴーは三、一〇〇円台の高値を示している。六月～八月にかけて宮崎県産のマンゴーと沖縄県産のマンゴーの産地間競争が認められる。この時期における宮崎県産のマンゴーは六月が入荷数量九〇トン、市場価格

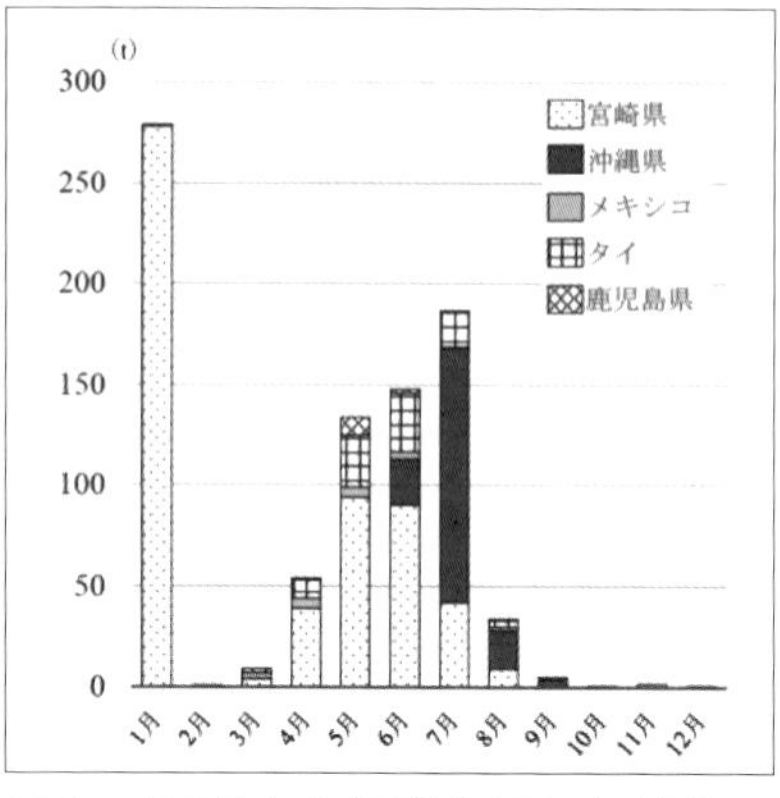

図1　東京中央卸売市場におけるマンゴーの市場占有率上位5位までの月別・産地別入荷状況（2015年）
東京中央卸売市場年報より作成

が三、一九一円、同様に沖縄県産のものが入荷数量二三トン、市場価格が一、九一五円である。お中元の贈答品の需要が高い七月、八月についてみると、入荷数量と市場価格では、七月が宮崎県産のマンゴーが四二トン（市場価格三、三二九円）に対し沖縄県産のマンゴーは一二六トン（市場価格一、四二三円）となっている。同様に八月は入荷数量が宮崎県産のマンゴーが九トン（市場価格二、一一五円）であるのに対して、沖縄県のそれは入荷数量が一九トン（市場価格一、四二四円）となっている。

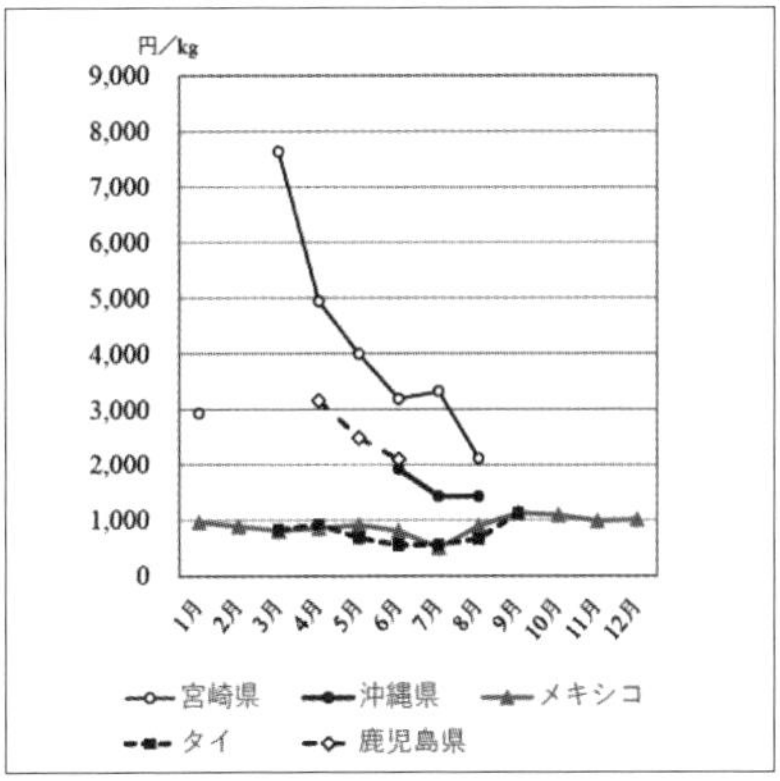

図２　東京中央卸売市場におけるマンゴーの市場占有率上位５位までの月別・産地別単価（2015年）

東京中央卸売市場年報より作成

東京中央卸売市場のマンゴーの入荷状況についてみると、国内の産地は宮崎県産のマンゴーが市場占有率のおよそ半分近くを占め代表的産地となっている（図1）。さらに後述するように品質も高いマンゴーであるところから市場価格も高値を示している。一方、第二位の産地である沖縄県産のマンゴーは温暖な気候的条件を生かして、無加温室を利用した栽培がなされ、六月～八月の時期に絞って出荷がなされている。沖縄県産のマンゴーは市場占有率が約三〇％、市場価格の宮崎県のそれとは前述のように開きがあり、今後市場でのＰＲ推進、生産技術の品質向上を含めいくつかの課題が考えられる。一方、海外産のマンゴーの市場価格は五〇〇円台と年間を通じて安価な価格を維持しながら安定出荷の傾向がみられる（図２）。

２　沖縄県におけるマンゴー生産

次に沖縄県のマンゴー生産について概観する。図３に示したように、沖縄県における主要な果樹生産額における二〇一一年～二〇一五年までの変化をみてみると、二〇一一年が四五億円、そのうちマンゴーが二〇億円で全体の四四％を占めている。そして二〇一五年までの出荷額が二〇億円前後と安定的な出荷傾向を示している。さらに、図４のマンゴーの収穫量において一〇〇トンを越えている県内の主要産地をみてみると、第一位が宮古島市の七六五トン、第二位が豊見城市の一七四・二トンそして第三位が石垣市の一七四・二トン、第四位が今帰仁村の一二四・一トンとなっている。県内におけるマンゴー生産は近郊野菜産地として発展した豊見城市のように、都市近郊型の集約的農業として発展した都

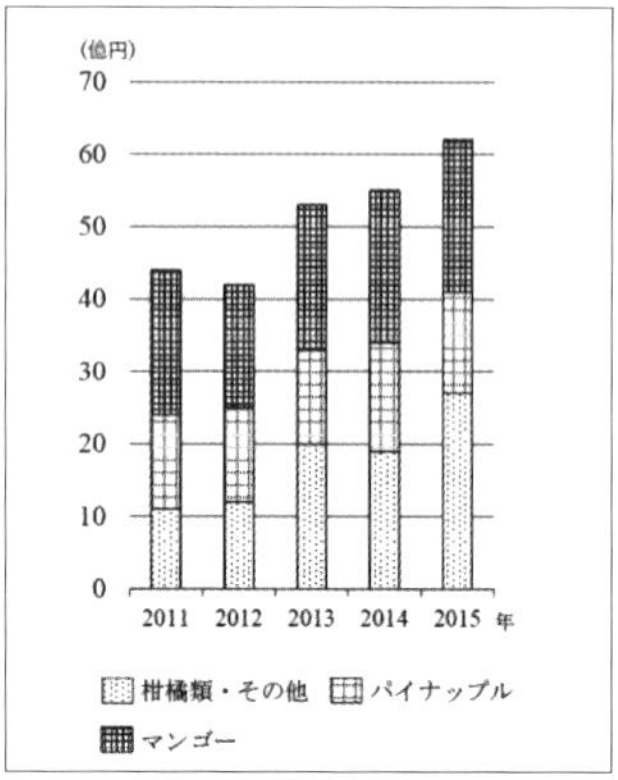

図３　沖縄県における果樹類生産額の年次別変化
沖縄県の園芸・流通より作成

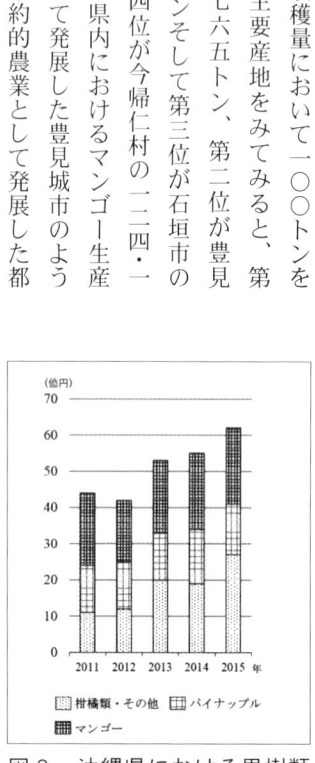

市近郊型産地と、離島地域などのように、主幹作物であるサトウキビ生産にかかわる商品作物として成立した輸送産地型産地にわかれる。そこで、今回は本島最大のマンゴー生産地域である豊見城市を研究対象地域としてマンゴー生産についてみていくことにする（図5）。

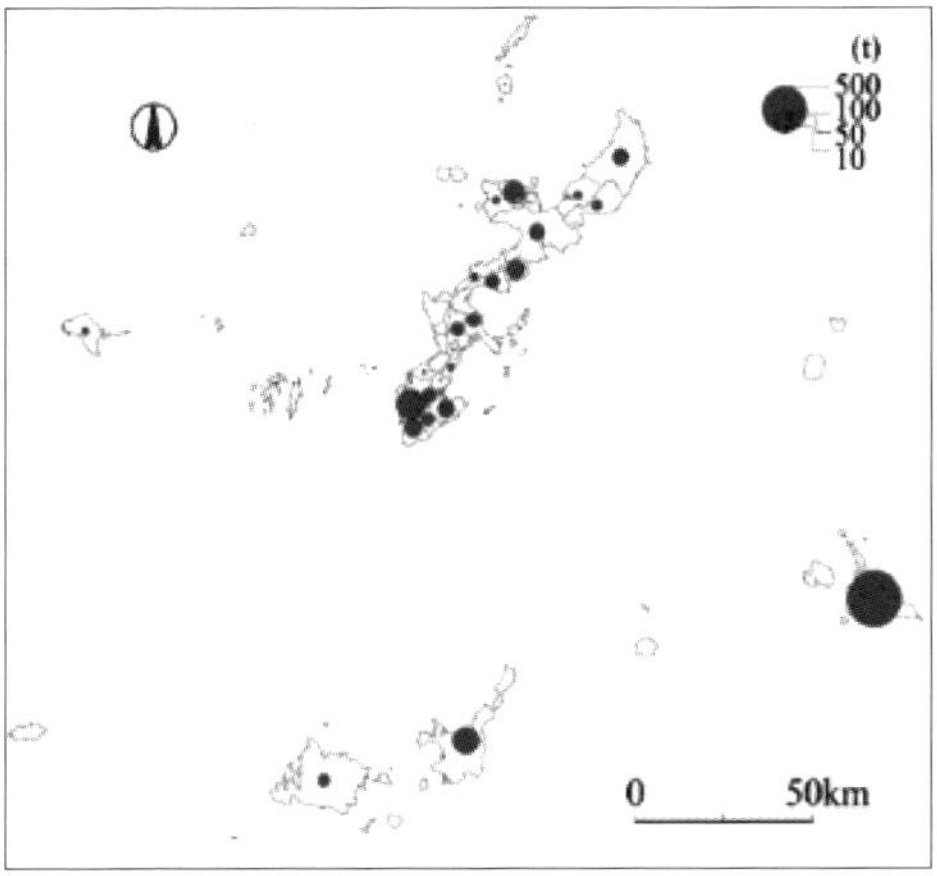

図4　沖縄県における市町村別マンゴーの収穫量
沖縄県農林水産部園芸振興課資料より作成

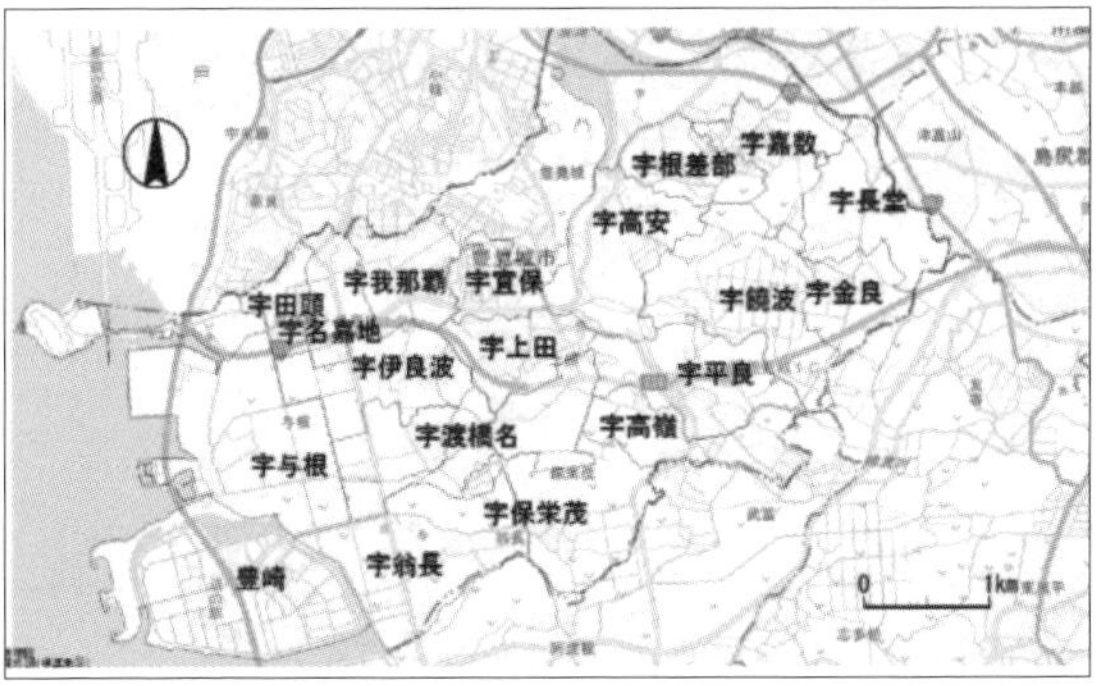

図5　研究対象地域
地理院地図より作成

三　豊見城市の農業とマンゴー生産

1　豊見城市の農業とマンゴー生産

那覇市近郊の野菜生産地域として知られる豊見城市は、図6の農業産出額に示したように総額一六億四〇〇〇万円のうち、野菜の産出額が九億七〇〇〇万円（五九％）で、第一位の農業産出額をあげている。第二位が乳用牛で三億五〇〇〇万円（二一％）、第三位がマンゴーなどに代表される果樹生産が一億六〇〇〇万円（一〇％）、第四位が肉用牛の七、〇〇〇万円（四％）となっている。

次に、豊見城市における地区別の農業生産についてみてみる（図7）。市域内の農業地域は饒波《のは》地区では、野菜類が一、七五五a、施設面積（トマト、マンゴー）一、八五九a、工芸作物（サトウキビ）が一五〇aの計三、七六四aで、市内第一の農業地帯となっている。

第二には、保栄茂《びん》地区で野菜類が六四七a、工芸作物が一、二七七a、施設面積が一、八五九

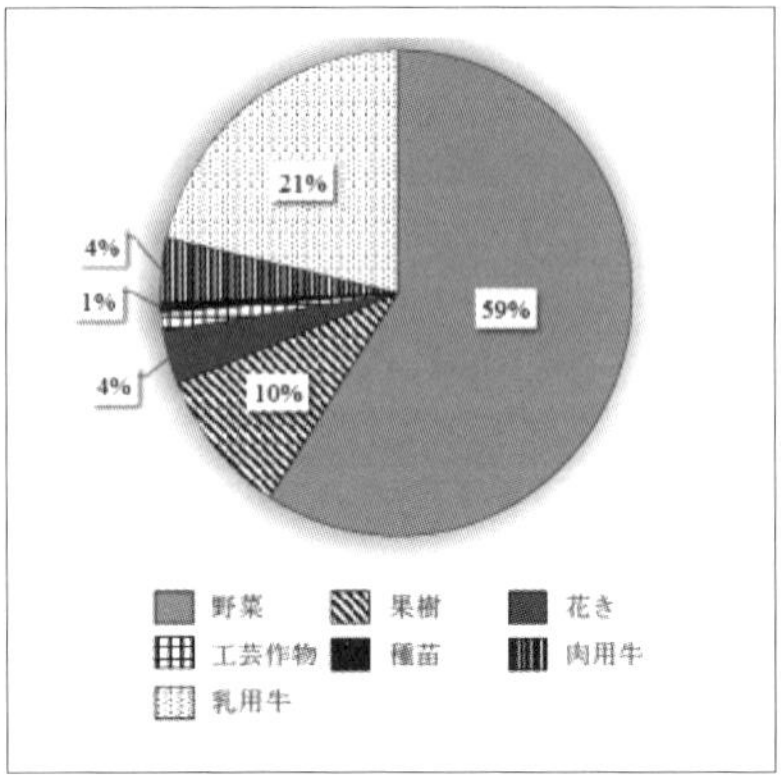

図6　豊見城市における農業算出額（2016年）
豊見城市農林水産課資料より作成

aとなっており、工芸作物（サトウキビ）と施設利用による農業経営が中心をなしている。第三位が翁長地区で、野菜類が一七〇a、工芸作物が八八三a、施設面積が八五七a、計一、九一〇aとなっている。翁長地区は保栄茂地区と同様に工芸作物と施設園芸の複合経営が中心をなしている。そのほかの豊見城市内における農業地区の大部分は野菜生産＋施設園芸のパターンが一般的である。

経営耕地面積についてみると、饒波地区では〇・三〜〇・五haの経営規模の農家が二八戸と最も多く、次に〇・五〜一haの経営規模の農家が一九戸となっている（図8）。保栄茂地区では、〇・三〜〇・五haの経営耕地面積を有する農家が一五戸、〇・五〜一ha経営規模の農家が一七戸となっている。また、翁長地区においては、〇・三〜〇・五haの経営規模の

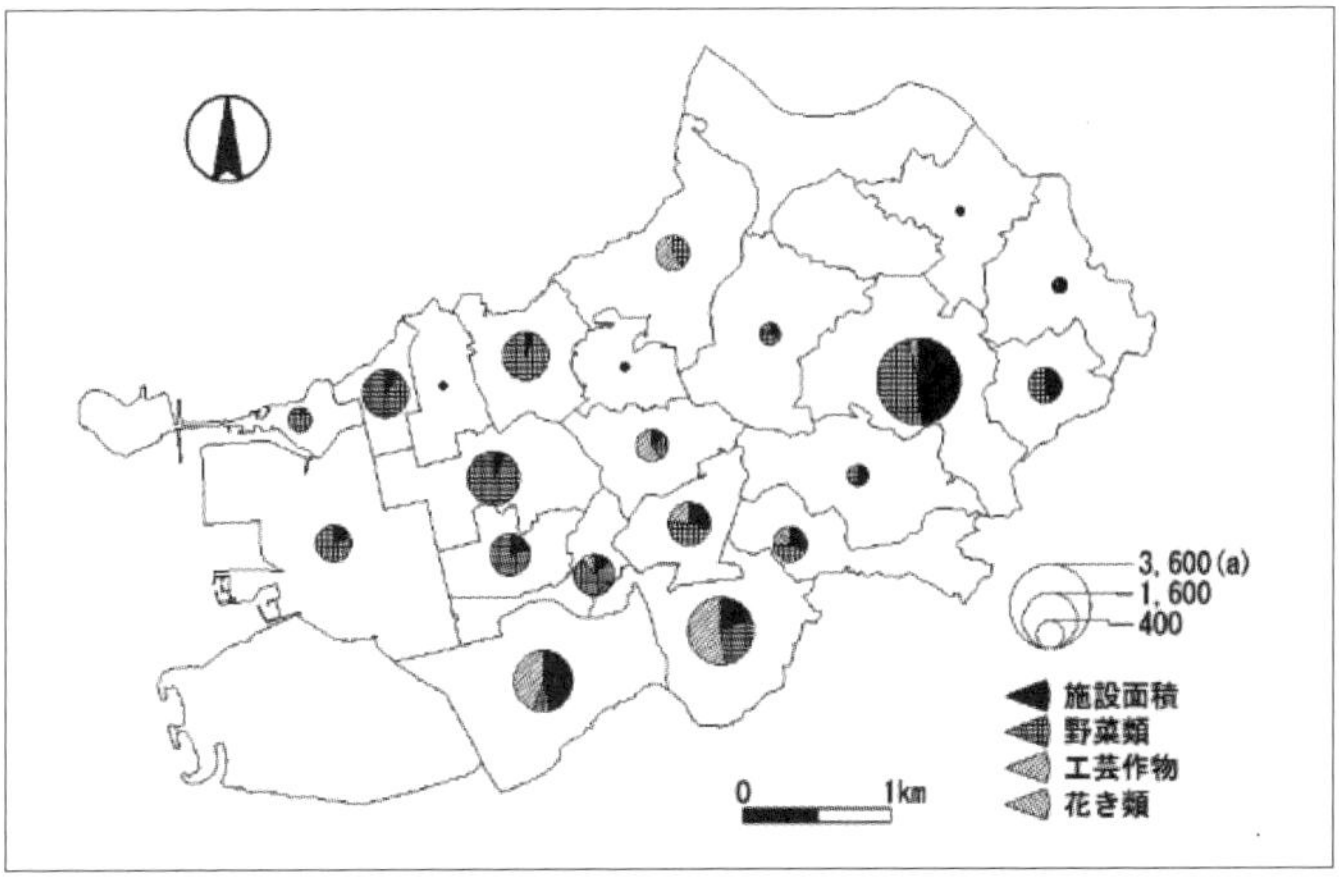

図７　豊見城市における販売目的で栽培した地区別作物栽培面積（2010年）
農業センサスより作成

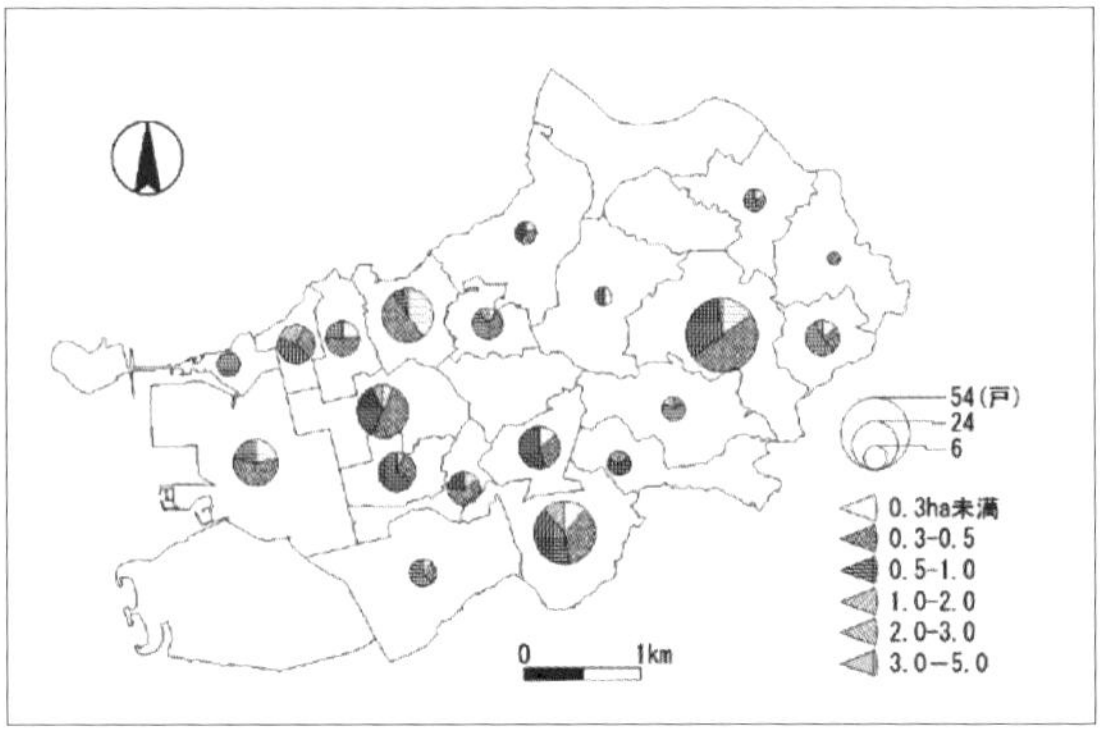

図８　豊見城市における地区別の経営耕地面積（2010年）
農業センサスより作成

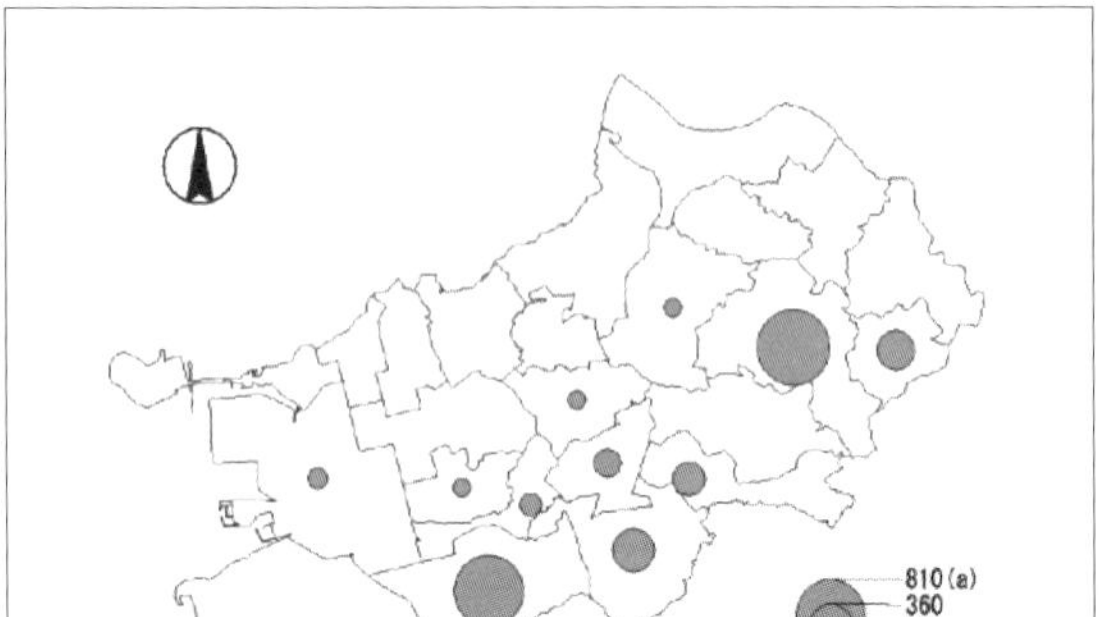

図９　豊見城市における施設果樹（マンゴー）の地区別生産面積（2015年）
豊見城市農林水産課資料より作成

農家が二戸、〇・五～一haの経営規模の農家が五戸であり、五ha以上の大規模経営農家も二戸を数える市内全体の経営耕地面積をみると、〇・三ha未満が五一戸、〇・三～〇・五haは一三〇戸、〇・五

～一haが一二六戸で、〇・三～一ha経営規模の農家が全体の七七％を占めている。

豊見城市の農業経営耕地面積はわが国のそれとほぼ同じぐらいの規模である。その経営規模面積の中で、近年では施設園芸の主幹作物としてマンゴーとトマト栽培などに主軸をおくようになった。さて、そのうち、マンゴー栽培は図9に示したように市域全体の各地区で生産されているが（豊見城市全体の生産面積一九九〇a）、その中心地区は市内饒波地区が施設利用による果樹栽培面積（マンゴー）が八八四a、翁長地区が八〇九aでマンゴー生産の中心地区となっている。

2　マンゴー生産農家の経営状況

今回、ＪＡおきなわの職員の方に協力のもと、饒波地区の七人の農家に農業経営の実態の一部について回答してもらった。対象者の内訳は次のとおりである。全員男性で、四〇代二人、五〇代二人、六〇代三人であった。アンケートに答えてもらった七人の農家は露地野菜生産との複合経営であった。

農業従事者の人数は、一～二人と答えたのが四人、三～四人が二人、五～六人が一人で、一～二人と答えた人が一番多いことがわかった。いずれも家族労働力中心である。次に、マンゴーの栽培面積では、一六・五～二六・五a（五〇一坪～八〇〇坪）の生産農家が二人、三三a（一、〇〇〇坪以上）の経営が五人であった。豊見城市におけるマンゴー施設園芸経営の場合三〇a以上であり大規模経営であることが伺える。

次にマンゴーに収穫量を品種別で聞いたところ、アーウィン種[1]は全部の農家で栽培していた。とくに同品種の多いところでは一〇t、少ないところでも二t以上収穫であった。また、キーツマンゴー[2]は少なく、三軒の農家で収穫しており、そのすべてが三三a（一、〇〇〇坪）以上の農家であった。また、マンゴー栽培を導入した時期では、六人が平成期から栽培を始めており、一人が昭和期に栽培を始めていた。一番最近栽培を始めた生産者は二〇〇八年からであった。

雇用労働力では、七人中四人が雇用労働力を取り入れている。雇用時期は、四軒中三軒が六月～八月の収穫出荷時期で、地元の四〇～五〇代の女性が中心に一～三名雇っているであった。また、残りの一軒は、常時三名（女性五〇代）であった。給与は日当で支給され、時給八〇〇～八五〇円前後であった。

マンゴー生産前の職業では、会社員からの転職組みが五人、ほかの職業からの転職組みが一人であった。さらに、マンゴー生産を取り組むことを考えたきっかけは、六人は実家が農家のためと答えた。また、一人が昔から農家になろうと思っていたと答えた。さらにマンゴー生産導入のきっかけは、豊見城の特産品だからという理由が二人、マンゴーが好きだからが二人、元々育てていたが三人という回答だった。

後継者については、四人がいると答えた。年齢は一番若い後継者は一六歳で、一番年上だと四一歳であった。さらに、将来の希望については、他の作物の複合経営について考慮する、マンゴー生産自体の増産を試みたいということであつた。

3　豊見城市におけるマンゴー生産地域の形成

一九八〇年頃に豊見城市ではマンゴー生産が開始されたが、当時、県内ではマンゴーの栽培技術や流通経路は確立されていなかった。そのため、マンゴー導入を考えていた農家は、多額の投資が必要となったため、豊見城市におけるマンゴー生産はあまり普及しなかった。しかし、一九九〇年代に入ると、野菜生産拡大のための土地改良時事業の開始と、マンゴー生産に対する補助事業が進められていった。さらに二〇〇〇年代に入ると、とくに大規模なマンゴーの補助事業が展開した饒波地区や翁長地区では、マンゴー生産における収益性における農家の期待もふくらみ、とくにマンゴー生産の拡大がみられた。

豊見城市におけるマンゴー生産の技術と流通体制の確立は、ＪＡおきなわ(3)の果たした役割は大きい。最初、マンゴー生産の導入は各農家の手探りからはじまった。しかし、それには、当然のことながらマンゴー栽培に技術面および販売面から限界が目立ち始めた。そのため、一九八〇年代初めにＪＡ豊見城の指導の下、第一に栽培技術の確立、第二にはマンゴーの販路開拓などの模索が続けられた。そして、一九八四年にＪＡ豊見城において果樹生産部会が設立された。豊見城市内のマンゴー生産農家の大部分はその果樹生産部会に参加した。果樹生産部会はマンゴーの生産技術の向上、市場流通ルートの確立を第一義とした。これによってマンゴーの共撰・共販体制が確立した。とくに、マンゴーの流通ルートとしては一九八四年四月、浦添市伊奈武瀬に沖縄県中央卸売市場が設立されたが、主体となるのがセリ取引であり、そのため価格の安定が不安定性が課題となり、市場流通以外の量販とも契約を結び、流通ルートの安定化が図られた。同時に蒸熱処理技術の確立によって県外の市場や量販店へも出荷が開始され、多くの契約先の契約先開拓が行われた。そのほか、ゆうパックによる通信販売などもあわせて進められた。また、二〇〇〇年には、マンゴーの安定供給を目的とする拠点産地にも指定された。

だが、ＪＡの共撰・共販体制が進む中で、新規参入の生産農家が増加する中で、古くからのマンゴー生産農家の一部には、マンゴー生産に関する技術的なノウハウをもっており、共撰・共販体制では、新規生産農家のマンゴーと比較して差別化が図れないという不満をもつようになった。そのため、一部の農家は名護市真喜屋地区に大規模に農業法人を設立し、通信販売を中心にマンゴーの大規模経営を行っている。なお、市内四一戸のマンゴー生産農家の大部分は現在もＪＡおきなわ豊見城支店の果樹生産部会に参加している。

豊見城市のマンゴー農家のほとんどは、ＪＡおきなわにマンゴーを出荷して、箱詰めや販売を任せる共選共販という販売方法を行っている（図10）。これによって農

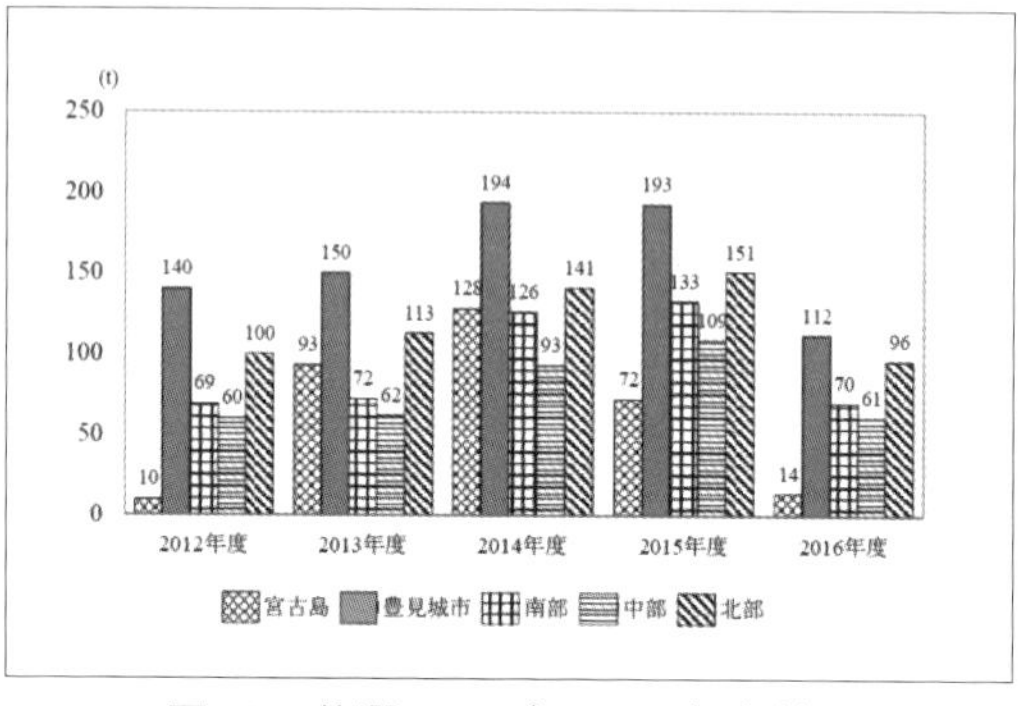

図10　共選マンゴー５ヶ年実績

ＪＡおきなわ豊見城支店資料より作成

家の方は、箱詰めや販売にかける時間をマンゴ栽培にかけられるため、より質の高い栽培が行えると思われる。また、二〇〇九年に与根地区にマンゴーの生産量の増加に伴いＪＡ沖縄では新しい選果場が開設された。

さらに、また、豊見城市は二〇〇九年二月に行われた「おきなわ花と食のフェスティバル二〇〇九」においてマンゴー産地として初めて沖縄県農林漁業賞を受賞致したことを契機に、二〇〇九年に、「今後も引き続き、生産者の栽培意欲と更なる技術の向上を図り、安定的な生産供給体制の構築と豊見城産マンゴーの素晴らしさ、品質の高さ多くの消費者の皆様へ積極的に発信するともに、豊見城産マンゴーのブランドの確立と普及を目的として、本日ここに、豊見城市「マンゴーの里」を高らかに宣言いたします。」というマンゴーの里宣言を当時の市長である金城豊明さんが語っている。

4　豊見城産のマンゴーのイメージ

これまで見てきたように、豊見城市は本島最大のマンゴー生産地域である。だが、豊見城市でマンゴー生産が行われているという認識が低く、いかにＰＲを進めて豊見城産のマンゴー拡大が需要な課題であった。このことが、マンゴーの特産地化やマンゴーを特産品として地域振興を進める上で重要な柱であると考えられる。そこで、今回、豊見城市のマンゴーに対するイメージ調査のために沖縄国際大学の学生を中心に三二七名にアンケートを実施した。被験者の内訳は男性一七七名、女性一一四名の計二九一名である。

また、一般の方々のアンケート調査ではその内訳は、会社員五一名、主婦一一名、公務員五四名、その他一三名となっている。

アンケートの結果、「一番に思いつくマンゴーの産地は何処」という問いに対して、過半数の五一%の人が宮崎県と答えており、豊見城が二四%、宮古島が二一%、台湾が一%、その他で沖縄と答えている人が三%であった（図11）。このことから、宮崎産のブランドマンゴー「太陽のタマゴ」の影響で、マンゴーの産地といえば宮崎県と考えている人が多く存在していることがわかった。次に、豊見城市でマンゴー生産が盛んなことを知っているかを聞いた。その結果、「知っている」が四八%、「知らないが」五二%（図12）という結果になり、割合としては知っている人と知らない人が約半数ずつであった。

これを、一〇代以下～二〇代と、三〇代以上の人で分けて割合を出すと、一〇代以下～二〇代では、「知っている」が三八%、「知らないが」六二%となり、知らない割合が多かった。しかし、三〇代以上の人の割合を見ると、「知っている」が七四%、「知らないが」二六%で世代間における認知度

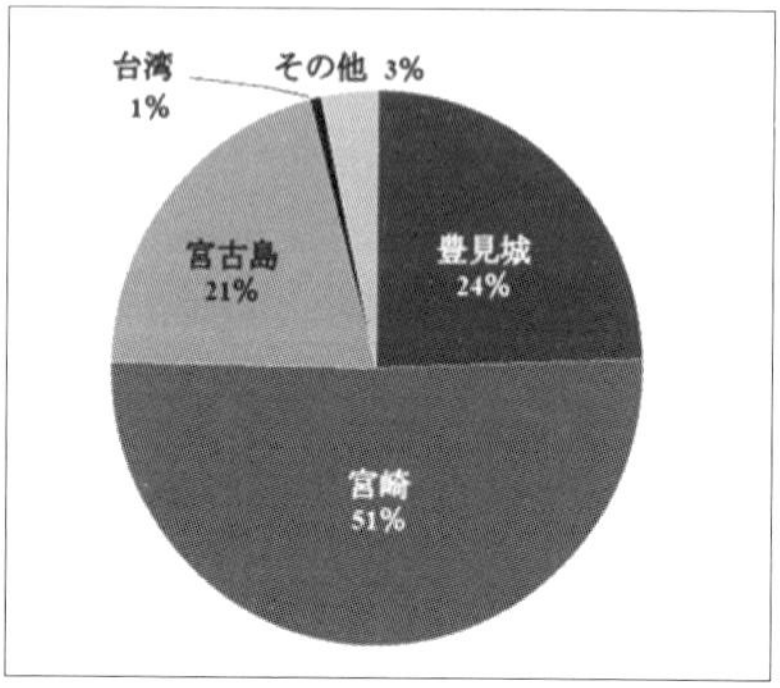

図11　一番に思いつくマンゴーの産地
アンケート調査より作成

の違いが認められる。

上記のことから、マンゴーは値段が高さと、若い世代の人は自分で買うことがあまりないため、産地としての認識が弱いようである。一方、贈答用を始めとして、実際にマンゴーを買う三〇代以上の人たちは産地などを意識するようになるため、豊見城でマンゴー生産が盛んなことを知っている割合が多いのではないかと考えられる。

「豊見城市でマンゴーの里宣言を行っていることを知っていますか?」という問に対しては、「知っている」が二七%、「知らないが」七三%（図13）で圧倒的に知らない人が多かった。

次にマンゴーに種類があるのを知っているかを聞いた。その結果、「知っている」が五五%、「知

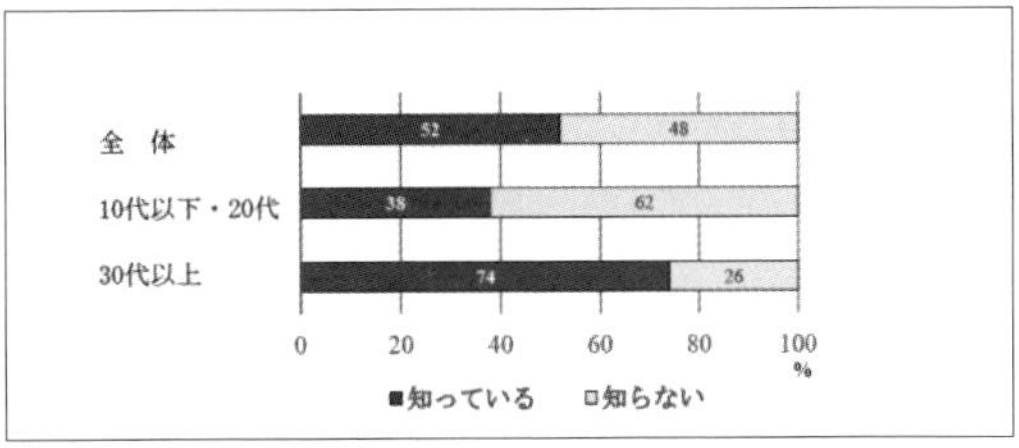

図12　豊見城市でマンゴー生産が盛んなことを知っているか
アンケート調査より作成

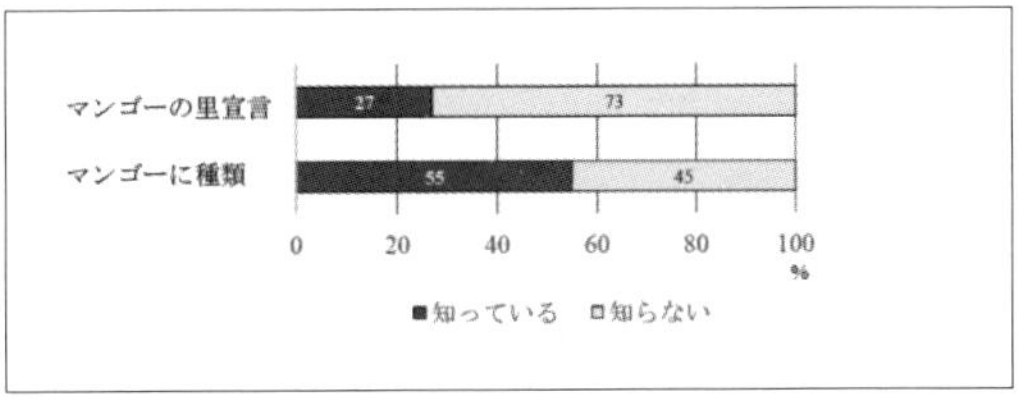

図13　豊見城市でマンゴーの里宣言を行っていることや、マンゴーに種類があるのを知っているか
アンケート調査より作成

らない」が四五％で、約半数の人がマンゴーに種類があることを知っていた。また、「あなたが聞いたことのあるマンゴーはありますか？（複数回答可）」という問に対しては、「アーウィンマンゴー（アップルマンゴー）」を聞いたことがある人が二〇二人、「キーツマンゴーが」一二三人、「その他」が六六人（図14）で「聞いたことがない」や「太陽のタマゴ」という回答があった。やはり、日本で一番多く栽培されているアーウィンマンゴー（アップルマンゴー）を聞いたことがある人が一番多かった。またキーツマンゴーも意外と名前を聞いたことのある人が多く、全体の約四〇％の人が

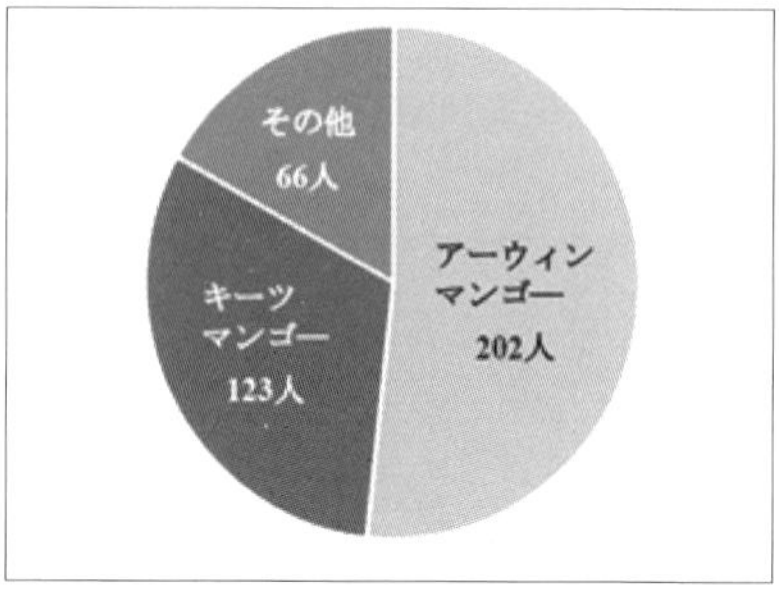

図14　あなたが聞いたことのあるマンゴー（複数回答可）
アンケート調査より作成

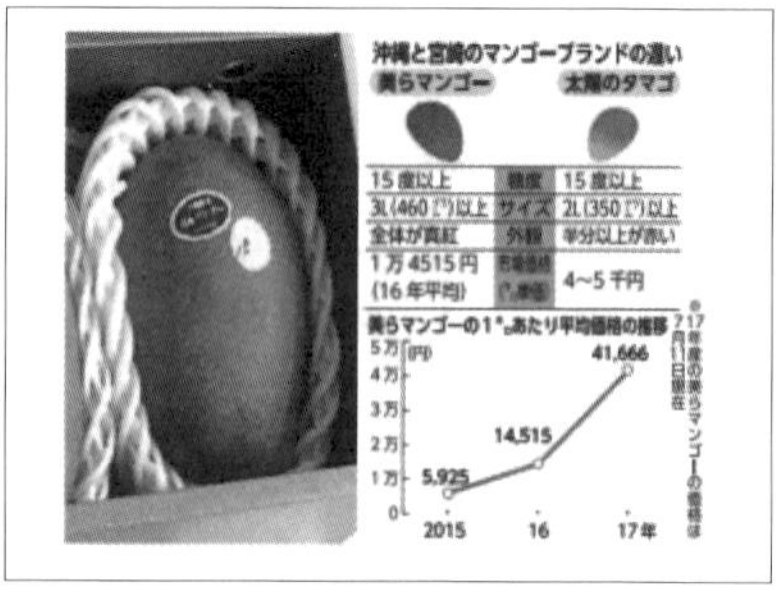

図15　美らマンゴー（左）、美らマンゴーと太陽のタマゴの違い（右）
https://ryukyushimpo.jp/news/entry-533708.htmlより転載

聞いたことがあるという。

次に、現在沖縄県では宮崎県の「太陽のタマゴ」に対抗して、「太陽のタマゴ」よりも選定基準の厳しく、二〇一七年七月六日に東京・大田市場で行われた初競りで、一キロ一五万円のお祝儀相場が付いた「美らマンゴー」というマンゴーのブランドが作られている（図15）。

次に「美らマンゴー」を知っているかについて聞いた。その結果、「知っている」が一四％、「知らない」が八六％で圧倒的に知らない人が多いことがわかった。その理由としては、第一に、二〇一三年から果実を選別する体制をとっていたが、出荷できたのが二〇一五年だったためまだ市場に出て三年しか経っていないこと。第二には、ＪＡが「沖縄県産マンゴーの全出荷量の〇・〇一％しかない」とも言われており、現在は東京の市場にしか流通していないからではないかと考えられる。さらに、ＪＡおきなわ豊見城支店では「美らマンゴー」は表記されている選定基準の糖度、サイズ、外観（傷がなく全体が真紅）満たしていても、同じ箱に詰めるマンゴーのサイズや色合いがそろわなければ出荷しない体制をとっている。

四　おわりに

沖縄県産のマンゴーは東京中央卸売市場において、宮城県産のマンゴーと並ぶ主産地である。県内における主産地としては、宮古島市、豊見城市、石垣市などがあげられる。

そのうち、豊見城市のマンゴー生産は、当市の主幹作物である野菜生産、施設利用のトマト生産あるいはサトウキビ生産を柱として、その組み合わせとして二〇〇〇年代以降、急速に産地化を進めた。

その背景としては第一には二〇〇〇年以降の拠点産地の指定と農協を中心とする産地育成の充実、第二には沖縄県などによる土地改良事業などが上げられる。とくに饒波、保栄茂、翁長地区を中心に施設園芸が積極的に導入された。第三にはＪＡを中心とする厳しい基準による共撰、共販体制の確立があげられる。さらに、豊見城市では二〇〇九年に豊見城市のマンゴーブランドの確立と普及を目的として「マンゴーの里宣言」を行なった。

たが、一方では、沖縄県産のマンゴーの特色や豊見城におけるマンゴーの認識調査でもみられるように、若い世代を中心にその認識度の弱さが浮き彫りになった。

豊見城市のマンゴーがあまり認知されていない理由としては、豊見城市にはウージ染めやトマトなどマンゴー以外にも多く特産品が存在しているため、ＰＲの力が分散していることが原因のひとつだと思われる。以上のことから、豊見城市のマンゴーの認知度を上げていくためには、第一に今若者の間で流行っている「インスタ映え」するマンゴーを使用した商品の開発や、豊見城市の特産品でＰＲするものを一つぐらいに絞り、そこに力を入れていくなどが必要であろう。第二にはマンゴーなど県産トロピカルフルーツは完熟のものを収穫し出荷するという特色を消費者や小売業者にアピールすることが重要である。第三には、インターネットを活用した広告や加工品の開発などを行っていき、地道に認知度を上げていくことが豊見城市におけるマンゴーのブランド化と普及につながる一つだと思われる。

注

(1) アップリマンゴーとよばれ熟すると表皮が赤くなる。宮崎県、沖縄県で栽培されている。輸入されるマンゴーもこの種類である。
(2) キーツマンゴーはアーウィン種よりも大きく、皮は緑色で糖度が高い。
(3) 二〇〇二年に県内市町村のＪＡを再編して全県単一農協となった。

文献

中窪啓介（二〇一一）：沖縄県豊見城市におけるマンゴー産地の供給体制、地理学評論、二七四—二八九
廣瀬牧人（二〇〇三）：沖縄産マンゴー販売におけるＥＣの活用とのブランド基盤強化のための基本要件について。総合産業研究調査報告書一一（二）、一三—二九。

廣瀬牧人（二〇〇四）：沖縄産マンゴーのブランド力とトレーサビリティシステム—調査研究テーマの解題として。総合産業研究調査報告書一二（二）、一七—二一。

廣瀬牧人（二〇〇九）沖縄産マンゴーのブランド力強化と栽培履歴情報の普及要件。地域と経済六、六九—七九。

廣瀬牧人・兪　炳強・安里　肇（二〇〇二）：沖縄県産亜熱帯果実の販売戦略としての電子商取引の活用要件に

関する研究。産業総合研究一〇、三三―五〇。

菊地　香（二〇〇九）：沖縄県におけるマンゴー農家の経営意識に関する研究―アンケート結果を中心に。農業および園芸八四（三）、三四一―三五〇。

伊藝安正（一九九四）沖縄におけるマンゴー栽培の現状と課題、沖縄農業、二九（一）：一六―二五。

小川　護（二〇一二）：本土復帰後における沖縄農業の変容　サトウキビ・野菜・花気を中心に、地図中心四七六、二〇‐二三。

沖縄県農林水産部（二〇一七）『沖縄県の園芸と流通』。

遺伝子配列から解き明かす沖縄の生物多様性

齋藤星耕

齋藤　星耕・さいとう　せいこう

所属：経済学部 地域環境政策学科

主要学歴：京都大学大学院農学研究科地域環境科学専攻博士後期課程 研究指導認定退学

学位：京都大学博士（農学）

所属学会：日本土壌動物学会、日本生態学会

主要論文及び主要著書：

中森泰三，齋藤星耕（二〇一八）トビムシのDNAバーコーディングの現状．タクサ（日本動物分類学会誌），44, 23–31.

Saitoh, S., Aoyama, H., Fujii, S., Sunagawa, H., Nagahama, H., Akutsu, M., Shinzato, N., Kaneko, N., & Nakamori, T. (2016) A quantitative protocol for DNA metabarcoding of springtails (Collembola). *Genome*, 59(9), 705–723.

Kinjo, Y., Saitoh, S., & Tokuda, G. (2015). An efficient strategy developed for next-generation sequencing of endosymbiont genomes performed using crude DNA isolated from host tissues: a case study of *Blattabacterium cuenoti* inhabiting the fat bodies of cockroaches. *Microbes and Environments*, 30(3), 208–220.

Saitoh, S., Fujii, S., & Takeda, H. (2014). Effect of habitat structural complexity on collembolan communities. *Ecological Research*, 29(1), 81–90.

※役職肩書等は講座開催当時

地球上のほとんどの場所に生物は存在し、それらは相互に関わり合いながら暮らし、生態系を構成している。生物多様性とは、様々な概念を含んだ言葉であるが、第一には、生態系を構成している生物種の多様性である。従って、ある地域の生物多様性を明らかにするということは、まず、どのような生物がいるかを調べ上げることである。しかし、これを実際に行うには、各生物分類群の専門家の力が必要であり、多大な費用と時間が必要であった。しかしながら、この一〇年ほどで、遺伝子配列を大量に解読・分析することにより生物多様性調査を行う手法が登場し、普及しつつある。調査にかかる時間や労力を大きく削減できる技術である。本稿ではこの技術について解説を行い、沖縄の生物多様性調査への適用事例を紹介する。またこの技術に関わる課題について論じる。

遺伝子配列について

デオキシリボ核酸（DNA）とは、生物の遺伝情報を保存し、子孫に伝えていくための物質である。DNAは、四種類の異なる分子（モノマー）がリン酸を仲立ちとして連なった鎖状の高分子（ポリマー）であり、このモノマーの塩基と呼ばれる部分が異なっていて、それぞれアデニン(A)、チミン(T)、グアニン(G)、シトシン(C)と呼ばれている。DNAはあくまで物質の名前であり、遺伝情報そのものではない。遺伝情報は、これら四種類の塩基の並び、例えばATTAGCCTA…によって担われている。ＤＮＡは「紙」であり、四種類の塩基が「文字」に相当する。この文字の並びのことを塩基配列という。

ＤＮＡは、二本の鎖が組み合わさった螺旋状の物質として生体中に安定的に保持されている。この二本鎖では、互いに決まった組み合わせの塩基が対合している。ＡにはＴが、ＧにはＣが対合するというルールがある。したがって、一方の鎖に対して、他方の鎖は写真のネガのような関係にあり、情報としては同一のものを持っており、一方が破損したとしても、他方を復元できるようになっている。一方に対して他方を相補鎖と呼ぶ。細胞分裂の際には、二本鎖を二つにほどいて、それぞれ相補鎖を合成しなおして、二本鎖を二組つくり、一組ずつ分配するのである。

ＤＮＡは設計図を納めた「紙」であり、生物の細胞内ではこれを参照して生体を構成する分子が作られる。生体内で、様々な複雑な機能を担うものは第一にタンパク質であるが、タンパク質もまた、アミノ酸が連なった紐状の物質であり、生体内では折り紙のように適切に折りたたまれて機能を果たす形をとっている。生体中でタンパク質の合成に用いられるアミノ酸は二〇種類存在し、どのアミノ酸がどういう順序で並ぶかがタンパク質の性質を決めている。この並びをアミノ酸配列と呼ぶ。タンパク質のどの場所にどのアミノ酸を配置するかは、ＤＮＡ上で、二〇種のアミノ酸それぞれに対応する三塩基で書かれた「単語」を連ねることによって、指示（コード）されている。なお、タンパク質を合成する際には、ＤＮＡから一旦、リボ核酸（ＲＮＡ）という物質にタンパク質の設計情報が写し取られる（転写）。このＲＮＡを読み取りながらアミノ酸を紡いでいき、タンパク質が作られる（これを翻訳と呼ぶ）。ＲＮＡはいわば作業用の図面であり、必要な時だけ作られ、すぐに分解される。

ＤＮＡやＲＮＡの塩基配列、タンパク質のアミノ酸配列を総称して遺伝子配列と呼んでいる。

生物の進化と遺伝子

生物がもつ特徴や機能を司る遺伝情報の一単位を遺伝子と呼んでいる。端的には、一つの遺伝子が一つのタンパク質をコードしている（もっとも、タンパク質を作らないで働く遺伝子も少なくない）。遺伝子の数は生物種によって異なり、単細胞生物である大腸菌で三〇〇〇程度であり、我々ヒトでは二〇〇〇〇程度とされている。ある生物がもつ一そろいの遺伝子のことを、遺伝子（gene）の総体（-ome）としてgenome（ゲノム）と呼んでいる。

三〇兆個以上の細胞で構成されているヒトが、単細胞生物に比べて、遺伝子数でみればせいぜい一桁多い程度にすぎない。このことを意外に思う向きもあるかもしれないが、生命現象の根幹にかかわる仕組みは、細菌から多細胞の動植物まで、基本的な部分は驚くほど共通している。また一方で、それぞれの遺伝子を、いつ、どのような時に、どれだけ、その機能を発揮させる（発現させる）のか、という遺伝子発現の調節に関わる情報も、その生物のゲノムＤＮＡに書き込まれている。こうした情報は、ＲＮＡとして転写される領域の外に書かれている（従って通常、遺伝子の個数としては数えない）が、例えば、生き物のある部位の大きさや、生えている毛の密度などの特徴は、こうした遺伝子発現の調節領域によって支配されていることが多い。生命の多様な在り方は、遺伝子という持っている「道具」の数に加えて、それをどう組み合わせ、どこでどれだけ使うかということによって実現されているといえよう。

生物の進化の歴史は、同時に、遺伝子の進化の歴史であり、従って遺伝子配列の進化の歴史である。よく知られているように、生物の進化の原動力の一つは突然変異であるが、実態としてはゲノムＤＮＡの塩基配列の変化である。本書では詳しく述べることは出来ないが、ＤＮＡの複製や修復の際には、塩基が別の種類の塩基に変化（Ａ↓Ｇなど）する置換や、その部分がなくなる欠失、なかった部分が加わる挿入が起きることがある。また、稀にではあるが、進化の歴史の中では、ゲノムＤＮＡの一部または全部が重複した結果、重複した遺伝子が別々の機能を持つように進化していく場合や、他の生物からの遺伝子の移入が起きることによって新しい機能を獲得する場合もある（細菌など原核生物では、真核多細胞生物よりもはるかに頻繁にこれが起きている）。こうなると、持っている遺伝子の数が生物によって異なることは当然である。

こうした変異が及ぼす影響は、必ずしも良いものとは限らず、致死的なことも多いが、同種の他個体よりも生存や繁殖において有利な特徴をもたらすような変異の場合には、より多くの子孫を残すことに繋がり、世代を経て、同種の集団全体に広がり定着する可能性が高い（但し、そうならない場合ももちろんあるし、生存にとって有利でない変異が偶然によって定着することもある）。また、生存・繁殖にとって良くも悪くもない中立な変異が起きた場合には、最終的にそれが集団中に定着する確率は二分の一である。

「名札」となる遺伝子

ここまで、前置きとして、遺伝子と遺伝子配列について説明してきたが、なぜ配列を調べることが生物多様性を調べることと繋がるのであろうか。生物多様性の調査とは、端的には、その場所に生息している生物の名前を調べ上げることである。従来、生物の名前を調べるには図鑑等の資料を用いて形態的な特徴から判断してきたが、これは簡単なようで実際には難しい場合が多々ある。これに代わって、遺伝子配列を解読して、オンライン上のデータベースと照合することで、その生物の名前を知る方法があるのである。

人間は、生物に種としての名前を付けてきた。その生き物についての知識を人間同士で共有する際に、同じ生物種について話し合っているという前提が必要だからであろう。科学者の世界では、世界共通の名前として、生物種に学名を与えてきた。ある生物について学名を付ける（記載する）こと、すなわち、その特徴について詳細に報告し、既知の他の生物とは異なることを示し、命名することは、生物分類学者の仕事である。他の分野の生物学者（筆者含む）は、分類学者が定めた学名の下、自らが明らかにした研究成果を発表することになる。

しかしながら、野外で見つけた生物の種名を同定することは、ある程度の専門家にとってもしばしば簡単ではない。近縁だが別種である二種の昆虫がいたとしよう。よく似た両者の、それでも異なっている部分（例えば、片方の種には尾の先端にトゲがあり、他方にはない等）を見ることにより区別しなければならない。当然ながら、区別できるようになるまでには熟練が必要である。しかし、もし、この部分（尾）が失われた標本であればどうするのだろうか。あるいは、その特徴（トゲ）は成体にのみ現れるもので、幼体にはない、という場合もある。このように、時間がかかっても種名が決まればよいが、ついに決めきれないというケースもしばしば発生する。生物多様性の調査が多大な労力を要する所以である。

遺伝子配列を生物種同定に用いることには次のような利点がある。第一に、試料からＤＮＡを抽出するなど一見、高度な技術を用いるような印象もあるが、実験室での作業自体は手順が決まっており、実際にはそれほど難しいものではない。伝統的な分類同定の技術的な難易度を職人レベルとすれば、遺伝子配列によるそれは、一定のトレーニングを受ければ概ね誰でも扱えるものである。実際、大学等の研究機関でインターンシップとして高校生が遺伝子配列を解読する例は珍しくない。また、誰でも同じデータが得られるので、作業者によって種名が変わるということがないという利点がある。解読により得られる塩基配列は、実態としてはＡＴＧＣの四種類の文字で書かれた数百字の文字列であり、パソコン上で扱うことができるものである。米国国立生物工学情報センター（ＮＣＢＩ）が運営する、誰でも利用できる配列検索サイトから、手もとの配列データが、既知のどのような生物の配列と一致しているか、または類似しているかを調べることが出来る。

さて、数ある遺伝子の中でも、こうした目的に合致する遺伝子、すなわち、生物の種をあらわす「名札」として使用できる遺伝子には条件が存在する。それは、全ての生物に存在し、生物種を区別できる程度には種間で遺伝子配列が異なっているような遺伝子である。

既に述べたように、最初の生命の誕生以来、全ての生物に共通しているいくつかの仕組みがある。それらの機能が生命活動にとって必須であるため、これを担う遺伝子群は、その役割を変えたり、他の遺伝子に置き換えられたりすることなく現在まで受け継がれてきたと期待できる。一方で、こうした遺伝子は進化の過程での配列の変化が遅く、異なる種でありながら配列が同じである場合がある。こういう遺伝子は「名札」には適していない。ある種が別種に分かれる程度の時間スケール（数十万年）で、塩基配列もある程度異なったものに変わる、変異の速い（進化速度が高い）遺伝子が好ましいのである。

細菌などの原核生物についてはリボソーム（先に述べたタンパク質への翻訳を担う器官）を構成するＲＮＡ遺伝子の一つ（16S rRNA）が、その「名札」となっている。生命進化の歴史を探ることを目的に一九七〇年代後半、様々な微生物から16S rRNAの配列解読が行われた。現在では、細菌・古細菌について研究成果を報告する際には16S rRNA遺伝子の配列解読を併せて行うことが標準的である。rRNAには進化速度の非常に遅い部分と、速い部分が存在するため、かなり古い時代からの進化の歴史を復元することにも、（比較的最近の進化の結果である）種を区別することにも都合がよい。

一方、真核生物では、細胞核ゲノム上にあるrRNAに比べて、オルガネラ（細胞内小器官）ゲノム上の遺伝子のほうが、より進化速度が高く、種の識別に適していることから、動物ではミトコンドリアのシトクロムｃ酸化酵素サブユニット１（COI）という遺伝子が、植物では葉緑体のルビスコ大サブユニット遺伝子（rbcL）が「名札」としてよく利用されている。なお、真菌（カビ・キノコ）類ではrRNA遺伝子のＩＴＳと呼ばれる領域が使われている。

上記の各遺伝子が生物種を識別する上で有効であることは一九九〇年代に示された。これを受けて、二〇〇〇年代には、地球上のあらゆる生物種の「名札」となる遺伝子配列を収集して、データベースとして蓄積していこうという国際的なイニシアティブが推進されていくことになる。こうした動きのリーダーの一人であるカナダのポール・ヘバート教授（Dr. Paul D.N. Hebert）は、数百塩基対の遺伝子配列によって生物種を判別するこの技術を、ちょうど店舗のレジで商品をチェックするときなどにつかうバーコードのように考えて、「ＤＮＡバーコード」（DNA barcode)と呼び、これが科学者コミュニティに定着して、現在に至っている。

なお、一時期よく誤解を受けたが、ＤＮＡバーコードは、この技術の登場以前から存在する生物分類学の体系を、遺伝子配列のみを扱うものとして切り縮め、単純化しようというプロジェクトではない。ＤＮＡバーコードの役割は、あくまで、分類学者ではない人が、簡単かつ正確に手もとの生物標本の種名が分かるようにすることである。これによって、分類学をはじめとする、生物学の既往の成果にアクセスできるようにすることに主眼がある。最初に生物を記載する分類学者の役割は依然として重要である。今では、分類学者が新しく生物種を発見して命名・記載する際には、ＤＮＡバーコードのデータを添えて発表することが一般的になりつつある。

遺伝子配列解読における技術革新

ここまでは、遺伝子配列によって種を同定する技術について述べてきたが、もう一つの技術革新について触れなければならない。それは、ＤＮＡの塩基配列解読装置（シークエンサー）の進歩である。

従来から、サンガー法と呼ばれるシークエンシング技術があるが、これは電気泳動を基本としたものである。解読したい目的の遺伝子領域（通常、長さにして数百～一〇〇〇塩基対程度）をＰＣＲ増幅してから解読を行う。

ＰＣＲ（polymerase chain reaction）増幅とは、試験管の中で同一の塩基配列をもつＤＮＡ分子を複製する方法であるが、生物の細胞の中で行われているＤＮＡの複製を真似た技術であり、複製を繰り返すことで、分析に必要な量を得るのである。なお、複製される側の元のＤＮＡを鋳型ＤＮＡと呼び、人工的に増幅されたＤＮＡ分子の集合を増幅産物と呼ぶ。

サンガー法による現行の配列解読では、キャピラリー（細管）を使って電気泳動を行う。ＰＣＲ

増幅産物（より正確には、さらに標識処理したもの）をこのキャピラリーに通して塩基配列を決定していくのであるが、この技術の前提として、配列解析に供するＰＣＲ増幅産物は、単一の生物試料の、単一の領域から増幅された純粋なものでなければならない。複数の異なる領域からの増幅産物が混ざっているような状況では、それらの信号（シグナル）が重なってしまい、塩基配列を決定することが出来ないからである。

この従来型のシークエンサーを用いて、生物多様性調査をすることは大変である。一つ一つの生物標本から、他の試料が混入しないように注意しながら、ＰＣＲ増幅し、配列決定を行う。装置に内蔵されているキャピラリーと検出器の数を増やし、またオートサンプラーを備えることにより、一度に沢山の試料を解読できるようになってはいるが、それでも数百検体に留まる。また、検体あたり一〇〇〇円程度のコストがかかる。繰り返しとなるが、生物多様性の調査とは、そこに生息する生物を網羅的に知ろうとする作業であるから、十分な個体数を調査して種類を調べなければならない。例えば、プランクトン群集の種組成を知りたければ、二〇匹や三〇匹調べるということでは不十分で、数百匹を調べる必要があるだろう。この点で、従来型のシークエンサーによって生物多様性調査に取り組むことは、費用と労力の点で非常にハードルが高かった。

このような状況を一変させたのが、次世代シークエンサー、現在では高速並列シークエンサーと呼ばれている塩基配列解析装置の普及である。二〇〇五年ごろに登場した初期の装置でも、一度に合計二千万塩基対の配列を出力することが出来た。この高出力は、次のような技術によって可能となった。まず、多数のＤＮＡ分子を平面上に配置し、固定する。その状態からこれらのＤＮＡを鋳型として、相補鎖の合成を行う。この合成反応の過程では、鋳型ＤＮＡに対応する核酸分子が順次取り込まれるはずである。つまり鋳型側がＡであればＴがとりこまれ、ＣであればＧの塩基をもつ分子が取り込まれる。原理的に、この過程を観察することが出来れば鋳型ＤＮＡの塩基配列を決定できる。平面上に配置された多数のＤＮＡ分子において、一斉に合成を行い、これを記録することで、大量の塩基配列が一度に解読できるようになったのである。

紙面の都合上、ここで詳細に解説することは出来ないが、上記のやり方を実現するには様々な方式が考えられ、それを用いたシークエンサーが登場し、また、数年でより優れた方式にとって代わられるということが繰り返されている。こうして、当初コスト面で高額であったものが、出力の向上により安価となって、現在では様々な場面で用いられるようになったのである。

次世代シークエンサーがもたらしたインパクトを、ヒトゲノム（三〇億塩基対）の解読を例にとって説明する。次世代シークエンサーの登場以前、キャピラリー型のシークエンサーによって最初の一人のゲノムを全て解読したとき、一九九〇年代の一〇年と、二七億ドルを費やした。最初の次世代シークエンサーは二〇〇五年に登場し、数日で一人分の全ゲノムを解読できるようになり、その費用は三〇万ドルであった。それが二〇一七年には一日程度、一人分で一〇〇〇ドル程度となった。現在では、所要時間はそれほど短くなっていないが、五〇人分以上を一度に解読できる性能を持ったモデルさえ登場し、今や一人分のゲノムの解読コストは五〇〇ドル未満となりつつある。

生物多様性調査手法の変貌

次世代シークエンサーを生物多様性調査に用いる方法は、シンプルなものである。例えば、土壌に1gあたり通常一〇億個程度、種数にして数万というオーダーで多種多様な細菌が生息している。土壌を試料としてDNAを分離・抽出し、細菌が持つ「名札」として16S rRNA遺伝子をPCR増幅する。このPCR増幅産物は、一〇〇億～一〇兆個程度のDNA分子の集団となり、その内訳は元の試料の微生物叢を反映したものになっていると期待される。試料中で、ある微生物種が全体の五%を占めていたとすれば、増幅産物のDNA分子のうち五%が、その微生物種から増幅されたものであり、従ってその「名札」と同じ配列をもっていると期待できる（この仮定が正しいかどうかは後で振り返る）。次世代シークエンサーによって、その中から無作為に、例えば、一〇〇万個を解読するという形になる。これは結局、元の微生物の集団から一個ずつ細菌を取り出し、その「名札」を調べる作業を一〇〇万回行ったのと意味としては同じである。人間社会の政党支持率の調査が二〇〇〇名程度のサンプル数で行われ、それでも全体の傾向を概ね把握できることを思えば、この一〇〇万という数字は、そこに生息する主な微生物種を調べる分には十分なものである。

微生物叢を詳細に調べる手間とコストが劇的に下がったことにより、様々な研究が進展したが、特にヒトの腸内細菌叢は一般社会においても身近になったと言える。先にも触れたように、成人の体は三〇兆個以上の細胞からなっている。これに対して、一人の体に付随している微生物の数は一〇〇兆個とも言われる。その大半を腸内細菌が占めており、酢酸などの短鎖脂肪酸の産生や、ビタミンBやKの合成などを通じて、宿主であるヒトに利益をもたらしているとされる。この腸内細菌叢は、通常三〇—四〇種で全体の九九%を占め、そして細菌種の構成割合は人によって異なる。この組成が、肥満や認知症などの健康リスクと関連していることがこの一〇年ほどで分かってきた。

このことは、社会的にも知られるようになり、現在では商業サービス化されるに至っている。オンラインで申し込むと、試料採取キットが送付され、自身で少量の便を採取して返送することで、一—二か月後に腸内細菌叢の分析結果が提供されるといった内容になっている。費用は二万円弱(二〇一八年現在)である。少し前には実験室レベルで費用をかけて調べていたものが、このように安価に一般に提供できるようになったことにも、遺伝子配列解析技術の進歩が表れている。

この、DNAによって生物多様性を調べる手法の適用範囲は、微生物にとどまらない。例えば、森林で昆虫を集めるトラップを設置すると、小さな蚊やハエの仲間から、チョウ・ガの仲間、甲虫類、バッタの仲間など、様々な昆虫が捕集される。マレーズトラップであれば、集まった虫は腐敗を防ぐ固定液(保存液)の入った瓶の中へと誘導され、その中に落ちて固定されるのである。瓶の底には、数百匹の虫たちが堆積することになる。従来であれば、ここから虫体を一つずつ拾い、形態に基づいて種同定を行っていた。DNAを用いた手法であれば、こうした作業から解放される。典型的なやり方は、これらの虫をまとめて擂りつぶし、均質なペーストの状態にすることである。その中から実際にＤＮＡ分析にかけるのは耳かき一杯分程度であるが、均質化したことによって、瓶に含まれていた虫たち全体が代表されている。こうしてどのような虫が含まれていたかを知ることが出来る（図１参照）。

海水や湖水、河川水中を漂うプランクトンの種組成の調査も、同様のやり方で可能である。プランクトンネットを水中で曳いて捕集した微小な生物群のサンプルを、そのまま摺りつぶして分析す

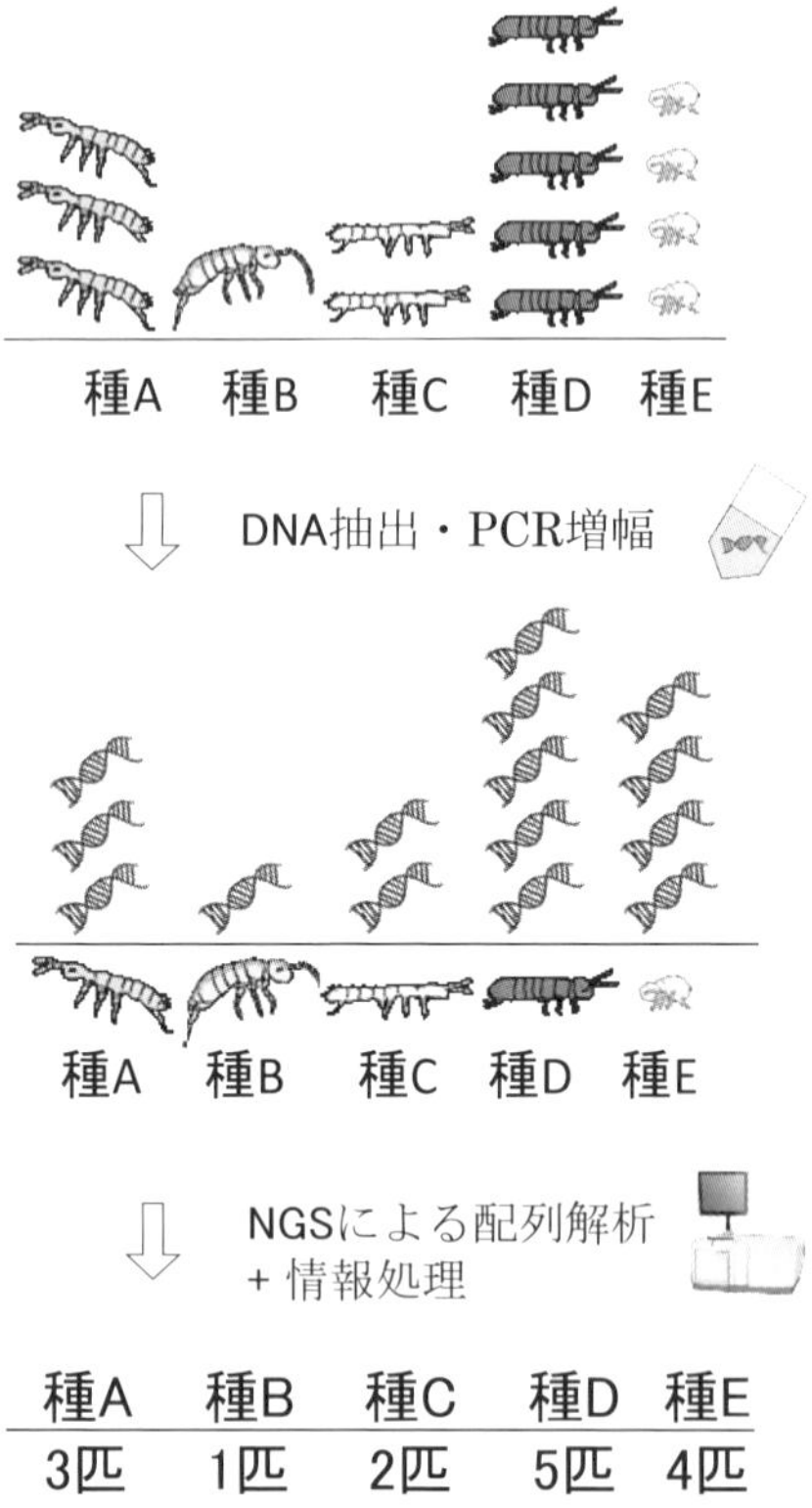

図１　DNAによる生物多様性調査の概念の一例。群集試料からDNAを抽出し、DNAバーコード領域をPCR増幅する。このPCR増幅産物は試料中の種組成を反映していると期待される。塩基配列を大量に解読することにより、群集の種組成を復元する。

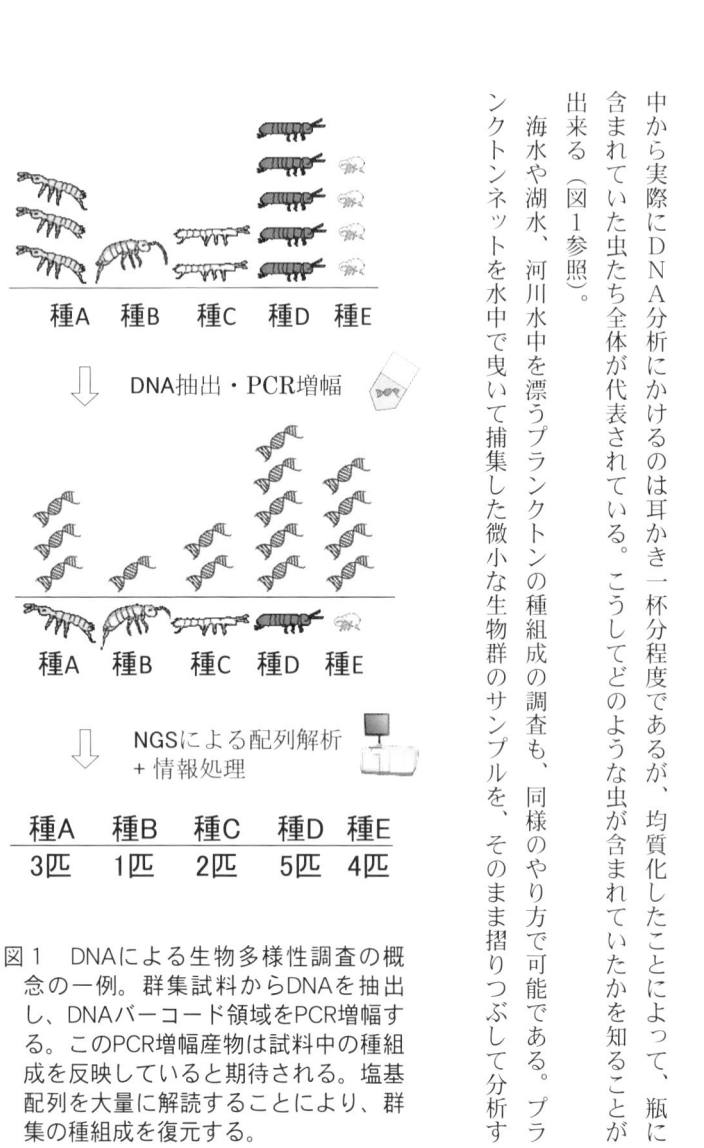

れば良い。DNAを用いる方法では、個体ごとに標本を整理する作業を省略できる点が画期的なのである。なお、このような多細胞生物を対象とした調査手法は、細菌叢の調査方法と区別してメタバーコーディングと呼ぶことが多い。

DNAが含まれていれば分析できるのであるから、応用範囲が広く、実際、現場の研究者は様々なアイデアを実行に移している。例えば、ある動物が何を餌として生活しているのかを解明するには、実際に食べているところを観察するか、捕獲して消化管の内容物を調べるかする必要がある。しかしながら、観察が簡単でない生物もあり、消化管内容物も溶けてしまって形状からは判別困難ということがある。こうしたケースでも、消化管内容物や排泄物のDNA分析を行うことにより食性を解明することが可能になったのである。

DNAによる生物相調査の、究極かつ最も簡便な利用方法は、水や土を分析することでそこに生活する動物を知る、というものであろう。特に、水の分析から魚や両生類などの存在を探る手法は、例えば河川において、簡単に生息状況を調べることが出来るため、野生生物の保全活動や外来種対策において価値が高い。例えば、ある水系において、支流ごとにアユが生息しているかどうかを調べるには、従来は投網で捕獲するなど非常に労力がかかっていたものが、水を汲んでくるだけで良くなるのであるから画期的といえる。しかも、目的の魚種だけでなく全ての魚種について一度にわかるのである。

水だけで検出できる理由は、そのなかで生活している生物の皮膚や粘膜などの組織片が水中に放出されており、それらがある程度微生物に分解された状態でも、ＰＣＲ増幅が可能な程度のＤＮＡの断片が残存しているからである。一リットルの水を採水し、非常に目の細かいフィルターにより浮遊物を濾しとって試料とし、そこからＤＮＡ抽出を行うことが一般的である。こうした環境中に放出された、生物としては死んだ状態のＤＮＡのことを環境ＤＮＡという。ＤＮＡは、生物から放出されてから時間がたてば分解されてしまい、数日から一週間程度で検出できなくなる。ある生物がその場所では死に絶えていなくなった場合に、いつまでも検出されるようではモニタリングにならないので、このことは重要である。

沖縄では現在、琉球大学の研究者らが県内の水系を網羅的に調べ、外来種の分布を検討している。また、この手法の有効性は、沖縄美ら海水族館（本部町）のいくつかの水槽の水を使って検証され、その水槽で飼育されている魚種をほとんど把握できることが示されている。なお、先に触れた、陸上の昆虫相をトラップで捕集して分析する手法は、沖縄科学技術大学院大学のグループによって生物多様性モニタリングとして県内各地で継続して行われている。また、微生物叢の分析は、生物学者や農学者、医療従事者らによって今や日常的に行われている。

さまざまな応用手法が開発されているが、ある程度網羅的に紹介されたものとしては服部正平編(二〇一六)が挙げられる。研究者向けではあるが、和文で読めるので、興味のある読者は参照されたい。

ＤＮＡによる生物多様性調査が抱える課題

このように、ＤＮＡで生物相を調べることの利点は計り知れないが、現状ではいくつかの課題を抱えている。この点を以下に解説する。

まず、従来の生物相調査では、直接捕まえる方式にしても目撃数をカウントする方法にしても、通常、どの生物種の個体数が多いかという情報が得られていた。どの種が多く、どの種が少ないかということは重要である。例えば、外来種が侵入したとして、その個体数は増えているのか、あるいは元々優占していた在来種が減ったのか、などの情報が得られるからである。

メタバーコーディングで得られるデータでは、例えば一〇万本の配列データが得られたとして、そのうち種Ａの塩基配列が二万回、種Ｂが一万回出現したというような結果になる。これは種Ａが二万匹いたという意味なのだろうか。残念ながら、そうではない。配列データの本数は、個体数ではないのである。直観的には分かりにくいが、これは野外調査で言えば調査にかける時間の長さや、調査する面積の広さに対応する。精度を高めたければ、より沢山の配列を読む（データを取る）ことが出来るし、それほど精度が必要なければ少ない本数を読むというように、情報の取得にかける努力の量を表している。したがって、個体数そのものは分からないものの、配列データの内訳を見て、種Ａが二〇％、種Ｂが一〇％というように判断することになる。

では、得られた配列データの内訳は、どの程度信頼できるのであろうか。一〇〇頭中に種Ａが二〇頭、種Bが一〇頭であれば、それぞれ二〇％、一〇％となるのだろうか。残念ながら、これもそうはならない。これにはいくつか理由がある。DNAは生体中で細胞に含まれているが、まず、種によって、あるいは、生育段階によって、細胞の数が異なっている。また、一つの細胞には同じ遺伝子が、しばしば複数個含まれている。その数をコピー数というが、「名札」として利用する遺伝子のコピー数もまた、実は種によって異なるのである。例えば、リボソームRNA遺伝子は、生物工学でよく用いる大腸菌のK12株ではゲノム中に七コピーあるが、ヒトでは二〇〇コピー以上あることが知られている。動物用のメタバーコーディングでしばしば用いられるCOI遺伝子は、ミトコンドリアという細胞内小器官に含まれている。ミトコンドリアは細胞あたりに一つとは限らず、単細胞の真核生物ではしばしば一つであるが、ヒトでは細胞あたり一〇〇〇個以上含まれている。つまり、一個体あたりに含まれる細胞数も、その細胞あたりに含まれる「名札」遺伝子のコピー数も、種や生育段階で異なっている。そのため、試料中の個体数の割合が、そのまま配列データ中の出現割合となる保証はどこにもないのである。

さらに、PCRバイアスと呼ばれる現象が問題となる。PCR増幅は、先にも述べたように、生体内でのDNAの複製を真似て、小さな試験管の中で複製反応を人工的に繰り返させる操作である。PCRバイアスは、この技術の原理的な部分から生じる問題である。PCR増幅は、鋳型DNAから、ターゲットとなる領域の複製を繰り返す。新しく複製されたDNAも、次の反応には鋳型として参加する。このため、ターゲット領域からのPCR増幅産物は、複製反応一回（PCRサイクルと呼ぶ）あたり、二倍になっていくはずである。しかしながら、これはあくまで理想的な状況であり、実際には二倍を若干下回る。

きっちり二倍にならないのには、いくつか理由がある。PCR反応には、PCRプライマーと呼ばれる、人工合成した短いDNAの断片を用いる。鋳型DNA上のターゲット領域の両端部分にそれぞれ対応する二種類のプライマーを入れる。対応する、というのは、相補鎖になっているということであり、その部分に会合（アニール）することで複製の起点となるのである。プライマーは反応に必要な量よりも、はるかに大量に投入する。こうすることにより、毎サイクル、全ての鋳型DNA分子にプライマーが行き渡るようにするのである。しかし、それでも、鋳型DNA分子の一部では、プライマーが会合していないなどの理由で、複製が進まないということが起きる。複製がうまくいく割合をPCR効率と呼んでいる。仮にPCR効率が一〇〇％であれば、増幅産物は毎サイクル二倍となるが、九〇％であれば、一・九倍となる。

問題は、このPCR効率が、種によってまちまちとなることである。例えば、種AでのPCR効率が九〇％、種Bでは八〇％であるとすると、PCRサイクル毎に、それぞれ、一・九倍と一・八倍に増幅され、その増え方は一様でない。一見小さな違いに思われるかもしれないが、これが毎回重なっていくので、最初に同じ量の鋳型DNAから出発したとしても、（標準的なPCR増幅で用いる）二五サイクル後には、前者が後者の四倍近い量となってしまうのである。PCR効率の違いは主に、塩基配列の特性によって引き起こされる。詳細にここで解説することは難しいが、増幅対象の領域に含まれる塩基の組成（ＡＴ対とＧＣ対の割合）や、用いるＰＣＲプライマーとの塩基配列の一致度が、種によって異なること等が原因である。加えてＰＣＲ増幅における細かな実験条件の違いも影響する。

技術的な説明が続いたが、この意味するところは、試料から抽出したＤＮＡの段階における種の構成比率は、ＰＣＲ増幅後には相当に歪んでしまうということである。構成比率が歪んだものを配列解読にかけるわけであるから、最終的な出力データ中での出現頻度をそのまま信頼するわけにはいかない。配列データ上で一番多い種が、実際に試料中で一番多かったかどうかは分からないのである。

ここまで述べてきた問題は、ＤＮＡによる生物多様性調査には定量性がない、すなわち、ある生物がいれば、いたと検出できるが、それが個体数として、どれぐらい多いのかについては判断できないという問題である。生物相調査に即して言えば、ある種が絶滅してしまったとか、新しい外来種が侵入した、ということは分かっても、沢山いた生物の個体数が減少したとか、かつて少数であった種が優占するようになったといった、自然界の変化を追跡することは出来ないということである。また、データの統計分析上も、量的な情報を活かすことができない。これらの点において、従来よりもむしろ後退した側面があった。

定量性の向上に向けて

筆者は土壌動物学者であり、大地のプランクトンとも呼ばれる土壌中の小さな節足動物を専門としている。特に、トビムシ類の生物多様性の研究を行っている。トビムシ類は最古参の昆虫のグループの一つであり、概ね体長一㎜未満の種が多く、カビや落ち葉を食べることで生態系の循環に関わっている。同様の働きで知られるササラダニ類とならんで、土壌小型節足動物の代表的なグループである。トビムシ類は、ツルグレン装置と呼ばれる漏斗と白熱電球を組み合わせた装置により土から追い出され、漏斗の下においた瓶に捕集される。特に森林では一〇〇ccの土壌から二〇〇頭以上、二〇~三〇種が出現するという、多様性の高いグループである。

二〇一二年ごろから、筆者は、共同研究者の力を借りながら、このトビムシ類の群集を、DNAを使って調査する技術の開発を始めた。筆者と共同研究者らは、既に述べたような問題の認識から、DNAによる生物多様性調査における定量性の向上に向けて努力することにした。

最初に行ったことは、トビムシ類で用いる「名札」遺伝子を増幅するためのPCRプライマーの設計と選抜である。繰り返しとなるが、PCRプライマーとは、人工的に合成された短いDNAの断片であり、狙った場所の両端に対応する二種類をペアで使用してPCR増幅するものである。トビムシ類に属する全ての種で、「名札」遺伝子のPCR増幅ができるように、塩基配列を決めなければならない。そこで、配列データベースに登録されているトビムシ類の塩基配列を参考に、遠い親戚となる種でも、ほとんど塩基配列が変化していない場所をいくつか探した。これらの部分にプライマーが会合できるように（すなわち相補的な配列を持つように）デザインすれば良いのである。しかしながら、理論上、この設計で増幅できると考えられても、実際にはうまくいかないことが多々ある。そこで、候補となるプライマーを何種類も作り、さらに、実際にそれらを用いて（これまた遠い親戚を含む）十数種類のトビムシ類を試料として使い、一つ一つ試して、どのトビムシの種でもPCR増幅がうまくかかる組み合わせを選抜した。こうすることにより、未知の種であっても増幅がかかることが期待できる。

次世代シーケンサーによって配列解読を行う前に、分析する試料からDNAライブラリを作成する必要がある。上で述べたプライマー（のペア）を用いて、試料からDNA抽出・PCR増幅を行い、さらに、増幅されたDNA断片にアダプタを付加することで、解読前の準備が整う。この状態がDNAライブラリである。筆者らはその作成手順を慎重に定めることにした。

既に述べたように、種によってPCR効率が異なる。これは、PCRのサイクル毎に、種ごとのDNAの存在比率が歪んでいってしまうということである。なるべく歪まないに越したことはないが、結論を言えば、PCRを用いる限り、歪んでしまうことは避けがたい。そこで、筆者らは、PCRサイクル数をそろえることにした。分子生物学に携わる人々の間では、PCR増幅をする際に、増えが悪ければサイクル数を増やし、多すぎれば減らすということがよく行われる。これを止めたのである。

どういうことかと言えば、一つの同じ場所でモニタリングをするにせよ、様々な場所で調査して結果を比較するにせよ、最終的には異なる試料の分析結果を突き合わせることになる。この時に、歪み方の程度がまちまちな数字を持ち寄っては、よくわからなくなる。そこで、せめて、歪みの程度をそろえる、すなわちＰＣＲサイクル数をそろえることにしたのである。これは、ライブラリ作成の前に、ＰＣＲの予備実験を行って適切な鋳型ＤＮＡの濃度を選択する手順に入れることで解決した。なお、ＰＣＲの回数を増やしすぎると、また別の歪みも生じてくるため、これを回避する意味もある。

このように定めた手順を用い、自然の土壌から捕集したトビムシ類の群集試料一〇点と、これに加えて、複数種のトビムシ類を様々な内訳で組み合わせて、模擬的な群集試料一〇点を用意して、実際に解読試験を行うことにした。前者の試料は、実際に野外調査に使えるかどうか、後者の試料は、種組成を予め知っている試料を使うことで、データではそれがどのように歪んで出力されるかを検証する目的で準備したものである。次世代シーケンサーによる解読により、十分な量の配列データが出力された。

なお、これに先立って、本研究の調査地に生息するトビムシ類の一種一種から「名札」遺伝子の配列を解読し、配列と種を対応付けるデータベースを構築しておいた。データベースを抜きにしてはＤＮＡによる生物多様性調査は機能しないのである。トビムシ類の場合はまだまだデータベース蓄積が不十分であり、今のところは調査地ごとにまずこれを行う必要がある。

さて、自然土壌のトビムシ類から解読した配列データは、次の点で満足できるものだった。まず、トビムシ類がデータの大部分を占めたこと、そして、顕微鏡で数える従来のやり方と概ね同等の結果が得られたことである。土壌から捕集した小型節足動物の群集試料には、土壌性のダニ類などのトビムシ類以外の生物がたくさん含まれている。もし、使用したPCRプライマーがトビムシ以外の生物からもDNAを増幅してしまうものであるなら、出力される配列データはそれらの生物由来のもので埋め尽くされて、本来欲しいデータが得られなくなってしまう。幸運にもこの懸念は杞憂に終わり、トビムシ類の遺伝子配列を得ることが出来たのである。

そして、顕微鏡下で形態に基づいて種同定した結果と、このDNAによる方法の結果を比較すると、どちらでも二五種程度が出現し、最も高い頻度で出現する種は同じであった。筆者は学生時代からトビムシ類をテーマとしているが、慣れた調査地からのものであっても、群集試料一〇点（一〇〇〇個体以上）をみるには二日かかり、また、目が疲れる作業である。DNAによる方法も、二日から三日程度かかるが、同時処理できる標本数は一〇〇点程度まで増やせるので、効率は比較にならないし、作業者自身には種同定の技能は要求されないのである。

次に、定量性が得られたかどうかを、模擬群集試料の解読結果から検討した（図2参照）。この模擬群集一〇点は、それぞれ同じ七種のトビムシ類を全て含んでいるが、それらの個体数の内訳はさまざまに異なるように作っている。個体数に応じて、配列データ上の出現頻度がどうなるかを見るためである。まず、配列データの量（頻度）は、種によって何倍も違っていた。そして、個体数

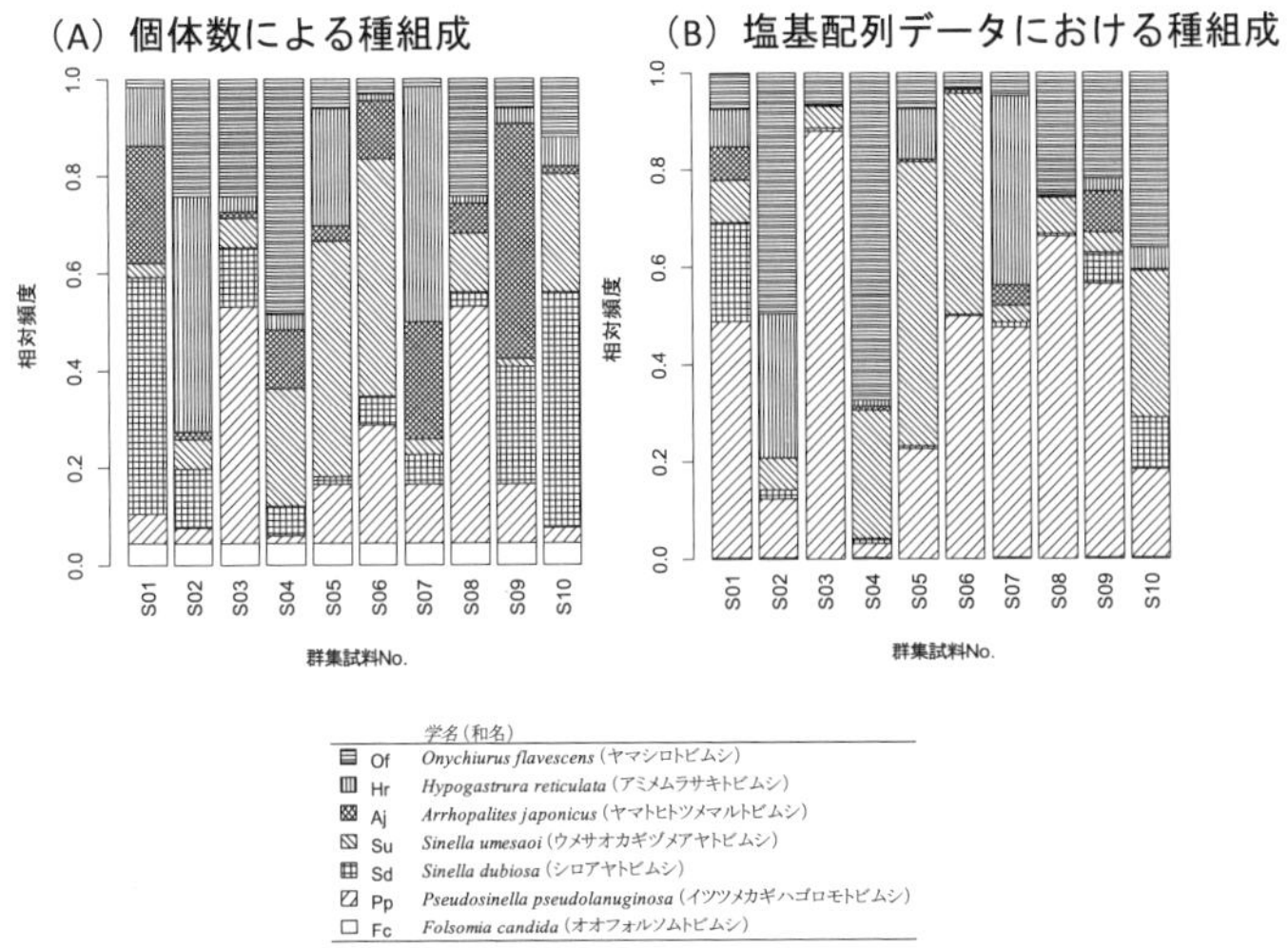

図２　DNA解読に供した模擬群集試料10点における、個体数による種組成（A）と、次世代シークエンサーから出力された塩基配列データにおける種組成（B）の比較。Saitoh et al.（2016）より改変。

を沢山いれたはずなのにデータ上は出現頻度が少なかったり、また、その逆に少ない個体数でも出現頻度が高くなったりする場合があったのである。これは一個体あたりの細胞の数、細胞当たりの「名札」遺伝子のコピー数、そして、種によってＰＣＲ効率が違うことなどの様々な要因が、混然一体となった結果と考えらた。

こうした結果になることは十分予想できたので、全体の基準となるように、あるトビムシの種を、全ての模擬群集試料に、三個体ずつ入れておいた。分析する試料に予め基準となるものを入れておくようなやり方を一般に内部標準と呼ぶ。この場合は、この三個体ずついれておいた種の配列の出現頻度を、群集試料一〇点それぞれで、（実際の出現回数は違っても）同じ大きさであると見なすことができる。

この目論見は当たり、内部標準を使って較正したところ、配列の出現頻度は、種ごとに見た時、個体数に対して比例する関係を示したのである。これは例えば、一個体入っていた試料における配列の出現頻度に対して、二個体をいれた試料では二倍となるような関係が得られたということである。比例関係の強さを測る指標として相関係数を見ると、その値が七種全てで〇・九以上となった。これは、既往の研究では例のない高い数値であった。

さて、この比例関係をグラフを使って表せば、横軸に個体数、縦軸に出現頻度をとると、右肩上がりの直線関係となる。分析に使った全ての種の値を、一つの平面にプロットしてグラフを作図すると、興味深いことがわかった（図3参照）。それは、このグラフの「傾き」が、種によって異なるということである。この「傾き」は、その種の個体を一個体増やしたときに、どれだけその配列の出現頻度が増えるかを表している。従って、種によって配列データ上の、一個体分の「重み」が違うということになるだろう。

この重みの違いは、結局、既に述べたように、細胞数、コピー数、ＰＣＲ効率の違いなど、種が違うことによる影響が、全てこみになったものだということが出来る。これらは混然一体となったものであり、切り分けて測ることは今のところ出来ない。しかしながら、それが出来ないとしても、配列の出現頻度から個体数を割り出すための関係が割り出せればそれで良いのであるから、そもそ

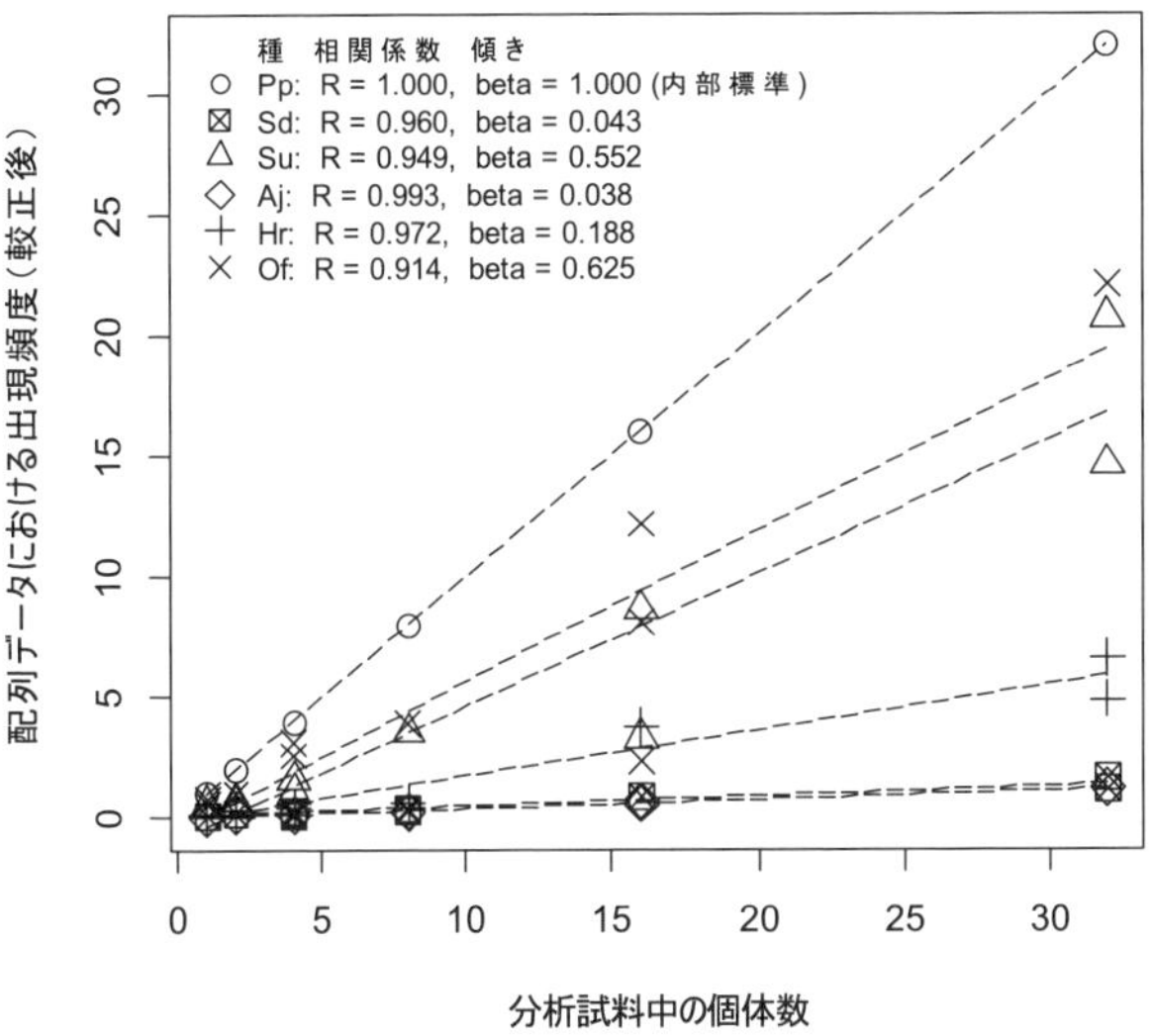

図3　模擬群集試料における個体数（横軸）と、次世代シーケンサーから出力された塩基配列データにおける出現頻度（縦軸）との関係。Saitoh et al. (2016) より改変。

も、その必要がないとも言える。

　種によって、一個体に相当する配列データの量（出現頻度）が異なるとはいえ、良好な直線関係が得られた。このことが持つ意味は、試料間で配列データの比較をしたときに、個体数の大小を議論できるようになったということである。これはつまり、同じ場所でデータを取り続ければ、生息数の変化を調べることが出来るということであり、また地点間で比較すれば、どちらにより多く生息しているかを判断できるということである。このように、比較して大小やその程度が議論できるような定量性のことを、「相対定量」と呼ぶ。研究目的にもよるが、生態学では相対定量ができれば十分なことが多いので、これは重要な進歩である。この分野では、筆者らのグループが初めて相対定量を達成したのである。

　PCR増幅がDNAにおける種の存在比率を歪ませてしまうことは、原理的に防ぐことが難しい。しかしながらそれでも、筆者らの方法で定量性の高さが実現できた理由は、防げないまでも、歪みの程度を、試料間で揃えることに成功したということである。実験手順を丁寧に見直して、PCRサイクル数をそろえるなどの工夫が奏功したと考えられる。

　なお、配列の出現頻度から、それぞれの種が何個体かを完全に復元できたなら、「絶対定量」が出来たと言ってよいが、それはまだ達成されていない。しかし、先ほど述べた、種によって異なる配列データ上の「重み」の情報が蓄積されていくことで、これは可能になると考えている。この値を使って配列の出現頻度から個体数へと逆算できるからである。但しこれは、DNAライブラリを作成する実験手順や、PCRプライマーが変われば変わってしまう値であるため、他の研究者の協力を得て、手法を標準化しておくことが必要になるであろう。

　以上、DNAを用いた生物多様性調査手法について概観し、またその抱える課題に触れながら、筆者らの研究を紹介した。この分野は進歩を続けており、技術的な到達点も課題もわずか数年で様変わりしていく。医療や健康科学、また、環境保全や病害虫防除においても今後、より重要な地位を占めていくと想像される。国内有数の生物多様性の高さを誇り、また病害虫の移入を受けやすい地理的な特徴をもつ沖縄県にとっても関わりの深い技術となるはずである。

謝辞

本稿で紹介した著者らの研究は、日本学術振興会科学研究費助成事業の助成を受けた（研究課題番号25281029及び15K16137）。図1に使用したトビムシ類のイラストの著作権は藤井佐織博士（国立研究開発法人森林総合研究所）に属する。

参照文献

服部正平（編）（二〇一六）ＮＧＳアプリケーション 今すぐ始める！ メタゲノム解析 実験プロトコール～ヒト常在細菌叢から環境メタゲノムまでサンプル調製と解析のコツ．羊土社

Saitoh, S., Aoyama, H., Fujii, S., Sunagawa, H., Nagahama, H., Akutsu, M., Shinzato, N., Kaneko, N., & Nakamori, T. (2016). A quantitative protocol for DNA metabarcoding of springtails (Collembola). Genome, 59(9), 705–723.

金融で変える地域経済

島袋伊津子

島袋　伊津子・しまぶくろ　いつこ
所属：経済学部　地域環境政策学科　教授
主要学歴：慶應義塾大学大学院　経済学研究科　博士課程単位取得退学
学位：修士（経済学）
所属学会：日本経済学会、日本金融学会、生活経済学会
主要論文及び主要著書：
「企業会計と税法会計の乖離とコーポレートガバナンス」　平成19年3月、金融財政事情研究会『企業統治の多様化と展望』神田秀樹（編著）第10章所収、共著。
「金融検査が銀行行動に与える影響—金融円滑化法を事例として」平成27年3月、慶應義塾大学出版会『日本経済の課題と針路—経済政策の理論・実証分析—』吉野直行・亀田啓悟・中東雅樹・中田真佐男（編著）第11章所収、共著。

※役職肩書等は講座開催当時

一　はじめに

実体経済を動かす活動はその元手となる資金を出した者の意志を反映している。その意味で資金のやり取りである金融が地域経済の低迷を解決するために有益である。地域経済の低迷は公共的な課題であり、政府が公的資金を使って改善を試みることは当然である。しかし、政府の公的資金は国民からの税収や借金が元になっているため限界がある。本章では、地域経済の活性化を金融手法によって実現する可能性について概説する。

二　金融で変える地域

1　地域経済と財政

金融とは、資金余剰主体（黒字主体）が資金不足主体（赤字主体）に資金を融通する仕組みであるが、現在の日本で最大の赤字主体は国、地方自治体といえる。まずは地方財政の状況について沖縄県を事例として見てみよう。【図表1】は二〇一五年度の沖縄県の歳入内訳を示している。地方交付税が二七％、国庫支出金が三一％で、合計五八％が国からの財政移転となっている。国からの財政移転が大きな割合を占めている点は沖縄県に限ったことではない。都道府県別でみると東京都以外はすべて地方交付税交付金等を受けており、ほとんどの地方財政は国の財政によって支えられている側面がある。
では、支えている国の財政の状況はどうだろうか。二〇一七年度の政府の資金不足は約一二兆五〇〇〇億円、負債残高は一二〇〇兆円を超え、厳しい状況にある。【図表2】は二〇一八年度の国の予算内訳である。最も多くの割合を占めるのは社会保障費で、次いで国債費（過去の借

【図表1】沖縄県の歳入内訳（2015年度）

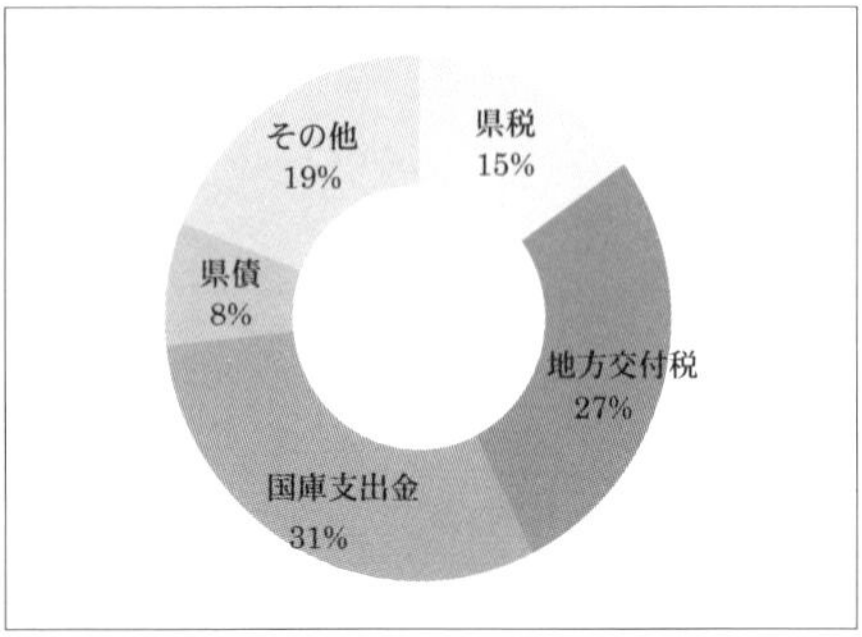

（出所）沖縄県出納事務局「平成27年度歳入歳出決算の概要」

【図表2】一般会計予算内訳（2018年度）

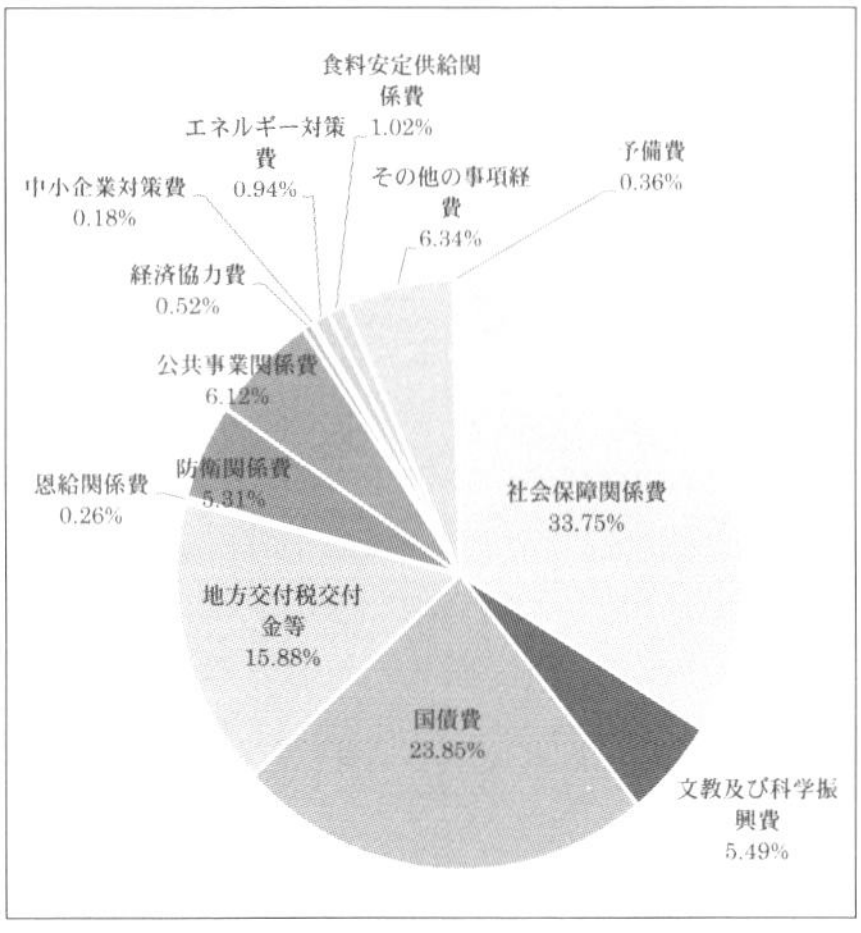

（出所）財務省ウェブサイト「平成30年度財政法第46条に基づく国民への財政報告」より筆者作成

金の支払い）となっている。この二つの項目だけで予算の約半分を占めているが、これらの削減は国民の生活水準を大幅に低下させるため事実上難しい。よって三番目に大きな割合を占める地方交付税交付金等は今後増やせる余地がないばかりか、削減の対象となってしまう可能性が高い。地方はこれから自らの力で収入源を増やしていかなければならないのである。そのためには、やはり地域経済を改善していくことが必要となる。

2　地域経済と人口

地域経済の将来像を描く際にやはり注目せざるをえない点は人口である。【図表3】は都道府県別の将来予測人口変化率(二〇一五年から二〇三〇年)を示している。これをみれば、東京都と沖縄県を除くすべての地域で人口が減少することがわかる。秋田県や青森県、高知県など一五％から二〇％も減少すると予測される地域もあり、人口減少問題は深刻である。日本創成会議・人口減少問題検討分科会によれば、二〇四〇

【図表3】2015年から2030年の予測人口変化率（%）

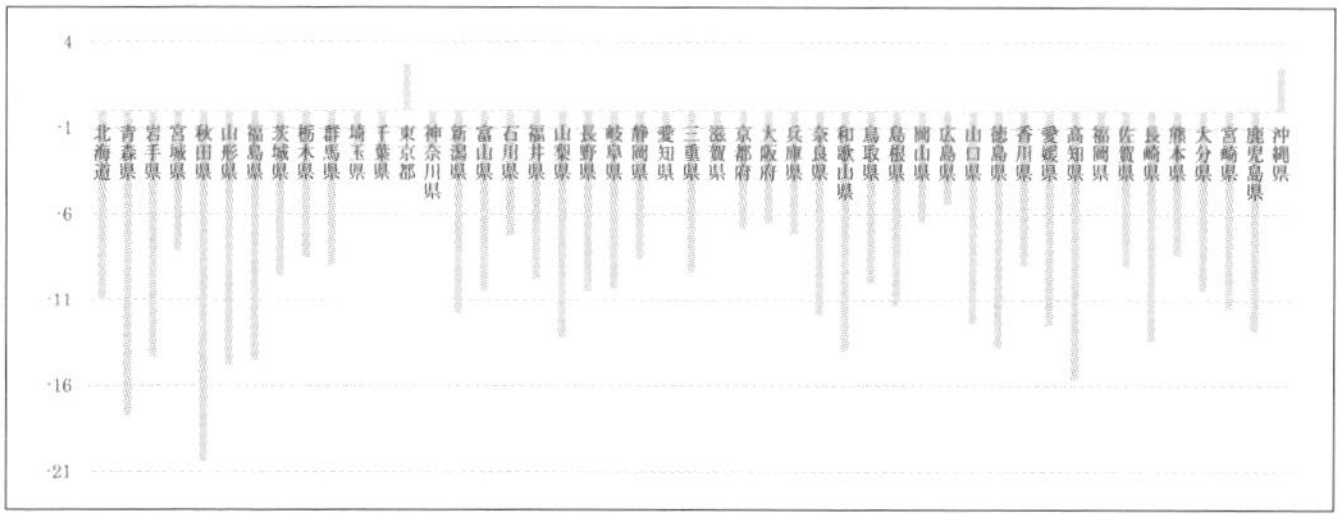

（出所）国立社会保障・人口問題研究所「日本の地域別将来推計人口（平成30年3月推計）」より筆者作成

年には一八〇〇市町村のうち八六九の市町村が「消滅可能性都市」と指摘されている。沖縄県で「消滅可能性都市」として挙げられている地域は、東村、本部町、伊江村、渡嘉敷村、座間味村、伊是名村、久米島町、多良間村、竹富町、与那国町である。沖縄県全体での人口減少は全国と比べて深刻ではないが、市町村でみれば―特に離島や北部地区は―人口減少問題を避けられない状況である。

3　地域経済と金融

このような状況の中で金融ができることは何だろうか？まず日本の資金の流れを概観しよう。【図表4】は、日本政府へどのように資金が集まっているかを図式化したものである。国や地方が赤字主体である一方、二〇一七年度の家計および企業（非金融法人）の資金余剰はそれぞれ約一一兆一〇〇〇億円、約二五兆六〇〇〇億円となっており、二〇一八年六月現在の資産はそれぞれ約一八四六兆円、約一一七六兆円に上る。【図表4】で示しているように、政府の国債費や社会保障費、地方交付税交付金等といった歳出を税収でまかなえない赤字部分は、

【図表4】日本の政府の収入源

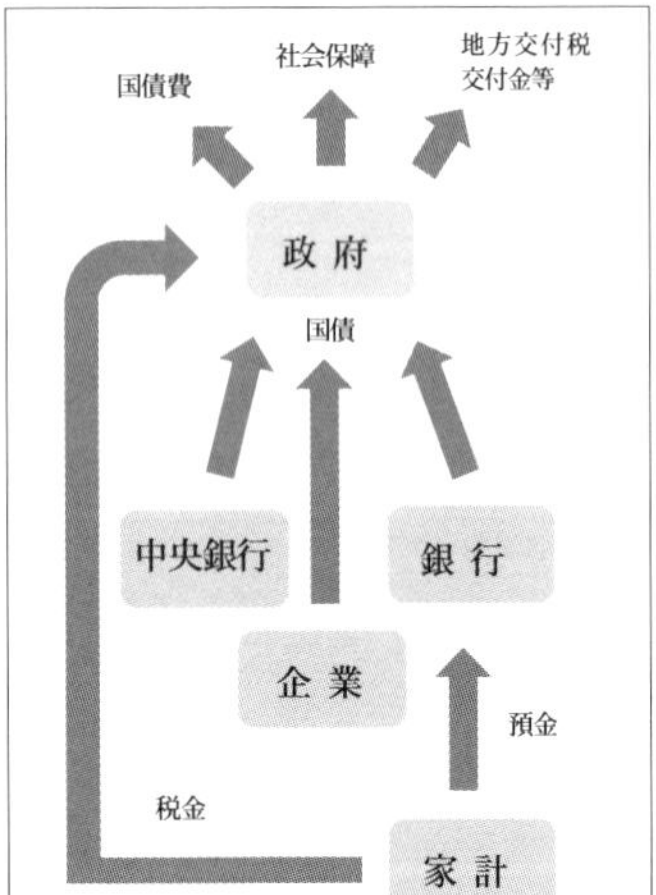

（出所）筆者作成

企業や家計の資金によって買い支えられている国債で補われる構造となっている。特に、家計については国民自身が個人的に国債を購入せずとも預金を保有することで銀行を通じて国債購入に充てられている。

　次に、家計の資産構成について日本は安全資産に偏っているという指摘がある。【図表5】は日本、米国、ユーロエリアの家計の資産構成を示している。日本は約五二％が現金・預金で保有されているが、米国は約一三％、ユーロエリアは約三三％であり、日本の家計資産は現金・預金の割合が他国と比較してかなり高いことが分かる。このような資産構成から、銀行を中心として預金を貸出に回すという金融手法が日本の資金供給のメインとなっている。

　その一方で、このように銀行に集まる多くの預金が企業への貸出に回っていないと

【図表５】家計の金融資産構成

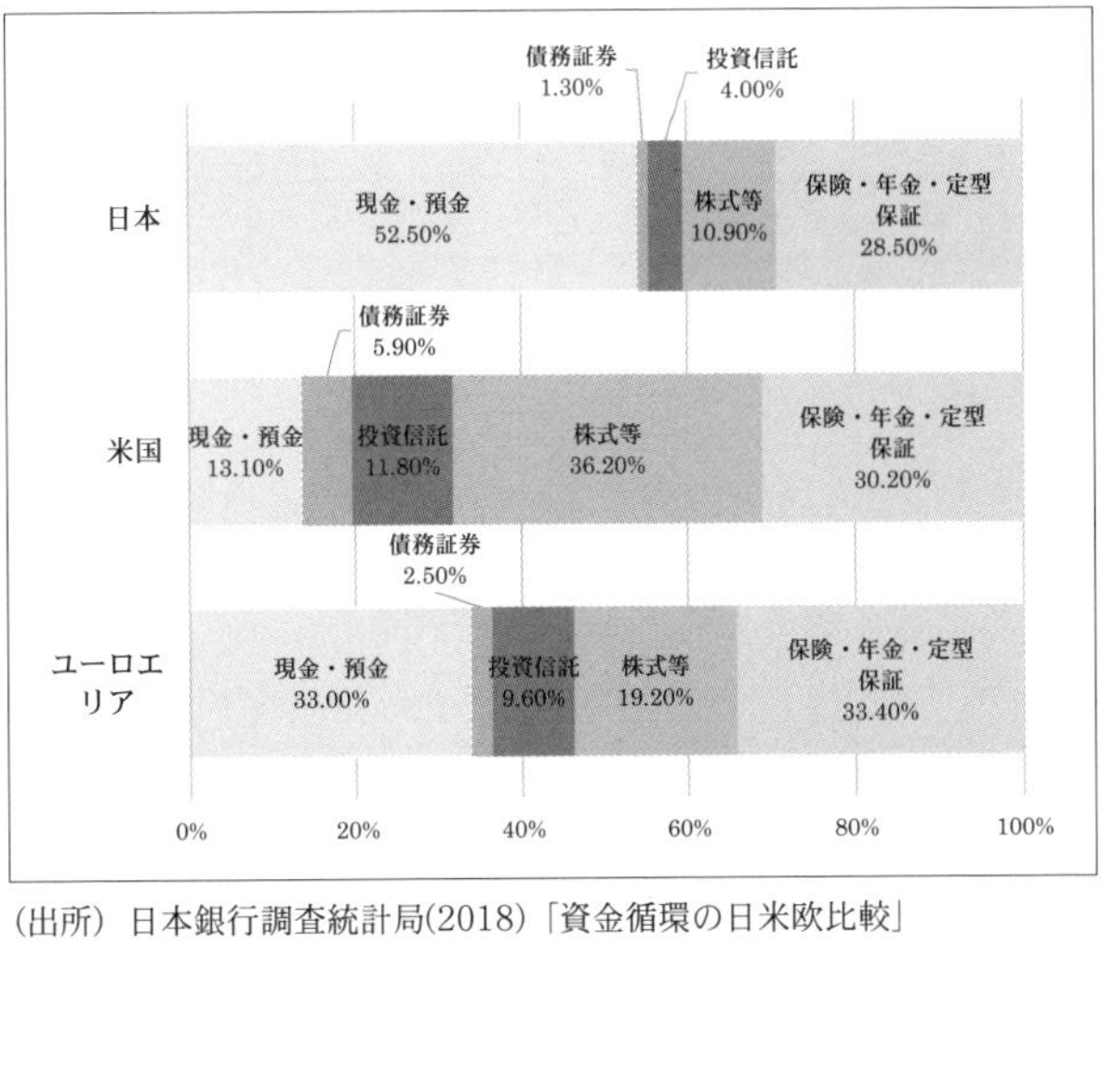

（出所）日本銀行調査統計局(2018)「資金循環の日米欧比較」

いう指摘がある。【図表6】は預貸率（集めた預金がどれだけ貸出に回っているかを示す比率）を示しているが、近年伸び悩んでいることがわかる。さらに、【図表7】は、国債の保有者別の内訳を示している。近年の異次限緩和により最も保有割合が多いのは日本銀行となっているが、銀行等も一九％にのぼり、預金が国債購入に充てられていることを示唆している。

【図表6】預貸率の推移（全国銀行）

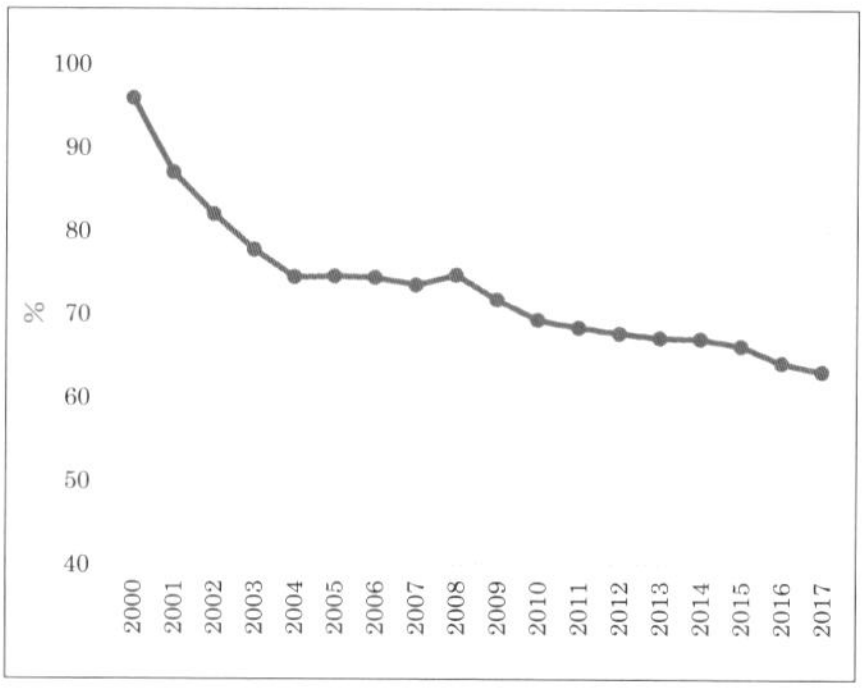

（出所）日本銀行「預金・貸出関連統計」より筆者作成

【図表7】国債保有者別内訳
（平成30年3月末）

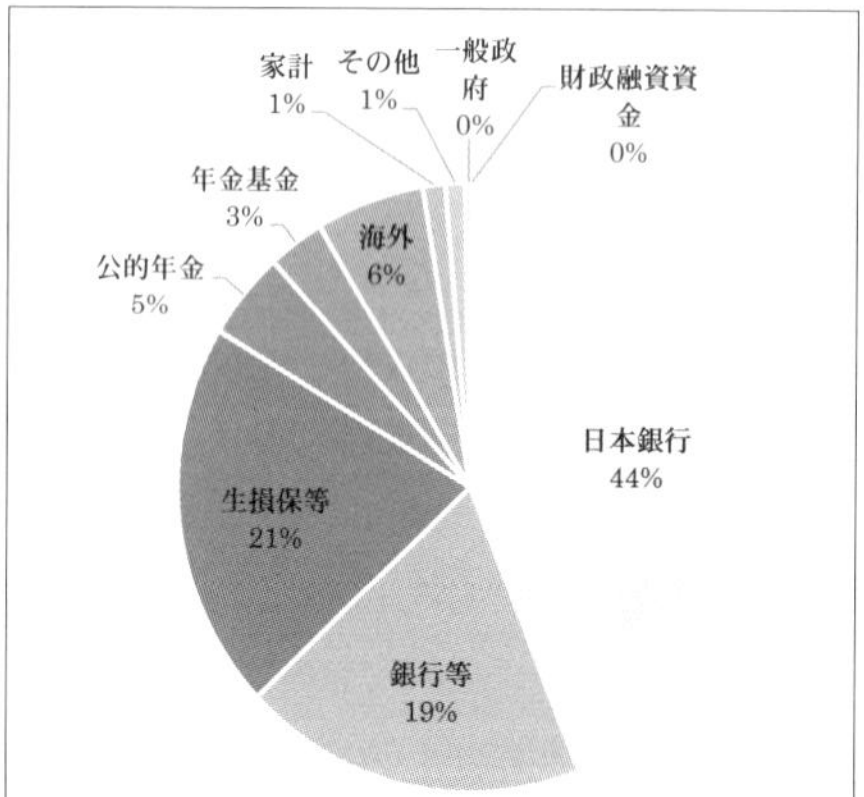

（出所）財務省ウェブサイト

預貸率の低迷は、先行き不透明な地域経済において貸出が伸び悩んでいることが背景にある。特にこれまで地域密着型の経営を主としてきた地域金融機関は海外や地域を飛びこえた拡大・進出が難しい。いわば地域経済と一蓮托生ということである。そこで【図表8】にあるように地方銀行による生き残りをかけた大規模な再編の動きが近年活発化している。逆の見方をすれば、地域経済の資金供給を支えてきた地域金融機関が存続をかけて都道府県をこえた再編・合併に動く中、地域の企業、自治体は地域金融機関による貸出以外にも資金調達手段を模索する必要があるだろう。二〇一八年八月三一日の朝日新聞の記事によれば、鳥取銀行が日南町に唯一置いている支店を撤退することへの対抗策として町長が預金を全額解約したという。営利企業である以上厳しい経営環境で生き残るために地域金融機関が衰退しゆく地域を去るという一例である。

本項をまとめると、国家財政がひっ迫する中、地方財政は国からの財政移転に大きく依存することは今後難しく、さらに人口減少による地域経済の低迷により地域金融機関の再編や撤退が予想される。そのため、新しい金融手法により地域の自治体・企業が自らの力で資金を調達することを模索する必要に迫られている。

それでは、中央政府からの財政移転や、地域金融機関による預金を原資とする貸出という伝統的な金融手法のほかに、地域に資金を集める方法にはどのようなものがあるだろうか。次項にて説明する。

【図表８】地方銀行の再編（平成30年3月末）

年	再編前（本店所在地）	再編後
2001	北洋銀行（北海道）	札幌北洋HD
	札幌銀行（北海道）	
2001	広島総合銀行（広島県）	もみじHD
	せとうち銀行（広島県）	
2002	親和銀行（長崎県）	九州親和HD
	九州銀行（長崎県）	
2004	北海道銀行（北海道）	ほくほくFG
	北陸銀行（富山県）	
2004	西日本銀行（福岡県）	西日本シティ銀行
	福岡シティ銀行（福岡県）	
2005	山形しあわせ銀行（山形県）	きらやかHD
	殖産銀行（山形県）	
2006	山口銀行（山口県）	山口FG
	もみじHD（福岡県）	
2006	紀陽銀行（和歌山県）	紀陽HD
	和歌山銀行（和歌山県）	
2007	福岡銀行（福岡県）	ふくおかFG
	熊本ファミリー銀行（熊本県）	
	九州親和HD（長崎県）	
2009	北都銀行（秋田県）	フィデアFG
	庄内銀行（山形県）	
2009	池田銀行（大阪府）	池田泉州HD
	泉州銀行（大阪府）	
2010	関東つくば銀行（茨城県）	筑波銀行
	茨城銀行（茨城県）	
2010	関西アーバン銀行（大阪府）	関西アーバン銀行
	びわこ銀行（滋賀県）	
2010	徳島銀行（徳島県）	トモニHD
	香川銀行（香川県）	

年	再編前（本店所在地）	再編後
2012	十六銀行（岐阜県）	十六銀行
	岐阜銀行（岐阜県）	
2012	きらやか銀行（山形県）	じもとHD
	仙台銀行（宮城県）	
2013	紀陽銀行（和歌山県）	紀陽銀行
	和歌山銀行（和歌山県）	
2014	八千代銀行（東京都）	東京TYFG
	東京都民銀行（東京都）	
2015	肥後銀行（熊本県）	九州FG
	鹿児島銀行（鹿児島県）	
2016	横浜銀行（神奈川県）	コンコルディアFG
	東日本銀行（東京都）	
2016	東京TYFG（東京都）	東京TYFG
	新銀行東京（東京都）	
2016	西日本シティ銀行（福岡県）	西日本FHD
	長崎銀行（長崎県）	
2016	足利HD（栃木県）	めぶきFG
	常陽銀行（茨城県）	
2016	トモニHD（香川県）	トモニHD
	大正銀行（大阪県）	
2018予定	りそなHD（東京都）	関西みらいFG
	近畿大阪銀行（大阪府）	
	関西アーバン銀行（大阪県）	
	みなと銀行（兵庫県）	
2018予定	三重銀行（三重県）	三十三FG
	第三銀行（三重県）	
2018予定	第四銀行（新潟県）	第四北越FG
	北越銀行（新潟県）	

注）HD:ホールディングス、FG:フィナンシャル・グループ
FHD:フィナンシャル・ホールディングス

（出所）全国銀行協会ウェブサイト、各銀行ウェブサイトより筆者作成

4　金融手法による地域経済の改善策

・ふるさと納税

地域経済が低迷し、税収および国からの財政移転が伸び悩む状況を前に、自治体が自らの力で資金を集める手法に挑戦している。その取組の一つとして、ふるさと納税がある。ふるさと納税とは、都道府県、市区町村へ寄附した額が所得税及び住民税から控除される仕組みで、「今は都会に住んでいても、自分を育んでくれた『ふるさと』に、自分の意思で、いくらかでも納税できる制度があっても良いのではないか」という提案をきっかけに生まれた制度である。具体的な取組事例としては、【図表9】のとおりである。本来は地域の住民からの税収で実施されるべき様々な施策がふるさと納税という形の外部資金によって支えられ、税収不足に悩む自治体にとっては貴重な収入源となっている。

ふるさと納税は今後も一層活用が見込まれるが、新聞報道によると政府は二〇一八年九月現在、制度の見直しを指示している。一部自治体が高額なものや地域と無関係なものを返礼品として設定したため、結果として寄附者が、ふるさとへの恩返しという制度の理念とは外れた、節税や返礼品目当てに走っている現状があるからである。こういった動きとは一線を画す自治体もある。例えば、「墓地清掃代行サービス」など故郷のケアを返礼品とする自治体である【図表10】。就職や進学によって離れた故郷に残した墓地や空き家、高齢となった家族などを、ふるさと納税によってケアしてもらうことはこの制度の理念に適うものであり、都市部への人口流出が続く地方にとっても、望ましい取組である。このような形での制度活用が今後も広がることを期待したい。

【図表9】ふるさと納税の事例

観光・交流	
都道府県　市区町村名	タイトル
福島県　昭和村	築８０年の木造廃校舎を人が集う拠点へ
愛知県　犬山市	木曽川うかいの伝統を未来につなげる
滋賀県　日野市	歴史ある駅の再生とにぎわいの創出
和歌山県　田辺市	聖地巡礼を導く悠久の自然を守りたい
鳥取県　日野町	ふるさとに愛着を持つ人たちのつながりを活かす
岡山県　真庭市	地域おこし協力隊によるインターナショナルシェアハウスの開業
高知県　室戸市	学校存続に向けた地域一帯の移住促進の取組
高知県　越知町	古き良き日本の田舎を感じるゲストハウスを建てたい
福岡県　大牟田市	世界文化遺産「三池炭鉱」を世界に発信する
環境	
都道府県　市区町村名	タイトル
愛知県　尾張旭市	貴重な湿地と生態系保全への取組
奈良県　生駒市	生駒山の森林と人々の営みを守る
沖縄県　読谷村	美しいサンゴ礁の海を守りたい
安全・復興	
都道府県　市区町村名	タイトル
徳島県	命を守る「災害救助犬」「セラピー犬」を育てる
福岡県　福岡市	安全で安心して暮らせるまちづくりのために
熊本県　熊本市	熊本地震からの復旧・復興に向けて
文化・歴史	
都道府県　市区町村名	タイトル
青森県　弘前市	寄附者による事業参加型ふるさと納税で交流人口を拡大
茨城県　北茨城市	国の重要文化財指定を祝して「御船祭」を開催したい
栃木県　那須烏山市	伝統と誇りを受け継ぐまちづくり
石川県　輪島市	輪島塗職人による熊本地震被災陶器再生プロジェクト
長野県　長野市	松代城の復元・戸隠の町並みや伝統を守りたい
岐阜県　郡上市	ふるさと納税で日本三大盆踊の共演を実現
愛知県　刈谷市	刈谷城を復元して歴史ロマン溢れるまちづくりを目指す
奈良県　王寺町	聖徳太子ゆかりの文化財「達磨寺方丈」修理プロジェクト
島根県　江津市	地域における伝統芸能、文化の伝承
広島県　広島市	「平和への思いを共有するまち」の実現のために
岐阜県　高山市	木のぬくもりでつなぐまちづくり
福祉	
都道府県　市区町村名	タイトル
群馬県　前橋市	タイガーマスク運動支援プロジェクト
東京都　文京区	命をつなぐ「こども宅食」でこどもと家族を救いたい
三重県　熊野市	「のってこらい」過疎地の交通手段を確保
兵庫県	「小児筋電義手バンク」の設立
地域・産業振興	
都道府県　市区町村名	タイトル
青森県　むつ市	ジオパークの推進とみまもりサービスでまちを元気に
岩手県	東日本大震災からの復興に向けた鉄道の活性化

千葉県　南房総市	全国の食卓へ自慢のあわびとさざえをお届け
富山県　立山町	企業版ふるさと納税との連携による若者のUターン
京都府　綾部市	ふるさと納税で水源の里をもっと元気に
兵庫県　神戸市	ＩＴを活用した起業家（スタートアップ）の支援
岡山県　玉野市	ののちゃんの魅力全開プロジェクト
山口県　宇部市	テクノロジー×アートで若者の地元定着を目指す
愛媛県　西予市	古民家カフェがつなぐ、人と人
教育・子育て	
都道府県　市区町村名	タイトル
北海道　夕張市	地域の課題を学んで地域の未来を探し求める
北海道　遠別町	ふるさと納税で魅力ある農業学校づくり
北海道　上士幌町	子育て支援の充実による人口増
秋田県　湯沢市	国際交流事業の充実とふるさとの雪下ろし
山形県　長井市	新たな命におめでとうの気持ちを込めて
福井県	学生たちの希望をふるさと納税で叶えたい
長野県　白馬村	地域資源を最大限活用した白馬高校魅力化プロジェクト
京都府　長岡京市	こどもたちに本を贈ろうプロジェクト
鳥取県	制度の原点に立ち返った取組で子どもや被災者を支援
岡山県　和気町	公営塾の開設で「教育の町」和気町を復活させたい
徳島県　石井町	移動図書館車の復活をふるさと納税で叶える
長崎県　五島市	離島のハンデを乗り越えるためICTで教育充実
沖縄県　宜野湾市	未来を担う国際性のある若者を育成
まちづくり・スポーツ	
都道府県　市区町村名	タイトル
北海道　ニセコ町	ふるさと納税で離れていてもまちづくりに参加
群馬県　高崎市	文化やスポーツを盛り上げてまちを活性化させたい
神奈川県　横須賀市	使い途に共感してもらうための具体的な１２の基金
富山県　氷見市	ハンドボーラー憧れの地として選手権大会を存続
福井県　坂井市	市民の市民による市民のためのふるさと納税
長野県　飯田市	心安らぐ「ふるさと」として各地区を身近に
鳥取県　琴浦町	よみがえれ船上山の万年桜
佐賀県	協働によるまちづくりで地域課題を解決
鹿児島県　与論町	ヨロンマラソン大会を通じた交流人口の拡大
大阪府　枚方市	文化芸術を活かした魅力あるまちづくり

（出所）総務省ふるさと納税ポータルサイト

【図表10】故郷のケアを代行する返礼品

墓地清掃代行
北海道紋別市、山形県河北町、千葉県木更津市、高松市、鹿児島県出水市
空き家管理・見守り
福島県須賀川市、新潟県新発田市、浜松市、福井県小浜市、京都府亀岡市
高齢者見守り・傾聴
北海道士別市、栃木県小山市、さいたま市、千葉県成田市、兵庫県芦屋市

（出所）2018/7/21 日本経済新聞　電子版

・ふるさと投資

納税あるいは寄附という形だけではなく、資金提供者が直接的なリターンを得ることができる「投資」という形で地域に資金が届くことも重要である。リターンが期待できれば資金提供者の資産形成にもなり持続可能性が高まるからである。実際に、ふるさと投資のプラットフォーム会社の一つである「セキュリテ」で扱っていたファンドには、償還率一七七．五九％に上るものもあり、この低金利時代においては新たな資産運用先として魅力的である。一方、償還率が一〇〇％を下回るものも散見されるが、おおむね一〇〇％を超えており、地域貢献を兼ねた投資として今後も拡大が期待される。

さらに、リスク許容度の観点からも元本保証である預金を原資とした貸出ではカバーできない案件に対しては投資が必要とされている。既にみた【図表6】にあるように金融機関の預貸率は低迷している。これは資金需要がないということもあるだろうが、より厳密にいえば、預金を原資とした貸出に求められる厳しい基準を満たす案件が乏しいという側面もある。そこでリスクを取れる元本保証ではない資金を、投資という形で呼び込み、新しい地域経済の起爆剤として活用することが注目されている。これが「ふるさと投資」である。ふるさと投資とは、「地域資源の活用やブランド化など、地方創生等の地域活性化に資する取り組みを支えるさまざまな事業に対するクラウドファンディング等の手法を用いた小口投資であって、地域の自治体や地域づくり団体の活動と調和が図られたもの」である（引用元：内閣府地方創生推進事務局ウェブサイト）。【図表11】はふるさと投資の五つの事例を示している。これらのうち、東吉野村、西粟倉村、小国町、姫島村は、先述した消滅可能性都市として名が挙がっている。過疎化が進んでいる地域を住民自らの力で立て直すための取組としてふるさと投資が活用されている好例といえる。また、「耕作放棄地を活用したコケ緑化ファンド」は、償還率一一二・六五%を実現しており投資案件としても好実績を残している。新しい資金源が地域経済活性化の原動力として機能するために、このような流れがますます活発になることが望まれる。

・クラウドファンディングとは

ふるさと投資において、資金を募る際に使われている仕組みが、クラウドファンディングである。これはインターネット上において、crowd(群衆)からfunding(資金調達)を行う手法で、少額投資を気軽に行え、事業者が低コストで資金を薄く広く集めることを可能にしている。クラウドファンディングには、大きく分けて投資型、寄附型、購入型、融資型の四種類がある。投資型の特徴は、事業の成果に応じて変動するリターンが望めるという点である。クラウドファンディングのプラットフォームは数多くあるが、「セキュリテ」と「宙とぶペンギン」が多く投資型プロジェクトを取り扱っている。

【図表11】ふるさと投資の事例

ファンド名「耕作放棄地を活用したコケ緑化ファンド」
一口金額：21,100円　募集総額：7,800,000円　事業者名：株式会社モス山形　参加人数：196人　地域：山形県　分野：農業・畜産・林業　募集期間：2014年3月31日～2015年3月31日 事業内容：地球温暖化対策や省エネ対策である屋上や壁面の緑化の資材として注目される「コケ」の生産・販売事業の拡大と、中山間地域の耕作放棄地の有効活用を広げるために、約3,000㎡のコケの生産に必要な資金を募集します。
ファンド名「大分　姫島エコツーリズムファンド」
一口金額：21,140円 募集総額：5,000,000円　事業者名：T・プラン株式会社　参加人数：69人　地域：大分県 東国東郡姫島村　分野：製造　募集期間：2015年1月29日～2016年3月31日 事業内容：大分県の北東部に位置する周囲17kmほどの小さな離島、姫島。観光資源に恵まれながらも、島内の移動手段に大きな課題を残しています。T・プラン株式会社は、姫島エコツーリズム推進協議会との連携のもと、超小型電気自動車と太陽光を利用して充電する設備「青空コンセント」を組み合わせたエコツーリズムを導入し、島の抱える課題解決に挑みます。当ファンドにて、超小型電気自動車の導入費用等を募集します。
ファンド名「東吉野村　つくばね小水力発電復活ファンド」
一口金額：31,710円 募集総額：52,500,000円　事業者名：東吉野水力発電株式会社　参加人数：275人　地域：奈良県 東吉野村　分野：エネルギー　募集期間：2015年1月30日～2016年1月29日 事業内容：奈良県東吉野村には、大正3年から昭和38年までの約50年間稼働していた「つくばね発電所」がありました。今回はこの「つくばね発電所」を小水力発電所として復活させます。本ファンドでは、その小水力発電所開設資金の一部を募集します。
ファンド名「西粟倉村共有の森ファンド2010」
一口金額：51,000円 募集総額：49,400,000円　事業者名：株式会社トビムシ 参加人数：172人　地域：岡山県 西粟倉村　分野：農業・畜産・林業　募集期間：2010年6月25日～2010年12月24日 事業目的：森林づくりを通じた地域づくりを長期的ビジョンとし、森林資産に立脚した地域産業の活性化と雇用創出を図る。 ・先人から受け継いだ美しく豊かな森林を丹精こめて手入れをし、将来世代に引き継いでいく。 事業内容：西粟倉村の主として樹齢35年～50年の森林（最大1,500ヘクタール）を対象とした森林施業および木材販売事業
ファンド名「地熱の里　小国町わいた地熱発電所ファンド」
一口金額：10,800円 募集総額：21,000,000円　事業者名：合同会社わいた会 参加人数：250人　地域：熊本県 阿蘇郡小国町　分野：エネルギー　募集期間：2017年4月18日～2017年10月31日 事業内容：本ファンドは、熊本県阿蘇郡小国町の合同会社わいた会が、熊本地震で損傷した地熱発電所の生産井（せいさんせい）の代わりとなる地熱井戸を掘るための費用を募集します。地熱を活用した発電事業を軸に、農業や観光への展開も視野に入れた地域創生プロジェクトです。投資家特典として、地熱で乾燥させた椎茸や、ドライトマト等のオリーブオイル漬けの他、口数によっては温泉旅館にご招待します。

（出所）「セキュリテ」ウェブサイトより筆者作成

・官民連携による投資ファンド

地域経済を活性化させるために官民連携による役割が期待されているのが「地域経済活性化支援機構（略称ＲＥＶＩＣ）」である。ＲＥＶＩＣは二〇〇九年に「企業再生支援機構」として設立され、関連する法律の改正に伴い二〇一三年から同名に名称変更し活動している。ＲＥＶＩＣは、預金保険機構が主な株主で同機構が政府や金融機関からの出資・拠出金を受けてこれに基づいた出資から成り立っており、事業資金は政府保証付きの借入れという形で市中から調達している。また地域金融機関や民間の投資ファンド等と連携し、地域活性化を目的としたファンドを組成することを業務の一つとしている。この「地域活性化ファンド」の事例として、ウェブサイト上で次の取組が紹介されている。

・「古民家を観光資源とする新たなビジネスモデルの構築に向けたリノベーション事業への支援」
・「既存の地域観光資源の集客効果を地元にも取り込むための面的な開発を行うまちづくり会社（ＤＭＯ）等への支援」
・「有田焼を軸に『ショッピングツーリズム』という面的な地域の観光産業振興のためのまちづくり会社（ＤＭＯ）等への支援」
・「自治体等で不稼働となっている施設等の未活用不動産を再生し、観光振興に利用するビジネスモデルの確立に向けた支援」
・「地域の中核病院と連携した地域包括ケアシステムの構築に向けた支援」
・「地域包括ケアシステムのための在宅ホスピスを行う訪問看護事業者の広域展開等の支援」
・「資本性資金の提供と人的支援を通じた『グローバルニッチトップ企業』の創出に向けた支援」
・「新幹線開業で結ばれた両地域の特産品を活用した新商品の全国展開による地域活性化支援」
・「新たな地域特産品『飛騨とらふぐ』の安定供給体制の構築による地域活性化支援」
・「地域の環境問題の解決と経済活性化に資する大学発の技術をビジネスとして立ち上げるための支援」

コストを回収し、利益をあげるために長い期間を要するリスクが高い投資については、民間の力だけでは実現が難しいだろう。ＲＥＶＩＣのような官民の連携を促がす組織が、低迷する地域経済を活性化するための民間投資の呼び水としての役割を果たし、長期的には自立的な地域経済の確立に資することが望まれる。

・ソーシャル・インパクト・ボンド

これまで見てきたように、地方が資金を調達する力を強化する一方で、地方自治体が財政の効率化を図り、地域住民にしわ寄せがいかない形で歳出削減を目指す努力をする必要があるだろう。

その一例として、「ソーシャル・インパクト・ボンド（以下、ＳＩＢ）」の活用がある。ＳＩＢは、二〇一〇年に英国で、ピーターバラ刑務所の再犯率改善を目的として始まった。再犯抑制プログラムを民間事業者に委託し、実施にかかる費用を債券発行によって調達して、再犯率が改善すれば、債券購入者に配当金が支払われ、再犯が起きることによる社会的コストや行政コストの改善を目指すという仕組みである。実際、これにより再犯率が九％減り、債券購入者には三％のリターンが支払われたという。日本では、神戸市と八王子市で二〇一七年に日本初のＳＩＢが導入された。神戸市が導入したＳＩＢは、糖尿病性腎症等の罹患者で人工透析に至るリスクが高い人を対象に、受診勧奨及び保健指導を実施し重症化を予防する事業で、神戸市民の健康寿命の延伸とＱＯＬ（Quality Of Life）の向上、ならびに医療費の適正化を目指すものであるという。八王子市の事業は対象者に大腸がん検診の受診勧奨を行い、翌年度に受診率を、翌々年度に精密検査受診率と早期がん発見者数を測り、一一人の早期がんを発見すれば、約一六八四万円の医療費適正効果が見込めるという。さらに市は成果に応じて最大約九七六万円を支払い、その場合の成果報酬の相当額は八八万八〇〇〇円で、ここから出資者にリターンが支払われるとしている。このような取組が成功すれば、地方財政を圧迫している医療費支出の適正化につながり、資金提供者はリターンを得られるという一挙両得となる。金融手法によって政府の歳出削減と市民の資産形成に貢献しうるということである。

三　経済活性化の源、リスクマネーの必要性

人口減少、高齢化に伴い、企業の廃業が増加すると、その地域の雇用吸収力の低下、所得低下、消費や投資の低下、つまり経済の低迷ということにつながる。しかし、廃業を補って余りある開業があれば、そのダメージは限定的といえる。【図表12】は都道府県別の開廃業率を示している。この中で、北海道、青森、岩手、秋田、新潟、長野、滋賀、島根は廃業率が開業率を上回っている。また、中小企業白書（二〇一一年度）によれば、開業しても一〇年後には約三割、二〇年後には約五割の企業が撤退しているという。つまり、開業率をかなり高水準にしなければ長期的に雇用や地域経済を支える企業の数を維持できないということである。しかし、開業に必要な資金は、いわばリスクマネーであり、預金のような元本保証型の資金を原資とする銀行貸出ではカバーできない種類の資金ニーズである。既に述べたように、地域金融機関の預貸率は低迷していることからも既存の低リスクな投資案件よりも、地方における開業というリスクの高い挑戦に資金が流れるような仕組みこそが地域経済活性化に必要とされている。

【図表12】都道府県別開廃業率（2015年度）

	開業率	廃業率		開業率	廃業率
北海道	4.20%	4.30%	京都	4.70%	4.60%
青森	3.60%	3.70%	大阪	5.90%	3.60%
岩手	3.40%	3.40%	兵庫	5.20%	4.20%
宮城	5.30%	3.30%	大阪	5.90%	3.60%
秋田	2.80%	3.50%	兵庫	5.20%	4.20%
山形	3.40%	3.20%	奈良	4.70%	4.30%
福島	5.30%	3.10%	和歌山	4.50%	3.10%
茨城	5.30%	3.30%	鳥取	4.20%	3.50%
栃木	4.40%	3.30%	島根	3.30%	4.20%
群馬	5.10%	3.80%	岡山	4.80%	3.70%
埼玉	6.80%	3.50%	広島	4.40%	3.60%
千葉	6.50%	4.30%	山口	4.10%	3.60%
東京	5.60%	3.70%	徳島	4.20%	2.90%
神奈川	6.30%	4.10%	香川	4.30%	3.20%
新潟	3.10%	3.40%	愛媛	4.50%	3.80%
富山	3.70%	3.50%	高知	4.10%	3.60%
石川	4.30%	3.50%	福岡	6.10%	4.40%
福井	3.70%	3.30%	佐賀	4.70%	3.60%
山梨	4.70%	3.50%	長崎	4.10%	3.60%
長野	4.00%	4.00%	熊本	5.30%	3.20%
岐阜	4.60%	3.70%	大分	4.60%	4.00%
静岡	4.60%	3.90%	宮崎	4.80%	4.10%
愛知	6.10%	4.00%	鹿児島	4.30%	3.50%
三重	5.30%	3.60%	沖縄	7.00%	3.70%
滋賀	4.30%	4.90%	全国計	5.20%	3.80%

（出所）「中小企業白書2017年度版」

四　おわりに

本章では、低迷する地域経済を金融の力で変える取組について概説してきた。国家財政がひっ迫する中で、地方への財政移転がこの先望めない状況では、地方が自ら資金を調達する力を高める必要がある。さらにその資金は、高リスクな案件にも対応できるリスクマネーである必要がある。地方にリスクマネーを供給する仕組みを増やすべきということが本章の結論である。

参考文献

・「Ａ-ｐｏｒｔ」ウェブサイトhttps://a-port.asahi.com/guide/（アクセス：二〇一八年一〇月二三日）。
・神戸市ウェブサイト「日本初『ソーシャル・インパクト・ボンド（ＳＩＢ）』神戸市、社会的投資推進財団、ＤＰＰヘルスパートナーズ、三井住友銀行、ＳＭＢＣ信託銀行が導入～『糖尿病性腎症等の重症化予防ＳＩＢ』で人工透析への移行を予防～」。
http://www.city.kobe.lg.jp/information/press/2017/07/20170720040801.html（アクセス：二〇一八年一〇月二三日）。
・小林立明（二〇一五）「英国チャリティ」公益法人協会（編）所収、第四章Ⅱ「社会的投資政策の展開」、弘文堂。
・「セキュリテ」ウェブサイト　https://www.securite.jp（アクセス：二〇一八年一〇月二三日）。
・「宙とぶペンギン」ウェブサイトhttps://flying-penguin.jp/（アクセス：二〇一八年一〇月二三日）。

https://project.nikkeibp.co.jp/atclppp/PPP/434148/111900022（アクセス：二〇一八年一〇月二三日）。
・「地域経済活性化支援機構」ウェブサイト　http://www.revic.co.jp/（アクセス：二〇一八年一〇月二二日）。
・「中小企業白書」二〇一一年度版、二〇一七年度版。
・「内閣府地方創生推進事務局」ウェブサイト
http://www.kantei.go.jp/jp/singi/tiiki/tiikisaisei/furusato/kaigi/index.html（アクセス：二〇一八年一〇月二三日）。
・日経ＢＰ社ウェブサイト「新・公民連携最前線ソーシャル・インパクト・ボンド、日本でのこれから社会的投資推進財団（SIIF）代表理事　青柳光昌氏に聞く」、http://project.nikkeibp.co.jp（アクセス：二〇一八年一〇月二三日）。
・「日本創成会議・人口減少問題検討分科会」ウェブサイト（二〇一四）「ストップ少子化・地方元気戦略」
http://www.policycouncil.jp/pdf/prop03/prop03.pdf（アクセス：二〇一八年一〇月二三日）。

あんやたん！　沖縄の貝

～貝類利用の移り変わり～

山川彩子

山川　彩子・やまかわ　あやこ
所属：経済学部　地域環境政策学科
主要学歴：琉球大学大学院理工学研究科
博士（理学）二〇一四年
所属学会：日本ベントス学会、沖縄生物学会、日本サンゴ礁学会、日本貝類学会、軟体動物多様性学会、日本ウミガメ会議、日本動物考古学会
主要論文及び主要著書：

山川（矢敷）彩子・今井秀行（二〇一三）東アジアにおけるハマグリ類の遺伝的多様性と集団構造．日本生物地理学会会報．68, 65-83.

Yamakawa YA, Imai H（2013）PCR-RFLP typing reveals a new invasion of Taiwanese *Meretrix* (Bivalvia: Veneridae) to Japan. Aquatic Invasions, 8(4), 407-415.

Yamakawa YA, Imai H（2012）Hybridization between *Meretrix lusoria* and the alien congeneric species *M. petechialis* in Japan as demonstrated using DNA markers. Aquatic Invasions, 7(3), 327-336.

Yamakawa YA, Yamaguchi M, Imai H（2008）Genetic relationships among species of *Meretrix* (Mollusca: Veneridae) in the western Pacific Ocean. Pacific Science, 62(3), 385-394.

※役職肩書等は講座開催当時

一　はじめに

海に囲まれている琉球列島に住む人々は、先史時代よりさまざまな貝類を利用してきた。先史時代とは、文字による記録がまだない時代のことで、日本本土では数万年前の旧石器時代から、縄文、弥生、古墳時代の七世紀頃までを指す。沖縄諸島（沖縄島と周辺離島のこと。以降、沖縄と表記）では本土とは異なった時代区分が提唱されており、先史沖縄というと旧石器時代から沖縄貝塚時代の十二世紀頃までを指す（図1）（1）。このように沖縄では、縄文時代や弥生時代という日本本土で一般的な名称を使用しない。縄文時代とは、縄目模様の土器を使用する時代として名付けられたが、沖縄の人々は縄目模様の土器は作らなかった（2）。また弥生時代は、狩猟採集が主であった縄文時代とは異なり、水稲農耕を主としたことにより区分されるが、沖縄では漁撈・狩猟採集の時代が長く続いていたからである。この約七千年におよぶ沖縄の漁撈・狩猟採集の時代のことを「沖縄貝塚時代」と呼ぶ。沖縄と貝が非常に密接な関係にあることをよく表しているだろう。

沖縄に住む人々は、サンゴ礁、海草藻場《うみくさもば》、干潟、マングローブ域、砂浜などから、簡単に大量に採集できる多種多様な貝類を、大事な食料、便利な道具、形を利用した魔除け、美しい装飾品として、時代とともにいろいろな用途に用いてきた。現在は貝殻の代わりに、金属、陶器、磁器、プラスチック類など、様々な素材が利用されているが、昔は容易に手に入る硬いものといえば貝か石か骨くらいであった。貝類は南の島で生活する人々の必須アイテムであった訳である。ということで、

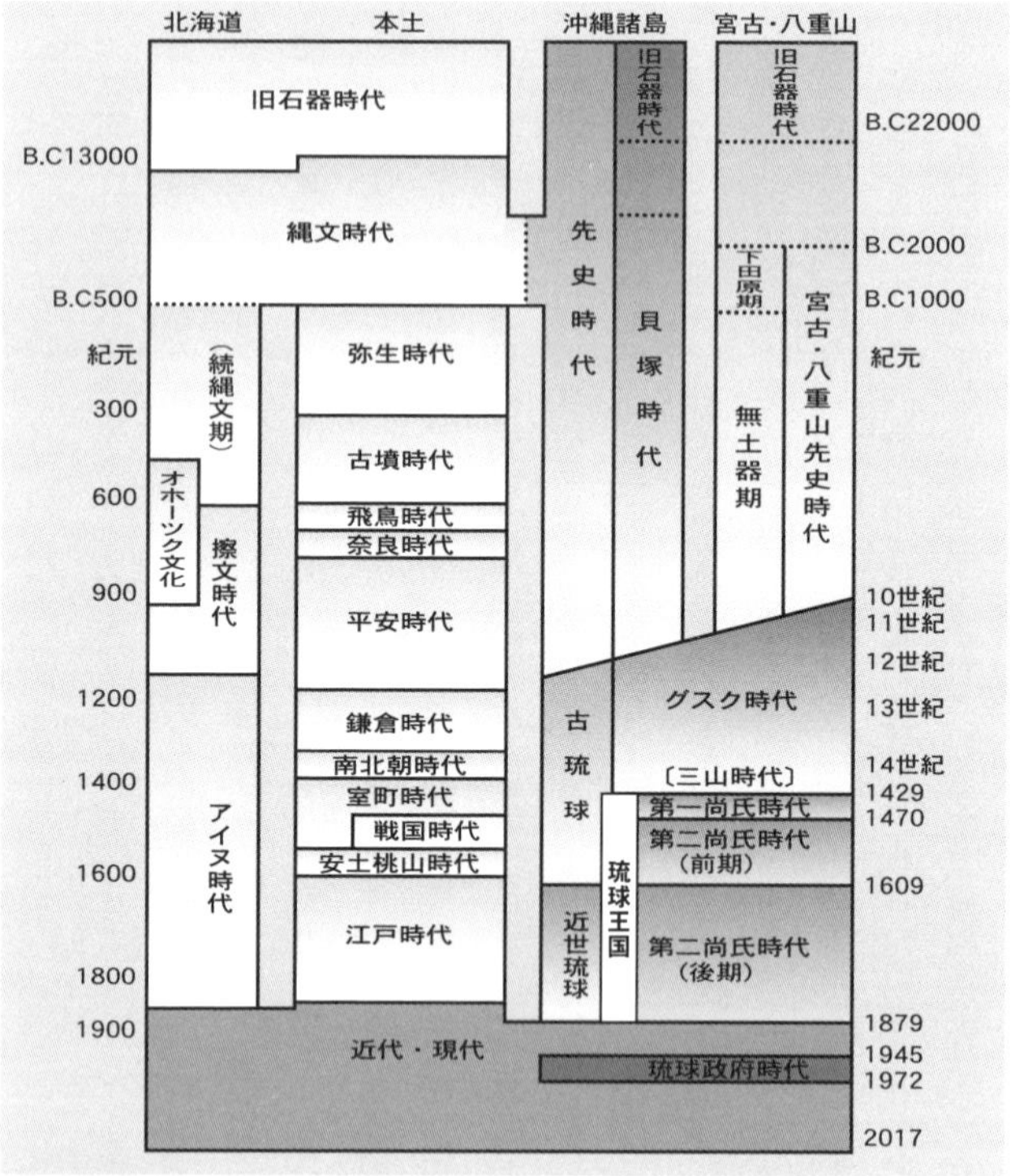

先史沖縄	（数万年前～11世紀末ごろまで）…港川人に代表される更新世時代と，その後の数千年の空白のあとにはじまる貝塚時代をいう。貝塚時代人は，われわれの直接の先祖で，九州縄文文化の影響を受けている。ただし，宮古・八重山では縄文・弥生文化の影響を受けたあとはないので，区別して考える。
古琉球	（11世紀末ごろ～1609年の薩摩の侵略まで）…日本文化とのかかわりをもちながらも，大陸や南方文化の影響を強く受け，沖縄独自の文化を築いていく時代。中国を宗主国とする「琉球王国」の成立と発展の時代で，宮古・八重山・奄美も編入する。
近世琉球	（1609年～1879年の「廃琉置県」まで）…薩摩の武力による侵略で，日本の「幕藩体制下の異国」として位置づけられ，中国と日本への二重朝貢国となる。
近代沖縄	（1879年～1945年の沖縄戦まで）…明治政府による「廃琉置県」で王国が解体され，日本の一地域としての沖縄県となる。
戦後沖縄	（1945年～現在まで）…アメリカによる占領・統治時代（1945年～1972年）と施政権返還後の沖縄県（1972年～現在）とに分けられる。

図1　日本本土・沖縄の歴史展開と時代区分図（(1）を著者改変）

ここでは過去から現代にいたるまで、沖縄の人々が時代の変化に合わせて貝類をどのように利用してきたか見ていきたいと思う。

二　貝類とは

ところで皆さんにとって、貝は身近な存在だろうか?貝を海で拾ったり、家に飾ったり、食卓で食べるのは好きだろうか?そもそも貝類とはどのような生物なのだろうか。貝類の学問的な呼び名を「軟体動物」という。軟体動物のグループ（軟体動物門）には約一一万種が知られており、節足動物門（昆虫類・甲殻類など外骨格と関節を持つグループ）に次ぐ大きなグループである。その名の通り、体は骨格がなく皮膚は粘膜におおわれていて軟らかく、体が乾燥すると生きることができない。そのため炭酸カルシウムを分泌して殻をつくり、外敵や乾燥から軟体部を守る。軟体動物の中には、イカ・タコ類やナメクジ、ウミウシなど貝殻をもたない種類も結構いる。

一般的に貝類と言うと、軟体動物の中で炭酸カルシウムを主成分とした貝殻を持つものを指す。貝殻をもつグループは、多板綱《たばんこう》（ヒザラガイの仲間）、腹足綱《ふくそくこう》（巻貝の仲間）、二枚貝綱（二枚貝の仲間）、掘足綱《くつそくこう》（ツノガイの仲間）であるが（図2）、この中でも種数、個体数ともに多いのは巻貝や二枚貝のグループである。貝類は高山から深海にいたる地球上のあらゆる環境にたくさんの種類が生息している。このうち浅海には最も多くの種類が生息する。ここ沖縄でも樹上、地上、河川、

a. ヒザラガイの仲間（多板綱）　b. 巻貝の仲間（腹足綱）
c. 二枚貝の仲間（二枚貝綱）　d. ツノガイの仲間（掘足綱）

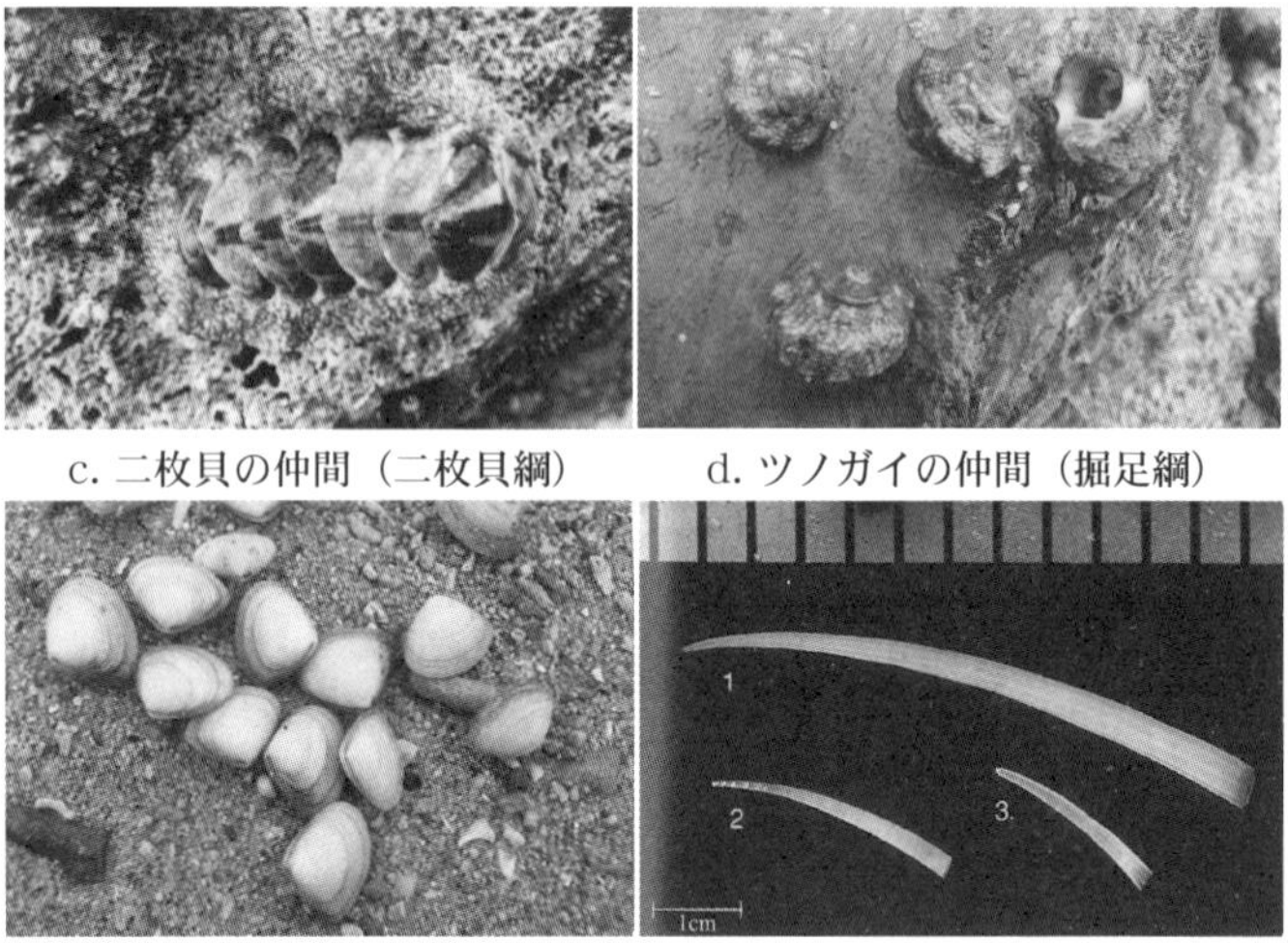

図2　貝類の主なグループ（軟体動物の中で炭酸カルシウムの貝殻をもつ）（写真　a~c：(3)，d:（4））

湧水、岩礁、砂浜、干潟、転石、海草藻場、サンゴ礁、深海などさまざまな環境に適応した貝類が生息している。

三　貝塚とは

沖縄には、日本本土とは異なる約七千年にもおよぶ「沖縄貝塚時代」があることを述べたが、貝塚とはどのような場所を指すのだろうか。貝塚は、狩猟、漁撈、採集によって生計をたてていた先史時代の人々が、食料として採集した貝を食べたあと、不要になった貝殻を大量に投棄してできたもの（ゴミ捨て場）である。貝塚は日本各地から見つかっており、全体でいくつあるかはわからないが、約三千ヶ所くらいだと言われている（5）。

図3　沖縄諸島における主要遺跡の分布
沖縄県文化課の資料（6）を筆者が編集した。図に記載されていない遺跡も多い。

沖縄県文化課が作成した、沖縄における主要遺跡分布図（図3）によると、主要遺跡数は一三六にのぼる。これらの遺跡は旧石器時代から近世までのものであるが、その内訳は旧石器時代四遺跡、貝塚時代九二遺跡、グスク時代二九遺跡、近世一一遺跡であり、その多くが貝塚時代のものである。

一三六の遺跡のうち名称に「貝塚」とつく遺跡は五四あり、糸満のフェンサグスク貝塚を除いたすべてが貝塚時代の遺跡である。「○○貝塚」からは、当然、貝殻を主とした食料残滓が大量に出土する。しかし「○○貝塚」でなくとも、大量に貝殻が出土する遺跡は多い。例えば、恩納村の仲泊遺跡、具志川の地荒原《ちあらばる》遺跡、勝連の平敷屋トウバル遺跡からは大量の貝が出土している（図3）。

四　沖縄における食用利用としての貝類

実は、貝類はそのほとんどが食用になる。種によって味や食べやすさ、身の多さは異なるが、毒を持っている危険な巻貝（イモガイの仲間）も火を通して食べることが出来る。筆者は研究や講義の実習で学生とともに沖縄の海岸へ行く機会がある。我々は潮間帯を調査場所にしているため、大潮の干潮時に海に行くと、潮干狩りを楽しんでいる人々に遭遇することがある。とった獲物をみせてもらうと、サンゴ礁域ではマガキガイやシャコガイ、干潟ではアラスジケマン、ヤエヤマスダレ、カンギク、砂浜ではイソハマグリ、海草藻場ではリュウキュウサルボウである。現在の沖縄の主要な食用貝類を図4に示した。これらのうち、しばしば市場に流通するのはマガキガイ（図4―e、f）

図4　沖縄の主要な食用貝類

a．宜野湾市トロピカルビーチ沖で潮干狩り中の方の採集物。マガキガイやオニノツノガイなどの巻貝類が多い。

b．転石干潟の小型巻貝カンギク（方言名チンボーラー）。小さくて食べるのは大変だがたくさん取れる。

c．内湾干潟の代表種アラスジケマン（方言名イシキブヤー）。殻の割に身は小さいがたくさん取れる。

d．味噌汁の具になる砂浜の二枚貝類（小さい二枚貝はすべてハマグイと呼ぶ）。左：イソハマグリ、右：リュウキュウナミノコ

e．最も美味しい貝と言われるマガキガイ（方言名ティラジャー、コマ貝）

f．マガキガイを茹でたもの。ツメと呼ばれる巻貝の蓋部分をひっぱると、身を簡単に取り出せる。

（写真　e：屋良知実）

のみである。その他の種カンギク、アラスジケマン、イソハマグリ（図4―b、c、d）は地元の人が自家消費の目的で採集する。現在沖縄で市場に流通する貝類は、ヤコウガイ、サラサバテイ（タカセガイ）、マガキガイ、ヒメジャコ（シャコガイの一種）の四種程度で、これらは県内漁協の直売店、海鮮居酒屋、那覇の公設市場などでタイミングが合えば食べることができる。

五　沖縄貝塚時代の貝類の食用利用

さて、話を沖縄貝塚時代に戻そう。沖縄の五つの遺跡から出土した貝類の種数と出土数を表1にあらわした。沖縄島の西海岸から野国貝塚（嘉手納町）、伊武部《いんぶ》貝塚（恩納村）、宇地泊《うじどまり》兼久原《かにくばる》貝塚（宜野湾市）の三か所、東海岸から平敷屋トウバル遺跡（勝連、中城湾）、アカジャンガー貝塚（うるま市、金武湾）の二か所の計五か所について文献を調査した（7～11）。図3に示す通り貝塚時代の遺跡の数は非常に多いため、貝類出土数の多いこれらの遺跡について比較をおこなった。この貝類出土数は、製品や道具は含まない自然遺物の数のことである。つまり、食用後廃棄された貝類と考えられ、沖縄の場合そのほとんどが海産貝類である。遺跡から、陸貝つまりカタツムリの仲間も出土するが、ここでは陸貝は除いてある。

貝類の種数はアカジャンガー貝塚の七三種から伊武部貝塚の一八九種であった（表1）。日本本土で一つの貝塚を調査すると約三〇～四〇種出ることが多いから（5）、これらの貝塚では本土に比べ、多くの種類の貝類を採集していたことがわかる。貝類の出土数は宇地泊兼久原貝塚の一九〇一二個体から平敷屋トウバル遺跡の五〇七四九個体であった。ただ出土数については、発掘調査の時期や期間、調査規模や調査方法、また調査者が誰でどのくらいの労力をかけて作業をおこなったかで変わりうる。たとえば、一九九〇年代以前に調査が実施された遺跡の発掘報告書には、出土貝類の種名リストはあっても出土数は明記されていないことが多い。この場合、どの種がどのくらい多いのかわからない。また調査で出土したすべての貝類について種を同定し、個体数を数えた遺跡もあれば、出土貝類の一部のみ種同定、計数した遺跡もある。さらに、調査者の中に貝について詳しい人がいるかどうかでも、結果は変わりうる。貝塚から出土する貝類は、多くの場合、生きているときの殻の色や模様は失われているし、一部や大半が欠けているものも多い。そのため正確な種同定が難しく、同定ミスもたびたび見つかる。その多くは（出土数が少ない種の場合）重大なミスとはならない。しかし、我々が調査した中には、出土数の多くを占める貝類の種同定が誤っていたこともある。

表1　沖縄の貝塚時代の遺跡から出土した貝類の種数及び出土数（陸貝のぞく）

No.	遺跡名	種数	貝類出土数（最小個体数）	採集方法	放射性炭素年代^{14}C	沖縄諸島の時代区分	本土の時代区分	文献
1	野国貝塚　B地点	146	20255	ピックアップ	BP7130年	沖縄貝塚時代前I期～II期	縄文時代早期末～中期（約7000～5500年前）	(7)
2	伊武部貝塚	189	28410	ピックアップ	なし	沖縄貝塚時代前期	縄文時代後期～晩期（約4000～3000年前）	(8)
3	宇地泊兼久原貝塚	107	19012	ピックアップ	なし	沖縄貝塚時代前V期末	縄文時代晩期末～弥生時代前期（約3000～2300年前）	(9)
4	平敷屋トウバル貝塚	113	50749	ピックアップ	なし	沖縄貝塚時代後期	弥生時代中期～平安時代（2300年～1000年前）	(10)
5	アカジャンガー貝塚	73	26311	ピックアップ	なし	沖縄貝塚時代後期後半	弥生後半～奈良時代（2000～1000年前）	(11)

表2　貝塚時代の遺跡から出土した貝類上位5種のおもな生息環境と出土割合（%）

マガキガイ　サラサバテイ（タカセガイ）　イソハマグリ　アラスジケマン

遺跡 出土順	西海岸			東海岸	
	嘉手納町	恩納村	宜野湾市	中城湾　勝連半島	金武湾
	野国貝塚 （約7000～5500年前）	伊武部貝塚 （約4000～3000年前）	宇地泊 兼久原遺跡 （約3000～2300年前）	平敷屋 トウバル遺跡 （2300～1000年前）	アカジャンガー 貝塚 （2000～1000年前）
1	マガキガイ　76% （サンゴ礁）	マガキガイ　30% （サンゴ礁）	イソハマグリ　42% （砂浜）	イソハマグリ　55% （砂浜）	アラスジケマン60% （内湾）
2	サラサバテイ　7% （サンゴ礁）	サラサバテイ　12% （サンゴ礁）	マガキガイ　14% （サンゴ礁）	アラスジケマン22% （内湾）	イソハマグリ　13% （砂浜）
3	オニノツノガイ3% （サンゴ礁）	チョウセンサザエ （サンゴ礁）　7%	オキシジミ　4% （内湾）	オハグロガイ　4% （内湾）	キバウミニナ　4% （マングローブ）
4	ムラサキウズ　2% （サンゴ礁）	アマオブネ　7% （サンゴ礁）	シレナシジミ　3% （マングローブ）	イボウミニナ　4% （内湾）	リュウキュウ　4% バカガイ（その他）
5	ヤコウガイ　2% （サンゴ礁）	シラナミ　6% （サンゴ礁）	ヒメジャコ　3% （サンゴ礁）	カワラガイ　2% （海草藻場）	カンギク　4% （内湾）

<生息環境の凡例>
サンゴ礁：サンゴ礁が発達する海岸の岩礁、イノー（礁池）、礁原、水路、リーフなど
砂浜：サンゴ砂
内湾：内湾環境の砂泥底や転石帯
海草藻場：海草藻場の砂底や周辺
河川：河口、汽水域、湧水
マングローブ：マングローブ環境・河口
その他：上記以外の環境、もしくは複数の生息環境にまたがる

表2はこれら五つの遺跡から出土した貝類上位五種について、おもな生息環境と出土割合（%）を示したものである。これをみると、上位数種で約五〇～八〇%の割合を占めることがわかる。現在でもサンゴ礁がよく発達する西海岸から見てみると、野国貝塚ではマガキガイが七六%で出土のほとんどを占めている。伊武部貝塚では、マガキガイは三〇%でだいぶ下がり、次にサラサバテイ（方言名タカセガイ）が一二%となる。そして宇地泊兼久原貝塚は、イソハマグリ四二%、マガキガイ一四%となっている。一方、東海岸の遺跡から出土する貝類は、西海岸のものとだいぶ様相はかわる。平敷屋トウバル遺跡では、イソハマグリ

五五％、アラスジケマン二二％、アカジャンガー貝塚では、アラスジケマン六〇％、イソハマグリ一三％となった。

次にこれらの貝塚の貝類組成をみてみる（表2）。西海岸の野国貝塚、伊武部貝塚から出土する貝類は、オニノツノガイ、チョウセンサザエなど典型的なサンゴ礁環境に生息する貝類である。同じ西海岸でも宇地泊兼久原貝塚は、かなりユニークで、内湾干潟に多いオキシジミ、マングローブ環境に多いシレナシジミの出土が見られた。二〇一九年現在、宇地泊兼久原貝塚のある宜野湾市の海岸は、そのすべてが大規模な埋立地が広がる人工海岸で、自然海岸は1ミリもない。昔の宜野湾の海岸環境は推測するしかないが、宜野湾沖にはジャナビシなど大きなサンゴ礁が発達しているし、隣接する北谷や浦添の海岸環境と連続していると仮定すると、典型的なサンゴ礁環境であろうと考えていた。しかしながら、内湾環境を好むオキシジミ、シレナシジミが相当数出土する。これはどういうことだろうか？国土地理院の空中写真閲覧サービスを用い、昔の空中写真を見て確かめることにした（図5）。アメリカ軍が撮影した一九四五年の海岸線をみると、牧港川河口付近が現在の海岸地形と全く異なっていることがわかった。牧港川河口は現在の姿からは想像できないが、河口干潟が広がり（おそらくマングローブ林も）、内湾干潟環境が広がっていたようである（図5の破線部分）。一方、東海岸の中城湾、金武湾では内湾環境（砂浜・干潟・マングローブ）が多く、サンゴ礁があまり発達しない。そのため、東海岸と西海岸では出土した貝類組成は大きく異なり、共通するのは砂浜にいるイソハマグリのみという結果になった（表2）。

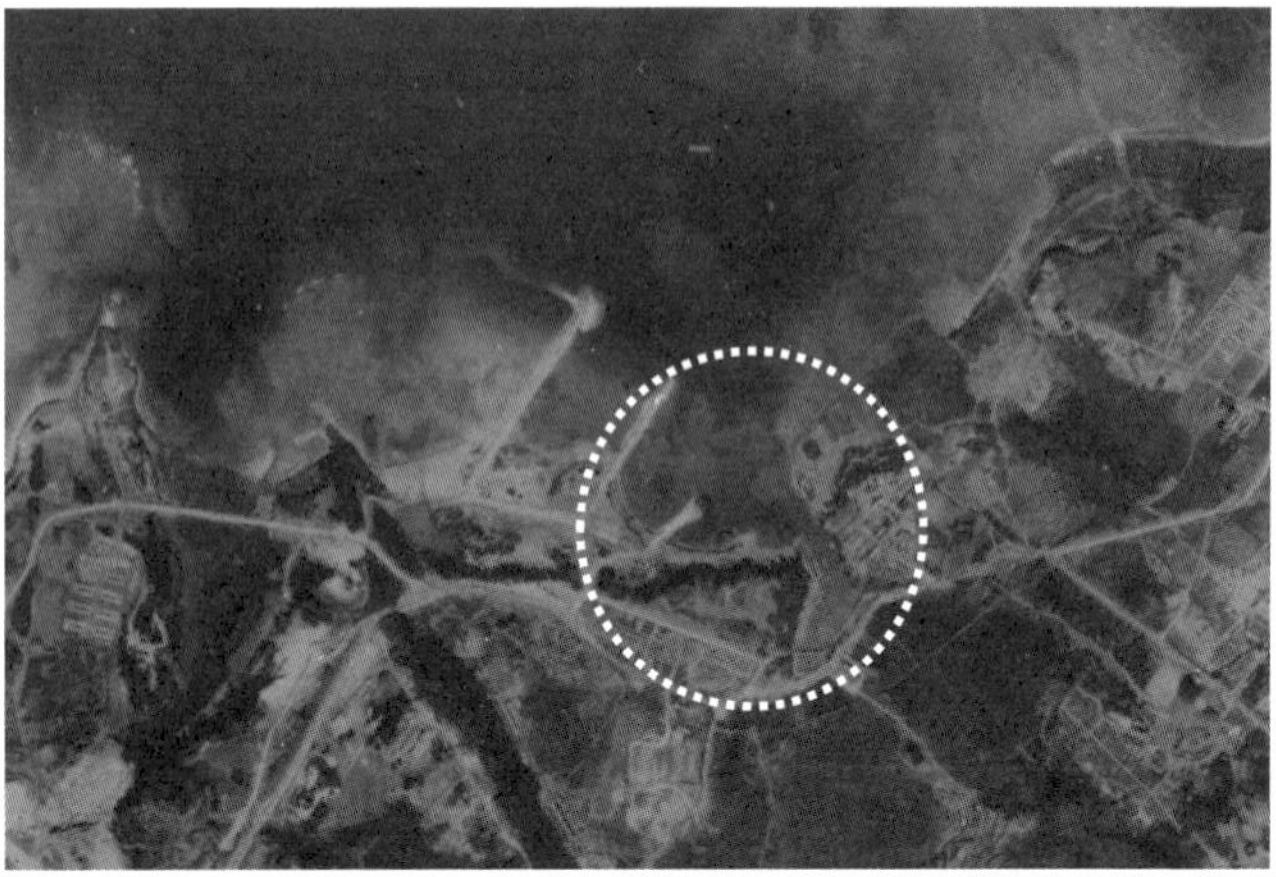

図5　牧港川河口の空中写真（宜野湾市・浦添市）
上：1945年の海岸線（1945年12月アメリカ軍撮影）
牧港川河口には河口干潟が広がっているように見える（破線部分）。
下：現在の海岸線（Google Earth）

このように、沖縄の海岸環境は大きく二つに分類される。沖縄島西海岸や南部に多い外洋サンゴ礁環境と東海岸や羽地内海などの内湾転石・砂泥干潟環境である（図6）。もちろんノッチが発達する海岸、イノーが無くリーフがすぐの海岸、マングローブが繁茂する海岸など場所によりさまざまであるが、沖縄の海岸はおおまかにこの二つに分類されるだろう。図6にそれぞれの環境で食用利用されてきた貝類とその生息場所を示した。このように、サンゴ礁環境と干潟環境では生息する貝類は異なる。図6の模式図ではイメージがわきにくいので、空から見た沖縄の多様な海岸環境を図7に示した。この海岸は恩納村の屋嘉田潟原で、外洋サンゴ礁環境と内湾干潟環境の両方が存在する珍しい場所である。ふつうどちらかの環境になるが、このように両方が存在する場所では生息する貝類の種数も非常に多くなる。

これまで見てきたように、貝塚時代から現代に至るまで、沖縄の人々の貝の好みは全くと言っていいほど変わらない（図4、表2）。何千年経っても、生活がどんなに変わっても、沖縄の人々の胃袋を満たすのは、マガキガイ（方言名ティラジャー）、サラサバテイ（タカセガイ）、カンギク（チンボーラ）、チョウセンサザエ（サザエ）、イソハマグリ（ハマグイ）、アラスジケマン（イシキブヤー）なのである。

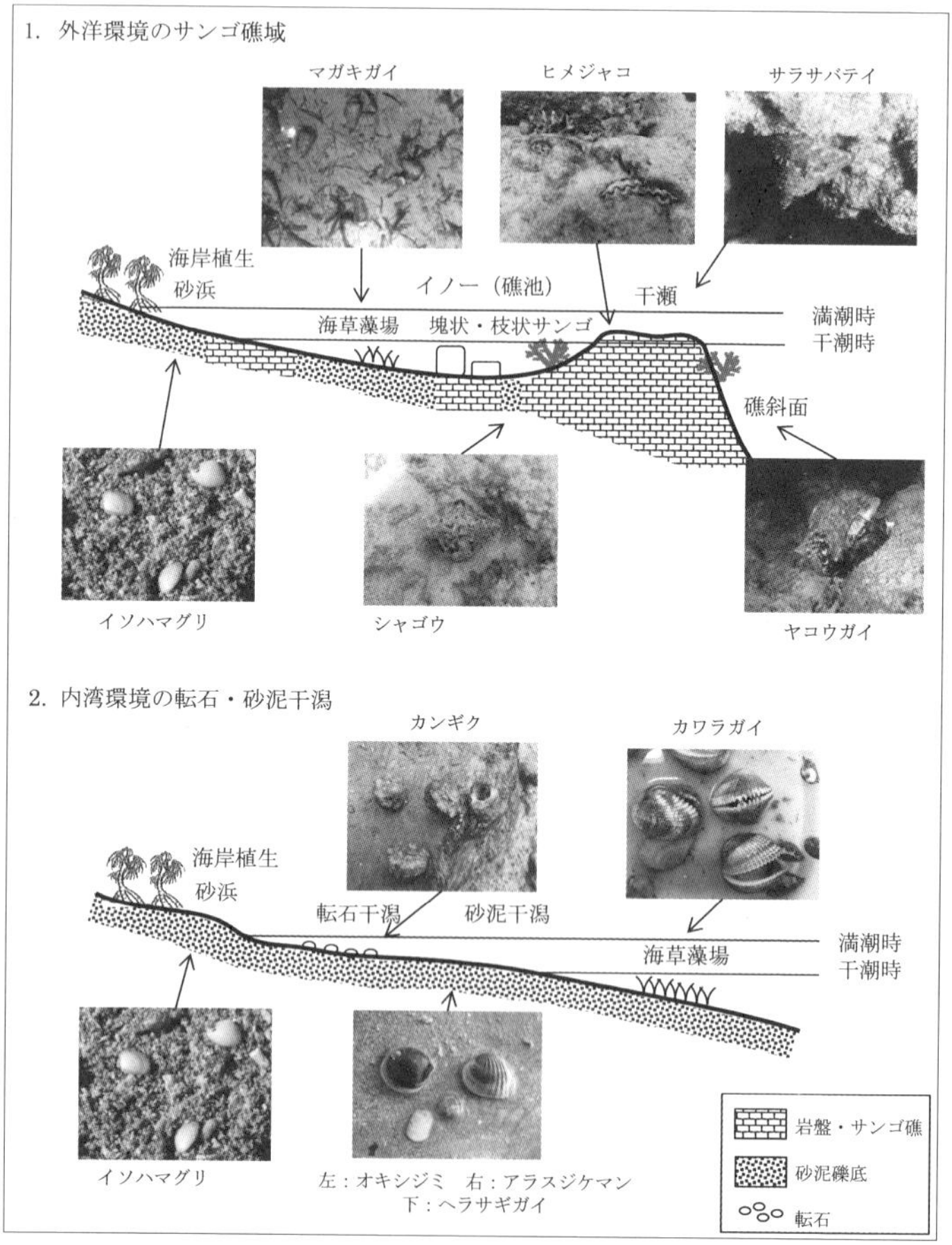

図6　沖縄の２つの異なる海岸環境（海岸断面図）で食用利用されてきた貝類とその生息場所

1．外洋環境のサンゴ礁域

砂浜、イノー、海草藻場、砂地、干瀬、礁斜面の環境が連続して存在することが多い。場所によっては砂浜ではなくノッチが形成されることもある。

2．内湾環境の転石・砂泥干潟

砂浜、転石干潟、砂泥干潟、海草藻場の環境が連続して存在することが多い。河口環境ではマングローブが発達する場合もある。

(写真　イソハマグリ: 祝嶺冴子, マガキガイ・サラサバテイ: 屋良知実 , カンギク：(3), ヤコウガイ: (12))

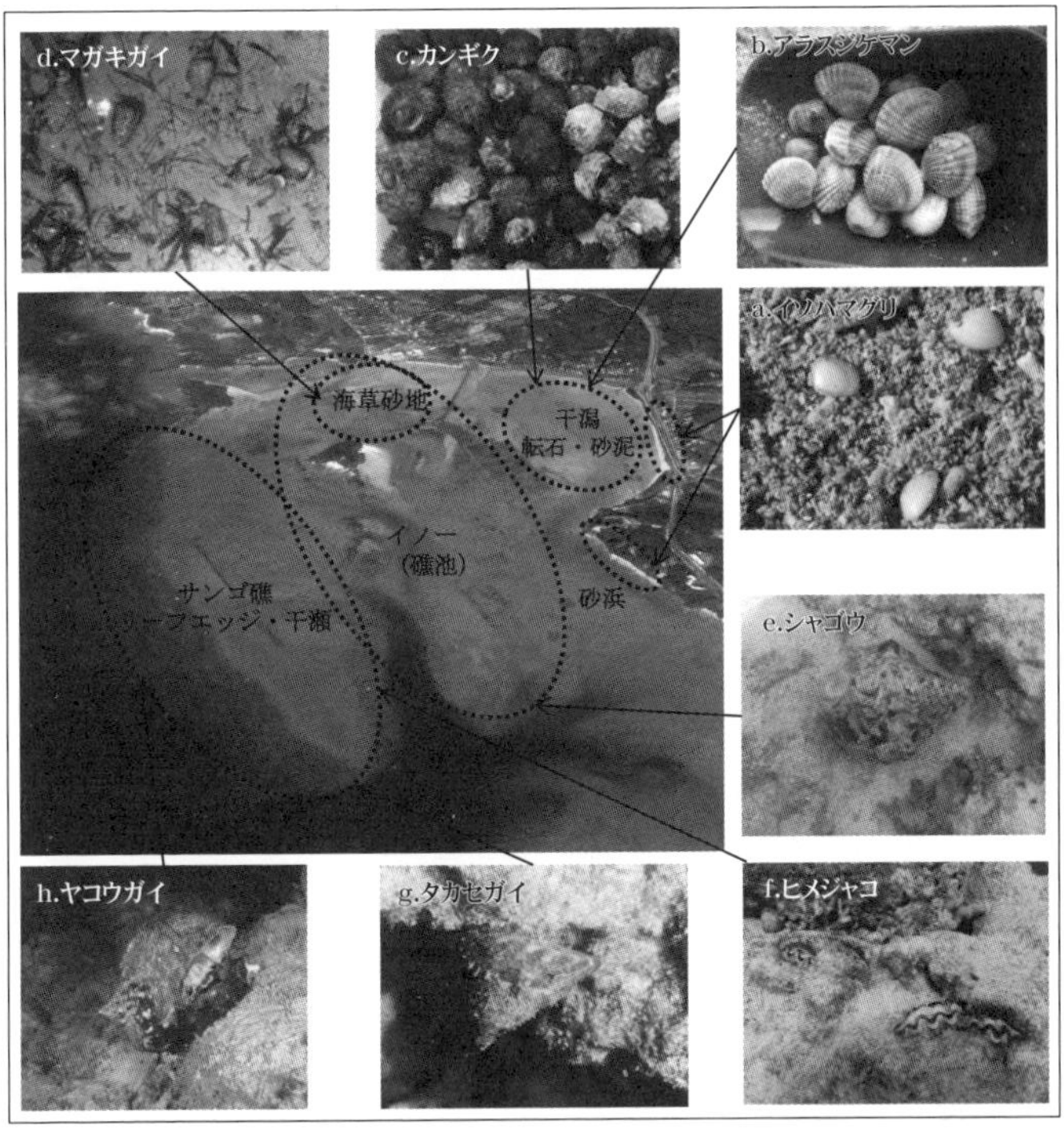

図7　空から見た沖縄の多様な海岸環境（Google Earth）

この海岸は、図6の１（外洋サンゴ礁環境）と２（内湾干潟環境）の両方が存在する珍しい場所である。ふつうは、１か２のどちらかの環境になる。このような場所では生息する貝類の種数も非常に多くなる（13）。

a. サンゴ砂の砂浜に多産するイソハマグリ
b. 内湾干潟の砂泥底、砂礫底に多産するアラスジケマン
c. 内湾干潟の転石や砂泥底に生息するカンギク
d. サンゴ礁のイノーの海草砂地に多い夜行性のマガキガイ
e. サンゴ礁のイノーの砂地でくっつかずに生活するシャゴウ（シャコガイの1種）
f. サンゴ礁のイノーや干瀬で岩礁に埋在して生活するヒメジャコ（シャコガイの1種）
g. サンゴ礁の干瀬で干潮時に岩礁から這い出してきた夜行性のサラサバテイ（方言名タカセガイ）
h. リーフエッジのやや深いところに生息する夜行性のヤコウガイ
（写真　a: 祝嶺冴子, d&g: 屋良知実 , h:（12））

六　グスク時代の貝類の食用利用

貝塚とは、先史時代の人々のゴミ捨て場と先述したが、貝塚時代の後のグスク時代、近世の遺跡からも、貝殻や獣や魚の骨などの食料残滓《ざんし》は多く出土する。例えば、グスク時代の遺跡である勝連城跡、今帰仁城跡、中城城跡、浦添城跡、首里城跡、大里城跡などからも貝類は多く出土する。表3はグスク時代の遺跡であるこれら六つの城跡からの貝類出土数（陸貝を除いた数）と標高、海岸までの直線距離を表したものである。

勝連城は海沿いのグスクで、中城湾に面する海岸までの距離は約四〇〇mと近く海からの運搬も容易であろう。貝類の出土数も一六〇〇〇個体を超えている。今帰仁城や中城城も一二〇〇〜一三〇〇mと比較的海に近く、出土数もそれぞれ一七六六一個体、二六八〇七個体と多い。一方、浦添城や首里城は沖縄のグスクとしては内陸に位置し、標高の高いグスクである。浦添城は標高一二一m、海岸までの距離が約三四〇〇mと五一〇〇mと遠い。首里城は標高一三〇m、海岸までの距離は約二九〇〇mと三八〇〇mでこち

表3　貝類出土数が多いグスク遺跡の標高と海岸までの距離
（基本的に貝類出土数に陸貝の数は含まない）

No.	グスク名	地名	貝類出土数（最少個体数）	標高（m）	海岸までの直線距離 東シナ海（m）	海岸までの直線距離 中城湾（m）	海岸までの直線距離 金武湾（m）	文献
1	勝連城	うるま市勝連	16272	79		400	1500	(14)
2	今帰仁城	今帰仁村今泊	26807	87	1300			(15)
3	中城城	中城村伊舎堂	17661	108		1200		(16)
4	浦添城	浦添市仲間	3652	121	3400	5100（*2）		(17, 18)
5	首里城	那覇市首里	9285	130	2900（*1）	3800（*2）		(19, 20, 21, 22)
6	大里城	南城市大里	6764	153		1500（*3）		(23)

*1　1500年ごろの那覇の西海岸線までの距離を推定した。現在は埋め立てにより、海岸までの距離が更に遠い。
*2　1990年代の与那原の埋め立て前の海岸線までの距離を推定した。
*3　1970年代の新開の埋め立て前の海岸線までの距離を推定した。

らも遠い。にもかかわらず、浦添城からは三六五二個体、首里城からは九二八五個体の貝類が出土している。重量のある貝類を運ぶのはそれなりに重労働であろうから、時の権力者の力は偉大である。

ところで、那覇の現在の海岸線と琉球王国時代の海岸線がまったく違うことはご存知だろうか。図8は一五〇〇年頃の那覇（漫湖）の海岸の様子である（24）。現在野球場がある奥武山は、かつては漫湖に浮かぶ島であったし、現在ロワジールホテルがある辺りは三重グスクとよばれ、琉球王国時代の那覇の海の玄関口を守る軍事要塞であった。図9は一七〇〇年ごろの那覇と現在の那覇を地図で示したものである。今では想像するのは難しいが、那覇は「浮島」と呼ばれた独立した島であった。一四五一年琉球王国によって建設された「長虹堤」（全長約一㎞の堤防と橋からなる海中道路）の建設によって浮島と首里の間に土砂がたまり陸地化が進んだ。その後那覇への人口集中が進み住宅用地が不足するようになったため、一七三三年頃から干潟を埋め立てて住宅用地とする工事が進められるなど、次第に内陸化していった（26）。明治以降も埋め立てが進み、さらに戦後の大規模な造成工事により現在の形になった。国場川周辺の琉球王国時代から続く古い埋立地に住んでいる人は、地盤が緩いため、地震や河川増水の際は要注意である。

グスク時代の出土貝類の話に戻ろう。もしかすると、グスク時代の権力者の食の好み（貝類の好み）が城跡から出土した貝類からわかるのでは？という推測から、四年生のOさんが卒業研究を実施している（二〇一八年一二月現在）。Oさんは、城跡から出土した貝類の種組成（種類と個体数）と、そのグスクの周辺集落遺跡から出土した貝類の種組成を比較した。その結果、城跡と周辺集落

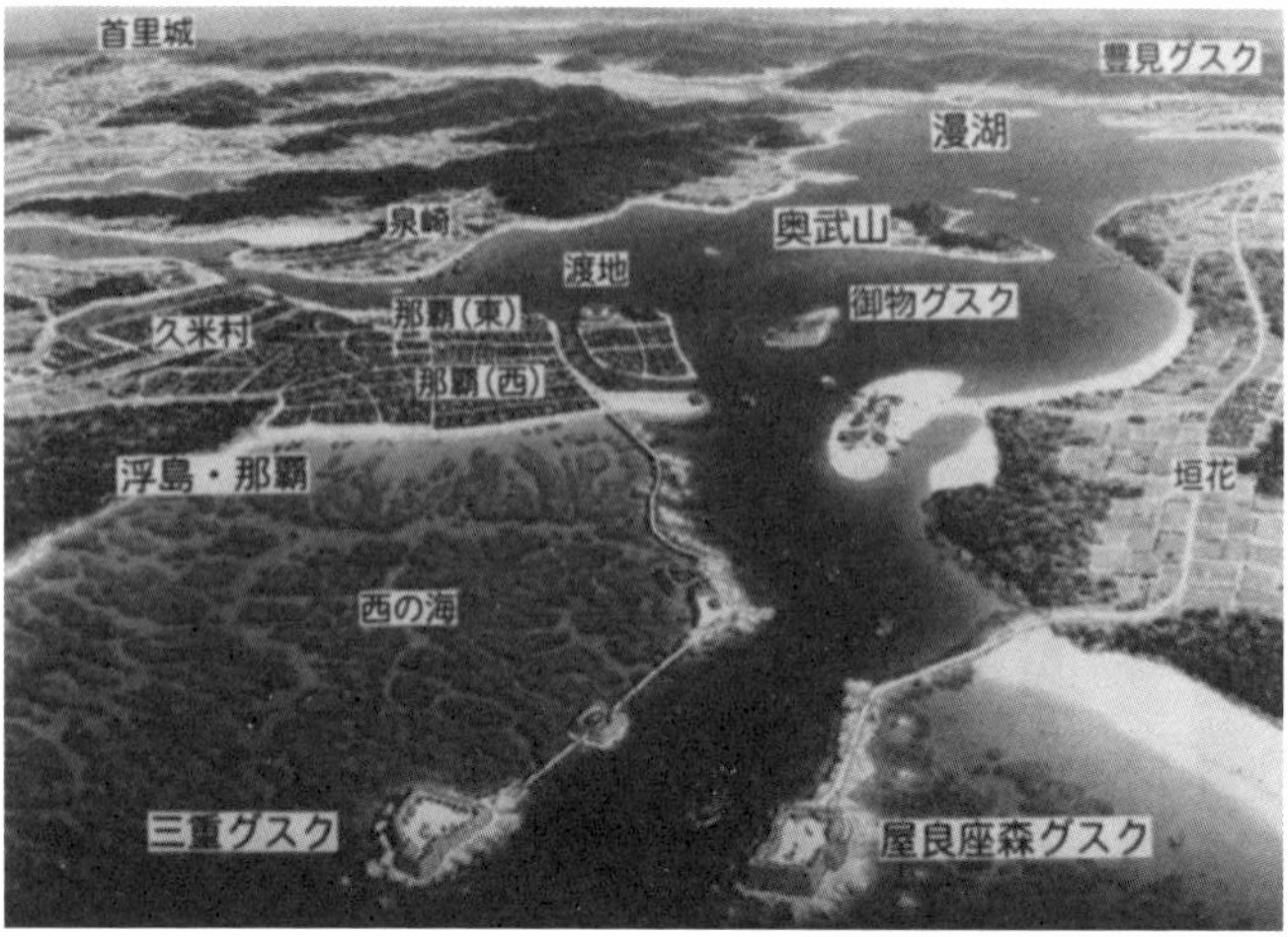

図8　琉球王国時代（1500年ごろ）の那覇の海岸線（24）

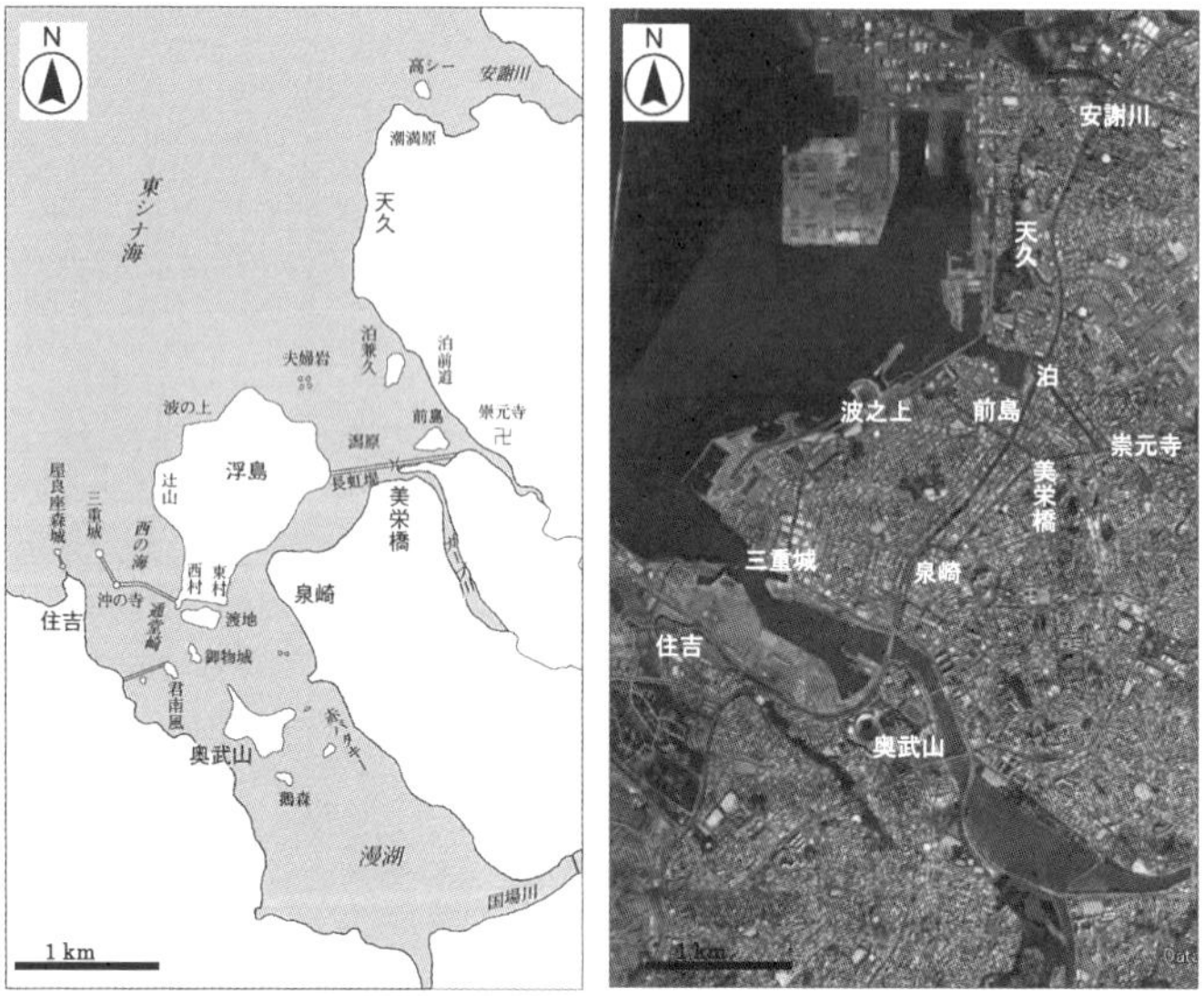

図9　那覇の海岸線

左：1700年頃の那覇（25）、右：現在の那覇（Google Earth Pro）

遺跡で出土する貝の種類と出土割合が一致するところと、一致しないところがあった。つまり、城によっては特定の種を選んで食している場所があるということである。現在調査中で興味深い結果がでそうであるが、詳細は別の機会に述べたい。

さて、現代でも海岸沿いに食後の貝殻を大量に廃棄している所があり、これらは現代の貝塚と言える（図10）。先史時代から今日まで多くのサンゴ礁資源を活用してきた沖縄では、立地や規模は変化しつつも、各時代に渡って貝塚が形成され続けている。

図10　食用後、海岸の岩礁に廃棄されたマガキガイ（浦添市）

七　沖縄における製品としての貝類利用

1　沖縄貝塚時代の貝類の製品利用

沖縄において貝類は食用として非常に重要であり、貝塚時代やグスク時代の遺跡から大量の食糧残滓として殻が出土したのは、先述したとおりであるが、貝類は食用目的だけでなく、食べた後の貝殻もさまざまな製品に加工され使用されてきた（表4）。貝塚時代・グスク時代の遺跡からは、実用品として貝刃《かいじん》、貝匙《かいさじ》、貝皿、貝錘《かいすい》などが出土している（図11）。製品には大型の貝が使用され、貝刃には手のひらサイズで強度のあるシャコガイ類やメンガイなどが使用された。貝匙などの容器ややかんなどの調理器具にはサンゴ礁の巻貝では最大クラスのヤコウガイやホラガイが使用された（図11—a、b）。追い込み漁などにつかう漁網のおもりには大きさが揃うタカラガイ類が多く使用された（図11—c）。また、装飾品としてはゴホウラやアンボンクロザメ等大型巻貝を加工した貝輪や、貝札（図11—d）、イモガイ類やマガキガイなど円錐形の底面部分を利用した貝玉などもある。

表4　貝製品の利用方法と用いた貝の種類

貝製品	利用方法	貝の種類
実用品	貝刃	シャコガイ類、メンガイ、シレナシジミなど
	貝匙	ヤコウガイ（図11-a）、ホラガイなど
	貝皿	シャコガイ類、ゴホウラなど
	貝錘・有孔製品	シャコガイ類、タカラガイ類（図11-c）、リュウキュウサルボウ、メンガイ、マガキガイなど
装飾品	貝輪	ゴホウラ、イモガイ類、オオベッコウガサなど
	貝札	イモガイ類など（図11-d）
	貝玉	イモガイ類、マガキガイなど

2　九州との貝交易

今からおよそ二千年前の貝塚時代（本土では弥生時代）、沖縄・奄美などの南島と九州地方では貝交易が大変盛んであった（図12）。そのころ稲作を中心とした農耕社会となった日本本土では、権力者が権威を誇示するために、南島産の大型巻貝製の貝輪が珍重された。沖縄・奄美からはゴホウラ、大型イモガイ類、オオベッコウザラ、ヤコウガイなどが、日本本土からは沖縄では手に入らない米や鉄製品、ガラス玉などが運ばれ物々交換されたと考えられている（28）。伊江村具志原貝塚からはイモガイ、座間味島古座間味貝塚からはゴホウラ（図13）、奄美大島の小湊

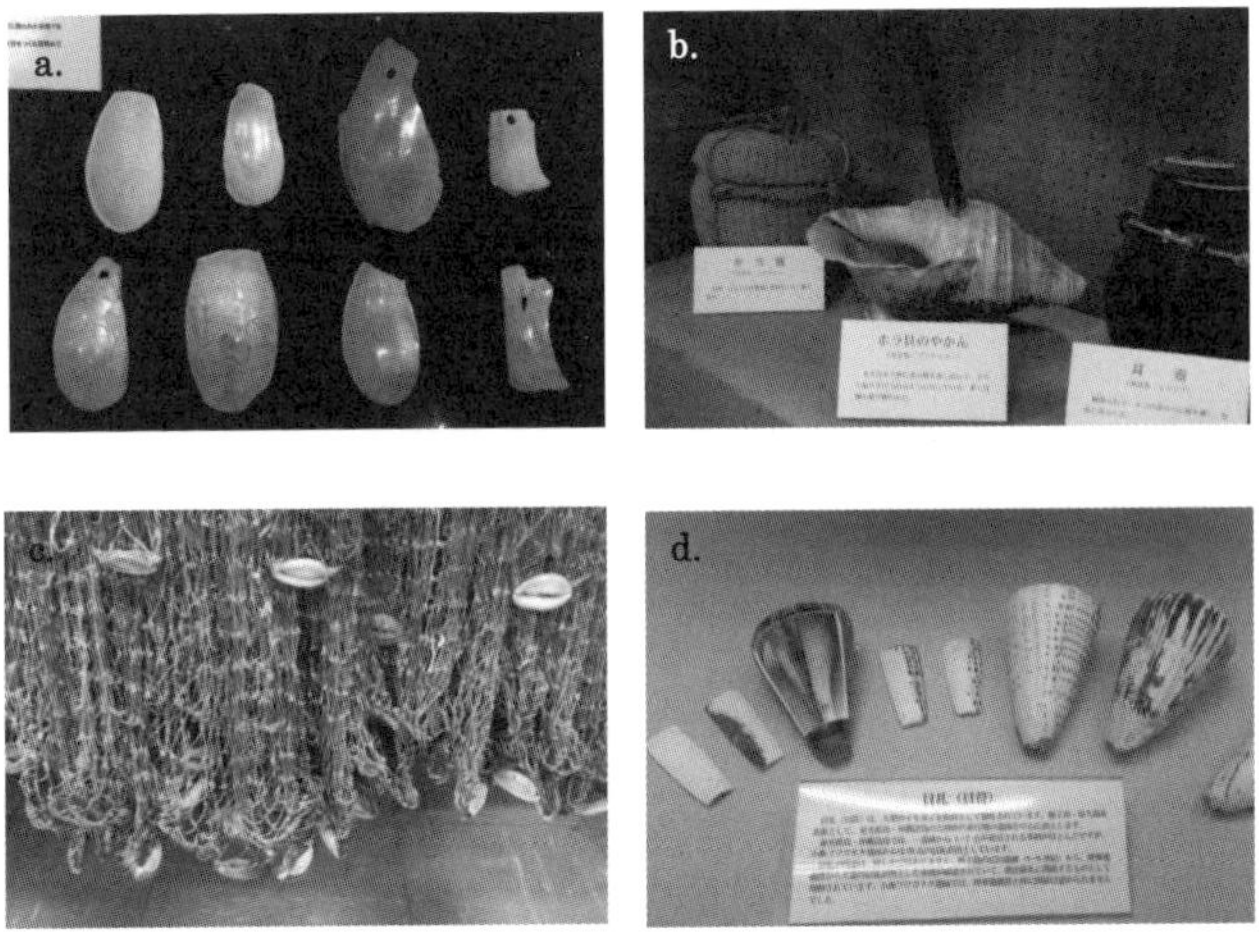

図11　さまざまな貝製品
a．ヤコウガイによる貝匙（奄美市立奄美博物館）
b．ホラガイのやかん（石垣市立八重山博物館）
c．タカラガイ（ハナマルユキ）の貝錘（石垣市立八重山博物館）
d．イモガイ（クロフモドキ）の貝札（奄美市立奄美博物館）

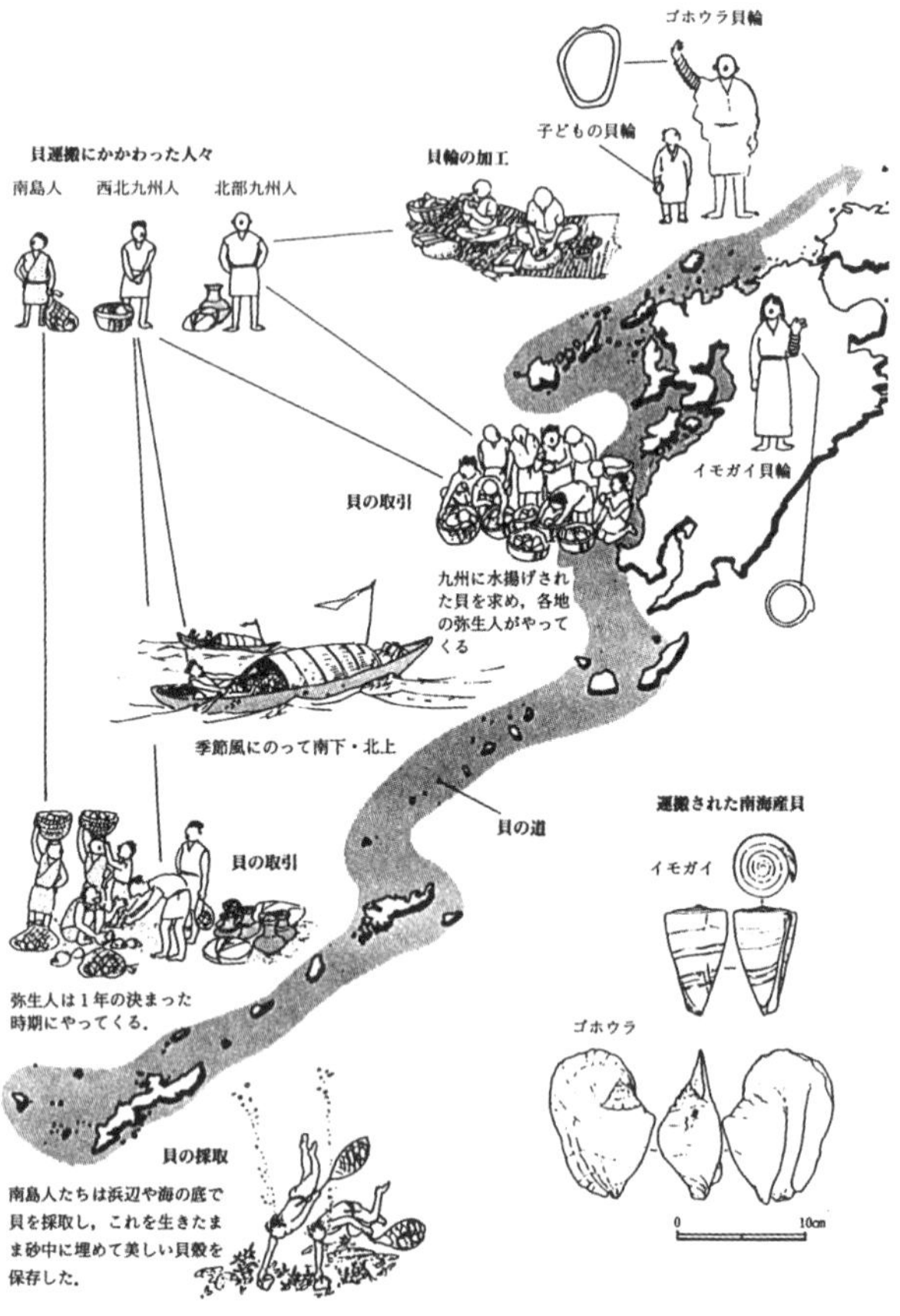

図12　貝塚時代の貝交易（27）

南島人たちは、浅いイノーにいるイモガイ類だけでなく、リーフ外の深いところのゴホウラやヤコウガイなどを潜水して採取し集落に集積保存した。年に一度、九州の弥生人が季節風にのって南下し、貝の取引にやってきて物々交換をおこなった。その後九州に水揚げされた貝を求め、各地の弥生人がやってきた。貝輪が加工され、各地の権力者のもとへと渡った。南島の貝は九州だけでなく中国地方や東海地方、最終的には北海道まで渡り、当時の弥生人が南島の貝への執着が大きかったことがわかる（28）。

フワガネク遺跡からはヤコウガイの貝殻の集積遺構など、各地で貝の集積が発見されている。当時の沖縄の人々にとって貝交易は大変重要であったのであろう。

3　琉球王国時代の貝類の製品利用

さて時代はだいぶ進み、一四世紀後半から琉球の大交易時代がはじまる。琉球王国時代（約六〇〇～三〇〇年前）、琉球から中国（明）への進貢（献上品）は、馬、硫黄、螺殻《らかく》（ヤコウガイ）、海巴《かいは》（タカラガイ）、芭蕉布など琉球の特産品であった（2）。グスク時代を経て琉球王国になっても、依然として貝類は沖縄の人々にとって大変重要な存在であった。中国（明）への重要な輸出品であったのがタカラガイである（図14）。ハナビラダカラとキイロダカラは古くから通貨として世界各地で使われてきた。貝の通貨のことを貝貨《ばいか》という。お金や宝に関係する漢字に「貝」の字を含むものは多くあり、「貨、買、貴、財、貯、賃、貸」などがある。タカラガイは漢字では宝貝と

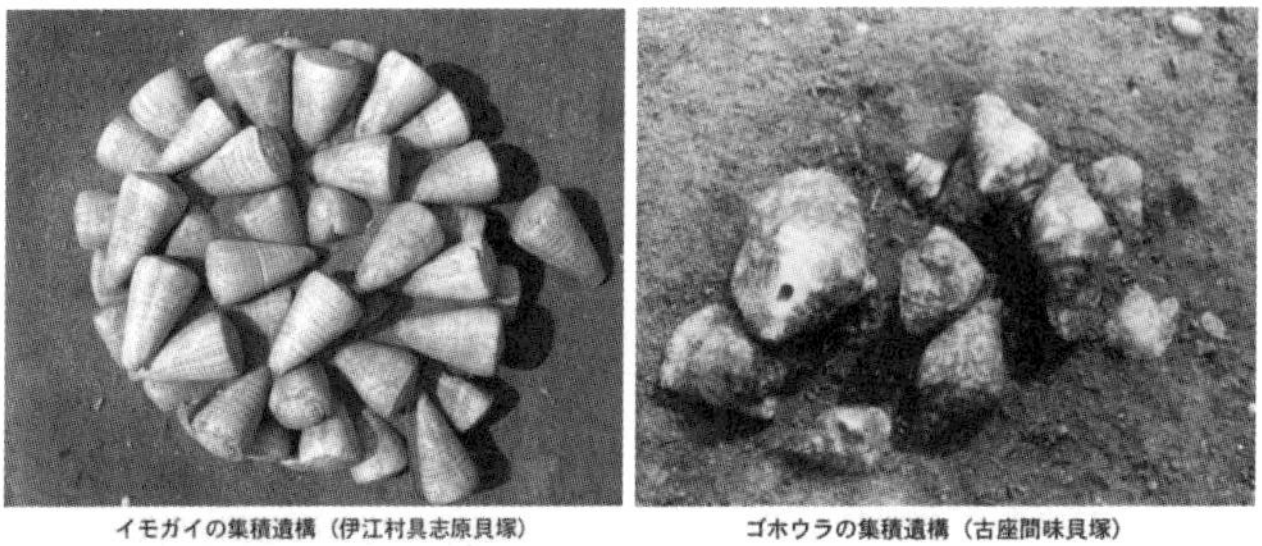
イモガイの集積遺構（伊江村具志原貝塚）
ゴホウラの集積遺構（古座間味貝塚）

図13　大型貝類の集積遺構（28）
左：イモガイの集積遺構（伊江村具志原貝塚）
右：ゴホウラの集積遺構（座間味島古座間味貝塚）

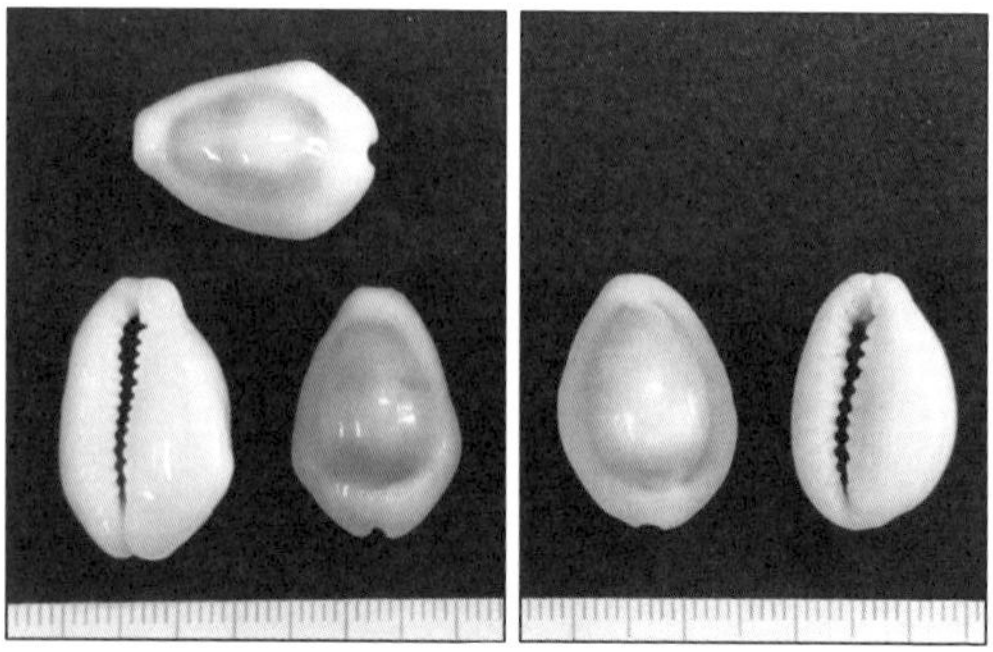

図14　中国大陸で貝貨として使用されたタカラガイ
左：キイロダカラ　右：ハナビラダカラ

書くし、キイロダカラの英名はmoney cowry（お金のタカラガイ）である。このようにタカラガイにはお金にまつわるエピソードが多い。歴代法案という琉球王国の外交文書を記録した史料によると、一四三四年に中国にタカラガイ五五〇万個と追加分の三八万八四六五個を贈った記録がある。当時、中国（明）は琉球から入手したタカラガイを雲南に持ち込み、貝貨として金や銀と同様に通貨として流通させていた(29)。

当時タカラガイとともに、中国（明）への重要な輸出品であったのがヤコウガイ（図7―h）である。歴代法案によると、一五～一七世紀の間、一年に三千から八千余りという大量の「螺殻（ヤコウガイの殻）」が琉球王国から中国（明）へ献上されたことがわかっている(30)。中国（明）では螺殻を加工し極薄の貝片を用いた螺鈿《らでん》細工が発達し、その後、琉球や朝鮮半島、タイやベトナムでも螺鈿細工の技法が伝統工芸として発展した。一五世紀後半ごろには、琉球王国の首里王府が螺鈿製作を組織的に実施するための貝摺《かいずり》奉行所が成立したことが近年明らかになっている(31)。首里城内の貝摺《かいずり》奉行所では、ヤコウガイやチョウセンサザエ、サラサバテイなど真珠層をもつ貝類を用いた螺鈿漆器の製作が盛んにおこなわれ、中国や日本への献上品として贈られた。

4　一九世紀末頃（一八七〇年頃～一九〇〇年頃）の貝類の製品利用

さらに時はすすんで、近世琉球の終わりから一九世紀末（一八七〇年頃～一九〇〇年頃）、重要な資源だったのは依然としてヤコウガイである。小型のヤコウガイ（稚貝や幼貝、亜成貝）は干出する干瀬など浅い所に生息するが、大型のヤコウガイ（成貝）は、図6、7に示すとおり比較的深い場所に生息するため、潜水して採集する必要がある。沖縄で潜水漁業が発展したのは、一八七九年（明治一二年）、琉球藩から沖縄県へと変わり、その前後に日本本土の役人や商人が沖縄にきてヤコウガイの殻を海外（米国など）に輸出したのがきっかけである。河原田盛美《かわらだもりはる》は、琉球の廃藩置県前に内務省の琉球藩出張所の役人として赴任し一八七五年から二年間滞在した。赴任前の一八七四年（明治一二年）、内務省琉球藩事務取調掛として琉球産夜光貝殻を米国へ輸出を開始し(32)、赴任後一八七六年にはヤコウガイ数百個をアメリカの万博博覧会へ出品した。万博で好評だったことから、ヤコウガイの輸出先は中国だけでなくヨーロッパやアメリカに拡大した(33)。

価格も一八七五年にはヤコウガイ二～三個で一厘であったものが一八八〇年には一個が三～四銭に高騰し、採取地域も沖縄島や周辺離島から先島や鹿児島県まで拡大した。加えて一八八四（明治一七）年、糸満ウミンチュによって世界初の水中眼鏡（ミーカガン）が考案され(34)、ますます潜水漁業が盛んになりヤコウガイの乱獲が進んだ。このころ、そのピーク（一八八九年）には二四七トンの殻が輸出された。一八八三年から一八九七年ごろのヤコウガイの輸出量の変化を図15に示した。図15―aは大日本外国年表より平岡（33）が作成し、図15―bは沖縄県統計書から國吉（35）が作成したものを著者が改変した。輸出量は多少異なるが、一八八五年から一八九二年頃のピーク時には一九五～二四七トンにのぼった（一斤＝六〇〇g）。その当時ヤコウガイは、久米島そして八重山群島の各地において漁業における現金収入源としてもっとも重要な水産資源と認められた。その後ヤコウガイ輸出量は激減し、一八九七年には一二トンとなった(図15―a)。そののちもミーカガンの利用から始まった乱獲の影響でヤコウガイ資源の枯渇状態は進んだ。二〇世紀に入ってからのヤコウガイは「忘れられた資源」となり、一九九五年の漁獲量は一・九トンまで落ち込んだが（36）、その後漁獲量は少し回復し二〇〇四年に一三トンとなった（37）。

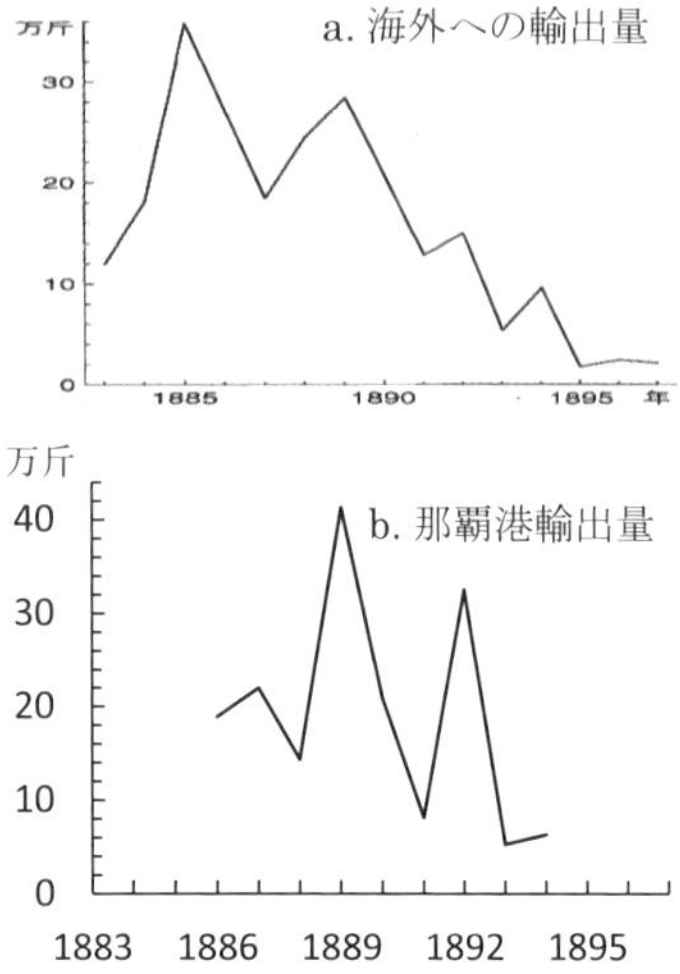

図15　ヤコウガイの輸出量
a．大日本外国貿易年表より作成（33）
b．沖縄県統計書より作成（35）を改変

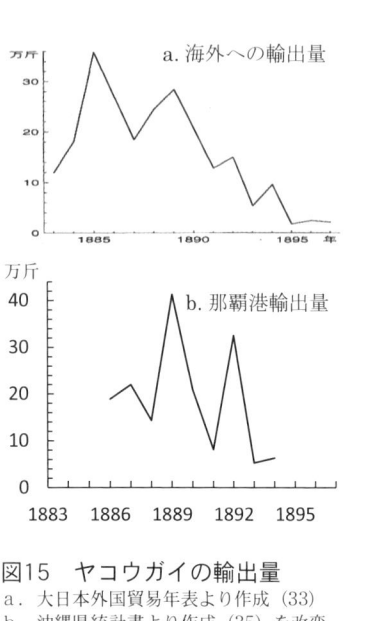

5　二〇世紀における貝類の製品利用

一九〇〇年代（二〇世紀初頭）には資源が壊滅状態になったヤコウガイに代わり、タカセガイ（和名サラサバテイ、図7―g）漁業が盛んになった。明治維新後日本人も洋装をするようになり、国内でもボタンの需要が高まっていた(38)。タカセガイもヤコウガイと同様に磨けば光る真珠層を持つためボタン材料として適しており（図16）(39)、関西のボタン工場で加工後、ヨーロッパ向けの貝ボタン輸出も盛んにおこなわれた（大戦時には一時輸出は落ち込んだ）。タカセガイもミーカガンを用いた潜水漁業で漁獲したため、琉球列島周辺では資源が枯渇した。そのため枯渇した資源の代替としてミクロネシア、東南アジアからインド洋の諸島に向けて糸満漁民

図16　ボタン材料の原貝のタカセガイ（39）
https://www.kohon.jp/user_data/img/takase.jpg

が出稼ぎに出てタカセガイを採集した。これがいわゆる糸満ウミンチュの南方行き（南洋行き）である。一九五〇年代まで貝ボタン原料としてタカセガイの需要は非常に高かったが、一九六〇年代にはプラスチックボタンが出現し需要が低迷した。その後、南方でのタカセガイ漁は行われなくなって現在にいたる。

八　おわりに

ここまで、沖縄における貝類の食用利用と製品利用の移り変わりについてみてきた。沖縄において、貝類は食用としても製品としても昔からとても重要な資源であった。製品利用としては、沖縄貝塚時代には本土との貝交易を通じてさまざまな品と物々交換し、琉球王国時代には、タカラガイやヤコウガイは朝貢貿易の重要な輸出品であった。近代に入ると、糸満ウミンチュが発明したミーカガンを用いてヤコウガイやタカセガイを大量に潜水漁獲して海外へ輸出し、富を得た。一方、食用利用としては、沖縄貝塚時代（日本で言う縄文・弥生時代）から現代に至るまで、沖縄の人々の好みはそれほど変わらない。何千年経っても、生活がどんなに変わっても、沖縄の人々の胃袋を満たすのは、マガキガイ（ティラジャー）、チョウセンサザエ、イソハマグリ（ハマグイ）、アラスジケマン、カンギク（チンボーラー）なのだ。このように、ここ沖縄では先史時代から貝と密接にかかわりながら生活を営んできた。もしかすると現在の沖縄が、もっとも貝との関係が希薄かもしれない。しかし、現在の豊かで発展した沖縄があるのは、沖縄が貝とともに歩んできた歴史のおかげだと私は思うのである。みなさんも沖縄の浜辺で貝殻を拾ってみてはいかがだろうか。

参考文献

(1) 新城俊昭　二〇一七年　書き込み教科書三訂版　高等学校　琉球・沖縄の歴史と文化　沖縄歴史教育研究会（編）編集工房　東洋企画　三頁
(2) 新城俊昭　二〇一四年　教養講座　琉球・沖縄史　編集工房　東洋企画　一六頁
(3) 仲西美佐子　二〇一二年　環境省重要湿地　屋嘉田潟原の生き物たち　ちゅらさ　七一頁
(4) 久保弘文・黒住耐二　一九九五年　生態／検索図鑑　沖縄の海の貝・陸の貝　沖縄出版　二六三頁
(5) 鈴木公雄　一九八九年　貝塚の考古学　東京大学出版会　二一―三三頁
(6) 沖縄県教育庁文化課　二〇〇四年　平成一五年度　大規模駐留軍用地跡地等利用推進調査事業　埋蔵文化財広域発掘手法検討調査業務概要（Ⅲ）―物理探査及び検証発掘調査の検討成果―　沖縄県教育委員会　ⅶ頁
(7) 沖縄県教育庁文化課　一九八四年　野国　野国貝塚群B地点発掘調査報告　沖縄県文化財調査報告　第五七集　沖縄県教育委員会　二七八頁
(8) 沖縄県教育庁文化課　一九八三年　伊武部貝塚発掘調査報告書　―国道五八号線拡幅工事に伴う緊急発掘調査―　沖縄県文化財調査報告　第五一集　沖縄県教育委員会　一二九頁
(9) 高宮廣衞・中村　愿・金城利枝・多和田真喜・大浜憲二・知念奈美子　一九八九年　宜野湾市宇地泊兼久原

遺跡発掘調査報告　沖国大考古　一〇　一〇五頁
(10)　勝連町教育委員会　二〇〇四年　平敷屋トウバル遺跡・津堅島キガ浜貝塚・津堅貝塚・南風原古島遺跡　町内遺跡発掘調査に伴う埋蔵文化財発掘調査報告書：平成一三・一四年度　勝連町の文化財　第二二集　一〇三頁
(11)　具志川市教育委員会　一九八〇年　宇堅貝塚群・アカジャンガー貝塚発掘調査報告　具志川市教育委員会　九四頁
(12)　奥谷喬司　二〇〇四年　世界文化生物大図鑑　貝類　世界文化社　三九九頁
(13)　仲西美佐子・名和純・宇地原睦恵　二〇一二年　屋嘉田潟原の貝世界　五九〇種の貝たちの物語　ちゅらさ
(14)　うるま市教育委員会　二〇一一年　勝連城跡：四の曲輪北区発掘調査報告書　うるま市文化財調査報告書　第一四集 うるま市教育委員会　三〇五頁
(15)　今帰仁村教育委員会　一九九一年　今帰仁城跡発掘調査報告Ⅱ　今帰仁村教育委員会文化財調査報告書　第一四集　今帰仁村教育委員会　四〇八頁
(16)　中城村教育委員会　二〇〇二年　中城城跡：北の郭西側城壁及びウフガー周辺の整備に伴う発掘調査報告　中城村教育委員会 中城村の文化財 第四集　一五七頁
(17)　浦添市教育委員会　一九八五年　浦添城跡発掘調査報告書　浦添市文化財調査報告書　第九集　一二六頁
(18)　浦添市教育委員会　二〇一一年　浦添城跡：外郭西地区・外郭南地区：浦添大公園整備事業に伴う発掘調

査報告書　浦添市文化財調査研究報告書　一二四頁

(19)　沖縄県立埋蔵文化財センター　二〇〇一年　首里城跡　―管理用道路地区発掘調査報告書―　沖縄県埋蔵文化財センター調査報告書　第一集　沖縄県立埋蔵文化財センター　二九四頁

(20)　沖縄県立埋蔵文化財センター　二〇〇一年　首里城跡：下之御庭跡・用物座跡・瑞泉門跡・漏刻門跡・廣福門跡・木曳門跡発掘調査報告書　沖縄県埋蔵文化財センター調査報告書　第三集　沖縄県立埋蔵文化財センター　二八二頁

(21)　沖縄県立埋蔵文化財センター　二〇〇二年　首里城跡：継世門周辺地区発掘調査報告書　沖縄県埋蔵文化財センター調査報告書　第九集　沖縄県立埋蔵文化財センター　一三七頁

(22)　沖縄県立埋蔵文化財センター　二〇〇四年　首里城跡：東のアザナ地区発掘調査報告書　沖縄県埋蔵文化財センター調査報告書　第二〇集　沖縄県立埋蔵文化財センター　二五一頁

(23)　大里村教育委員会　二〇〇一年　大里城跡　都市公園計画に係わる緊急確認発掘調査報告　大里村文化財調査報告書　第四集　大里村教育委員会

(24)　上里隆史　二〇一八年　海の王国・琉球―「海域アジア」大交易時代の実像　ボーダーインク　一、四六―四九頁

(25)　『日本近世生活絵引』奄美・沖縄編編纂共同研究班編　二〇一四年　日本近世生活絵引：奄美・沖縄編　神奈川大学日本常民文化研究所非文字資料研究センター研究成果報告書　神奈川大学日本常民文化研究所非文字資料研究センター　一四四頁

(26) 那覇市企画部文化振興課 一九八五年 那覇市史 通史篇 第一巻(前近代史) 那覇市役所 四一七―四二二頁

(27) 木下尚子一九九六年「南から見た貝の道―二つの交易路のもたらしたもの―」『南島貝文化の研究―貝の道の考古学』法政大学出版局 五七六頁

(28) 沖縄県立埋蔵文化財センター 二〇〇八年 平成二〇年度企画展「原始人の知恵と工夫」―天然素材(貝殻・骨・角・牙)の活用― 沖縄県立埋蔵文化財センター 二〇頁

(29) 上田 信 二〇一二年 近世東ユーラシア史の視点からのコメント:済州島漂着船とタカラガイ周縁の文化交渉学シリーズ五『船の文化からみた東アジア諸国の位相―近世期の琉球を中心とした地域間比較を通じて―』:一三五―一三九頁

(30) 岡本亜紀 二〇〇七年 琉球の螺鈿「きらめきで飾る ―螺鈿の美をあつめて―」展 浦添市美術館 二〇―二一頁

(31) 瀬戸哲也 二〇〇七年 首里城跡発見の螺鈿破片「きらめきで飾る ―螺鈿の美をあつめて―」展 浦添市美術館 二二―二四頁

(32) 齊藤郁子 二〇〇九年 河原田盛美の琉球研究:内務省琉球藩出張所と万博 沖縄文化研究 三五 一四三―一七〇頁

(33) 平岡昭利 二〇〇五年 明治期における尖閣諸島への日本人の進出と古賀辰四郎 人文地理 五(五) 四五―六〇頁

(34)　上田不二夫 一九九一年　沖縄の海人　糸満漁民の歴史と生活 沖縄タイムス社　一一六頁
(35)　國吉まこも　二〇一七年　明治初期河原田盛美の来沖とその後の沖縄県における夜光貝等貝殻類利用の変遷　河原田盛美における本草学的知識から近代勧業的実践の転換に関する研究　神奈川大学日本常民文化研究所 神奈川大学日本常民文化研究所調査報告 第二五集　一四一―一四六頁
(36)　渡辺利明　一九九八年　第一章 漁業生物学的特徴　ヤコウガイ 昭和六三～平成九年度地域特産種量産放流技術 開発事業総括報告書 巻貝類・亜熱帯グループ　四―九頁
(37)　久保弘文・太田 格・丸山拓也　二〇〇六年　ヤコウガイ放流効果調査　平成一六年度沖縄県水産試験場事業報告書　一七五―一八〇頁
(38)　片岡千賀之 一九八三年　南方採貝業の史的展開 鹿児島大学水産学部紀要　三二　一―二八頁
(39)　ビジネスシャツ弘温　https://www.kohon.jp/user_data/img/takase.jpg　二〇一九年三月一二日閲覧

湿地の保全とワイズユースについて
―沖縄市泡瀬干潟と香港湿地公園を事例として―

砂川　かおり

砂川　かおり・すながわ　かおり
所属・職名：沖縄国際大学経済学部講師（地域環境政策学科）
最終学歴：バーモント法科大学院環境法学研究修士課程修了。琉球大学大学院人文科学研究科応用法学・社会科学専攻政策科学科　修士課程修了。
専門分野：環境法、環境教育論、環境文化論
主要な著書・論文等：
●「Environmental Impact Statements as Permit Applications for the Futenma Replacement Facility in Japan and the Keystone XL Pipeline in the United States」共著『経済環境研究』第二号　沖縄国際大学沖縄経済環境研究所　二〇一二年
●「軍事活動による環境問題」沖縄大学地域研究所『「復帰」40年、琉球列島の環境問題と持続可能性』共同研究班『琉球列島の環境問題』高文研　二〇一二年
●「沖縄ジュゴン訴訟」『地域と環境ありんくりん』編集工房東洋企画　二〇一一年
※役職肩書等は講座開催当時

一　はじめに

二〇一八年一〇月下旬に、「持続可能な都市の未来のための湿地」をメインテーマに、アラブ首長国連邦のドバイで第一三回ラムサール条約締約国会議が開催された。

ラムサール条約とは、正式には「特に水鳥の生息地として国際的に重要な湿地に関する条約」(一九七一年採択、一九七五年発効、日本一九八〇年加入)と呼ばれ、一九七一年二月二日にイランのラムサールという都市で開催された国際会議で採択された湿地に関する条約である。また、ラムサール条約における湿地(湿地の定義)とは、同条約第一条一項に「この条約の適用上、湿地とは、天然のものであるか人工のものであるか、永続的なものであるか一時的なものであるかを問わず、更には水が滞っているか流れているか、淡水であるか汽水であるか鹹水であるかを問わず、沼沢地、湿原、泥炭地又は水域をいい、低潮時における水深が六メートルを超えない海域を含む。」(1)と規定されている。

日本には、現在、五十二の湿地がラムサール条約に登録されているが、北海道の釧路湿原や滋賀県の琵琶湖、広島の宮島をはじめとする湿原、原野、沼、湖、水田、湾、遊水地、地下水系等が含まれる。沖縄県では、豊見城市と那覇市に所在する漫湖、久米島の渓流・湿地、慶良間諸島海域、宮古島市の与那覇湾、石垣市の名護アンパルの五か所が登録されている。このようにラムサール条約に基づくと、渓流、河川、湖、水田、マングローブ林、干潟、低潮時に水深六メートル以内の海草藻場、イノー（礁湖）等も含まれることから、沖縄県は大規模な湿地を有する地域と言える。

国連環境計画世界自然保全モニタリングセンター（二〇一八）によると、一九七〇～二〇〇五年の間に、海洋沿岸域湿地と内陸湿地が全体で三五％減少したことが報告されている。[2] 沖縄県においても、空港、港、道路などの社会基盤整備、埋め立てによる用地拡大等の都市開発などによって、自然の湿地（干潟やサンゴ礁海域等）は減少し、生活排水、ゴミ投棄、外来生物の侵入等によって自然の湿地（都市河川、泥湿地など）の環境の劣化が進んできた。

ウェットランド・インターナショナル（二〇一八）は、都市の湿地の役割を次のように説明している[3]（但し、括弧内は、筆者が沖縄の事例を加筆した）。①「洪水を軽減する。」（マングローブやサンゴ礁等による台風被害の軽減）、②「汚水をろ過し、浄化する。」（湿地や干潟が生活排水等を浄化）、③「大気の質を向上させる。」（海草藻場が二酸化炭素を吸収）、④「飲料水の水源となる。」（水源としての河川やダム湖）、⑤「人間の生活を豊かにする。」（環境教育やブルーツーリズム等）、⑥「生計を支える。」（水産業や観光業等）。

近年、沖縄島でも、豊見城市と那覇市の漫湖や浦添市のカーミージー周辺海域における環境教育など、都市の湿地を保全しつつ、賢く利用するワイズユースの動きが広がっている。

本稿では、第二章で、ラムサール条約の内容及び湿地の保全とワイズユースの考え方を整理する。第三章では、沖縄県第二の都市である沖縄市における泡瀬周辺の湿地・海域及び東部海浜開発計画の一環で建設中の人工島「潮乃森」における環境の現状を分析する。第四章では、人工島「潮乃森」

の土地利用計画の問題点、第五章及び第六章では、人工島「潮乃森」の未来像として、香港湿地公園を事例に、湿地の保全とワイズユースの可能性について考えていく。

二　ラムサール条約の内容及び湿地の保全とワイズユース

1　ラムサール条約の目的と沖縄

磯崎（一九九一）は、ラムサール条約は、湿原と水鳥保護のための条約と間違えられることが多いが、実際は、湿地の保全、およびその資源や機能の賢明な利用を目的とする条約と述べている。[4]沖縄の湿地を事例に考えてみると、次のようなことだろうか。

人間を初めとする生物は、「湿地」つまり水のある場所で生まれ、発展してきた。河川や湧水等は、飲み水をはじめとする生活水を、水田やイノー（礁湖）などの浅い海は、田芋、米や海産物等の食べ物を供給してきた。水のあるところで育つ植物からは、芭蕉、苧麻等の天然繊維、琉球藍や福木等の天然染料を、サンゴ礁の海からは建築材としてのサンゴ石や漆喰（風化珊瑚）等を得て、夏の暑さや冬の寒さを凌いできた。

世界市場化が進む中で、衣食住の調達を初めとする私たちの生活は、湿地から遠ざかりつつある。沢山の商品が並ぶショッピングモールで安くおしゃれな外国産の生活用品を買い、電子機器のゲームが当たり前の世代は、衣食住を供給先の輸入国の湿地に依存し、身近な湿地の喪失や劣化に気づかずに、或いは、多くの関心を払わずに生活することが当たり前のこととして育ってきている。

私たちは、湿地の恵みやその恵みを活かす知恵や技術を前の世代から継承し、次の世代に伝えきれているだろうか。水鳥が採餌、休息する水田、干潟や礁湖などの湿地は、戦前、戦後、多くの沖縄人にとって大切であった場所である。ラムサール条約とは、単に水鳥の保護のためではなく、水鳥の生息地として機能できるだけの資源や生態系サービスの機能を有する身近な「湿地」を保全し、賢明な利用のために知恵や技術を回復し、発展させるきっかけを与えてくれる条約と言えるのではないだろうか。

2　ラムサール条約における締約国の権利と義務

日本は一九八〇年にラムサール条約に加入し、同年に北海道の釧路湿原が日本で最初のラムサール条約湿地として登録された。条約に罰則規定はないが、締約国には、（表1）のように、主な権利と義務がある。

（表１）ラムサール条約における締約国の主な権利・義務

要求事項	条約本文の関連部分
ラムサール登録湿地の設立	締約国は、その領域内にある湿地のうち、「その生態学上、植物学上、動物学上、湖沼学上又は水文学上の国際的重要性」を有するものを少なくとも１カ所以上指定し、条約事務局の保管する登録簿に登録する（登録湿地）（第二条１、２、４）。特に、水鳥にとっていずれの季節においても国際的に重要な湿地は、選定される（第二条２）
国際的な責任	締約国は、登録湿地の設定、その変更をする際には、渡りをする水鳥の保護、管理及び賢明な利用（ワイズユース）についての国際的責任を考慮する。（第二条６）
湿地の保全	締約国は、登録簿に掲げられている湿地の保全を促進するため、計画を作成し、実施する義務がある。（第三条１）
	締約国は、湿地が登録簿に掲げられているかどうかにかかわらず、湿地に自然保護区を設けることにより湿地及び水鳥の保全を促進し、かつその自然保護区の監視を十分に行う。（第四条１）
賢明な利用（ワイズユース）に関する計画と実施	締約国には、（登録簿に掲載されているかどうかにかかわらず、）その領域内の湿地をできる限り賢明に利用（ワイズユース）することを促進するために、計画を作成し、実施する義務がある。（第三条１）
モニタリング	締約国は、登録湿地が人為的干渉の結果、登録湿地の生態学的特徴に変化が既に生じた場合、生じている場合、また生じるおそれのある場合には、当該情報をできる限り早期に入手することができるような措置をとる。（第三条２）
	締約国は、湿地が登録簿に掲げられているかどうかにかかわらず、（湿地に自然保護区を設けることにより湿地及び水鳥の保全を促進し、かつ）その自然保護区の監視を十分に行う。（第四条１）
報告	締約国には、登録湿地を追加し、登録湿地区域を拡大し、また緊急な国家的利益のために登録湿地区域を廃止・縮小する権利がある。ただし、当該変更についてはできる限り早期に、条約事務局に通報する義務がある（第二条５）。
	締約国は、登録湿地が人為的干渉の結果、登録湿地の生態学的特徴に変化が既に生じた場合、生じている場合、また生じるおそれのある場合には、当該情報をできる限り早期に入手し、遅滞なく条約事務局に通報する義務がある（第三条２）
保護区の設定と監視	締約国は、湿地が登録簿に掲げられているかどうかにかかわらず、湿地に自然保護区を設けることにより湿地及び水鳥の保全を促進し、かつその自然保護区の監視を十分に行う。（第四条１）
代償措置	締約国は、緊急な国家的利益のために廃止・縮小の場合、できる限り湿地資源の喪失を補うべきであり、特に、相当する新たな自然保護区を創設すべきである。（第四条２）
研究の奨励	締約国は、湿地及びその動植物に関する研究並びに湿地及びその動植物に関する資料及び刊行物の交換を奨励する。（第四条３）
水鳥増加措置	締約国は、湿地の管理により、適当な湿地における水鳥の数を増加させるよう努める。（第四条４）
研修の促進	締約国は、湿地の研究、管理及び監視について能力を有する者の訓練を促進する。（第四条５）

注）以下の出典・出所から、筆者が主なものを抜粋、編集し、掲載した。

出典・出所：岩間徹「ラムサール条約」日本湿地学会監修『図解　日本の湿地』（二〇一七年、朝倉書店）、一六二～一六三頁。安藤元一（二〇〇三年）「琵琶湖における『賢明な利用』とは」琵琶湖水鳥・湿地センター、http://www.biwa.ne.jp/~nio/ramsar/sec3wise.htm

また、（図1）のように、条約の目的である湿地の「保全（・再生)」と「ワイズユース（賢明な利用)」、これらを促進する「コミュニケーション・能力養成・教育・参加・普及啓発（CEPA)」の三つが条約の基盤とされている。[5]

（図1）ラムサール条約の3つの柱

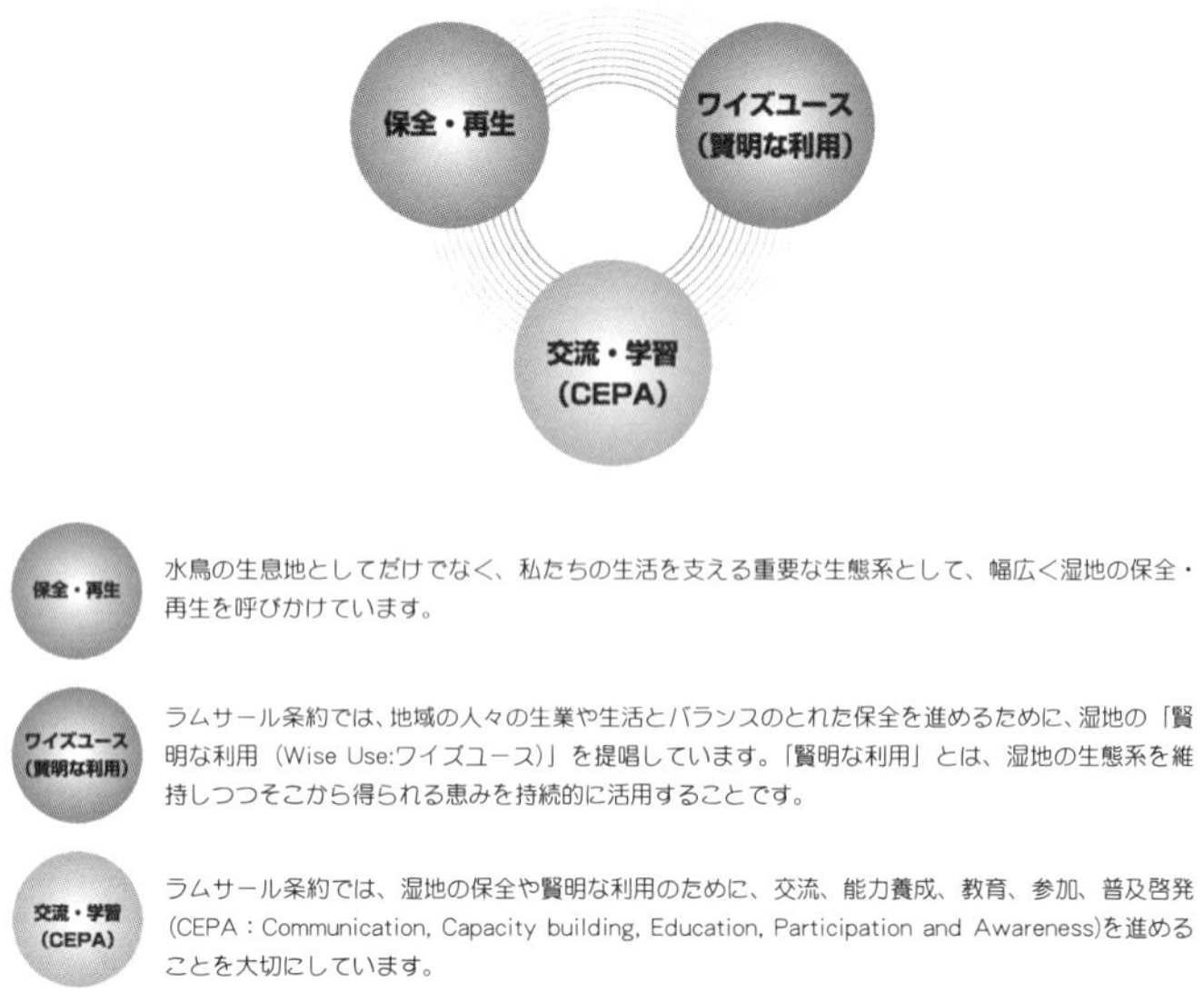
保全・再生
ワイズユース
（賢明な利用）
交流・学習
（CEPA）
保全・再生
水鳥の生息地としてだけでなく、私たちの生活を支える重要な生態系として、幅広く湿地の保全・再生を呼びかけています。
ワイズユース
（賢明な利用）
ラムサール条約では、地域の人々の生業や生活とバランスのとれた保全を進めるために、湿地の「賢明な利用（Wise Use:ワイズユース）」を提唱しています。「賢明な利用」とは、湿地の生態系を維持しつつそこから得られる恵みを持続的に活用することです。
交流・学習
（CEPA）
ラムサール条約では、湿地の保全や賢明な利用のために、交流、能力養成、教育、参加、普及啓発（CEPA：Communication, Capacity building, Education, Participation and Awareness)を進めることを大切にしています。

出所：環境省「ラムサール条約とは」の図より転載
http://www.env.go.jp/nature/ramsar/conv/About_RamarConvention.html#point3

3　国際的に重要な湿地を指定するための基準

国際的に重要な湿地を指定するための基準は、（表2）のとおりである。

（表２）国際的に重要な湿地を指定するための基準[(6)]

基準グループA 代表的、希少または固有な湿地タイプを含む湿地	
基準1	適当な生物地理区内で、自然のまたは自然度が高い湿地タイプの代表的、希少または固有な例を含む湿地
基準グループB 生物多様性の保全のために国際的に重要な湿地	
（種及び生態学的群集に基づく基準）	
基準２	危急種、絶滅危惧種または近絶滅種と特定された種、または絶滅のおそれのある生態学的群集を支えている湿地
基準３	特定の生物地理区における生物多様性の維持に重要な動植物種の個体群を支えている湿地
基準４	動植物のライフサイクルの重要な段階を支えている湿地。または悪条件の期間中に動植物種に避難場所を提供している湿地。
（水鳥に基づく特定基準）	
基準５	定期的に2万羽以上の水鳥を支えている湿地
基準６	水鳥の１種または１亜種の個体群の個体数の1％以上を定期的に支えている湿地
（魚類に基づく特定基準）	
基準７	固有な魚類の亜種、種、科、魚類の生活史の諸段階、種間相互作用、湿地の利益もしくは価値を代表する個体群の相当な割合を支えており、それによって世界の生物多様性に貢献している湿地
基準８	魚類の食物源、産卵場、稚魚の生息場として重要な湿地。および/あるいは、湿地内もしくは湿地外の漁業資源が依存する回遊経路として重要な湿地
（その他の分類群に基づく個別基準）	
基準９	鳥類以外の湿地に依存する動物の種または亜種の個体群の1％以上を定期的に支えている湿地

注）魚類には、魚、エビ・カニ・貝類などの甲殻類、サンゴ類・ウニ類・ナマコ類などのその他特定の無脊椎動物が含まれる[(7)]。

4　日本での登録条件

国際的に重要な湿地を指定するための日本での登録条件は、次の通りである。

日本は、次の条件を満たしている湿地を登録しています。

1．国際的に重要な湿地であること（国際的な基準のうちいずれかに該当すること）

2．国の法律（自然公園法、鳥獣保護法など）により、将来にわたって、自然環境の保全が図られること

3．地元住民などから登録への賛意が得られること(8)

三　泡瀬周辺の湿地・海域及び人工島「潮乃森」における環境の現状

1　地元住民の要請と市民によって残された都市の干潟

昭和四九年四月に二つの自治体が合併して、沖縄県で第二都市沖縄市（図2）が誕生した。米空軍嘉手納基地に土地を占有されている旧コザ市が、東の海に隣接する旧美里村と合併することで、海への開発を求めたことが一因であったと言われている。

沖縄市は、平成元年三月に、「東部海浜地区開発計画調査委員会」を設置し、陸続き方式による埋め立て計画「東部海浜地区埋立計画（二四〇ヘクタール）」を策定した。戦前は、入浜式塩田で

（図２）沖縄市及び中城湾港泡瀬地区の位置[9]

の製塩で発展した旧泡瀬在住市民四九八三人からなる泡瀬復興期成会からは、「泡瀬の海岸線の半分以上の砂浜とヨネと呼ばれる砂嘴（し）地盤が破壊されること」に反対の声が挙がった。[10] 平成三年五月、地元要望や代替案を受けて、沖縄市が計画修正案（人工島方式、埋立面積一九四・五ヘクタール）を策定し、地元の同意を得た。平成七年十一月には、沖縄県が中城港湾計画を一部変更し泡瀬地区（埋立面積一八五ヘクタール）を位置づけ、計画は順調に進むように思われた。

平成五～一〇年には環境影響評価実施要項（通称、閣議アセス）に基づいて環境影響評価手続きが実施されたが、平成一〇年に国が埋立事業参画を表明する以前には、沖縄市と沖縄県が担当し、国の事業参画表明後は、沖縄総合事務局と沖縄県が行った。[11] また、平成十一年六月～平成十二年には、国と県が環境影響評価法に基づき、環境影響評価手続きを実施した。しかしながら、平成十一～十二年に実施された環境影響評価では、泡瀬干潟の自然の特徴である干潟と海草藻場の生態系が適切に評価されなかったことが、環境市民団体などから指摘され、[12] 次第に本埋立計画の環境影響評価や対策のずさんさが批判されるようになってきた。そのような批判の中、平成十二年十二月には、国は公有水面埋立承認、沖縄県は公有水面埋立免許を取得し、計画は推進された。

一方で、工事による泡瀬干潟の環境悪化を懸念した沖縄市民・沖縄県民らは、住民監査請求を経て、平成十七年に、第一次泡瀬住民訴訟を提起した。平成十八年には、埋め立て慎重派の東門美津子市長が誕生し、その後、沖縄市が設置した「東部海浜開発事業検討委員会」において識者・市民委員が埋立事業の精査・情報公開を経て、平成十九年十二月には、東門市長が「第1区域は推進、第2区域は推進困難」という事業方針を表明。その市長表明に基づき、沖縄市当局は、土地利用計画の見直し作業に着手した。平成二十年十月に、福岡高裁那覇支部にて第一次泡瀬住民訴訟で住民側が勝訴し、土地利用の見直しや埋立免許等の変更に必要な調査費等を除く公金支出を禁ずる判決が確定したため、埋立工事は中断された。

平成二十二年に沖縄市は土地利用計画を見直し（埋立面積九六ヘクタール[13]に縮小）、沖縄県が中城港湾計画を一部変更し泡瀬地区（埋立面積九五ヘクタール）（図2）を位置づけた。平成二十三年には、国と県が、公有水面埋立に係る変更許可・承認申請の許可・承認を得て海上工事を再開し、現在に至っている。

平成元年に、埋立面積二四〇ヘクタールであった埋め立て計画は、地元住民の要請や市民による埋立慎重派の市長の誕生や住民訴訟を経て、埋立面積九五ヘクタールまで縮小され、干潟の一部が残された。東部海浜開発計画の詳細については、（表3）をご参照ください。

(表3) 東部海浜開発計画のこれまでの主な経緯

年	月	主体	主な出来事	工事の有無
昭和49 (1974)	4月	【沖縄市】	市制施行 (コザ市と美里村が合併)	
昭和60 (1985)		【沖縄市】	「沖縄市東部海浜地区振興開発懇話会」を設置して、東部海浜の振興開発のあり方を議論。	
昭和62 (1987)	3月	【沖縄市】	「東部海浜地区埋立構想」策定	
平成元 (1989)	3月	【沖縄市】	「東部海浜地区開発計画調査委員会」を設置し、「東部海浜地区埋立計画」(240ha) 策定 (=陸続方式による埋立) → 地元合意形成が不十分	
	10月	【地元】	地元団体である泡瀬復興期成会より、埋め立て形状変更 (海岸線、ヨネ (砂州) の保全等) の要望が出された。(平成2年 (1990年) 2月にも同様の要請があった)	
平成2 (1990)	3月	【地元】	地元団体である泡瀬ビジュル会より出島方式の採用など、代替案が提出された。	
平成3 (1991)	5月	【沖縄市】	地元要望や代替案を受けて、計画修正案 (=出島方式による埋立、人工島方式、埋立面積194.5ha) を作成・提示 → 地元の同意を得る	
平成3 (1991)		【沖縄市】	「沖縄市東部海浜地区自然環境保全検討委員会」設置し、自然環境保全上の配慮事項等を検討。	
平成5 (1993)		【県・市】	環境影響評価実施要項 (通称、閣議アセス) に基づき環境影響評価の手続き (調査・予測・評価) を実施。(平成5 ~ 10年度)	
平成6 (1994)	12月	【沖縄県】	「中城湾港港湾計画検討委員会」を設置し、港湾計画案 (埋立面積185ha) を作成。	
平成7 (1995)	10月	【沖縄県】	「中城湾港(泡瀬地区)港湾環境計画検討委員会」を設置し、全国第1号となった港湾環境計画を作成。	
	11月	【沖縄県】	「中城湾港港湾計画」の一部変更を行い、泡瀬地区 (埋立面積185ha) を位置付け。	
平成10 (1998)		【国】	事業参画表明	
平成11 (1999)	3 ~ 5月	【国・県】	「閣議アセス」に基づき、環境影響評価準備書を沖縄県知事及び沖縄市長に送付。公告・縦覧。	
	5月	【市民・県民】	「閣議アセス」に基づき、環境影響評価準備書への住民意見を提出。	
	10月	【沖縄県知事】	環境影響評価準備書への沖縄県知事意見提出。	

年	月	主体	主な出来事	工事の有無
平成11（1999）	11月	【国・県】	環境影響評価法に基づき、環境影響評価書（補正前）を作成し、中城湾港港湾管理者の長へ送付。	
平成12（2000）	2月	【港湾管理者】	環境影響評価法に基づき、環境影響評価書（補正前）へ中城湾港港湾管理者の長が意見提出。	
	3～4月	【国・県】	環境影響評価法に基づき、環境影響評価書（補正後）を中城湾港港湾管理者等に送付。公告・縦覧。	
	5月	【国・県】	「公有水面埋立承認（国）、免許（県）」を出願。	
	12月	【国・県】	「公有水面埋立承認（国）、免許（県）」を取得。	
平成13（2001）	2月	【国・県】	中城湾港泡瀬地区環境監視・検討委員会を設置。（～平成15年3月）	
平成14（2002）	10月	【国】	海上工事に着手	海上工事
平成15（2003）	6月	【国・県】	委員会の体制見直しにより、「中城湾港泡瀬地区環境監視・検討委員会」に代わって、「中城湾港泡瀬地区環境監視委員会」を設置。（～現在）	海上工事
	7月	【国・県・市】	委員会の体制見直しにより、「中城湾港泡瀬地区環境監視・検討委員会」に代わって、「中城湾港泡瀬地区環境保全・創造検討委員会」を設置。（～現在）	海上工事
平成17（2005）	5月	【市民・県民】	第1次泡瀬住民訴訟の提起。公金支出差止等の請求。	海上工事
平成18（2006）	1月	【沖縄県】	海上工事に着手	海上工事
	5月		埋め立て慎重派の東門美津子市長就任	海上工事
	10月	【沖縄市】	「東部海浜開発事業検討会議」を設置し（～平成19年7月）、識者・市民委員が事業の精査・情報公開を行う。	海上工事
平成19（2007）	12月	【沖縄市】	東門美津子市長が、「第１区域は推進、第２区域は推進困難」という方針を表明	海上工事
平成20（2008）	8月	【沖縄市】	市長表明に基づき、土地利用計画の見直し作業に着手。	海上工事
	11月	【市民・県民】	第1次泡瀬住民訴訟　住民側勝訴（那覇地裁）	海上工事
平成21（2009）	10月	【市民・県民・市・県・国】	第1次泡瀬住民訴訟　住民側勝訴（福岡高裁那覇支部）。調査費等を除く公金支出の差止。 上記判決を受けて工事中断。	
平成22（2010）	7月	【沖縄市】	土地利用計画（市案）「スポーツコンベンション拠点の形成」を策定	

年	月	主体	主な出来事	工事の有無
平成23（2011）	3月	【沖縄県】	「中城湾港港湾計画」を一部変更し、泡瀬地区を変更して（埋立面積95ha）位置づけ。	
	7月	【国・県】	公有水面埋立に係る変更許可・承認申請の許可・承認	
	7月	【市民・県民】	第２次泡瀬住民訴訟を提起。	
	10月	【国】	海上工事を再開（新港地区の浚渫→泡瀬地区の埋立）	海上工事
	11月	【県】	海上工事を再開（人工ビーチの整備）	海上工事
平成27（2015）	3月	【市民・県民】	第２次泡瀬住民訴訟　住民側敗訴（那覇地裁）	海上工事
平成28（2016）	11月	【市民・県民】	第２次泡瀬住民訴訟　住民側敗訴（福岡高裁那覇支部）	海上工事
平成29（2017）	10月	【市民・県民】	第２次泡瀬住民訴訟　住民側敗訴確定（最高裁　住民側の上告棄却）	海上工事

(注３)表中の「国」とは沖縄総合事務局、「県」とは沖縄県、「市」とは沖縄市のことである。

出所:(表３）は、以下の出所の情報を基に、筆者がまとめた。

①沖縄市「東部海浜開発計画　主な経緯」[14]

②沖縄総合事務局　那覇港湾・空港整備事務所　中城湾港出張所「環境アセスメント」[15]

③沖縄総合事務局　那覇港湾･空港整備事務所　中城湾港出張所「事業の経緯」[16]

④平成12年度　中城湾港泡瀬地区環境監視･検討委員会第一回委員会「資料２〔事業概要について〕」三頁[17]

⑤平成23年度第1回 中城湾港泡瀬地区環境保全・創造検討委員会「参考資料１東部海浜開発事業について」二頁[18]

⑥「泡瀬干潟を守る連絡会　アジア湿地シンポジウム2017　ポスターセッション」

⑦平成30年度 第1回 中城湾港泡瀬地区環境保全・創造検討委員会「検討経緯（「参考資料３　行動計画のとりまとめ（案）」１～２頁）」（平成31年2月21日）[19]

2　泡瀬干潟における国際的に重要な湿地としての特徴

①ラムサール条約湿地潜在候補地リストにおける国際的な基準の適合性

泡瀬干潟は、二〇〇一年に環境省の「日本の重要湿地五〇〇」に選定され、二〇一〇年にはラムサール条約湿地潜在候補地一七二ヶ所にも選定された。ラムサール条約湿地潜在候補地リスト[20]より、基準の適合性と選定理由は次のとおり。

湿地番号：一五五。重要湿地五〇〇番号：四五九。

湿地名：中城湾北部（泡瀬～川田～勝連町南原～北中城村～中城村）

都道府県市町村：沖縄県うるま市、沖縄市、北中城村、中城村

選定理由：

〈基準1〉：干潟。生物地理区（南黒潮）を代表する干潟。

〈基準2〉：鳥類。クロツラヘラサギの〇・一％基準クリア（泡瀬干潟）

〈基準3〉：海藻。泡瀬干潟には海藻のクビレミドロ(絶滅危惧種）が生育。イソスギナも生育。魚類。本地域に生息するトビハゼ、トカゲハゼ、シオマネキは極めて貴重。底生生物。泡瀬干潟は貝類の種数や現存量が大きく、多くの絶滅危惧種が見られる。

〈基準6〉：ムナグロの一％基準クリア（泡瀬干潟）

基準6は、「水鳥の一の種または亜種の個体群において、個体数の1％を定期的に支えている場

合には、その湿地は国際的に重要であると考えることとする。」であり、環境省モニタリングサイト一〇〇〇シギ・チドリ類調査等において、シギ・チドリ類等で過去五年のうち三年以上個体数の一%以上を定期的に支えている湿地とされている。[21] ムナグロ（写真1）は大型のチドリでシベリア極北部からアラスカ西部沿岸にかけてのツンドラで繁殖し、東南アジア、中国、太平洋諸島、オーストラリア等で越冬している。[22] 国際湿地保全連合オセアニアのシギ・チドリ類フライウェイ・オフィサー提供の資料に基づいた環境省発表のムナグロ最小推定個体数は一〇万羽であり、一%レベルは一〇〇〇羽である。[23]

②国際的な基準の不適合

ムナグロの国内最大の越冬地と称されている泡瀬干潟であるが、二〇一三年以降（表4）のように国際的な基準〈基準6〉に適合しない状態が現れ始めている。

泡瀬干潟は、二〇一〇年にはラムサール条約湿地潜在候補地にも選定されたが、国際基準〈基準6〉については、（表4）のように二〇一二年以降、ムナグロの一%基準（一〇〇〇羽）を満たせなくなり、観測数が減少している。事業者（内閣府沖縄総合事務局開発建設部・沖縄県土木建築部）は、ムナグロの減少は全国的な傾向で埋立工事との関係を認めていない。一方で、環境省のモニタリングを実施してきた沖縄野鳥の会からは、「ムナグロの国内での越冬地は主に南西諸島だが、同時期にムナグロの個体数がこれほど激減したのは泡瀬干潟のみである」[25]として、ラムサール条約登

（表４）泡瀬干潟における冬期（12～2月）のムナグロの最大値の推移

調査年度	調査年	調査月	調査日	最大値	海上工事
2004	2005	1	16	907	海上工事
2005	2006	1	23	641	海上工事
2006	2007	1	8	1077	海上工事
2007	2008	1	7	1074	海上工事
2008	2009	2	19	1018	中断
2009	2010	2	18	1462	中断
2010	2011	2	25	1468	中断
2011	2012	1	21	1074	海上工事
2012	2013	1	21	527	海上工事
2013	2014	1	19	325	海上工事
2014	2015	1	30	416	海上工事
2015	2015	12	27	330	海上工事
2015	2017	2	26	371	海上工事

出所：環境省モニタリングサイト一〇〇〇プロジェクト[24]の二〇〇四～二〇一六年度の泡瀬干潟のムナグロのデータを基に、筆者が作成した。

録を危ぶむ危機的な声が聞かれるようになっている。良好な環境を次世代に継承する義務のある沖縄市民・県民は、事業者の説明を鵜呑みにするのではなく、専門家による事業者とは異なるデータの解釈についても耳を傾け、ムナグロの飛来数の激減の原因を明らかにしていく必要がある。また、ムナグロの飛来数が激減している現状に基づき、事業者は、泡瀬干潟を最も利用し、最も埋立工事の影響を受けやすい指標種であるシギ・チドリ類の包括的な保全策の策定と人工島の土地利用計画の見直し等を行うことも必要ではないだろうか。

3　ラムサール条約登録構想と鳥獣保護区指定の必要性

ラムサール条約湿地潜在候補地は、国際基準を満たすと認められる湿地を抽出したものであり、今後、ラムサール条約湿地として登録するためには、本稿の二・4で示したように、更に、①地元自治体等の賛意、②鳥獣保護法、自然公園法等の国内法による保護担保措置が必要である。

鳥獣保護法による保護担保措置の方法としては、鳥獣保護区の設定がある。鳥獣保護区は、鳥獣の保護の見地から「鳥獣の保護及び管理並びに狩猟の適正化に関する法律」第二十八条に基づき指定される。泡瀬干潟周辺の場合、ラムサール条約登録予定地は、沖縄県知事が指定する沖縄県指定鳥獣保護区を経て、環境大臣が指定する国指定鳥獣保護区域に指定される必要がある。沖縄県第十二次鳥獣保護管理事業計画（二〇一七年三月）では、沖縄市及び北中城に集団渡来地の機能を持つ、（予定名称）泡瀬鳥獣保護区六一一ヘクタールが提案されている。集団渡来地には、特に良好な生息環境の確保が求められるという理由から、さらに同鳥獣保護区内で一一八ヘクタールの特別保護地区が提案されている。鳥獣保護区内においては、狩猟が認められない。また、同法第二十九条に基づき設定される「特別保護地区」において、建築物及びその他の工作物の新築等のほか、水面の埋め立て、又は干拓、木竹の伐採等の行為をしようとする者は、環境大臣が指定する特別保護地区にあっては環境大臣の、都道府県が指定する特別保護地区にあっては都道府県知事の許可を受けなければならない。ただし、一ヘクタール以下の埋立、干拓、住宅の設置など、鳥獣の保護に支障がないと認められるものについては、この限りではない。[26]

「第十二次鳥獣保護管理事業計画」によると、泡瀬干潟に関する部分は、次の通り。

(ウ)集団渡来地の保護区[27]

平成二十九年度

保護対象鳥獣名：サギ、シギ、チドリ、アジサシ類（クロツラヘラサギを含む）[28]

鳥獣保護区指定所在地：沖縄市及び北中城。鳥獣保護区予定名称：泡瀬。指定面積：六一一ヘクタール。

指定の対象となる鳥獣保護区として、指定区分：集団渡来地、

鳥獣保護区名称：泡瀬、面積：六一一ヘクタール、指定期間：

平成二十九年十一月一日～平成四十九年十月三十一日。

特別保護地区として、指定面積：一一八ヘクタール、指定

期間：平成二十九年十一月一日～平成四十九年十月三十一日。

備考：新規。

「第十二次鳥獣保護管理事業計画」[29]によると、「(ウ)集団渡来地の保護区」とは、渡来する鳥獣の採餌場または、ねぐらとして必要と認められる中核的地区について指定するよう努めるべきものである。なお、渡り鳥等の集団渡来地であり希少な野生鳥獣の生息域である泡瀬干潟において特に

（写真１上）夏鳥のコアジサシと雛
（写真１下）冬鳥のムナグロ
出所：「世界に誇る沖縄市の宝物　あわせ」[30]

重要と考えられる部分を特別保護地区に指定するよう努めると、計画が提案されている。しかしながら、現時点では、沖縄市や北中城村当局からの賛意が得られていない状態である。

4　コアジサシの繁殖地としての人工島

コアジサシは、カモメ科の小型のアジサシ類で、泡瀬には五～七月に、繁殖のために東アジア、オセアニア地域から渡来してくる。コアジサシは絶滅が危惧されており、日本では現在環境省のレッドリスト（二〇一八年作成）で絶滅危惧Ⅱ類に位置づけられている。日豪等の二国間渡り鳥条約(31)に基づく「絶滅のおそれのある野生動植物の種の保存に関する法律」（平成四年法律第七五号）でも国際希少野生動物種(32)に指定されている。現在、沖縄県内では、中城湾港泡瀬地区が最大の繁殖地となっている。

事業者が実施した二〇一七年五～七月のコアジサシの繁殖状況調査の結果では、人工島において、合計で巣が四三九個、卵が八八〇個、雛が七七羽、幼鳥が三二羽確認された。(33)砂州においては、合計で巣が一〇個、卵が一七個、雛が七羽、幼鳥が五羽確認された。沖縄県の「第十二次鳥獣保護管理事業計画」にあるように、泡瀬の砂州と人工島はコアジサシの集団渡来地となっており、集団繁殖も確認されている。

四　人工島「潮乃森」の土地利用計画の問題点

1　人工島の土地利用計画

「東部海浜開発事業～国際文化観光都市の実現を目指して～」によると、人工島の土地利用計画は、（表5）の通りである。

このうち、「野鳥園及び人工海浜（生物・学習エリア）」（以下、「野鳥園等」と略する。）は、「中城湾港（泡瀬地区）公有水面埋立事業」（以下、「本事業」と略する。）に係る「環境影響評価書」及び公有水面埋立申請に係る「環境保全に関し講じる措置を記載した図書」にて、環境保全措置として位置づけられている。事業者（内閣府沖縄総合事務局開発建設部・沖縄県土木建築部）

（表5）人工島の土地利用計画

	用地名称		面積(ha) 計	県	市	備考
公共用地	道路用地	車両中心	9.1	6.5	2.6	幅員 30m
		歩行者中心	2.6		2.6	幅員 18m 幅員 10m
	緑地	海浜緑地	15.4	15.4		人工ビーチ 900m
		野鳥園	1.0	1.0		
		外周緑地	6.7	6.7		
	多目的広場用地 （スポーツ、展示、公園緑地）		16.0		16.0	スポーツ施設（61,980 ㎡）、 多目的ドーム（15,386 ㎡）
	港湾施設用地	小型船だまり マリーナ	3.7	3.7		小型船だまり（1.0ha） マリーナ（2.7ha）
	交流施設用地		2.0		2.0	交流施設（5,161 ㎡）
	栽培漁業センター		2.0		2.0	管理運営施設、水槽施設、沈殿施設
	護岸用地		4.8	4.8		
	小計		63.3	38.1	25.2	
宅地	宿泊施設用地	ホテル等	16.2			ホテル 300 室、 コンドミニアム 150 室、 コテージ 30 戸
	商業施設用地		8.5			SC、飲食店、ショッピングモール レストラン等（26,406 ㎡）
	健康医療施設用地		8.0			海洋療法・医療施設、スポーツジム等
	小計		32.7			
合計			96.0			

※県・市の面積区分は、管理面積とした。

出所：沖縄市（平成22年7月）「東部海浜開発事業～国際文化観光都市の実現を目指して～」３頁、https://www.city.okinawa.okinawa.jp/userfiles/files/page/about/758/totiriyoukeikaku.pdf

は、野鳥園等の整備に関する基本方針を平成二十六（二〇一四）年度に策定した。

環境保全措置の目的は、環境影響評価法第1条にあるように、「環境影響評価の結果をその事業に係る環境の保全のための措置その他のその事業の内容に関する決定に反映させるための措置をとること等により、その事業に係る環境の保全について適正な配慮がなされることを確保」することにあり、環境保全措置の立案は、環境影響評価制度の中で最も重要と位置づけられている。(34)

事業者は、公有水面埋立申請に係る「環境保全に関し講じる措置を記載した図書」4．環境保全対策において、「事業の実施にあたっては、事業者の実行可能な範囲内において、環境への影響をできる限り回避、低減させ、やむをえない場合には代償させるため、以下の環境保全措置を講じることとする。」(35)と説明している。本事業では、埋立計画地を一八五ヘクタールから九五ヘクタールに縮小し、潮干帯生物や鳥類の生息域となっている干潟域の埋め立てをできる限り回避したことが、環境保全措置における、環境への影響の回避、低減措置である。一方で、整備埋立地内での野鳥園の整備は、埋立事業によって損なわれる「埋立事業がなければ失うことがなかったであろう環境要素（景観や人と自然の触れ合い活動の場）の代償措置、つまり損害を償う措置である。二〇一一年の埋立地用途変更・設計概要変更承認申請時点では、事業者は、野鳥園の整備によって「鳥類の主な分布域、湿地の生態系及び湿地に連続する干潟生態系等を創出する。」(36)ことで損害を償う計画であったことを踏まえておく必要がある。この代償措置の考え方に基づくと、平成二十六年度に策定された基本方針には、次のような問題がある。

図３　人工海浜（生物・学習エリア）、野鳥園及びコアジサシの産卵場（ガレ場）計画地の立地状況(37)

・人工島南西部に位置しており、面積は約 5ha（ビーチ及び水域部を除く）
・港湾計画上は緑地として位置づけられる

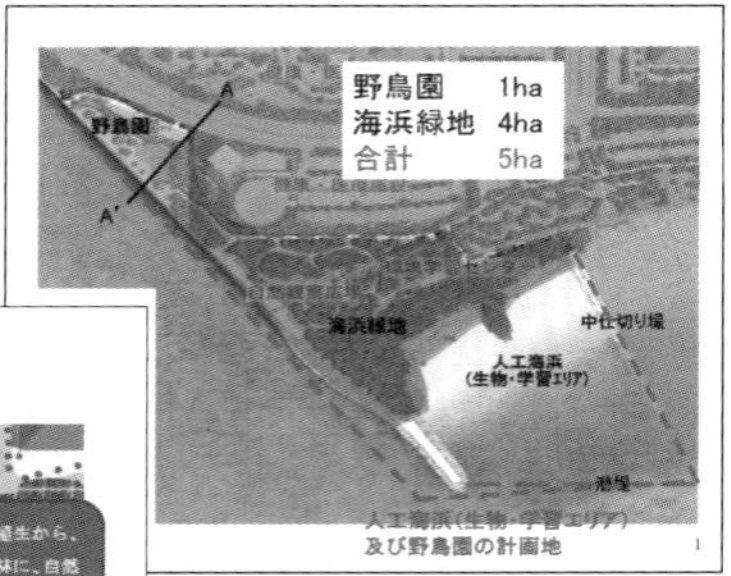

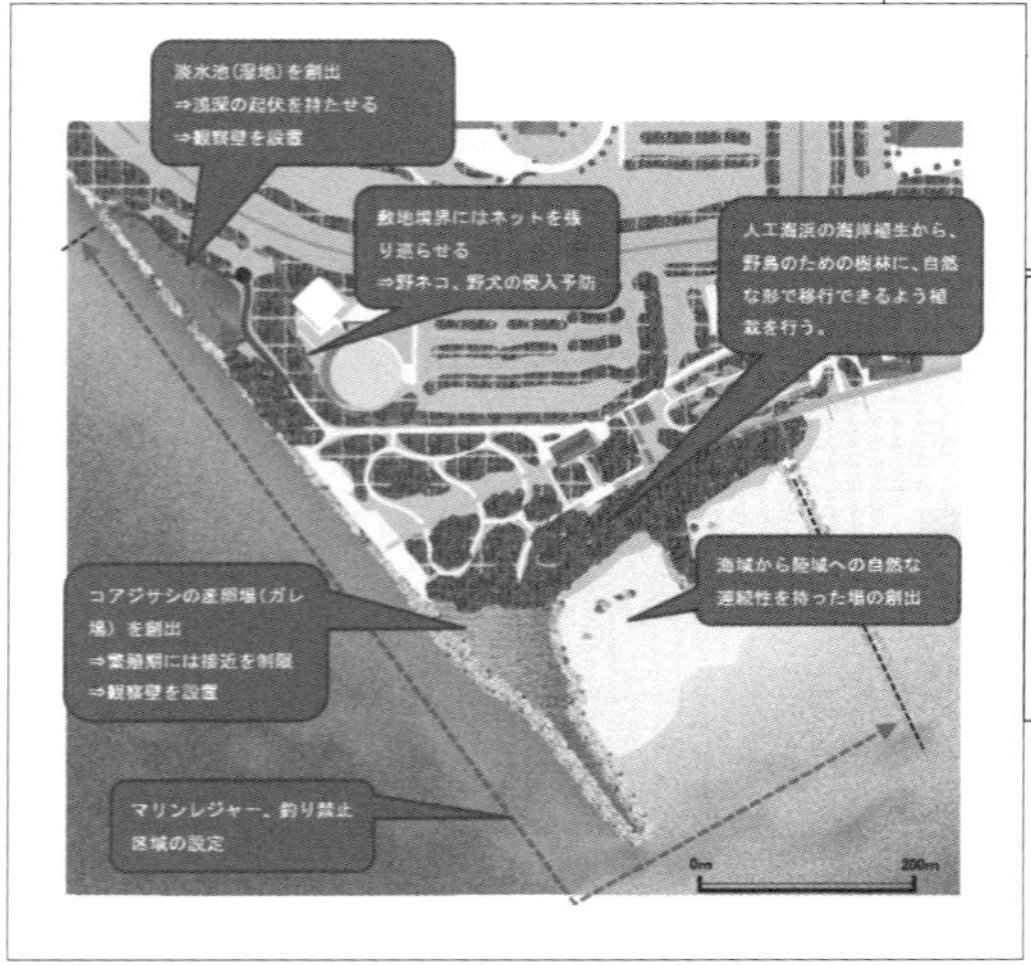

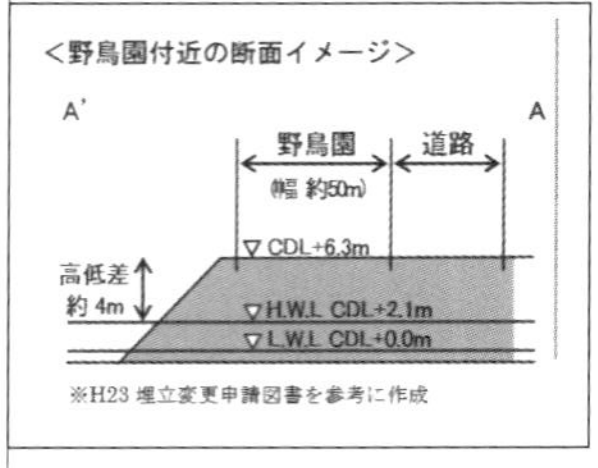

2　基本理念を見失った野鳥園等の整備に関する基本方針の策定

①コアジサシの営巣地の代替地確保の必要性

野鳥園(一ヘクタール)及び人工海浜(生物・学習エリア)については、それらを繋ぐ海浜緑地(四ヘクタール)も合わせた五ヘクタールを一体的に整備することが確認されている。[38] 事業者は、西突堤(図3の左図)には、コアジサシやシロチドリの産卵場としてガレ場を創出していく計画であるが、[39] 専門家からはコアジサシやシロチドリの、卵や雛を捕食するオカヤドカリの生息エリアの隣に繁殖地を誘致するのは、ゾーンニングとして適切であるのかという疑問も出ている。[40] また、二〇一七年五～七月の調査では、人工島全体で、合計で巣が四三九個確認された現状を考えると、新しく整備されるガレ場で現在の繁殖地を代替することは不可能であるから、人工島、砂洲及び周辺沿岸域において繁殖地の代替地を確保する計画及びモニタリング計画の策定を、沖縄県文化環境部を始めとする専門家から指導と助言を得ながら、事業者は行うべきであろう。

②野鳥園内での「干潟を利用するシギ・チドリ類の休息地」の必要性

事業者は、基本方針の策定経緯として、本事業に係る「環境影響評価準備書」に対する沖縄県知事の意見「専門家等の指導・助言を得ること」[41]を満たすために、平成二十五年度に本事業の環境保全措置の技術的課題を検討する「中城湾港泡瀬地区環境保全・創造検討委員会」、具体的には、その専門部会である「人工島環境整備専門部会」にて審議することを決定した。翌、平成二十六年度に、「人工島環境整備専門部会」を開催し、「専門家等の意見を聴き」ながら基本方針を策定したと[42]、説明している。

また、野鳥園に整備する環境の選定に当たっては、「誘引する野鳥のグループを検討し、そのグループが利用する環境を整備する」との方針から、次の方法が採られた。①：野鳥をグルーピング、②：野鳥が主に利用する環境の抽出、③：GISによる泡瀬での利用環境の把握、④：②で抽出した環境の評価【評価項目】1．③および一般的な利用状況、2．整備の可否、3．周辺での存在状況（場の存在状況）、4．維持・管理の頻度、5．住民の意識　↓　整備環境の選定[43]

「野鳥園にどのような野鳥を誘引するか」という問いこそ、この野鳥園が「環境保全措置」たりえているかどうかを決定する。しかしながら、【評価項目】には、そもそも［環境保全措置としての効果］がなく、又、知事意見で求められている［専門家の指導・助言］という重要な項目が設定されていない等、問題点がある。次に具体的に見ていく。

平成二十六年度 中城湾港泡瀬地区環境保全・創造検討委員会 第二回 人工島環境整備専門部会で示された野鳥園に整備する環境の選定の結果は（表6）の通り。

（表６）野鳥園に整備する環境の選定(44)

グループ	泡瀬での主な確認種	主な利用環境：淡水池：深い（湧沼をイメージ）	淡水池：浅い（湿地をイメージ）	草地：ヨシ原（背丈の高い草原）	草地：牧草地的草地（背丈の低い草原）	森林	荒地（ガレ場）	岩礁	干潟（浅海域）
シギ・チドリ類	コチドリ、シロチドリ、メダイチドリ、ムナグロ、ダイゼン、イソシギ、キョウジョシギ、アカアシシギ、アオアシシギ、キアシシギ、チュウシャクシギ、ハマシギ、ダイシャクシギ、トウネン等				ねぐら(+1) 休息(+1)		繁殖(+2) (シロチドリのみ)		採餌(+1)
サギ類1	クロサギ、アオサギ、ダイサギ、コサギ等		採餌(+1)					繁殖(+2) (クロサギのみ)	採餌(+1)
サギ類2	コサギ、チュウサギ、ヘラサギ、クロツラヘラサギ、リュウキュウヨシゴイ、ササゴイ、ゴイサギ等		ねぐら(+1) 採餌(+1) 休息(+1) 繁殖(+2)	ねぐら(+1) 休息(+1) 繁殖(+2) (リュウキュウヨシゴイ)					採餌(+1)
カモ類	コガモ、オカヨシガモ、シマアジ、ヒドリガモ等	ねぐら(+1) 採餌(+1) 休息(+1)	採餌(+1)					ねぐら(+1) 休息(+1)	採餌(+1)
カモメ類	ウミネコ、ユリカモメ、ズグロカモメ							ねぐら(+1) 休息(+1)	採餌(+1)
アジサシ類	コアジサシ、ベニアジサシ、エリグロアジサシ、クロハラアジサシ						ねぐら(+1)※ 休息(+1)※ 繁殖(+2) (コアジサシ)	ねぐら(+1) 休息(+1) 繁殖(+2)	
猛禽類	ミサゴ、ハヤブサ					ねぐら(+1) 休息(+1)		休息(+1)	採餌(+1)
樹林種	メジロ、ヒヨドリ、シジュウカラ等					ねぐら(+1) 採餌(+1) 休息(+1) 繁殖(+2)			
草地・市街地種	セッカ、リュウキュウツバメ、イソヒヨドリ等			ねぐら(+1) 採餌(+1) 休息(+1) 繁殖(+2)	ねぐら(+1) 採餌(+1) 休息(+1) 繁殖(+2)	ねぐら(+1)		ねぐら(+1)	休息(+1) 採餌(+1)
水辺種	カワセミ、バン、カイツブリ、リュウキュウヒクイナ、タシギ	ねぐら(+1) 採餌(+1) 休息(+1) 繁殖(+2)	ねぐら(+1) 採餌(+1) 休息(+1) 繁殖(+2)	休息(+1) 繁殖(+2)					
利用ポイント（繁殖は2ポイント、その他1ポイント）		8	12	12	7	8	6	(12)	(8)
場の存在状況 計画地周辺で場が限られている場合は「○(+1ポイント)」 計画地周辺に場が十分存在する場合は「×(0ポイント)」		○ (+1ポイント)	○ (+1ポイント)	× (0ポイント)	× (0ポイント)	× (0ポイント)	○ (+1ポイント)		
維持・管理 維持・管理の頻度で、多、中、少に分類 多(0ポイント)、中(1ポイント)、少(+2ポイント)		少 (+2ポイント)	少 (+2ポイント)	多 (0ポイント)	多 (0ポイント)	少 (+2ポイント)	少 (+2ポイント)		
住民の要望 住民が関心を持つグループが利用している場合に「○(+1ポイント)」		○ (+1ポイント)	○ (+1ポイント)	○ (+1ポイント)	○ (+1ポイント)	○ (+1ポイント)	○ (+1ポイント)		
評価		○ 12ポイント	◎ 16ポイント	○ 13ポイント	△ 8ポイント	○ 11ポイント	○ 10ポイント	評価しない	評価しない
		・種の多様性確保、維持管理を考慮し、優先度が高いと考える。 ・既存な設計結果から、生息可能性が高いと考えられる。しかし、水が枯れる恐れがある。		・自然発生的に淡水池周辺に形成されると考える。	・集落会議所の意見、類似した環境が付近に存在し、維持、管理も困難なことから、優先度が低いと考える。	・種の多様性確保、維持管理を考慮し、優先度が高いと考える。	・希少種の繁殖場の確保、維持、管理を考慮し、優先度が高いと考える。 ・固有種およびその他種のガレ場が利用できる。		

●岩礁については、護岸、防波堤、突堤が、代替的な役割を果たすため、優先度は低い。
●干潟は、周辺に広く残存（存在）する環境であり、優先度が低い。
●海上、ダム湖、耕作地等の表1よりの未記載環境は、人工島に創造するのが困難な環境である。

※：荒地（ガレ場）における、アジサシ類のねぐら・休息については、表1に記載はないが、GIS により利用が確認されたため記載した。

人工島環境整備専門部会事務局（事業者）は（表6）に基づいて、ポイントが高い「淡水池」、「ヨシ原」、「森林」、「荒地(ガレ場)」の整備を提案した。[45] 委員から「異論は出ずに」了承された。

「(表6）野鳥園に整備する環境の選定」の問題点は次の通り。

①環境保全措置に資するかどうかの評価項目がない。

②専門家等からの指導・助言の内容が十分に反映されていない。

①「環境保全措置に資するかどうかの評価項目がない」点について

野鳥園の整備に当たっては、その内容が「環境保全措置」となっているかどうかが問われる。「環境影響評価準備書」に対する沖縄県知事の意見には、「当該海域は、鳥類の良好な採餌・休息の場となっているほか、…（略）…環境保全上重要な場所である。したがって、当該地域については、自然環境の保護・保全に配慮するよう事業実施計画に反映されたい。」[46] とある。平成十二年十月二十六日に、「中城湾港港湾管理者　沖縄県代表者　沖縄県知事」宛に提出された、沖縄県文化環境部長による「中城湾泡瀬地区の公有水面埋め立て承認に関する意見について（別紙）」では、「泡瀬干潟は、シギ・チドリ類等の渡り鳥の重要な生息の場である。」とあり、中城湾港泡瀬地区環境監視委員会でも、工事中の監視調査で「シギ・チドリ類の種類数、個体数：渡りの時期（秋季と冬季）における出現総種類数及び総個体数を、同時期の事前調査結果と比較する。」とし、モニタリングしてきた。このように、シギ・チドリ類等の渡り鳥は、本事業では保護・保全の対象となってきた生物種である。

計画地周辺における野鳥の出現状況についてＧＩＳを用いてまとめた結果「図３　各グループの計画地周辺における分布状況（平成二十五年度調査結果）」[47]からも、シギ・チドリ類が最も干潟を利用しているグループであった。（表４）で示されているように、ムナグロの個体数はすでに三分の一程度に減少しているが、シギ・チドリ類は、干潮時に主に干潟に分布し、満潮時には主に人工島、比屋根湿地、米軍泡瀬通信施設に分布が集中し、沖縄県総合運動公園でも出現が確認できた。シギ・チドリ類にとって、現在でも人工島は、満潮時のねぐら・休息地としての役割を果たしており、今後人工島の人間による利用が始まれば、シギ・チドリ類は、「満潮時のねぐら・休息地」という生息地を失うこととなる。そのような生息地の損失を補うために、野鳥園が「満潮時のねぐら・休息地」となる空間や環境を提供することができれば、環境保全措置（代償措置）として大きな効果が期待できる。しかしながら、ムナグロなどの潮間帯干潟を利用するタイプのシギ・チドリ類が「満潮時のねぐら・休息地として、主に利用すると事業者が見なしているは環境」は重視されることはなく、選択されなかった。（表６）で重視された判断項目が、環境保全措置（代償措置）に資するのか、再評価する必要がある。

② 「専門家等からの指導・助言の内容が十分に反映されていない」点について

(ア)事業者は、野鳥園に整備する環境の選定に当たって「専門家等の指導・助言」を尊重したのか

平成二十六年度　中城湾港泡瀬地区環境保全・創造検討委員会　第一回　人工島環境整備専門部会において、鳥を専門とする委員は、野鳥園の役割として、干潟に採餌のため多く飛来するシギ・チドリ類の「満潮時の休息地やねぐら」を案として挙げていた。(48) それに対して、人工島環境整備専門部会事務局は、①残存する干潟を主に利用する鳥は、野鳥園に誘引する優先度は低い、②ランニングコストをいかに低減させていくかが課題で、約5ヘクタールという身の丈に合った施設整備を考えてコストを意識した施設導入を検討したい(49)等と、異論を唱えた。事務局の意見に対して、鳥を専門とする委員は、満潮時には、冬場に使われていない沖縄県総合運動公園のプール施設をムナグロがねぐらにしていることを説明した上で、犬や猫、人などの攪乱の少ないシギ・チドリ類の休憩場やねぐらが必要であることから、それらを整備することでシギ・チドリ類を野鳥園に誘引する可能性を再度指摘し、(50) 反論した。事務局は、どういう野鳥を誘引するか等の考え方については、この鳥を専門とする委員とも相談しながら十分に検討していきたい(51)と答弁したが、その三か月後の平成二十六年度　第二回　人工島環境整備専門部会以降も、専門家の指導・助言は評価項目の一つとして記述して示されることはなく、事務局の提案に対して委員からの異議は出ず、事務局案が採択されていくことになった。

人工島環境整備専門部会は非公開のため決定過程の詳細は不明であるが、野鳥園に整備する環境

の選定に当たって、「専門家等の指導・助言」がどのように尊重されたのか疑問を残している。

(イ)事業者は、野鳥園に整備する環境の選定に当たって十分な「専門家等の指導・助言」を得たのか

本事業に係る「環境影響評価準備書」に対する沖縄県知事の意見として、「なお、野鳥園の造成に当たっては、予め専門家等の指導・助言を得るとともに、県と協議して実施すること。」が示されている。それに対して、事業者は、「また、この野鳥園の造成に当たっては、実施設計の段階で予め専門家等との指導・助言を得るとともに、県文化環境部と協議して実施するよう、県土木建築部に要請してまいります。」と見解を示している。[52]

実際には、事業者は「中城湾港泡瀬地区環境保全・創造検討委員会」の専門部会である「人工島環境整備専門部会」において、専門家等の意見を聴きながら、野鳥園等の基本方針を策定したと説明している。「人工島環境整備専門部会」の中で鳥の専門家は一人のみで、同専門部会は非公開、資料は後日公開となっている。

ここで専門家に求められる指導・助言の内容としては、「どのように野鳥園整備が、環境保全措置として役割を果たすかどうか」であろう。この問いに答える専門家は一人で十分だろうか。より良い環境保全措置の効果を求めるのであれば、泡瀬干潟の野鳥に詳しい専門家及び、人工島「潮乃森」の「環境保全措置」に関する課題の解決に助言して下さる専門家に幅広い指導と助言を求め、それらを整理し、評価項目として考慮すべきであったのではないだろうか。例えば、専門家等には

次の方達が考えられる。（1）野鳥園整備に関する有識者や技術者、（2）野鳥研究者、（3）野鳥が飛来する湿地のモニタリングと管理、湿地センター（野鳥園を含む）の運営に実績のある者、（4）CEPA活動に実績のある者、（5）地元NGO、そして、（6）沖縄県環境文化部など。事業者は、これらの専門家から実施設計の段階を待たず、より早い段階で指導・助言を求めるべきである。その一方で、泡瀬地区における工事中・埋立地の存在に係る事後調査結果及びその結果を基に開催される「中城湾港泡瀬地区環境監視委員会」と「中城湾港泡瀬地区環境保全・創造検討委員会」の結果について報告を受ける立場にある沖縄県環境文化部も、より早い段階で指導・助言を行うべきではないだろうか。

五　人工島「潮乃森」の未来像～香港湿地公園を事例にして～

中城湾港泡瀬地区環境保全・創造検討委員会 人工島環境整備専門部会は、野鳥園の先進地として、二〇世紀後半に建設された歴史ある、東京港野鳥公園、葛西臨海公園、なぎさの森を視察した。いずれの施設も入場料は低額又は無料で、入園料収入の他に東京都が維持管理費等として指定管理者に委託契約費を支払う形で予算が確保され、管理が行われている。視察先選びで疑問が残るのは、同専門部会が視察を実施した二〇一四年時点では、いずれの訪問地もラムサール登録湿地とは関連性がなく、CEPAプログラムのような教育プログラムの実績がある野鳥園ではなかった点である。

なぜ、ＣＥＰＡプログラムで著名ないずれもラムサール登録湿地に隣接する「谷津干潟自然観察センター（千葉県習志野市）」や「漫湖・水鳥湿地センター（沖縄県豊見城市）」が先進地として位置づけられなかったのか。そこには、埋立事業を進める側の、野鳥園整備を埋立事業後の免罪符として位置づけ、最小限の予算で整備を済ませようとする意図はないだろうか。

中城湾港泡瀬地区環境保全・創造検討委員会で委員を務めている清野は、アジアの湿地センターのレベルは上がっているとして、野鳥園のモデルの一つとして、香港湿地公園を推薦している。その理由として、①環境教育プログラム、それを支える人的な奥深さ、②都市的空間との調和の設計の工夫、③観光、教育、そして地元の社会教育ための施設とプログラムなど、(53)を挙げている。

筆者も以前、香港湿地公園を訪れたことがあるが、同公園は展示も充実しており、隣接するラムサール登録湿地「米埔（マイポ）湿地とインナーディープベイ」ほどではないものの、人工湿地とは思えないほど野鳥観察が楽しめる場所であった。さらに同公園は次のように、とても興味深い。

中華人民共和国 香港特別行政区の元朗区の西部に位置する新興住宅街天水井北部で、ラムサール登録湿地「米埔湿地とインナーディープベイ（一五四〇ヘクタール）」に隣接する香港湿地公園は、一ヘクタールのビジターセンターと六〇ヘクタールの湿地保護区から成る自然に親しむテーマパークで、同公園の湿地保護区には、湿地の喪失に伴う代替措置として造られた、淡水湿地、池、マングローブ、葦原、干潟が含まれている。二〇〇六年にオープンして以来、世界級の湿地保全、教育および観光施設として多くの訪問者を国内外から集めている。(54)

オープン以来、同公園は、ラムサール条約で規定されているコミュニケーション、教育、参加及び意識向上（CEPA）プログラムを実行している。二〇一七年には、四万人を超える海外観光客を含む約四八万人の訪問者が訪れており、訪問者の構成は、三〇％がグループ訪問者（学校グループ、NGO（非政府組織）、慈善団体、地元の旅行グループ）、七〇％が個人訪問者、家族客、自然愛好家などであった。[55]香港湿地公園学校活動便覧を始め、教材がとても充実しており、教材は、同公園のホームページから閲覧及びダウンロードが可能で、学校関係者の満足度も高い。また、同公園のボランティアプログラムは、教育、運営、環境保全のほぼすべての面で公園を支援するだけでなく、情熱的な個人に湿地保全に参加する貴重な機会を提供するために一〇〇〇人以上の活動的なボランティアを採用しており、多様な教育プログラムにより、同公園は全ての層の人々の湿地保全に対する意識を向上させ、訪問者に楽しい旅を提供している。[56]

一方で、六一ヘクタールの香港湿地公園の成功を、五ヘクタールの人工島「潮乃森」の野鳥園・人工海浜ゾーンに再現することは、規模の面で無理がある。それに対して、次のような土地利用計画を清野は提案している。

人工島の名前が「潮乃森」に決まったのであれば、塩田を再生しつつ、その場所をシギ・チドリ類の飛来地にするのはどうでしょう。（栽培漁業センターなど機能の類似したものもまとめて、）健康増進ゾーンも、塩湿地の木道にするなど。[57]

つまり、人工ビーチの砂の動きなどをモニタリングしながら、ビーチの後背地の土地利用計画を再検証するとともに、湿地公園的な機能の土地利用をまとめて、そのゾーンの中に野鳥園、栽培漁業センター、健康医療施設用地などを組み込むというアプローチである。

泡瀬干潟のラムサール条約登録を見据えて、ＣＥＰＡプログラムを展開することができれば、規模は小さくとも、持続的な湿地の保全、湿地の自然環境及び文化的側面も伝える教育と観光、ワイズユースの取り組みに繋げていけるのではないだろうか。

六　おわりに

筆者は、二〇一七年に香港のラムサール登録湿地「米埔湿地とインナーディープベイ」と隣接する「香港湿地公園」をゼミ生と一緒にゼミ調査で訪問したことがあるが、米埔湿地の日々の管理・運営は、世界自然保護基金（ＷＷＦ）香港のスタッフが担当していた。

英国の植民地支配が続く一九八三年よりＷＷＦ香港は、「米埔湿地とインナーディープベイ」の一部の管理を始めており、香港及び中国南部におけるラムサール条約湿地の創設は、ヨーロッパのスイスに本部を置く世界的な環境団体、世界自然保護基金（ＷＷＦ）の香港支部である、ＷＷＦ香港の働きによるところが大きい。また、香港湿地公園の設立にも、英国において湿地保護区の管理とビジターセンターの運営について約七〇年以上の実績のある「野鳥・湿地基金（WWT：the

Wildfowl & Wetlands Trust）」の子会社[58]が関わるなど、香港の湿地保全の活動は、かつての宗主国であった英国やヨーロッパにおける自然保護の思想や技術移転によって支えられているようにも見受けられる。植民地支配は、植民地の資源や人々を搾取する構造である。その一方で、英国やヨーロッパ発の湿地保全の思想や技術は、人々の支持を得て、香港を拠点に中国南部へ国際的なネットワークに支えられてＮＧＯが伝播し、現在、中国において革新的な取り組みをもたらし始めている。

香港湿地公園の事例も、開発の在り方を香港政府や人々が選び取ってきた結果と言えよう。重要な点は、事業費の規模ではなく、地域に存在していた自然環境を保全し、ワイズユース（賢く利用）していく活動を通して、長期的な視点で人財を育み、新しい持続的な経済活動を生み出していけるかどうかではないだろうか。このような発展の方法は、ショッピングモールのように商業活動のノウハウのある他者が、法人税を落としてくれるわけでもなく、容易ではない。地域の自然や文化に基づいた教育プログラムの開発やボランティアの育成など、そこに住む人々が汗を流して長期にわたって作り上げる以外、方法はないのである。しかしながら、地域が作り上げるそのような仕組み、人財やサービスは、簡単に奪われることはないものである。

翻って沖縄には、第二次世界大戦以降七〇年余り米軍基地が置かれている。軍人・軍属二七八三七人、家族一九四六三人、合計四七三〇〇人[59]が駐留し、米軍基地の中には、保育園から大学に至るまで教育機関も存在する。米国においてもサンフランシスコ湾周辺の取り組みに見られるように、湿地保全活動と湿地教育の取り組みは盛んである。これまで沖縄においても漫湖・水鳥湿地センターが建設され、湿地の保全と啓発活動に多くの成果を挙げてきた。しかし、予算等の関係から、沖縄に居住する外国人や海外からの観光客を訪問客として想定した活動にはなり得ていない。米軍基地との関わり方については、いろいろな立場や意見があるものの、沖縄の湿地の価値や保全の必要性、ワイズユースの在り方について米軍基地関係者、特に子供たちに伝えていくことは、平和で自然豊かな沖縄の未来に繋がる取り組みに成り得るのではないだろうか。

数多くの諸外国人が住んでいる沖縄市は、昭和四九年一〇月二十六日に「国際文化観光都市宣言」を行い、これまで様々な取り組みを行ってきた。そしてこれからは、泡瀬の人々や泡瀬の自然に関心のある市民によって残されてきた東海岸の泡瀬干潟と人工島「潮乃森」においてこそ、規模こそは及ばないものの香港湿地公園のように、湿地保全、教育および観光施設を兼ね備えた空間の形成が可能であろう。そして、多くの関係者が集い、議論し、協働するプロセスを通して、湿地の保全とワイズユース、ＣＥＰＡを軸にした国際的で革新的な街づくりの取り組みが成し得ると信じている。

謝辞：本稿の執筆にあたって、多くの方から資料のご提供やアドバイスを頂いたことにお礼申し上げます。特に、沖縄野鳥の会会長の山城正邦氏には、泡瀬干潟で見られる渡り鳥についてのデータ、渡り鳥の特徴、生息地に必要な条件など、専門的な知識をご提供頂いた。心より感謝申し上げます。

参考文献・参考ＵＲＬ

（1） 「特に水鳥の生息地として国際的に重要な湿地に関する条約（昭和五五・九・二二 条約二八）注 平 六・ 四・ 二 九 条 約 一 改 正 現 在 」 https://www.env.go.jp/nature/ramsar/conv/treaty/RamsarConventionText_JP.pdf

（2） Ramsar Convention Secretariat "GLOBAL WETLAND OUTLOOK State of the world's wetlands and their services to people 2018"https://www.global-wetland-outlook.ramsar.org/

（3） ウェットランド・インターナショナル「（二〇一八年世界湿地の日の日本語版マテリアル）ハンドアウト１：都市の湿地：無用どころか、とても重要な土地」、URL: http://urx.red/XDF1

（4） 磯崎博司「ラムサール条約の現状と課題 ―モントルー会議から釧路会議に向けて」『季刊環境研究』第八二号（一九九一年、環境調査センター）、一五二～一六一頁。

（5） 環境省「ラムサール条約とは」http://www.env.go.jp/nature/ramsar/conv/About_RamarConvention.html#point3

（6） 登録湿地の選定基準１～８は、Resolution VII.11 Strategic framework and guidelines for the future development of the List of Wetlands of International Importance, http://archive.ramsar.org/pdf/res/key_res_vii.11e.pdf、日本語訳は、第７回締約国会議決議VII.11「V. 国際的に重要な湿地を指定するための基準及び長期目標、並びにその適用のためのガイドライン」に基づいている。環境省（一九九九年五月一〇～一八日）「ラムサール条約第７回締約国会議の記録」七八～八四頁、http://www.

env.go.jp/nature/ramsar/ramsar_all.pdf。登録湿地の選定基準９は、Resolution IX.1 Annex B Revised Strategic Framework and guidelines for the future development of the List of Wetlands of International Importance、http://archive.ramsar.org/pdf/res/key_res_ix_01_annexb_e.pdf、日本語訳は、第9回締約国会議決議IX.1 付属書B「国際的に重要な湿地のリストを将来的に拡充するための戦略的枠組み及びガイドライン」の改正http://www.env.go.jp/nature/ramsar/09/9.01_B.pdfに基づいている。その他、環境省「ラムサール条約とは」http://www.env.go.jp/nature/ramsar/conv/About_RamsarSite.htmlの説明も分かりやすい。

(7) 第一二回締約国会議決議VIII.11　添付文書B「戦略的枠組み用語集」環境省（一九九九年五月一〇～十八日）「ラムサール条約第12回締約国会議の記録」八九～九〇頁、http://www.env.go.jp/nature/ramsar/ramsar_all.pdf

(8) 前掲注(5)に同じ。

(9) 沖縄市（平成二十二年七月）「東部海浜開発土地利用計画検討調査業務報告書概要版」２頁の図1-1 https://www.city.okinawa.jp/userfiles/files/page/about/758/h2207_gaiyoban.pdf を筆者が加工した。

(10) 泡瀬復興期成会『写真集ふるさと泡瀬』（一九九八年、泡瀬復興期成会）、二三六頁。

(11) 二〇一九年三月二五日の沖縄総合事務局　那覇港湾・空港整備事務所　中城湾港出張所職員への電話でのヒアリングによる。

(12) かつて「中城湾港泡瀬地区　環境監視委員会」の委員を務めた、日本自然保護協会　保護研究部の開発法子氏は、次のように問題点を指摘している。「一九九九～二〇〇〇年に実施された泡瀬干潟の埋め立て事業の環境影響評価（以下アセス）における最大の問題点は、泡瀬干潟の自然の特徴である干潟と海草藻場の生態系が適切に評価されなかったことです。例えば海草藻場に生息する多様な貝類や甲殻類などを多種見落としており、事後調査では貝類は五倍以上の種が確認されました。海草も現在は十三種の生育が分かっていますが、アセスでは八種しか確認されていませんでした。最近では、沖合いの護岸工事が進むにつれ、潮の流れが変わり、砂洲の形が変わるなど地形変化が生じていますが、アセスでは、何の影響予測もされていませんでした。」開発法子（日本自然保護協会　保護研究部）「沖縄・泡瀬干潟の保全」会報『自然保護』No.四七七（二〇〇四年一月）、URL：https://www.nacsj.or.jp/archive/protect/awase/

(13) 沖縄市（平成二十二年七月）「東部海浜開発事業～国際文化観光都市の実現を目指して～」三頁、https://www.city.okinawa.okinawa.jp/userfiles/files/page/about/758/totiriyoukeikaku.pdf

(14) 沖縄市「東部海浜開発計画　主な経緯」https://www.city.okinawa.okinawa.jp/about/707/757

(15) 沖縄総合事務局　那覇港湾・空港整備事務所　中城湾港出張所「環境アセスメント」http://www.dc.ogb.go.jp/nakagusukuwankou/detail.jsp@id=18&menuid=17&funcid=1.html

(16) 沖縄総合事務局　那覇港湾・空港整備事務所　中城湾港出張所「事業の経緯」http://www.dc.ogb.go.jp/nakagusukuwankou/detail.jsp@id=11&menuid=10&funcid=1.html

(17) 内閣府沖縄総合事務局開発建設部・沖縄県土木建築部・㈶港湾空間高度化環境研究センター（平成十三年

二月二十八日）「平成十二年度　中城湾港泡瀬地区環境監視・検討委員会　第一回委員会　資料２（事業概要について）」三頁、http://www.dc.ogb.go.jp/nakagusukuwankou/UserFiles/File/kanren_siryou/kankyo_hozen/h12_01/document05.pdf

(18)　内閣府沖縄総合事務局開発建設部・沖縄県土木建築部・沖縄市　建設部　東部海浜開発局・一般財団法人みなと総合研究財団（平成二十四年二月二十四日）「平成二十三年度第１回　中城湾港泡瀬地区環境保全・創造検討委員会　参考資料１　東部海浜開発事業について」http://www.dc.ogb.go.jp/nakagusukuwankou/UserFiles/File/kanren_siryou/kankyo_hozen/h23_01/document03.pdf

(19)　平成三十年度　第１回　中城湾港泡瀬地区環境保全・創造検討委員会「参考資料３　行動計画のとりまとめ（案）」１～２頁「検討経緯」（平成三十一年二月二十一日）http://www.dc.ogb.go.jp/nakagusukuwankou/UserFiles/File/20190306/s03sankoushiryou3.1.pdf

(20)　環境省（平成二十二年九月三〇日）「ラムサール条約湿地潜在候補地の選定について（お知らせ）（別紙資料２）潜在候補地リスト」十六頁、http://www.env.go.jp/press/files/jp/16314.pdf

(21)　環境省（平成二十二年九月三〇日）「ラムサール条約湿地潜在候補地の選定について（お知らせ）（別紙資料１）国際基準１～９に基づく潜在候補地の選定方法」四頁、http://www.env.go.jp/press/files/jp/16313.pdf

(22) 公益財団法人 山階鳥類研究所（二〇一五年四月十六日）「明らかになってきたムナグロの渡り」http://www.yamashina.or.jp/hp/ashiwa/news/201503munaguro.html

(23) 環境省「日本で観察されるシギ・チドリ類とその推定個体数」https://www.env.go.jp/press/files/jp/2682.html

(24) 環境省モニタリングサイト一〇〇〇プロジェクト SIG02.zip、http://www.biodic.go.jp/cgi-bin/question/fileDL.cgi?SIG02よりダウンロードした。

(25) 二〇一九年三月二四日の沖縄野鳥の会会長山城正邦氏へのヒアリングによる。

(26) 環境省「鳥獣保護区制度の概要」https://www.env.go.jp/nature/choju/area/area1.html

(27) 沖縄県（二〇一七年三月）「第十二次鳥獣保護管理事業計画」一〇頁、https://www.pref.okinawa.jp/site/kankyo/shizen/documents/dai12ji_tyoujyuukeikaku_rev2.pdf

(28) 前掲注(27)五頁。

(29) 前掲注(27)七頁。

(30) 中城湾港泡瀬地区環境保全・創造検討委員会（平成二十八年三月）「世界に誇る沖縄市の宝物　あわせ」四頁、http://www.dc.ogb.go.jp/nakagusukuwankou/UserFiles/File/20170301/hozensouzouiinkai/sankoushiryou2.1.pdf

(31) 渡り鳥及び絶滅のおそれのある鳥類並びにその環境の保護に関する日本国政府とオーストラリア政府との間の協定（昭和五十六年四月三十日号外条約第三号）改正　昭和六十年三月十八日外務省告示第六三号、平

成二十一年一月十六日外務省告示第一号、http://www.houko.com/00/05/S56/003.HTM

(32) 国際的に協力して種の保存を図ることとされている絶滅のおそれのある野生動植物の種

(33) 「図 2.4.8 コアジサシ繁殖状況調査結果」「表 2.4.7 コアジサシの繁殖状況」『平成三十年度 中城湾港泡瀬地区環境監視委員会 第一回 委員会資料 (平成二十九年度環境監視調査結果)』2-27頁 http://www.dc.ogb.go.jp/nakagusukuwankou/UserFiles/File/20180723/04shiryou2.1.pdf

(34) 環境省大臣官房環境影響評価課（平成十三年九月）「自然との触れ合い分野の環境影響評価技術検討会中間報告書 自然との触れ合い分野の環境影響評価技術（III）環境保全措置・評価・事後調査の進め方について」https://www.env.go.jp/policy/assess/4-1report/02_sizen/3/souron_2.html

(35) 内閣府沖縄総合事務局（2011年）「埋立地用途変更・設計概要変更 承認申請書（中城湾港泡瀬地区）添付図書（5）環境保全に関し講じる措置を記載した図書」四―一頁。

(36) 前掲注(35)四―七頁。

(37) 右上の図と右下の図：「平成二十六年度中城湾港泡瀬地区環境保全・創造検討委員会第一回人工島環境整備専門部会 資料二（概要版）【計画地及び周辺地域の状況】」一頁、https://www.pref.okinawa.jp/site/doboku/kowan/kaihatsu/awase/documents/h26-1-jinkoutou03.pdf
左図：「中城湾港（泡瀬地区）野鳥園及び人工海浜（生物・学習エリア）に関する基本方針」九頁https://www.pref.okinawa.jp/site/doboku/kowan/kaihatsu/awase/documents/yatyouenkihonhousinn.pdf を筆者が加工した。

(38)（平成二十六年十月二十四日）「平成二十六年度中城湾港泡瀬地区環境保全・創造検討委員会　第一回　人工島環境整備専門部会　議事録」六ページの事務局（佐藤氏）の発言https://www.pref.okinawa.jp/site/doboku/kowan/kaihatsu/awase/documents/h26-1gijiroku.pdf

(39)（平成二十七年一月二十六日）「平成二十六年度中城湾港泡瀬地区環境保全・創造検討委員会第二回　人工島環境整備専門部会　議事録」十九頁ページの事務局(小谷氏)の発言https://www.pref.okinawa.jp/site/doboku/kowan/kaihatsu/awase/documents/h26-2gijiroku.pdf

(40)前掲注(25)に同じ。

(41)内閣府沖縄総合事務局開発建設部・沖縄県土木建築部・(財)港湾空間高度化環境研究センター（平成十五年六月三十日）「平成十五年度　中城湾港泡瀬地区環境監視委員会　第一回委員会資料〈環境影響評価図書等の概要〉」七五頁、http://www.dc.ogb.go.jp/nakagusukuwankou/UserFiles/File/kanren_siryou/kankyo_kansi/h15_01/document12.pdf

(42)内閣府沖縄総合事務局開発建設部・沖縄県土木建築部・沖縄市東部海浜開発局・沖縄環境調査株式会社「平成二十七年度中城湾港泡瀬地区環境保全・創造検討委員会第一回人工島環境整備専門部会参考資料１：中城湾港（泡瀬地区）野鳥園及び人工海浜（生物・学習エリア）に関する基本方針」一頁、https://www.pref.okinawa.jp/site/doboku/kowan/kaihatsu/awase/documents/h27dai1kai_sankou1.pdf

(43)（平成二十七年一月二十六日）「平成二十六年度　中城湾港泡瀬地区環境保全・創造検討委員会　第二回　人工

島環境整備専門部会 資料2 野鳥園へ整備する環境について」三頁、https://www.pref.okinawa.jp/site/doboku/kowan/kaihatsu/awase/documents/h26-2-jinkoutou03.pdf

(44) 前掲注(43)八頁「表3 野鳥園に整備する環境の選定」

(45) 前掲注(39)六頁。

(46) 前掲注(41)に同じ。

(47) 前掲注(43)五頁。

(48) 前掲注(36)十九頁の嵩原委員の発言。

(49) 前掲注(38)二一～二三頁の事務局（小谷氏）の発言。

(50) 前掲注(38)二七頁の嵩原委員の発言。

(51) 前掲注(38)二三頁の事務局（小谷氏）の発言。

(52) 前掲注(39)に同じ。

(53) 筆者によるメールでの問い合わせに対する、2019年2月23日付けの清野 聡子氏（九州大学大学院工学研究院環境社会部門生態工学研究室准教授）からの回答による。

(54) 香港湿地公園のホームページ（https://www.wetlandpark.gov.hk/en/）の説明に基づく。

(55) TSANG Yu-man (Wetland Park Manager / Education & Community Services Hong Kong Wetland Park Agriculture, Fisheries and Conservation Department)"Introduction on Hong Kong Wetland Park: Communication, Education, Participation and Awareness (CEPA) Programme"(ア

ジア湿地フォーラム二〇一七講演資料）

(56) Cheng Chui Yu, Josephine, Hong Kong Wetland Park"Case study 5.4: *Using different media,*" Ramsar Secretariat(2014) *Handbook on the Best Practices for Planning, Design and Operation of Wetland Education Centres.* Gland, Switzerland: Ramsar Convention Secretariat, p.48. Available at http://www.ramsar.org

(57) 二〇一九年二月二十一日の清野聡子氏（九州大学大学院工学研究院環境社会部門生態工学研究室准教授）へのヒアリングへの回答及び同日の筆者によるメールでの問い合わせに対する清野聡子氏の回答に基づく。

(58) WWT Consulting"Company profile"https://www.wwtconsulting.co.uk/about-us/

(59) 平成二十三（二〇一一）年六月末現在。平成二十四年以降は非公表。沖縄県（平成二十八年十一月二十一日）「第1回全国知事会米軍基地負担に関する研究会沖縄県配付資料」二頁、http://www.nga.gr.jp/ikkrwebBrowse/material/files/group/2/04% 20161121okinawa.pdf

干潟における環境と地域発展

～沖縄、日本、韓国を事例として～

呉　錫　畢

呉　錫畢・お　そくぴる
所属：経済学部　地域環境政策学科　教授
主要学歴：一九九〇年、東京大学（院）農学系研究科修士課程修了。九一年、同大学院博士後期課程中退、九二年、北海道大学（院）環境科学研究科博士後期課程に入学、九五年、修了、博士（環境科学）。
主要著書：
『環境政策の経済分析』、日本経済評論社、一九九九、（単著）、『環境・経済と真の豊かさ』、日本経済評論社、二〇〇八、（単著）、*「済州特別自治道の現在・展望及び考察―済州の新たな挑戦―」、『沖縄自治州―特例型沖縄単独州を求めて―』、琉球書房、二〇一三、（共著）、*「「エコアイランド宮古島の挑戦とその可能性」、沖縄経済環境研究所叢書、『宮古の挑戦―エコアイランドによる地域活性化―』、二〇一六、（共著）
〈主要論文(単著)〉
「国立諫早湾干拓事業と地域発展に関する一考察」、沖縄国際大学、経済論集第七巻第一号、二〇一八、「韓国の泰安（テアン）沖における油流出事故の状況とその対策」、南島文化研究所、地域研究シリーズ　No.四四、二〇一八。
※役職肩書等は講座開催当時

一　はじめに

干潟（Tidal flat）とは潮の満ち引きにより、冠水と露出（干出し）を繰り返す内湾沿岸の砂泥地である。[(1)] 干潟は生物の生息場所を提供しているだけではなく、物質循環・水質浄化機能もある。日本で干潟の価値が一般に知られるようになったのが有明海の泡瀬干潟埋立事業であった。諫早湾干拓事業と関連したドキュメンタリー番組[(2)]で漁業者と営農者が叫ぶ姿に凍り付いた。諫早湾は有明海に面した日本最大級の干潟で、干拓事業が行われていた。震えながら叫ぶ営農者ら、また反対側で怒っている漁業者らの姿、潮受け堤防の開門を巡って大きな社会問題となっている。諫早湾堤防を開門することによって農業に甚大な被害をもたらすと主張する営農者に対して、漁業者は堤防が閉め切られたままであれば漁業に甚大な被害をもたらすという。国の政策に翻弄されてきた象徴的な出来事で、いまだに解決しないままその葛藤は深まるばかりである。

ところで、沖縄でも類似な問題を抱えているのが、泡瀬干潟埋立事業である。周知のとおり沖縄は失業率が全国平均よりつねに高い。このような高い失業率のような経済問題を解決する手段として泡瀬干潟埋立事業が始まった。そして、諫早湾干拓事業のように泡瀬干潟埋立を反対する市民団体が訴訟した第一次裁判では、埋立事業が経済的合理性がないとのことで工事を中止した。しかし、規模縮小後、第二次裁判では経済的合理性があるとのことで工事を続行した。

このような問題は、泡瀬干潟や諫早湾の問題に限ることではなく、経済と環境の緊張・葛藤関係を表す一例にすぎず、多くの地域で見られる。諫早湾干拓事業で営農者、漁業者は潮受け堤防の開門を巡って四半世紀を迎える今日でも解決できず社会問題となっている。韓国のセマングム干拓事業でも同じ課題を抱えており、公共事業は利害関係者に様々な社会的影響を与えている。本稿では、泡瀬干潟、諫早湾、諫早湾と類似な韓国のセマングム干潟、そして、干拓事業の舵を切り、変わりつつある始華湖干潟、景観農業を目指す順天湿地を事例として取り上げながら、真の地域発展とは何か、干潟の経済から考察する。

二　沖縄の泡瀬干潟埋立事業

1　事業推進の経緯

泡瀬干潟埋立事業[(3)]は、一九八六年に東部海浜開発計画についての具体的な検討がスタートし、翌年の一九八八年に策定された。最初の埋立面積は二四〇haで陸続きの計画であった[(4)]が、地元住民らの合意形成が図られていないため、地元からの要請や代替案を受けて出島方式の修正案が作成され、面積も一九四・五haの人工島とした（一九九一年）。一九九五年には県は港湾事業に位置付け参画し、この時の埋立面積は一八五haであった。そして、一九九八年に国は新港地区多目的国際ターミナル整備事業における「航路・泊地の浚渫土砂」を泡瀬地区へ有効活用することを決定しこの事業に参画した[(5)]。早期着工を促す市民らの影響により、二〇〇一年に国が、二〇〇五年に県が海上工事に着手したが、この年に埋立事業に反対する住民が公金支出差止訴訟を提起した。

ところで、翌年の二〇〇六年には埋立事業に否定的であった市長が誕生し、情報公開、専門家や市民による検討を踏まえて事業の有り方を判断するとの考えを示した。二〇〇七年に市長は、第1区域は事業を認めるが、第2区域については見直しを前提に推進すると表明した。ところが、二〇〇八年に住民訴訟第1審で、「一切の公金支出差止」との判決を受けて、県と市は判決を不服とし控訴した。二〇〇九年の第2審でも「調査費を除く公金差止」との判決が下された。その理由は、新たな土地利用計画の全容が明らかとなっていない現段階においては、これに〝経済的合理性があると認めることはできない〟とのことであった。両方とも上告しなかったので判決が確定され、工事は中断した。しかし、二〇一〇年に、沖縄市の土地利用計画の見直し案が策定され、前回より半分に当たる九五haの埋立を策定し、二〇一一年には、国と県が工事を再開した。一方、同年に埋立事業に反対する住民らは、第2次公金支出差止を提訴した。ところが、第2次泡瀬干潟埋め立て訴訟の控訴審（二〇一六年一一月八日）では〝裁量権の範囲内で、経済的合理性は著しく妥当性を欠かない〟と判決した[(6)]。つまり、今度は経済的合理性が認められたのである。そして、二〇一七年に、埋立反対側の敗訴が確定され、工事は再開された。

2　埋立事業推進の背景

沖縄県によると、泡瀬干潟埋立事業の目的は、〝地元からの強い要請に基づき〜、海洋レジャーなどを展開するスポーツコンベンション拠点の形成を図るもの〟であった。ここで、地元の沖縄市からの強い要請であるが、背景[7]には年々沖縄市の人口が増え続けている一方で失業率が高い、また広大な面積を占める米軍基地等（沖縄市面積の三六％）の存在によって新たな開発用地が不足しており、生活や地域振興に様々な影響を及ぼしていることをあげている。

経済問題として最も多く取り上げられているのが沖縄市の失業率である。[8]工事着工前の一九九五年をみると、沖縄県平均が一〇・三％に対して、沖縄市は一四・〇％で三・七ポイント高い。また、二〇〇〇年には沖縄県が九・四％、沖縄市が一一・七％で二・三ポイント高い。そして、二〇一〇年には沖縄県が一一・〇％で、沖縄市が一四・五％で三・五ポイント高く、沖縄県平均を上回っている。失業率を見る限り、沖縄市は経済問題として模索する必要性は十分感じる。

このような沖縄市の経済状況もあって、市議会は広大な米軍基地を抱えて土地利用上の制約を受けて開発空間の確保が困難であり、海にその用地を求めざるを得ないと埋立事業の早期着工を訴えている。[9]そして、沖縄県は那覇市を中心とする西海岸地域への都市機能、商業機能の集中が進展するなかで、本島中部圏海岸地域の活力低下が著しいと認識していた。また、国としては、沖縄振興開発の主要プロジェクトとして新興地区国際ターミナルの整備する必要、また航路のために水深を深めるために掘った浚渫土砂の有効活用の為に必要であった。以上の沖縄市、沖縄県、国の各々の目的にあって東部海浜開発事業が進められたのである。

3　土地利用計画の変更及び診断

東部海浜開発の効果は、元々経済問題解決のための計画であれば、ビジネス及び観光経済の活性化が期待される。沖縄市によると、その効果の項目を七つあげている。[10] 直接に経済と関連する項目を見ると、高い失業率の解決、つまり雇用の創出であるが、県民・市民、観光客やスポーツ競技者などを集客することにより新たな就業の場を創出（約一、九〇〇人）すると推計している。

ここでは、土地利用計画をみながら、経済効果についてみよう。従前の計画では、国際交流リゾート拠点であったが、スポーツコンベンション拠点に変更した。それで、大型旅客船停泊できる施設も削除された。また、当初の計画では民間用地の規模が五六％から三四％に減らされた。民間用地（三四・一〇ha）の縮小は経済効果からみると後退されることとして受け止められる。その代わりに、公共用地（六五・九〇ha）が四四％から二二ポイント増えて六六％を占め、パブリックな要素が強くなった。つまり、民間用地が縮小され、公用地が拡大したことを見る限り、経済効果より住民や市民の福祉施設が拡大されたと推測される。

ところで、一四万人が住む市街地に広い干潟が接する地域はそれほど多くない。ラムサール条約に登録されている漫湖も三〇万人が住む那覇市に接している。このような市街地に自然豊かな干潟は都市にとって宝庫である。近隣に沖縄県立総合運動公園があるのに、干潟を埋めて人工島を作り、スポーツコンベンション拠点地を作ることが地域発展のための最適な公共事業であっただろうか、腑に落ちない。

三　日本の国立諫早湾干拓事業[11]

1　諫早湾干拓事業の概況

国立諫早湾干拓事業の経緯をみると、この事業は元々戦後の食糧難を克服するために「大長崎干拓計画（一九五二年）」から始まった（表1）。優良平地に乏しい長崎県として、本県食糧の自給自足を図る目的として、総面積は一〇、〇九四haで調整池面積三、三七六ha、干拓地面積（農地面積）六、七一八haであった（図1）。しかし、予算の関係で一九七三年に総面積が九、五三四haに縮小された。さらに一九八六年に国営諫早湾干拓事業が当初計画の1／3の三、三五〇ha大幅に縮小され、事業計画が決定し一九八九年に着工した。この決定により、一九九一年三月に関係漁協転業希望者の転業が完了し、一九九二年にかけて八漁協が解散された。そして、一九九二年に潮受堤防及び排水工事に着手し、一九九七年四月に潮受け堤防が閉め切られ（通称ギロチン）、二年後の一九九九年に潮受堤防が完成された。

諫早干拓事業の目的は二つで、一つ目は防災機能の強化、二つ目は優良農地の造成であった[12]。前者は高潮、洪水、常時排水等に対する地域の防災機能を強化することで、後者はかんがい用水が確保された大規模で平坦な優良農地を造成し、生産性の高い農業を実現することであった。本来の目的が食糧の確保であったことから防災機能強化がより優先的な目的へ変わった。諫早湾の潮受け堤防の建設により、防災機能が強化されたのは確かである。地域住民の意見を聞くと、長年洪水や高

表１　諫早湾干拓事業の経緯

1952年	：長崎大干拓構想（干拓面積：6,7184ha）
1986年12月	：事業計画決定（干拓面積：1,710ha）
1988年３月	：佐賀県大浦漁協漁業補償契約に調印（補償額8億6千万円）、公有水面埋立承認
５月	：九州農政局諫早湾干拓事務所開所式
1989年２月	：国営・諫早湾干拓事業起工式
1991年３月	：関係漁協転業希望者の転業完了
1991年～1992年	：締切堤防内8漁協解散
1997年４月	：潮受堤防の締切（通称ギロチン）
1999年３月	：潮受堤防の完成
2000年７月	：中央干拓地において営農試験を開始
2002年６月	：事業計画を変更（規模を1/2に縮小、干拓面積：816ha）
2007年８月	：営農者の公募　666ヘクタールの農地に対し、約1.5倍の996ヘクタールの応募
12月	：29個人、16法人の41の経営体を選考し決定
2008年３月	：事業の完成（事業費：2,530億円）
４月	：41経営体により営農開始

資料：九州農政局、諫早湾地域振興基金（1993）『諫早湾干拓のあゆみ』を参照し筆者作成。

図１　諫早湾の位置

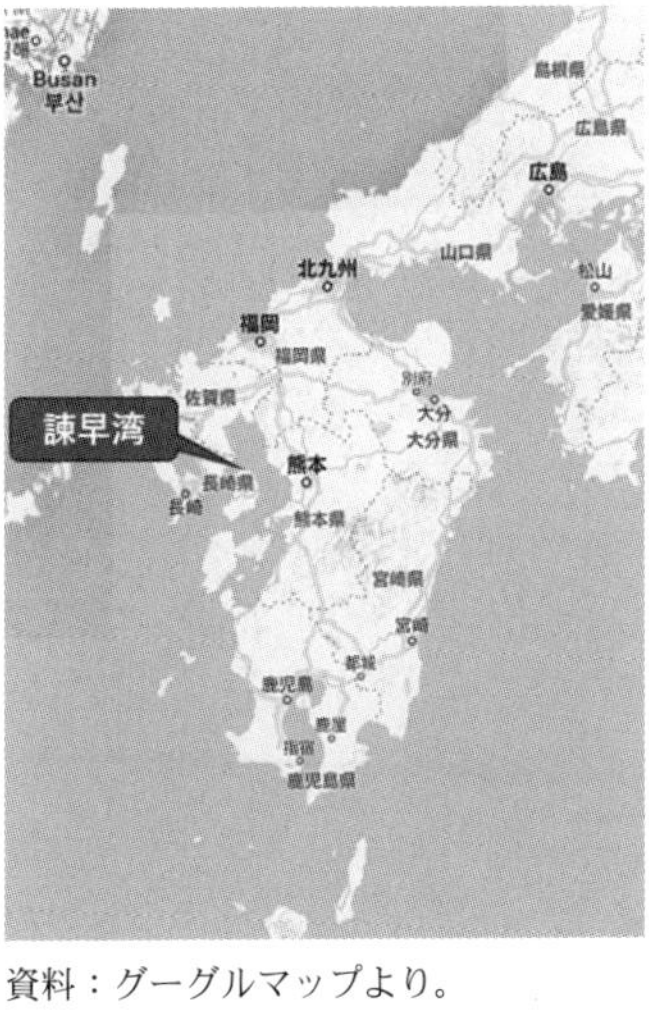

資料：グーグルマップより。

潮で災害を受けてきた住民にとってよい結果をもたらしたと言える。しかし、二〇〇八年より営農が開始するや否や、再び漁業者が排水門の開門を求めて、他方、営農者は開門差し止めを各々提訴し、潮受け堤防の開門を巡り、漁業者と営農者と真反対に対立した。いわゆる開門請求訴訟であるが、以下で簡略に整理する。

2　開門裁判を巡る諫早湾干拓事業

潮受け堤防の水門閉鎖後、ノリのみならずタイラギ貝の大量死など深刻な漁業被害が発生していると報じられるようになった。国はその被害を最小化する為に事業計画を大幅に変更し、干拓面積を約2分の1にした。しかし、不安を感じた諫早湾近辺の開門派漁業者（以下で漁業者）は二〇〇二年に工事差し止めなどを求めに提訴し、佐賀地裁は漁業被害との因果関係を一部認め、工事差し止めの仮処分（二〇〇四年八月）を決定した（表2）。しかし、二〇〇五年の福岡高等裁判所判決では佐賀地裁の仮処分が取り消され、工事が再開され、二〇〇八年に干拓事業が完成した。

ところで、漁業者と営農者は双方が国を相手とし控訴する長い裁判リレーが始まった。[13]漁業者らが潮受堤防の締切りによる漁業被害を訴え、再び排水門の開門を求めて佐賀地裁に提訴（二〇〇八年四月）し、開門を命じる判決が下された（六月）。また、漁業被害を訴えた佐賀開門訴訟において、福岡高等裁判所は、二〇一〇年一二月六日、排水門の開門を命じた。[14]この判決に対し、国が上告をしなかったため、この判決が確定することとなった。漁業者はこの福岡高裁の確定判決に基づき、二〇一三年一二月、強制執行（間接強制）の申立てをし、[15]最高裁判所は、二〇一五年一月二二日、国による抗告を棄却し、「開門しない場合、1日四五万円（一人につき一日当たり一万円）[16]を支払え」という間接強制決定が確定した。[17]他方、営農者[18]は、開門の差止めを求める訴え、長崎地方裁判所は、開門の差止めを命じる仮処分決定（二〇一三年一一月）をした。さらに、営農者らは「開門した場合、一日四九万円を支払え」という間接強制決定が最高裁判所で確定（二〇一五年一月）した。つまり、開門の支持は、佐賀地裁と福岡高裁、その反面、長崎地裁は開門差し止めを支持するような判決を下した。ところで、福岡高裁（二〇一八年七月）は開門しないとする国側の請求を認め、自ら常時開門の確定判決を無効とする判断した。これに対して逆転敗訴の漁業者側は最高裁へ上告してある。一〇年の期限が経過して漁業権が消滅したとする高裁の判断に対し「漁業者が漁業を営む上で、不当に不安な地位に置く漁業法の解釈は違憲」などと指摘している。(19)

表2　訴訟からみる諫早湾干拓

	佐賀地裁	福岡高裁	長崎地裁	備考
工事差し止め仮処分決定	○（2004.8）			2002年工事中止の仮処分申請
工事差し止め決定取り消し		○（2005.5）		*干拓事業完成（2007.11）
開門	○（2008.6）	○（2010.12）（確定判決）3年間の猶予と5年間の常時開門 → 国が受入、確定	*開門派漁業者が開門求めて提訴（2008.4）	*干拓地営農開始（2008.4） *国が上告を断念（菅直人首相）により開門が確定
開門差し止め	国の不履行		○2013.11開門差し止めの仮処分申請で開門差し止め決定	
制裁金		開門しないと45万円/1日漁業者に支払う、後に90万円へ増額（2015.1）	開門した場合49万円/1日営農者に支払う（2015.1）	営農者側は制裁金増額を長崎地裁に申し立て（2015.7）
			開門差し止め訴訟で和解を勧告(2016.1)	国は100億円の漁業振興基金案を提示、漁業者側が譲らない。
			和解協議打ち切り（2017.3）	
			○開門の差止めを命ずる判決（2017.4.17）	国は控訴せず、初めて開門しない方針を表明（2017.4.25）

福岡高裁（西井和徒裁判長）は2018.7.30日、国側の請求を認め、確定判決を無効とする判断。相反する「開門禁止」の判断が併存した司法のねじれが解消され、長年の法廷闘争は「非開門」で決着する可能性↑
逆転敗訴の漁業者側は最高裁へ上告。

資料：法務省「諫早湾干拓関係訴訟」を参照し筆者作成。

3　諫早湾堤防による環境及び漁業影響

環境影響[20]の中で、最も大きな要因とも言われる赤潮についてであるが、一九八〇年代に入って有明海の赤潮発生件数が増加した。[21]特に、一九九二年一〇月に潮受堤防及び排水門工事に着手して一九九七年に潮受堤防が閉め切れて以降、赤潮発生件数が急増していることが確認できる。その理由として有明海周辺に大型の干拓事業を継続的に進めて来たことに起因していると言える。有明海における漁業生産の急激な減少は諫早湾干拓事業のような人為的な影響に起因しているとの研究も数多くあり、代表的には宇野木早苗・佐々木克之（二〇〇七）[22]の研究がある。

一方、長崎県によると、漁獲量の変化は必ずしも干拓事業による影響ではなく、干拓事業前から始まっているとの認識[23]を持っている。この認識の違いが、開門差し止め判決に影響しているし、いまだに解決できず平行線を辿っている。工事開始から締め切りまでの漁獲量の減少をみると、佐賀県は最も高く八六％、低くても長崎県が五五％を占めている。[24]このような現象はタイラギ、アサリなどの貝類も類似な減少傾向を見せている。そして、諫早湾干拓事業による補償額は漁場が消滅する長崎県諫早湾内八漁協、諫早湾内四漁協、島原一一漁協の他など、計二七九・二億円である。[25]

4　利害関係者及び地域間葛藤

有明海の周辺を訪れてみると、潮受け堤防を境に佐賀県に近ければ近いほど、つまり淡水湖から離れれば離れるほど開門賛成に対する意見が強かった（写真1左）。その反面、潮受け堤防湾内に近ければ近いほど、つまり干拓地の周辺には開門差し止めの意見が強かった（写真1右）。潮受けて堤防の開門を巡り、地域間の対立を目の当たりにした。国の公共事業が漁業者と営農者、また地域間の葛藤も引き起こす結果となり、先行きも不透明な状況であることが確認でき、両側の葛藤は深まるばかりである。ところが、このような見解の違いがあるものの、諫早湾干拓事業の開始前後の赤潮発生件数の増加や漁獲量の変化をみると、干拓事業の影響を否定できない。

四　韓国の干潟開発

韓国の干拓事業[26]は農村近代化の方案の一つとして食糧増産計画が経済開発五か年計画[27]の一環として推進され、一九六〇年代以降本格的に始まった。一九四〇年代から九〇年代まで約半世紀にわたって行われてきた干拓事業の総面積が六二、〇七〇haであったが、セマ

写真１　開門を巡って開門を促す看板と開門の反対を主張する看板

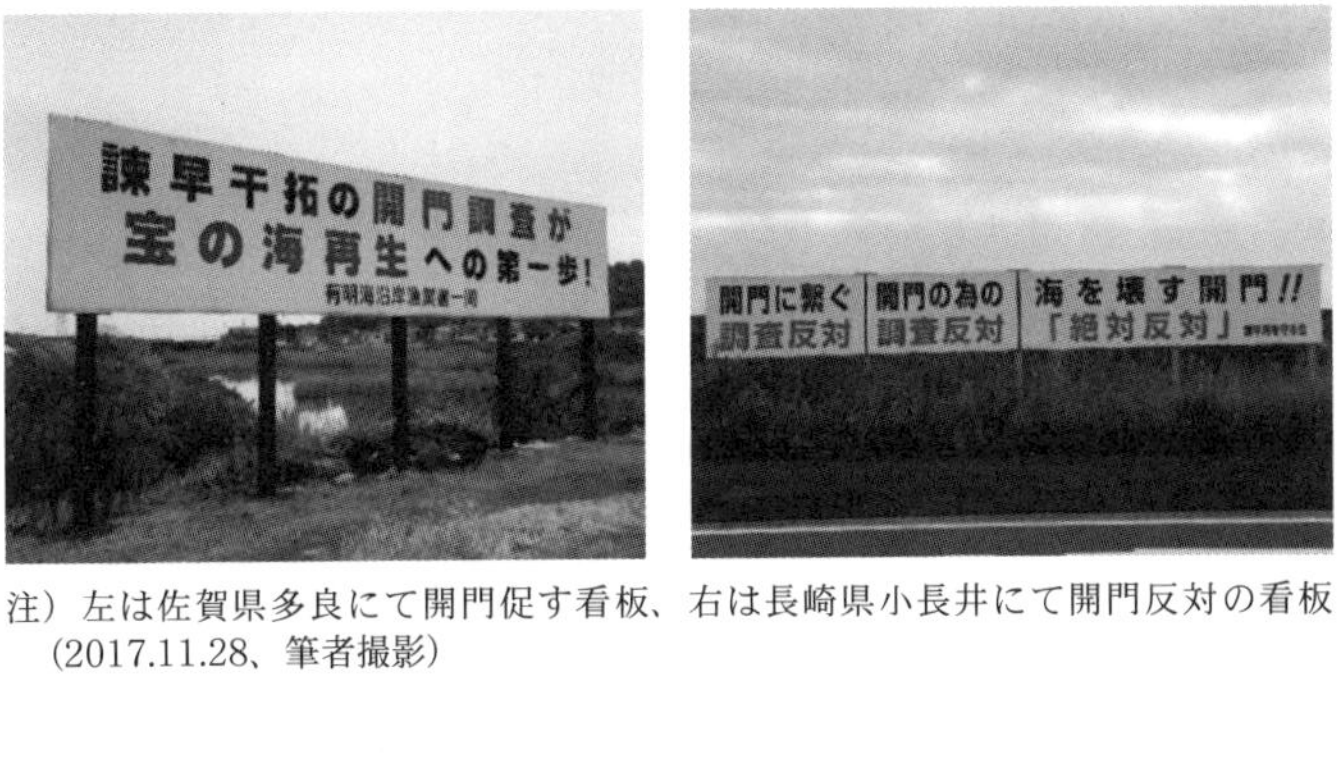

注）左は佐賀県多良にて開門促す看板、右は長崎県小長井にて開門反対の看板（2017.11.28、筆者撮影）

ングム事業一つだけで四〇、一〇〇haで六四・六%に占める韓国で最も大規模な干拓事業であった。ところで、セマングム干拓事業は遂行するなかで環境問題に直面することになった。一九九四年度に完成した始華湖《しふぁほ》干拓事業[28]に大量の魚が死ぬなど水質が悪化し、大きな社会問題となったが、この始華湖問題が発生することにより、セマングム地域も第二始華湖になる憂慮する声が上がり、環境問題が環境運動団体を中心に社会全般に広がった。そして、かつてゴミ捨て場であった順天湾干潟は開発により干潟が喪失されそうになった時に住民の環境への関心より自然と調和された地域として脚光を浴びている。本節ではセマングム、始華湖、順天湾の干拓事業（図2）の現状を紹介し、環境問題と地域発展の観点から考察を行う。

図2　セマングム・始華湖・順天の位置

資料：Daumマップより筆者作成。

四―一　セマングム干拓事業[29]

1　セマングム干拓事業の推進経過

セマングム干潟は韓国の西海岸の中心に位置する河口一帯に広がる干潟のことという。この水域は多様な生物が生息しており、また渡り鳥の主要な飛来地としても有名であった。そして、セマングム干潟での水産資源[30]が利用される主な形態は共同漁業として生活そのものであった。このような貴重な生物が生き、自然豊かで干潟は経済開発という名の下で新たに生まれ変わることになった。

セマングム干拓事業は、韓国の高度経済成長の前の時代まで遡る。政府は韓国戦争で慢性的な食糧不足を克服するために生まれた。[31]一九八九年セマングム事業基本計画が樹立され、一九九一年防潮堤が着工されてから二〇〇六年に堤防が閉め切られ、二〇一〇年に世界最長（三三・九㎞）の防潮堤が完成された（写真2）。[32]セマングム干潟の埋め立てによってできた面積は四〇九㎢で、東京二三区の六五％、那覇市（三九、二三㎢）の一〇・二倍に相当する広さである。二〇一〇年までの総事業費が五兆一、九四四億ウォン、その中で防潮堤建設費一兆八、七八四億ウォンがかかった。[33]

ところで、セマングム防潮堤の着工が始まった一九九一年の初期構想案は、食糧のための農地利用であった。しかし、二〇〇七年の基本構想は非農用用地を増やして、農業用地と非農業用地の割合が、七二％対二八％の複合開発構想に変わった。さらに、翌年の二〇〇八年になると、基本構想が変更され、農業用地と非農用用地の割合は、三〇％対七〇％という完全に逆転されることになり、この案で二〇一一年に計画が確定された。

2　環境と開発の葛藤

セマングム干拓事業に対して利害関係者、つまり事業を進めようとする政府や自治体（全羅北道）と、反対する環境団体がぶつかった。[34] 一九九六年始華湖汚染問題をきっかけに市民社会団体が全面的にセマングム事業中止を要求し始めた。それ以降、事業を推進する主体と反対する環境団体が長い間論争が始まった。

二〇〇一年五月全羅北道地域ではセマングム開発の持続推進のための〝セマングム総合開発事業汎道民協議会〟が構成された。一方、反対連合では一九九八年結成された〝セマングム干拓事業白紙化のための市民委員会〟を二〇〇一年三月〝セマングム干潟生命平和連帯〟に変え、さらに強化することによって両側の葛藤は益々深刻化されていた。しかし、二〇〇六年三月に最終的な大法院（日本で最高裁）控訴審で環境団体が敗訴する判決を確定し、工事は続行された。

セマングム干拓事業は日本の諫早湾干拓事業と似るところが多い。ただ、異なるところは、セマングムは建設を進めてきた行政と環境団体との対立に対して、諫早湾は受益者である漁民と農民との対立であることだ。また、セマングムはその対立が終わったが、諫早湾はいまでもその対立が続いて打開策が見えないところである。[35]

ところで、この干拓事業に対しては、全国と地域の隔たりが生じていた。二〇〇一年全国世論調査によると六六・三%が干拓事業の強行を反対している。(36) しかし、二〇〇五年全羅北道における世論調査では、八五・八%がセマングム事業を推進すべきだと回答している。このギャップからみえるのは、セマングム干拓事業は、環境か、開発かという二元的な接近だけでは本質が見えない部分が多く存在することである。長い間、全羅（南・北）道は政治や経済が疎外されてきた。なお、軍事独裁政治が長かった朴正熙政権時代には、工業化政策の重点を主に東側に置くことにより、相対的に平野地が多い西側は食糧生産拠点としての役割を余儀なくされた。韓国が産業化による高度経済成長のなかで、発展が遅れたことで環境を優先するより、地域開発を優先する全羅北道の願望は理解できる。地域開発はこのように環境のみならず地域の発展も考慮しなければならない点で、セマングム干

写真2　扶安（左）・郡山（右）からみるセマングム防潮堤

注）右側が埋め立てられ用地や淡水のセマングム湖として生まれ変わる（2009.9筆者撮影）。

拓事業が示唆するところが大きい。[37]

四―二　始華湖干拓事業

1　始華湖干拓事業の背景及び経緯

始華湖地域は一九七〇年代から農水産部（現、農林水産部）、建設部（現、国土海洋部）によって農業用地や工業用地開発の為の干拓事業優先対象地域として選定されていた。そして、七〇年代には大盛況であった中東建設業が八〇年代に入って沈滞に陥られて、国内の建設市場活性化を通して雇用増大及び景気活性化、さらに首都圏の人口分散を図ったのが目的であった。

始華湖[38]は韓国京畿道の始興（シフン）市、安山（アンサン）市、華城（ファソン）市などに囲まれた人工湖で、大規模干拓総合開発事業の一環として一九八七年四月に着工して一九九四年一月に堤防を完成した。始華湖防潮堤の長さは一二・七㎞、総面積は四八二・九四㎢、陸域三二八・七〇㎢（六八・〇六％）、海域一五四・二四㎢（三一・九四％）である。事業費は五、二八〇億ウォン（補償額が約五二％）である。始華湖流域には半月（バンウォル）及び始華国家産業団地二か所、半月鍍金地方産業団地一か所が指定されて、汚染負荷が発生しやすい立地環境である。

2　始華湖開発による環境変化（閉門から開門へ）

始華湖防潮堤の建設の目的は農地及び都市開発地域確保と造成された淡水湖の周辺都市及び公団地域に用水を供給することであった[39]。ところが、堤防が完成し海水の流入が止まり湖が出来上がった後、始華湖周辺の工場排水や生活排水が浄化されず流れ込み一気に水質汚染が悪化された。その以降も放流する計画であったが、環境団体や始華湖周辺住民らの反対で中断された。政府は四、四九三億ウォンの予算を始華湖浄化総合対策を一九九六年七月発表した。

このような努力にも関わらず、始華湖の水質は改善されず、過去より悪化した。これを受けて一九九七年七月からは一日二回ずつ排水門を開門したが、一九九七年のＣＯＤ[40]の数値は過去最高の一七・四ｐｐｍを表した（図3）。水質の悪化により魚の大量死などで社会問題となり、翌年の一九九八年一二月には排水門の常時開門を検討し始めた。莫

図３　始華湖の年度別平均CODの推移

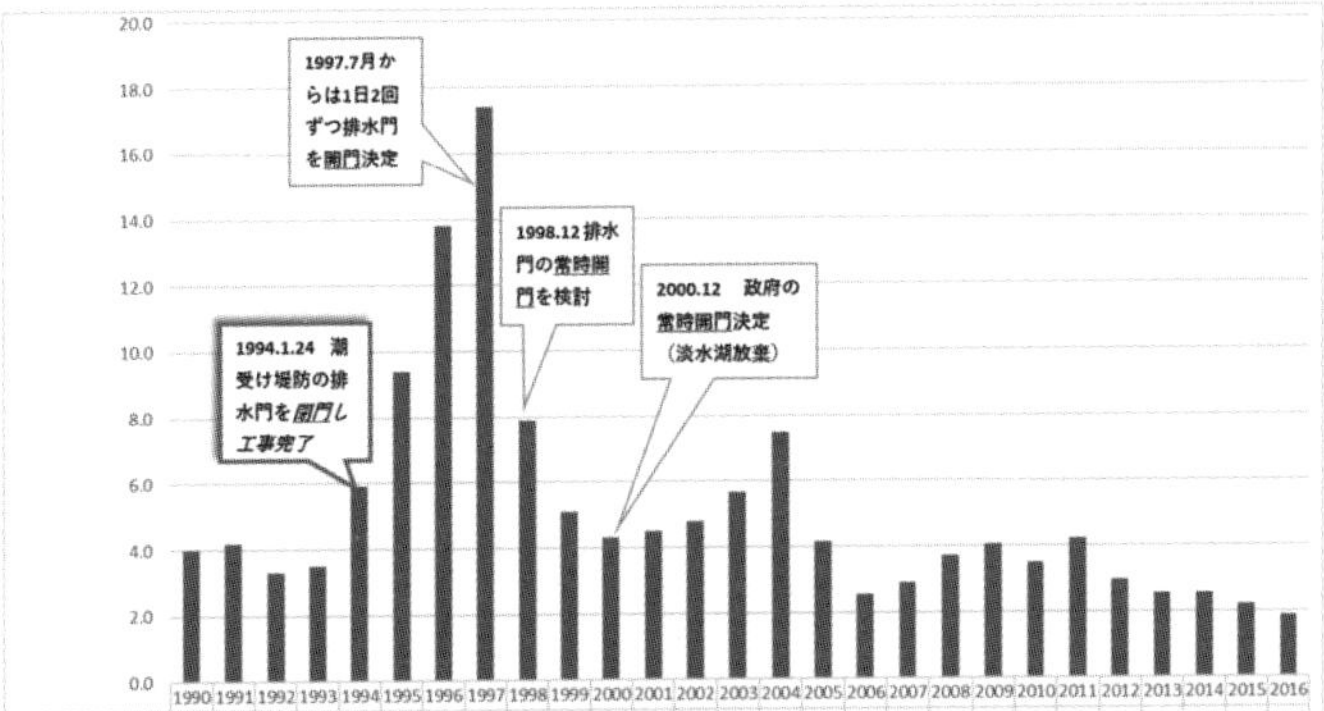

	1990	1991	1992	1993	1994	1995	1996	1997	1998	1999	2000	2001	2002	2003	2004	2005	2006	2007	2008	2009	2010	2011	2012	2013	2014	2015	2016
■COD（ppm）	4.0	4.2	3.3	3.5	5.9	9.4	13.8	17.4	7.9	5.1	4.3	4.5	4.8	5.7	7.5	4.2	2.6	2.9	3.7	4.1	3.5	4.2	3.0	2.6	2.6	2.2	1.9

資料：海洋水産部『韓国海洋環境年報』により筆者作成。

大な予算を使ったにも関わらず水質改善の余地がみえないところに至り、政府は始華湖防潮堤の排水門を常時に開門する常時開門を決定（二〇〇〇年一二月）し、淡水湖から海水湖への変更を与儀なくされた。以降、徐々に水質は改善され、二〇一六年には一・九ｐｐｍまで減少し水質汚染問題はなくなった。

3　始華湖の改善と新たな挑戦

まず、始華湖流域に非特定汚染物質を自然浄化技法を利用して汚染物質を処理できる人工湿地(41)を作った。汚染された河川水を始華湖への流入直前に湿地に流入させ、水質を改善することが目的であった。ところで、注目すべき事業は、始華湖潮力発電所（写真3）である。

始華湖の潮力発電所は皮肉であるが、始華湖干拓事業の失敗から生まれた産物である。始華湖が深刻な汚染問題に直面し、淡水湖を諦めた政府は二〇〇〇年一二月に海水湖への変更を

写真３　始華湖潮力発電所

注）展望台から（2017.9.7）筆者撮影、左側が海、右側が淡水湖、道路の下に海水及び淡水の流れが生じている。

余儀なくされた。この為に海水を流通させる為の水門を設置することにした。この時に潮力発電所建設を共に推進することが検討された。つまり、始華湖潮力発電所は始華湖の水質改善対策の検討過程で誕生したのである。そして、実際に稼働した結果、水質の改善がみられ、堤防ができた時に消えていた干潟が戻ってきた（二〇一三年基準、干潟面積二〇・三㎢）。[42] このような潮力発電所は海水流通を通した画期的な水質改善効果のみならず、親環境海洋エネルギーを生産することになった。[43]

始華湖に潮力発電所ができたのは、始華湖の周辺にある仁川（インチョン）が八・一mで韓国で最も高い干満差があるからである。[44] 始華湖潮力発電所は、施設容量が二五二千kWである始華湖潮力発電は世界最大規模の潮力発電所となった。[45] 年間五五二GWhの電力エネルギーを生産し、これは人口五〇万規模都市家庭用供給可能な容量である。そして、始華湖周辺地域と連携し、多くの訪問客が訪れ憩いの場としての役割を果たしており、始華ナレ潮力文化館に年間一五〇人が訪れる観光資源ともなっている。[46]

四—三　順天湾干潟開発

1　順天湾の概況

順天湾干潟を抱えている順天市は韓国の南部に位置して二〇一六年現在、人口が二七八、五四八人、面積は九一〇・九八㎢の地方都市である。[47] 順天湾は自然沿岸線が自然のまま残っていて多様な生物が生きていて、景観が美しく生物多様性が豊富な干潟である。[48] 順天湾における生態的価値の発見・保全は一九九〇年代後半から努力してきた地域住民、市民団体、また行政主体の順天市の合作でもある。海洋水産部では、二〇〇三年一二月三一日に湿地保護地域として指定し、沿岸湿地として韓国では初めて二〇〇六年一月二〇日にラムサール条約に登録された。これで世界五大沿岸湿地の中に入った順天湾は韓国最大のススキ群落地である。

そして、二〇一五年現在、行政区域上の順天湾の海水域は七五㎢、干潮時に現れる面積は一二㎢、順天湾沿岸線の長さは三九・八㎞で、総面積四〇㎢、保全区域二八㎢、干潟と接しているススキ群落面積は五・四㎢、干潟面積二二・六㎢に及ぶ。

2　順天湾再生へ

順天湾は元々塩田が主な所得源であったが九〇年代までは埋め立て干拓が行われたが、そのまま放置されてゴミが捨てられた場所であった。順天市はゴミ捨て場として変貌した順天湾を改善する為に順天湾上流整備事業計画（一九九二年～一九九七年）が発表され、[49] 事業計画の一環として一九九三年に民間団体の骨材採取事業が行わることになった。骨材採取は順天湾の天然干潟の破壊を意味しているので、反対の市民運動が起こり、一九九八年に骨材採取事業が取り消された。これをきっかけで地域住民が積極的に参加することになり、順天湾は生態系保全及び復元に大きな一方を踏み出すようになった。

まず、順天湾を本来の自然の姿に戻す為に、順天湾の効率的な保全及び持続可能な利用計画を樹立し、地域住民と古いススキ除去等を推進した。そして、飲食店、アヒル農場、養殖魚場を撤去、民間遊覧船、自電車レンタル店を買い入れ、環境阻害施設物除去するのに務めた。そして、順天湾湿地保護地域の近隣生態保全地区指定、また順天湾に流入する東川の農耕地一〇四万四千㎡、内陸湿地六か所三五万㎡を購入し、湿地を復元するなどの努力が行われた。

3　生態系首都を目指す順天湾

①景観農業（ナベヅル希望農業）

生態系の保全と自然景観造成の為に、二〇〇八年から二つの大きな事業が始まった。[50] その中で一つは景観農業の実施で、親環境農業（無農薬）を通した渡り鳥などによる農業の景観を観光化することである。田んぼはナベヅルを含む渡り鳥の越冬の為に二〇〇九年より別当に管理している特別区で、いわゆるナベヅル希望農業団地である。ここで注目すべきことは地域住民が直接に参加していることである。二〇一三年現在、農業者が直接に耕作する面積は五九haで親環境景観の主導的な役割を果たしている。[51] 地主は別にいて、営農団七名（団長含む）が共同耕作、九三戸の農家と契約栽培し、順天市が収穫したお米全量を買い占める。事業費が約七億ウォン、生産量は二〇九トン、渡り鳥の餌としては二五トン、販売は一八四トンで受取金額は約三億ウォン弱まで伸びた。[52] 無農薬

で生産されたお米（ナベヅル米：흑두루미쌀）は二〇〇九年九月より親環境認証を受けて順天市が直接に販売している。そして、販売受取金額は順天湾環境保全及び渡り鳥保護に使われる。その結果、自然生態公園の保全が成功し、安定的な所得補償と雇用の場として機能している。

②電柱撤去

電柱抜き事業はナベヅルが電線にひっかかり負傷し、死ぬことがよく起こり、景観のことも考えて二〇〇八年から順天湾に設置された電柱を抜く事業が始まった（写真４）[53]。

順天湾にある電柱は近隣農民の灌漑用水ポンプ稼働の為に電気を引いたもので農民の協調を受けなければならなかった。営農に支障がないよう営農支援団（三三名）を構成し、用水場を設置（二億九七〇〇万ウォン）し、灌漑用水を供給するなど電柱撤去の与件を造成した。このような努力によって二〇〇九年二月から四月まで順天湾にある電柱総三三八本を撤去した。その結果、順天湾にはナベヅル個体数だけみると一九九九年七九羽であったが、二〇一四年には一、〇〇五羽まで急増した。

写真４　電柱撤去作業（2009）[54]

4　順天市の社会的発展

①人口の推移及び移動

韓国全体的に人口の減少傾向が強く、特に農林漁業村の地域の減少傾向が深刻である。順天市が属している全羅南道に人口が最も多い都市が三つある。二〇一五年度現在、一番多い地域は麗水市二九四、四五九人（二五・二%）、二番目が順天市二七八、八九九人（一四・四%）、三番目が木浦市二四一、七四四人（一二・五%）である。ところで、順天市は特別な製造業などの工場がないにもかかわらず近年人口の増加に注目を受けている。(55)

そして、三都市の人口移動をみると、順天市の近隣の麗水市や木浦市は転出が転入を上回って人口の減少が目立つ。ところが、順天市は、二〇〇九年までは他の二都市と同じく転出が転入を上回り人口の減少傾向にあったが、二〇一一年以前には転出が転入を上回ったが、二〇一二年以降転入が転出を上回り、人口が増加している。このような現象は韓国の全都市からみると珍しい。

②観光客数の推移

順天湾庭園だけの訪問客数をみることにすると、二〇〇二年には南海岸観光ベルト順天湾自然生態館を建立して順天湾湿地を無料で開放したが、訪問客数の増加により二〇一一年（一月一日）より有料化に転じた。(56) 有料化にもかかわらず二〇一一年に一、九八七、八五〇人であったが、二〇一三年には二、三五七、二九八人に増加し、翌年の順天湾国際庭園博覧会の開場によって訪問客数は急増し二〇一四年には三、五一三、〇八四人に達した。

五　終わりに―干潟と地域発展―

干潟の干拓事業には環境問題を避けて通らない。さらに、経済主体間の利害問題も絡んでいるし、解決するまでの社会的費用は極めて大きい。つまり、公共事業と環境問題、さらに経済問題については、諫早湾やセマングム干拓事業（表3）や沖縄の泡瀬干潟埋立事業でみるように社会的葛藤や社会的ロスは甚大である。本稿は以上のような社会的コストやその葛藤を克服したと言われる韓国の始華湖と順天湾干潟の事例を紹介し、自然を生かした地域作りが環境を克服し、なお地域の発展にもつながることを考察したものである。

まず、始華湖干拓による開発事業は完成し防潮堤を閉門した瞬間、汚染湖に変わり死の湖という代名詞となり、韓国の開発及び環境政策の代表的事例として取り上げた。公共事業は行政の主導下で行われることで民意が反映されず、軍事政権下でのトップダウン式の慣習が残ってと

表3　諫早湾・セマングム・始華湖の概況

	諫早湾	セマングム	始華湖
面積（㎢）	249	409	476.5
防潮堤距離（㎞）	8.5	33.9	12.7
総事業費（億円）	2,530	5,194	528
工事期間*	1989～1999（10年）	1991～2010（19年）	1987～1994（7年）
行政区域	長崎県：諫早市、雲仙市	扶安郡：金提市、郡山市	京畿道：始興市、安山市、華城市

資料：諫早湾については、長崎県HP、セマングムについては、セマングム開発庁HP、始華湖については、チェヨンホン（2001）「始華湖開発ノ失敗—分析ト展望—」第34巻第2号、p.37（原資料：大統領引受委員会（98.2）「始華湖地区干拓事業による水質悪化原因等ニ関スル報告」、98.2）。
注1）面積は始華湖と諫早湾は流域面積、セマングムは干拓面積
注2）*工事期間は潮受け堤防が完成された期間（堤防の締め切りは諫早湾が1997年、セマングムが2006年）。

ころに根本的な理由だと言える。民主的な手続きが無視された結果であり、民主主義的価値からみる公共事業がどうあるべきかが問われている。いわゆる、環境コミュニケーション[57]の不足が環境汚染を招いたのである。このことは環境汚染問題の解決には民主主義が前提条件であることがわかる。

次に、特別な産業団地もない順天市はごみ捨て場になった湿地である順天湾を景観農業ができるように自然に戻した。その結果、順天湾干潟には塩生植物が約三〇種、ムツゴロウや貝を含めた底生生物（底棲生物）が三〇〇種余り、植物一二〇種余りが生息している。そして、毎年冬には天然記念物第二二八号のナベヅルを含めてマガモなどが冬を越しており、干潟には様々な餌が豊富であるために、天然記念物一九種と約二三〇種の鳥類（韓国内渡り鳥の五〇％を占める）が越冬するか、生息している。[58]ナベヅルなどの渡り鳥が生息できるよう電柱を撤去するなど生態系の復元、人々が生活しやすい環境づくりの結果、人口の増加をもたらしている。つまり、環境が地域発展をもたらしているよい事例である。

始華湖や順天湾でみられるように、市民団体や地域住民の環境への関心及び運動で行政が動き、三位が一体となって、始華湖干拓事業の潮受け堤防の開門を余儀なくされたが、逆説的に新たな再生可能エネルギーである潮力発電を生み出した。また、順天湾では景観農業を通して農業者に所得、行政にも一定の収益となり、地域住民に経済効果をもたらしている。このように環境が地域経済発展に寄与していることが明らかになり、暮らしやすい地域として人口の増加をもたらしていることが確認できた。自然を公共事業として進める地域において始華湖と順天湾の事例は示唆するところが大きい。

注

(1) 土田豊浦・赤間美文編（二〇一〇）『ハンディ版環境用語辞典第3版』、共立出版、三〇五頁。参考として、湿原は過湿で酸素の少ない条件下に、ある程度分解した枯木遺体（泥炭）が積もった平原をいう。山岳地や北海道などに多く、日本最大の湿原は釧路湿原（二二、四四〇ha）で、全国の湿原面積の五九％を占めている（土田・赤浦（二〇一〇）、一六九頁）。湿地は海岸、湖・沼から水田まで、水が豊かで、じめじめしている場所のことである。

(2) NHKスペシャル（二〇一一年一月二九日）『清算の行方～諫早湾干拓事業の軌跡～』。

(3) 正式な名称は「東部海浜開発計画」ではあるが、本稿では干潟の埋立による計画なので「泡瀬干潟埋立事業」と呼ぶ。

(4) 以下に関しては、沖縄市『東部海浜開発計画』、裁判所HP、那覇地方裁判所「泡瀬干潟埋立公金支出差止等請求事件、二〇〇八年一一月一九日」、福岡高裁那覇支部「第二次泡瀬干潟埋め立て訴訟、二〇一六年一一月八日」を参照。

(5) 二〇〇〇年にオープンする予定の隣にできるFTZ（自由貿易地域）に大型の船を就航させるための浚渫土の利用（埋立による人工島）のことである。

(6) 沖縄タイムス（二〇一六年一一月八日付）。

(7) 沖縄市HP（東部海浜開発事業について：www.city.okinawa.jp/about/706/707）。

(8) 沖縄市東部海浜開発推進協議会より。

(9) 沖縄市議会（一九九五年一〇月二三日）『意見書第一三号中城湾港泡瀬地区早期開発に関する意見書』より。

(10) 沖縄市にないビーチの創出、中城湾の静穏な海と豊かな環境の活用、雇用の創出、年間延べ約三三〇万人の新たな交流の創出、既存市街地等との連携、スポーツを中心としたまちの活性化、高齢化に対応した健康づくりの拠点形成（沖縄市東部海浜開発推進協議会より：http://www.tobu-kaihin.jp）。

(11) 本節は拙稿（二〇一八）「国立諫早湾干拓事業と地域発展に関する一考察」、『経済論集』、第一〇巻第二号、一―二二頁を修正・要約したものである。

(12) 九州農政局HP「諫早湾干拓事業の概要」より。

(13) 以下では開門を巡る裁判について法務省の「諫早湾干拓関係訴訟」を参照―整理したものである。

(14) 判決確定日から三年以内に、防災上やむを得ない場合を除き、五年間にわたって開門。

(15) 間接強制の定義は、債務者に対してその不履行に一定の不利益（金銭の支払）を賦課して意思を圧迫し、あくまで債務者による履行を強いる執行方法とするものと解説されている（金炳学（二〇一五年三月一二日）『新・判例解説Watch』、民事訴訟法 No.五六、二頁より）。

(16) その後、一日九〇万円（一人につき一日当たり二万円）に増額。

(17) 国は控訴を取りやめたが、福岡高裁確定判決は消えておらず、国は開門しないことによる制裁金を漁業者側に払い続けており二〇一七年五月末で八億四七八〇万円にのぼっている（毎日新聞二〇一七年六月六日朝刊)。

(18) 特別に明記しない限り、本文の営農者は、「諫早湾干拓地の営農者及び住民並びに諫早湾近傍の漁業者」のこと。

(19) 佐賀新聞(二〇一八年一〇月一六日付け)。

(20) 有明海における主要な環境問題については、速水祐一(二〇一四年一一月三〇日)「有明海の環境の現状と今後—漁場としての視点から—」、特定非営利活動法人有明海再生機構シンポジウム『有明海の未来に繋がる水産業の創生』に詳しい。

(21) 環境省HP(https://www.env.go.jp/press/files/ari_mat3_08.pdf)より。

(22) 宇野木早苗・佐々木克之(二〇〇七)「有明海異変の発生システムについて」、『海の研究』、一六(4)、三一九—三二八頁。

(23) 長崎県『諫早湾干拓事業の概要』より。

(24) 佐々木(二〇一六)「諫早湾干拓事業と有明海漁業衰退との因果関係」、諫早湾開門研究会議『諫早湾の水門開放から有明海の再生へ』、有明海漁業者・市民ネットワーク、四六頁。

(25) 長崎県によると、その補償額は漁協や漁連という組織に支払ったもので、現在提訴した人々は個人として、また開門賛成の漁業者団体の訴訟である(二〇一七年一一月三〇日聞き取り調査により)。漁業者には開門賛成派と開門反対派に分かれている。漁業補償額については長崎県『諫早湾干拓事業の概要』を参照。

(26) 一九六〇年代以降の干拓事業に関しては、高哲煥編(二〇〇四)『韓国ノ干潟』、ソウル大学出版部、六九四―六九九頁を参照。

(27) 第一次経済開発五か年計画については、拙稿（一九九九）「韓国の経済成長における環境汚染及び環境政策の一考察」、沖縄経済学会、『経済と社会』、第一六巻、一一―二八頁を参照。

(28) 始華湖は京畿道の三つの市等に囲まれた人工の湖で、一九八七年六月に着工し、一九九四年一月に完成して誕生した。長さは一二・七㎞、四つの防潮堤に構成されており、湖の面積は四三・八㎢（一、三二九万坪）に及ぶ。始華湖ＨＰより（www.shihwaho.kr）

(29) 本節は、拙稿（二〇一四）「セマングム干拓事業と地域発展」、沖縄国際大学南島文化研究所、地域研究シリーズ №.四〇、一―一七頁を修正・要約したものである。

(30) セマングム干潟での水産資源については、ジャンチャンイク（二〇〇四）「セマングム干潟：水産資源」、高哲煥編（二〇〇四）『前掲書』、三四七―三五七頁に詳しい。

(31) 食糧難を解決する為に始まった諫早湾干拓事業と同じ目的であることが分かる。

(32) セマングム防波堤は、全羅北道の郡山《ぐんさん》市と扶安《ぶあん》郡を繋ぐ世界最長（三三・九㎞）で二〇一〇年八月に世界最長の防潮堤としてギネスブックの認定を受ける（セマングム開発庁ＨＰより）。

(33) セマングムＨＰより。

(34) セマングム干拓事業により引き起こされた利害関係者の主張については、ユックンヒョン（二〇〇五年三月）『月刊海洋水産』、第二四六号、二〇―二四頁によく整理されているので参照のこと。

(35) 毎日新聞、二〇一三年一二月二〇日付。

(36) 世論調査に関しては、キムスンファン（二〇〇六）『開闢ト相生ノ文化地帯セマングム文化圏』、情報トサラム、三六頁参照。

(37) セマングム開発庁によると、全羅北道のクンサンでセマングム再生エネルギー団地を造成すると発表した。セマングム二九一㎢の中で三八㎢に栄光原発三基に相当する太陽光（二・八GW）と風力（〇・二GW）、またセマングム防波堤の外側に大型風力発電（一・〇GW）が建設される。セマングム全面積の九・三％に占める。セマングム開発庁・全羅北道『セマングム再生エネルギービジョン公表式開催』、報道資料、二〇一八年一〇月二九日より。

(38) 海洋水産部始華湖HP（http://www.shihwaho.kr/）参照。

(39) 以下に関しては、ホソンフェ・オイムサン（一九九七）「人工湖始華湖ト周辺地域ノ生態系研究：序文」、韓国海洋学会誌、『バダ』、第二巻第二号、四九―五二頁参照、そして、始華湖の汚染状況や汚染物質の分布についての研究は、チョンヒス・チェガンウォン・キムドンソン・キムチェス（一九九七）「韓国西海岸始華湖ノ汚染現況ト環境改善方案」、韓国政策研究第一二巻、一二三―一四七頁。

(40) COD(Chemical Oxygen Demand)とは〝化学的酸素要求量〟で数値が高いほど水質が汚染されていることを示す。

(41) 人工湿地に関して詳しくは、キムセウォン・キムドンソン・チェグァンスン（二〇〇九）「始華湖人工湿地運営現況及ビ水質浄化機能改善方案」、『水ト未来』、Vol.42.No.7、四九―五五頁を参照。

(42) 海洋水産部海洋環境政策課Lake ShihwaのHP

(http://www.shihwaho.kr/bbs/board.php?bo_table=essay&wr_id=71)。

(43) 始華湖潮力発電所に関してはキムジョンドク(二〇一四)「国内最初世界最大始華湖潮力発電所現況及ビ技術動向」、『韓国照明電気設備学会』、第二八巻第二号、四三—四八頁を参照。

(44) 日本では最大干満差がある湾は住之江で六・八mである。資料:みんなの有明海HP(http://www.npo-ariake.jp/ariakekai/about/)より。

(45) 世界で最初の潮力発電所のフランスのランス潮力発電所(一九六六年完成)は、潮位差が大きく、最大潮位差が一三・五mで、出力は二四〇千kWを上回る施設である。キムフンギ・ベクドゥヒョン(二〇〇三)「世界最大規模ノ始華湖潮力発電事業」、『油体機械ジャーナル』、第六巻、第二号、七〇頁。

(46) 始華湖潮力発電所のパンプレートより。

(47) 順天市(二〇一六)『順天統計年報』より。

(48) 順天市『世界五代海岸湿地順天湾』、一一頁、順天市『順天湾国家庭園』を参照。

(49) 以下に関しては、ジョンチョル・チョスンヒ・ソンテガップ(二〇一三)「全南ノ親環境的都市政策及ビ実践事例」、韓日海峡圏研究機関協議会、『海峡圏研究』第一三號、一九—二〇頁、ICLEI(二〇一六)「自然ト時間ノ名作、順天湾保全事業(一九九七~現在)」、イクレイ韓国事務所事例研究シリーズNo.一一、一—六頁を参照。

(50) 順天市観光振興課「文化デ育ム順天湾景観農業」より。

(51) 今後、五九haの景観面積を八六haに拡大する計画である。順天市「順天湾自然生態公園」にて聞き取り調査（二〇一六年九日）により。

(52) 順天市順天湾運営課『順天湾景観農業（自然ヲ売リタイ）』より。

(53) 公職社会模範善行事例集第一五集、八五—八七頁。

(54) 順天市『順天湾国家庭園』より。

(55) 順天市、麗水市、木浦市、『統計年報』より。

(56) 順天市『統計年報』より。

(57) 環境コミュニケーションとは、持続可能な社会の構築に向けて、個人、行政、企業、民間非営利団体といった各主体間のパートナーシップを確立するために、環境負荷や環境保全活動等に関する情報を一方的に提供するだけでなく、討議することにより、互いの理解と納得を深めていくことである（環境省環境用語解説より）。

(58) 順天市『順天旅行』、一一頁より。特にムツゴロウ（韓国では、チャンテュンオ）は順天湾のシンボルとして描かれて、代表的な料理としても有名である。

刊行のことば

沖縄国際大学学長　前津榮健

二〇一八年六月～一〇月の間に開催された沖縄国際大学公開講座の「うまんちゅ定例講座」をまとめ、『変わる沖縄～地域環境政策学の視点から～』と題して刊行することとなりました。

大学は高等教育機関として社会に有用な人材の育成を目指すことを第一の使命としています。本学は、「沖縄の伝統文化と自然を大切にし、人類の平和と共生を支える学術文化を創造する。そして豊かな心で個性に富む人間を育み、地域の自立と国際社会の発展に寄与する」ことを教育理念として、人材育成に努めております。

また、大学は人材育成を目指す教育機関としてだけではなく、教育活動の成果を地域社会に還元し、地域社会の発展に寄与することも使命の一つとしております。本学では地域社会で暮らす皆様に向けて、うまんちゅ定例講座、学外講座、大学入門講座、大学正規科目の公開、そして講演会の五種類の公開講座を提供しております。

その中で、「うまんちゅ定例講座」の刊行は、第一巻の『琉球大国の時代』から始まり、今回で二八巻目にあたります。

これまでにも、沖縄の歴史、文化、芸能、社会、経済、産業、環境、政治、法政、基地問題等、多岐にわたる分野の中から、各学部持ち回りでメインテーマを設定した講座を開催しており、本書の末尾にシリーズ全二七巻のタイトルと各担当者のテーマを掲載しておりますので、併せてご覧頂ければ幸いです。

今回は、経済学部地域環境政策学科の教員を中心に十二人がその専門性と見識に基づき、沖縄振興策や米軍基地問題、経済振興や島嶼県ならではの環境問題まで、「変わる沖縄」の現在・過去・未来を「地域環境政策学」の視点から紐解いています。現代沖縄の抱える諸問題、そしてその未来を考える一助になればと存じます。

沖縄国際大学は、日本復帰直前の一九七二年二月に創立して以来、建学の精神に則り、前述の教育理念に基づき、地域に根ざし、世界に開かれた大学を目指して参りました。こらからさらに力強く発展するために、地域と連携・協力し、地域を世界につなげる人材の育成に邁進してまいります。

万国津梁の沖縄を運営する人材を目指し、未来を展望するためにも、「うまんちゅ定例講座」シリーズの刊行がその役割の一つを担っているものと考えております。

老若男女を問わず、多くの県民の皆さんが「うまんちゅ定例講座」に参加し、活発な議論を交わして頂くことができれば、本講座の大きな目的が果たされたものといえるでしょう。

皆様の人生を豊かなものにして頂く一助となりますよう、今後も「うまんちゅ定例講座」をよろしくお願い致します。

沖縄国際大学公開講座28

変わる沖縄　～地域環境政策学の視点から～

発　行――二〇一九年三月二九日
編　集――沖縄国際大学公開講座委員会
発行者――前泊　博盛
発行所――沖縄国際大学公開講座委員会
〒九〇一―二七〇一
沖縄県宜野湾市宜野湾二丁目六番一号
電話　〇九八―八九二―一一一一（代表）
印刷所――株式会社　東洋企画印刷
発売元――編集工房　東洋企画
〒九〇一―〇三〇六
沖縄県糸満市西崎町四丁目二一―五
電話　〇九八―九九五―四四四四

ISBN978-4-905412-99-1 C0060 ¥1500E
乱丁・落丁はお取り替えいたします。

この印刷物は個人情報保護マネジメントシステム（プライバシーマーク）を認証された事業者が印刷しています。

地域を映す
沖縄国際大学公開講座

沖縄国際大学公開講座シリーズ　四六版

1 琉球王国の時代

一九九六年発行　発売元・ボーダーインク　本体価格　一四五六円

琉球王国以前の沖縄　高宮廣衛／琉球の歴史と民衆　仲地哲夫／琉球王国の英雄群像　遠藤庄治／琉球王国と言語　高橋俊三／琉球王国の通訳者　伊波和正／琉球王国と武芸　新里勝彦

2 環境問題と地域社会―沖縄学探訪―

一九九七年発行　発売元・ボーダーインク　本体価格　一四五六円

地形図をとおしてみた沖縄―沖縄の自然と文化　小川護／沖縄の土壌―ジャーガル・島尻マージ・国頭マージの特性　名城敏／沖縄の自然とその保全―やんばるの森はいま！　宮城邦治／沖縄の信仰と祈り―民間信仰の担い手たち　稲福みき子／沖縄の地域共同体の諸相―ユイ・郷友会・高齢者など　玉城隆雄／沖縄から見た世界のスポーツ　宮城勇

3 女性研究の展望と期待

一九九七年発行　発売元・那覇出版社　本体価格　一四五六円

ノーベル文学賞と女性　喜久川宏／英米文学史の中の女性像　伊波和正／アメリカ南部の女性像　ウィリアム・ランドール／近代女性作家の戦略と戦術　黒澤亜里子／沖縄県における女子労働の実態と展望　比嘉輝幸／教科書に見られる女性労働と女性像　カレン・ルパーダス

4 沖縄の基地問題

一九九七発行　発売元・ボーダーインク　本体価格　一四五六円

沖縄の基地問題の現在　阿波連正一／米軍の犯罪と人権　福地曠昭／反戦地主、「おもい」を語る　新崎盛暉・真栄城玄徳／米軍基地と平和的生存権　井端正幸／地方分権と機関委任事務　前津榮健／沖縄社会と軍用地料　来間泰男／国内政治の変遷と沖縄基地　高嶺朝一／日米安保体制と沖縄　長元朝浩／国際都市形成構想の意義　府本禮司／基地転用と国際都市形成構想の課題　野崎四郎

5 アジアのダイナミズムと沖縄

一九九七年発行　発売元・ボーダーインク　本体価格　一五〇〇円

アジアの経済的ダイナミズム　富川盛武／華南経済圏と沖縄　富川盛武／中国本土における経営管理　天野敦央／台湾の政治と経済の発展　湧上敦夫／沖縄・福建圏域の構想と実現化―中国との共生を目指して　吉川博也／岐路に立つ韓国経済　呉錫畢／タイの経済発展新垣勝弘／シンガポールの社会経済の発展と課題　大城保／国境地域の経済　野崎四郎／華僑のネットワーク　小熊誠／外来語にみる日本語と中国語　兼本敏／タイに学ぶ共生の社会　鈴木規之／韓国の文化と社会　稲福みき子

沖縄国際大学公開講座委員会刊

地域を映す
沖縄国際大学公開講座

6 沖縄経済の課題と展望

一九九八年発行　発売元・那覇出版社　本体価格　一五〇〇円

沖縄経済の現状と課題　湧上敦夫／国際都市形成構想　宮城正治／規制緩和と沖縄の経済発展─フリー・トレード・ゾーン（ＦＴＺ）を中心に　富川盛武／米軍基地と沖縄経済　眞栄城守定／地方財政の動向と地域振興　前村昌健／軍事基地と自治体財政　仲地博／沖縄の経済開発政策　野崎四郎／沖縄の政策金融　譜久山當則／内発的発展による沖縄の経済発展と自立化─沖縄と済州島の比較　呉錫畢／沖縄のアグリビジネス─主として薬草産業（健康食品産業）を中心に　比嘉堅／沖縄の雇用問題─次世代の主役たちのための社会的資源の適正配置を考える　喜屋武臣市／マルチメディア・アイランドの形成に向けて　金森邦雄／返還跡地と業態立地─北谷町の事例を中心に　金城宏／国際都市と自由貿易構想の検討─主として流通論を中心に　新城俊雄／沖縄の産業と規制緩和　宮城弘岩

7 南島文化への誘い

一九九八年発行　発売元・那覇出版社　本体価格　一五〇〇円

南島文化への誘い─南島文化とは何か・模合から見た沖縄とアジア─　波平勇夫／南島現代社会論への誘い─現代沖縄の郷友会社会─　石原昌家／南島考古学への誘い─沖縄のルーツ─　當眞嗣一／南島近世史への誘い─日本の中の異国─　仲地哲夫／南島民俗宗教への誘い─南島の祖先祭祀─　平敷令治／南島文化人類学への誘い─中国から来た風水思想─　小熊誠／民俗社会における「正当性」を巡る考察　李鎭榮／琉球方言への誘い─琉球方言の地域性─　加治工真市／琉球・社会方言学への誘い─沖縄の若者言葉考─　野原三義／沖縄民話への誘い─キジムナーとカッパ─　遠藤庄治／琉球文学への誘い─『おもろさうし』の魅力　嘉手苅千鶴子／沖縄民俗音楽への誘い─神歌からオキナワン・ポップスまで─　比嘉悦子／南島民俗芸能への誘い─祭りや村遊びに出現する踊り神・来訪神　宜保榮治郎

8 異文化接触と変容

一九九九年発行　発売元・編集工房東洋企画　本体価格　一五〇〇円

源氏物語と異文化─「辺境」からの創造─　葛綿正一／中世神話と異文化─養蚕をめぐる貴女の物語─　濱中修／大城立裕─内包される異文化─　大野隆之／イスラムとユダヤの出会い　須永和之／ことばと異文化接触　兼本敏／沖縄の異文化家族─エスニシティーへの理解と言語習得・教育の諸問題─　ダグラス・ドライスタット／アフリカ系アメリカ人の文学と沖縄文学─二重意識の問題を中心に─　追立祐嗣／大学における国際化と文化的交流　西平功／バルザックの世界と異文化─アジアの国々をめぐる想像の産物─　大下祥枝／日本とドイツ─人の交流─　漆谷克秀／文学における異文化接触　米須興文

沖縄国際大学公開講座委員会刊

地域を映す
沖縄国際大学公開講座

9 転換期の法と政治

二〇〇〇年発行　発売元・編集工房東洋企画　本体価格　一五〇〇円

転換期における国際政治と外交　松永大介／転換期における医療保険の現状と未来　伊達隆英／生命保険契約法の改正について―その社会的背景と展望―　脇阪明紀／人権の国際的保護　緑間榮／日本の外交政策―転換期の環境問題―　赤阪清隆／安楽死是非論　高良阮二／転換期における東欧と民族紛争―コソボ危機を中心に―　伊藤知義／転換期の国家法一元論　徳永賢治／消費者法の展開―製造物責任法と消費者契約法―　阿波連正一／企業再編時代の到来―会社法の現在、そして未来―　山城将美／二一世紀に向けた国際政治の潮流と沖縄　江上能義／変わりゆく家族―国際的な状況の変化と家族法のゆくえ―　熊谷久世／変貌する少年法制　小西由浩／地方分権と行政課題―情報公開を中心として―　前津榮健／遺伝子鑑定の現実と社会的環境　新屋敷文春

10 情報革命の時代と地域

二〇〇一年発行　発売元・ボーダーインク　本体価格一五〇〇円

マルチメディア社会とは何か　稲垣純一／沖縄県にソフトウェア産業は根付くか　又吉光邦／産業ネットワークと沖縄経済の振興　富川盛武／情報技術革新下の課題と方途―情報管理の視点から情報化の本質を考える―　砂川徹夫／情報技術の商業的な利用法について　安里肇／情報通信による地域振興　古閑純一／デジタルコンテンツビジネス産業の可能性について　稲泉誠／情報化と行政の対応　前村昌健／ＩＴ（情報技術）とマーケティング　宮森正樹／沖縄県におけるコールセンターの展望　玉城昇

11 沖縄における教育の課題

二〇〇二年発行　発売元・編集工房東洋企画　本体価格　一五〇〇円

教育崩壊の克服のために―教育による人間化を―　遠藤庄治／日本語教育から見たパラダイム・シフト―より豊かな「つながり」を目ざして―　大城朋子／学校教育とカウンセリング　逸見敏郎／教育課程改革の動向と教育の課題―「総合的な学習の時間」導入の背景と意義―　三村和則／現代沖縄と教育基本法の精神―人権・平和・教育の課題への問い―　森田満夫／教師に求められる新たな人間観・教育観　玉城康雄／「生きる力」を培う開かれた教育　津留健二／総合学習と地理教育の役割―環境論的視点から―　小川護／沖縄の国語教育―作文教育の成果と課題―　渡辺春美／教育情報化への対応　吉田肇吾／情報教育の課題―有害情報問題をめぐって―　山口真也／平和教育の課題　安仁屋政昭／大学の現状と課題―大学の危機とポスト学歴主義―　阿波連正一／憲法・教育基本法の根本理念　垣花豊順／八重山の民話と教育　遠藤庄治／学校教育と地域社会教育の連携と教育の再興　大城保

12 自治の挑戦　これからの地域と行政

二〇〇三年発行　発売元・編集工房東洋企画　本体価格　一五〇〇円

地方分権と自治体の行政課題　前津榮健／国際政治のなかの沖縄　吉次公介／地方議会の現状と課題　照屋寛之／沖縄の基地問題　屋良朝博／市民によるまちづくり・ＮＰＯの挑戦　横山芳春／アメリカの自治に学ぶ　佐藤学／地方財政の現状と課題　前村昌健／沖縄の地方性と政治　西原森茂／政策評価とこれからの地方自治　佐藤学／八重山の自然環境と行政　西原森茂／今なぜ市町村合併か　照屋寛之／政治の中の自治と分権　井端正幸

沖縄国際大学公開講座委員会刊

地域を映す
沖縄国際大学公開講座

13 様々な視点から学ぶ経済・経営・環境・情報
—新しい時代を生きるために—　二〇〇四年発行　発売元・編集工房東洋企画　本体価格　一五〇〇円

テーゲー経済学序説—環境・経済・豊かさを語る—　呉錫畢／キャッシュ・フロー情報の利用　鵜池幸雄／IT時代の情報管理モデル　砂川徹夫／食糧生産と地理学—米と小麦生産を中心に—　小川護／日本社会経済の再生—地域分権化・地域活性化・全国ネットワーク化—　大城保／長期不況と日本経済のゆくえ—構造改革路線を考える—　鎌田隆／タイの観光産業の現状とマーケティング活動　モンコンノラキット・モンコン／久米島の環境　名城敏／ヨーロッパ公企業論—タバコ産業の場合—　村上了太／マーケティングの心とビジネス　宮森正樹／自動車システムから学ぶ人間の生き方　比嘉堅

14 沖縄芸能の可能性　二〇〇五年発行　発売元・編集工房東洋企画　本体価格　一五〇〇円

国立劇場と沖縄芸能の可能性　大城學／琉球舞踊と玉城盛義　玉城節子／沖縄の民話と芸能　遠藤庄治／琉球芸能の可能性　狩俣恵一／沖縄芝居と沖縄方言　八木政男／琉歌を語る、歌う　島袋正雄／祭祀芸能の地理的基盤—本部町村落の景観変化—　崎浜靖／本土芸能と琉球芸能——覚書　葛綿正一／琉球舞踊と初代宮城能造　宮城能造／創作組踊の可能性—大城立裕の「新五番」　大野隆之／組踊、いまむかし　島袋光晴

15 基地をめぐる法と政治　二〇〇六年発行　発売元・編集工房東洋企画　本体価格　一五〇〇円

なぜ米軍は沖縄にとどまるのか　我部政明／米軍基地と日米地位協定　新垣勉／戦後沖縄の「保守」に関する基礎的考察　吉次公介／米軍再編と沖縄基地、普天間の行方は？　伊波洋一／米国の保守支配を考える　佐藤学／普天間飛行場跡地利用を考える　上江洲純子／軍事基地と環境問題　砂川かおり／基地と情報公開　前津榮健／米軍再編と沖縄　問われる発信力　松元剛／基地問題と報道　三上智恵／刑事法から見る「日米地位協定」　小西由浩／基地所在市町村における公共投資支出　平剛

16 グローバル時代における地域経済　二〇〇七年発行　発売元・編集工房東洋企画　本体価格　一五〇〇円

ベトナムに進出したウチナーンチュ企業　鎌田隆／二一世紀沖縄の社会経済の自立に向けて—道州制を展望する—　大城保／変革の時代における働き方—希望格差の拡大と働く意欲—　名嘉座元一／エジプトの観光経済—沖縄から考える—　村上了太／成長する中国の開発戦略　新垣勝弘／消費社会と政策—大量消費社会を展望する—　名城敏／フラワービジネスと企業戦略—わが国と中国を事例として—　小川護／ケルトの虎、アイルランド—アイルランドの経済・文化より沖縄の夢を語る—　呉錫畢／グローバル時代における地域経済—フラット化する世界とローカルな世界—　野崎四郎

沖縄国際大学公開講座委員会刊

地域を映す
沖縄国際大学公開講座

17 **生活目線のネットワーク社会「ゆんたく」de ＩＴとくらし**

二〇〇八年発行　発売元・編集工房東洋企画　本体価格　一五〇〇円

ユビキタス社会における地域資源を活用した産業づくり　上地哲／情報化・ＩＴ化とディスクロージャー　清村英之／情報関連産業の集積と人的資源開発　兪炳強／建設業における原価企画の展開　木下和久／メディアとしてのブログ　大井肇／ウチナー社会にも押し寄せる情報化の波　伊波貢／ＩＴによる意思決定支援　平良直之／沖縄産マンゴーのブランド力強化と栽培履歴情報システムの普及要件　廣瀬牧人

18 **なかゆくい講座　元気が出るワークショップ**

二〇〇九年発行　発売元・編集工房東洋企画　本体価格　一五〇〇円

逆ギレを防ぐ―相手を挑発をしないコツ―　山入端津由／フライングディスクで新たな感動と興奮のスポーツ発見！　宮城勇／落ち着かない子ども達への対応ワークショップ～発達障害児をもつ保護者への心理教育アプローチから～　知名孝／沖縄県におけるスクールソーシャルワーカー活用事業の実態―〝スクールソーシャルワーク元年〟にアンケート調査から見えてくるもの―　比嘉昌哉／子どもの社会性を育む遊びワークショップ―子どもＳＳＴへの招待―　栄孝之／感覚であそぼ―知覚と錯覚の不思議体験―　前堂志乃／解決志向のセルフケア―不幸の渦に巻き込まれないコツ―　牛田洋一／心とからだとストレス―生活習慣病の予防としてのストレス管理―　上田幸彦／ユニバーサルスポーツ体験講座―車いすサッカーの魅力―　下地隆之／こころとからだのリラックス～動作法入門～　平山篤史

19 **うまんちゅ法律講座**

二〇一〇年発行　発売元・編集工房東洋企画　本体価格　一五〇〇円

日本国憲法の原点を考える　井端正幸／裁判員制度について　吉井広幸・渡邉康年／刑事裁判の変貌　小西由浩／不況と派遣労働者　大山盛義／個人情報保護法制定の意義と概要　前津榮健／グレーゾーン金利廃止と多重債務問題　田中稔／会社法の課題　―企業グループの運営における支配会社の責任　坂本達也／歴代那覇地裁・那覇家裁所長から裁判所行政を考える　西川伸一／日本の立法過程：政治学の観点から　芝田秀幹／郷土の法学者　佐喜眞興英の生涯　稲福日出夫

20 **地域と環境ありんくりん**

二〇一一年発行　発売元・編集工房東洋企画　本体価格　一五〇〇円

新エネルギーとして導入が進む太陽光発電　新垣武／持続可能な観光と環境保全　上江洲薫／沖縄県における「基地外基地」問題について　友知政樹／沖縄ジュゴン訴訟　砂川かおり／地域の環境保全に活かされる金融　永田伊津子／島嶼型低炭素社会を探る　野崎四郎／沖縄本島と沖永良部島におけるキク類生産の現状と課題　小川護／観光を楽しむための情報技術　根路銘もえ子／沖縄の自然環境と環境問題　名城　敏／コモンズ（入会）と持続可能な地域発展　呉錫畢

沖縄国際大学公開講座委員会刊

地域を映す
沖縄国際大学公開講座

21 産業を取り巻く情報
二〇一二年発行　発売元・編集工房東洋企画　本体価格　一五〇〇円

銀行ATMの「こちら」と「むこう」　池宮城尚也／情報化と行政について　前村昌健／観光調査の情報分析と政策への提言　宮森正樹／パソコンや家電が身振り手振りで操作できる！　小渡悟／情報を知識に変えるマネジメント　岩橋建治／海外市場における日本製娯楽ソフトの不正利用状況と消費メカニズム　原田優也／オリオンビールの新製品開発と原価企画　木下和久／県内企業と決算情報　河田賢一

22 世変わりの後で復帰40年を考える
二〇一三年発行　発売元・編集工房東洋企画　本体価格　一五〇〇円

島津侵入～近世琉球への模索～　田名真之／琉球処分　赤嶺守／沖縄戦 ― 壊滅から復興へ　吉浜忍／占領という「世変わり」と自治の模索　鳥山淳／沖縄の開発と環境保護　宮城邦治／文化財行政、世界遺産　上原靜／沖縄の生殖・家族とジェンダー　澤田佳世／民俗宗教と地域社会　信仰世界の変容　稲福みき子／記憶と継承　記憶・保存・活用　藤波潔／先住民族運動と琉球・沖縄　石垣直

23 自治体改革の今　沖縄の事例を中心にして
二〇一四年発行　発売元・編集工房東洋企画　本体価格　一五〇〇円

沖縄の発展可能性と戦略　富川盛武／琉球政府と沖縄県―権力移行期における「議会」の比較―　黒柳保則／市町村合併と自治体改革　古謝景春／那覇市繁多川公民館の試みから　大城喜江子・南信乃介／中核市・那覇の未来を拓く　翁長雄志／地方制度改革の現状　佐藤学／議会改革の現状と課題―アンケート調査結果を中心に―　前津榮健／行政評価と自治体財政　平剛／国と地方のあり方～地方分権改革の視点から～　照屋寛之

24 沖縄を取り巻く経済状況
二〇一五年発行　発売元・編集工房東洋企画　本体価格　一五〇〇円

横断的問題解決手法　浦本寛史／沖縄経済論―二つの陥穽について―　宮城和宏／沖縄の雇用労働問題―中小企業イコールブラック企業か―　名嘉座元一／沖縄経済と観光　湧上敦夫／沖縄の基地経済～課題と展望～　前泊博盛／大学の社会的責任―経済性と社会性に関する非営利組織論的アプローチ―　村上了太／アブダクションを用いた製品設計のための方法論の検討―沖縄における創造性―　金城敬太／地域資産としての沖縄の文化的景観　崎浜靖／沖縄における金融状況　安藤由美／沖縄における交通産業の生成と発展　梅井道生

沖縄国際大学公開講座委員会刊

地域を映す
沖縄国際大学公開講座

25 産業情報学への招待

二〇一六年発行　発売元・編集工房東洋企画　本体価格　一五〇〇円

観光資源未開発地域の活性化に関する一考察　宮森正樹／沖縄県財政の特徴―類似県との比較を通じて―　仲地健／沖縄県におけるスポーツの果たす可能性を探る　慶田花英太／沖縄県におけるIT人材育成の課題と方途　砂川徹夫／クルーズ客船の経済学　田口順等／アジア新中間層における日本エンターテインメントの消費行動　原田優也／沖縄県における六次産業化の現状について　高嶺直／地域経済からみる中国国際貿易市場　佐久本朝一／人工知能見聞録　曹真

26 しまくとぅばルネサンス

二〇一七年発行　発売元・編集工房東洋企画　本体価格　一五〇〇円

琉球文とシマ言葉　狩俣恵一／しまくとぅばと学校教育　田場裕規／ベッテルハイムと『英琉辞書』漢語　兼本敏／沖縄を描く言葉の探求　村上陽子／崎山多美の文体戦略　黒澤亜里子／香港における言語状況　李イニッド／琉球語の表記について　仲原穣／琉球民謡に見るしまくとぅばの表現　西岡敏／「しまくとぅば」の現状と保存・継承の取り組み　中本謙／南琉球におけるしまくとぅばの現状　下地賀代子／「うちなーやまとぅぐち」から「しまくとぅばルネッサンス」を考える　大城朋子／現代台湾における原住民族語復興への取り組み　石垣直／なぜ琉球方言を研究するか　狩俣繁久

27 法と政治の諸相

二〇一八年発行　発売元・編集工房東洋企画　本体価格　一五〇〇円

子どもの人権と沖縄の子どもの現状　横江崇／労働者に関する法と手続～よりよい労働紛争の解決システムを考える～　上江洲純子／外国軍事基地の国際法と人権　新倉修／学校と人権―校則と人権のこれまでとこれから―　安原陽平／高校生の「政治活動の自由」の現在　城野一憲／沖縄の経済政策と法　伊達竜太郎／弁護士費用補償特約について　清水太郎／消費者と法　山下良／子ども食堂の現状と課題（講演録）　スミス美咲／海兵隊の沖縄駐留の史的展開―一九五〇年代と一九七〇年代を中心に―　野添文彬／市町村合併の自治体財政への影響―沖縄県内の合併を事例に―　平剛

28 変わる沖縄

二〇一九年発行　発売元・編集工房東洋企画　本体価格　一五〇〇円

沖縄経済と米軍基地～基地経済の政府の沖縄振興の検証　前泊博盛／島嶼村落における時間割引率による環境配慮行動の違い　渡久地朝央／観光地の活性化と観光関連税　上江洲薫／沖縄から全ての「基地」と「補助金」が無くなったら沖縄経済はどうなるのか?―全基地撤去及び全補助金撤廃後の沖縄経済に関する一考察―　友知政樹／フランスの沖縄?!～ブルターニュ地方が喚起させるもの～　上江洲律子／AR活用による地域活性化の可能性　根路銘もえ子／沖縄農業におけるマンゴー生産の地域特性とその認識度―豊見城市を事例として―　小川護／遺伝子配列から解き明かす沖縄の生物多様性　齋藤星耕／金融で変える地域経済　島袋伊津子／あんやたん!沖縄の貝～貝類利用の移り変わり～　山川彩子／湿地の保全とワイズユースについて―沖縄市泡瀬干潟と香港湿地公園を事例として―　砂川かおり／干潟における環境と地域発展～沖縄、日本、韓国を事例として～　呉錫畢

沖縄国際大学公開講座委員会刊

地域を映す
沖縄国際大学公開講座

沖国大ブックレット　Ａ５版

1 アメリカの大学と少数民族そして沖縄
ハワイ国際大学学長　崎原貢　著
一九九六年発行　発売元・那覇出版社　本体価格四八五円

2 21世紀への私立大学の課題
早稲田大学総長　奥島孝康　著
一九九六年発行　発売元・ボーダーインク　本体価格四八五円

3 琉球王国と蝦夷地
札幌学院大学法学部教授　山畠正男　著
一九九八年発行　発売元・編集工房東洋企画　本体価格四八五円

4 多数派と少数派、民主主義の意味
インド・政策研究センター教授　桜美林大学客員教授
ラジモハン・ガンディー　著
一九九八年発行　発売元・編集工房東洋企画　本体価格五〇〇円

5 思考方法としての写真
写真家／プランナー　勇崎哲史　著
一九九九年発行　発売元・編集工房東洋企画　本体価格五〇〇円

6 東アジアにおける沖縄民俗の地位
創価大学文学部特任教授　竹田旦　著
二〇〇〇年発行　発売元・ボーダーインク　本体価格五〇〇円

7 21世紀・社会福祉の展望
日本社会事業大学教授・日本社会福祉学会会長　大橋謙策　著
二〇〇一年発行　発売元・ボーダーインク　本体価格五〇〇円

8 タクラマカン砂漠と住民生活
立正大学副学長・立正大学地球環境科学部教授・文学博士　澤田裕之　著
二〇〇一年発行　発売元・編集工房東洋企画　本体価格五〇〇円

沖縄国際大学公開講座委員会刊

地域を映す
沖縄国際大学公開講座

9 沖縄と世界の海の神話／西洋の海の神話
学習院大学教授・同大学文学部長　吉田敦彦　著／フランス・グルノーブル第三大学教授・同大学想像性研究所所長　フィリップ・ワルテル　著
二〇〇二年発行　発売元・編集工房東洋企画　本体価格五〇〇円

10 21世紀における大学教育
札幌学院大学教務部長 廣川和市、名城大学学長 網中政機、京都学園大学人間文化学部長（次期学長）海原　徹
桜美林大学学長 佐藤東洋士、熊本学園大学理事・事務局長 目黒純一、沖縄国際大学理事長・学長 波平勇夫　著
二〇〇三年発行　発売元・編集工房東洋企画　本体価格五〇〇円

11 個人のライフスタイルとコミュニティーの自立
心理学者　ジル・ジョーダン　著
二〇〇三年発行　発売元・編集工房東洋企画　本体価格五〇〇円

12 グローバリゼーションの中の沖縄
沖縄国際大学理事長・学長 波平勇夫、イリノイ大学名誉教授 コージ・タイラ、静岡県立大学教授 伊豆見 元、宜野湾市長 伊波洋一、フランス国立科学研究センター研究主任・社会科学高等研究院日本研究所所長 パトリック・ベイヴェール、翰林大学校教授・日本学研究所所長 池 明観
二〇〇四年発行　発売元・編集工房東洋企画　本体価格五〇〇円

13 元米海兵隊員の語る戦争と平和
アレン・ネルソン　著
二〇〇六年発行　発売元・編集工房東洋企画　本体価格五〇〇円

14 インドの生命科学　アーユルヴェーダに学ぶ、真の沖縄の健康づくり
クリシュナ・ウパディヤヤ・カリンジェ　著
二〇〇九年発行　発売元・編集工房東洋企画　本体価格五〇〇円

沖縄国際大学公開講座委員会刊